華夏英才基金學術文庫

中小企业成长新思维

——技术性贸易壁垒对我国中小企业技术创新的影响与策略研究

毕克新　王晓红　李唯滨 等　著

国家社会科学基金资助项目（项目编号：05BJY020）

科学出版社
北京

内 容 简 介

本书在当前世界经济形势下进行了TBT演化的南北博弈分析，并分别对TBT的表现形式，如技术标准、技术法规、质量认证、绿色壁垒和社会责任贸易壁垒等，对中小企业技术创新的影响进行了深入研究，从而分析了TBT影响中小企业技术创新的机理，采用灰色关联分析法和信息熵法测算了TBT与我国中小企业技术创新的关联度，构建了TBT对中小企业技术创新的影响结构模型以及应对TBT的我国中小企业技术创新支持体系，并分别从政府、行业协会、企业三个层面进行了博弈分析，从而提出了支持中小企业技术创新应对TBT的策略。

本书可作为高等院校经济管理相关专业研究生的教学参考书，也可作为政府管理人员、企业管理人员的培训教材。

图书在版编目(CIP)数据

中小企业成长新思维：技术性贸易壁垒对我国中小企业技术创新的影响与策略研究/毕克新，王晓红，李唯滨等著．—北京：科学出版社，2010
(华夏英才基金学术文库；600)
ISBN 978-7-03-029657-3

Ⅰ.①中… Ⅱ.①毕…②王…③李… Ⅲ.①技术贸易-贸易壁垒-影响-中小企业-技术革新-研究-中国 Ⅳ.①F279.243

中国版本图书馆CIP数据核字（2010）第230695号

责任编辑：卢秀娟 / 责任校对：邹慧卿
责任印制：钱玉芬 / 封面设计：陈 静

科 学 出 版 社 出版
北京东黄城根北街16号
邮政编码：100717
http://www.sciencep.com

中国科学院印刷厂 印刷

科学出版社发行 各地新华书店经销

*

2010年12月第 一 版 开本：B5（720×1000）
2010年12月第一次印刷 印张：24 3/4
印数：1—1 500 字数：512 000

定价：78.00元

（如有印装质量问题，我社负责调换）

序

从2009年各国的经济数据来看，世界各主要贸易国家正在开始走出金融危机的阴影，并有望开始复苏，但消费疲软和高失业率依旧存在，世界经济正在步入后危机时代。为了提升本国产业的竞争力，减少失业，在新一轮经济增长中占领先机，取得新一轮国际竞争的主动权，美国等发达国家积极布局展开贸易竞争，采取了更多的贸易保护措施，对进口产品设置更多限制，进而保护本国市场。

在全球化的背景下，贸易保护主义遭到了大多数贸易体和市场经济国家的公开抵制，传统的贸易保护措施如关税壁垒受到的限制日益严格，尤其是随着“后危机”时代的到来，一些主要国家发起的贸易保护措施将更加具有隐蔽性、广泛性、多样性等特点。一些非传统性的保护措施逐渐在双边或多边贸易中发挥出越来越重要的作用，其中，技术性贸易壁垒（TBT）的作用尤为显著。

所谓TBT，是以维护国家安全、保障人类健康和安全、保护生态环境、防止欺诈行为、保证产品质量等为由采取的强制或非强制性的技术性措施。这种措施往往成为占据技术优势的发达国家用来限制进口，保护本国产品的重要手段，广大发展中国家屡屡成为这把“软刀子”的受害者。俗话说，树大招风，随着我国超越德国成为世界第一大出口国，越来越多的国家开始将我国视为现实或潜在的贸易竞争对手，针对我国的贸易壁垒迅速增加，根据WTO的数据，2008年世界上34%的反倾销案是针对中国发起的。在各国对中国产品出口设置的障碍中，TBT是相当多国家尤其是西方发达国家的首要选择。特别是在现阶段，我国出口仍然以加工贸易和贴牌生产为主，出口附加值较低的情况下，TBT这一隐蔽性更强、透明度更低、更不易监督和预测的保护性措施更是成了各发达国家对付中国产品的看家法宝。

改革开放以来，我国的中小企业得到了长足的发展，时至今日，数量众多的中小企业已经成为了我国出口贸易的生力军，在GDP中所占的比重也越来越大。但与此同时，中小企业在进军国际市场时遭遇的风险也在不断提高。由于这些中小企业一味地强调廉价劳动力和低成本的优势，忽略技术创新能力的提高，进而导致了产品竞争力的薄弱，对这些中小企业来说，跨越TBT的难度之大是显而易见的。而且，我国中小企业产品在出口行业和出口地区上过度集中，很容易被某一项或某几项有关贸易规定所设置的TBT一网打尽，受到TBT的影响因而变得更加突出。这就是近年来TBT对我国中小企业的产品出口频频亮起红灯的主要原因。概括起来讲，我国对外贸易中遇到TBT的主要产品有食品、陶瓷、皮革、烟草、机电、玩具、汽油和纺织品等，其中实力薄弱、技术落后的中小企业生产的产品居多。商务部在2009年12月2日发布的《全球贸易摩擦研究报告》中指出，目前为止我国已经连续14年位居全球贸易调查的首位，TBT成为我国产品出口面临的最主要的障碍。2008年我国有1/3以上的出口企业不同程度受到国外TBT的影响，全年出口贸易直接损失超过了505亿美元。

可以说，广大的出口型中小企业已经成了我国产品遭受TBT冲击的重灾区，而由于中小企业在资金技术等方面的劣势，抵御风险和抗打击的能力远远不如国内的大型企业，很容易在这种冲击下遭受灭顶之灾。在这种情况下，特别是在后危机时代，要想在这场贸易风暴中生存下来，发展壮大，我国中小企业只有一个选择，就是尽快开展技术创新，提高技术创新能力，提高产品的质量和技术附加值，使之达到进口国的技术要求。这不仅要靠广大中小企业自身的努力，也需要政府、社会、研究机构等多方面的扶持。

为了实现这一目的，为了避免在对外贸易中继续受到TBT的牵制和暗算，保护我国中小企业的利益，了解、研究各国TBT的特点，借鉴他国应对TBT和扶持中小企业的经验，结合我国实际情况，提出有针对性的指导建议势在必行。但可惜的是，在应对TBT对中小企业技术创新影响方面，我国学者进行的研究尚不多见，系统性的论著更是少见，毕克新、王晓红、李唯滨等同志的著作《中小企业成长新思维——技术性贸易壁垒对中小企业技术创新的影响与策略研究》无疑弥补了这方面的不足。

该著作在对前人研究和相关理论进行梳理的基础上，进行了TBT演化的南北博弈分析，重点对TBT的不同表现形式对中小企业技术创新的影响进行了深入研究，分析了其影响中小企业技术创新的机理，进而构建了TBT对中小企业技术创新的影响结构模型以及应对TBT的我国中小企业技术创新支持体系，并分别从政府、行业协会、企业三个层面进行了博弈分析，从而提出了支持中小企业技术创新应对 TBT 的策略。该著作数据翔实，思维严谨，分析全面，体系完整，见解独到，具有较高的学术参考价值。

遵作者之嘱，是为序。

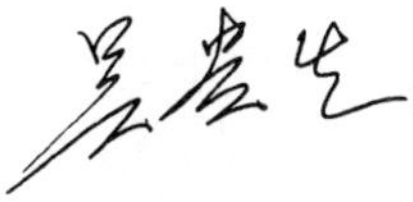教授

清华大学技术创新研究中心主任

中国技术经济研究会常务副理事长

前　言

当中国制造以低成本价格竞争优势占据了大量外国市场的时候，其他国家产品所占的市场份额就相应减少，为了夺取市场份额，采取贸易保护措施便成了发达国家在国际政治和经济领域与中方博弈的需要。在后危机时代的今天，为了提升本国产业的竞争力，减少失业，实现经济增长，发达国家必将采取更多的贸易保护措施，对进口产品设置更多的限制。总地来说，全球金融危机的后危机时代，各国发起的贸易保护措施具有隐蔽性、广泛性、多样性等特点。

随着贸易自由化和全球一体化的不断深入，在国际贸易领域，配额限制和高关税已经逐渐成为历史，而技术性贸易壁垒（technical barriers to trade，简称为TBT）正成为发达国家保护本国产品的新手段。作为一种新的贸易保护手段，TBT的出现对包括我国在内的发展中国家产生了深远的影响，作为我国出口重要力量的中小企业受到的冲击尤为严重。发达国家的技术标准繁多，技术要求也普遍高于发展中国家，TBT在客观上反映了发达国家与发展中国家之间的技术差距；同时，TBT也体现了消费者对产品安全方面的更高要求，其对环保的重视程度也越来越高。我国中小企业要想在日益激烈的国际市场竞争中立于不败之地，进行技术创新是必不可少的重要战略举措。因此，针对TBT对我国中小企业技术创新的影响和应对策略进行研究具有重要的意义。

虽然关于TBT和中小企业技术创新问题的研究已经取得了一定的成果，但目前TBT对中小企业技术创新的影响和应对策略的研究还存在不足，研究还不够深入。从中小企业角度出发，通过技术创新提高产品质量和技术含量，进一步改善贸易环境，全方位提升应对TBT的整体环境，这方面的探索与相关的研究还相对较缺乏。另外,TBT 作为一种新兴的非关税措施,我国政府和中小企业在应对时尚缺乏经验,在实践中存在许多问题和缺陷。TBT 对我国中小企业技术创新的影响如何,政府、行业协会、中小企业如何应对?如何构筑我国的 TBT 保护体系等诸多问题尚缺乏全面、深入、系统的理论研究。

本书的研究对我国中小企业技术创新跨越 TBT,实现对外贸易的持续健康发展具有重要的应用价值。同时,本书从技术创新管理视角研究国际贸易中的问题,从这一新的角度对 TBT 影响中小企业技术创新的影响机理和影响模型进行理论探讨,为正确认识我国中小企业出口贸易发展过程中出现的问题和中小企业技术创新的发展与管理提供科学依据。国际贸易和技术创新问题结合尚属于一种新型思路,从这个新的视角看,本书的研究在理论层面上具有一定的学术意义。

本书对以往研究和相关理论进行了梳理,探讨了 TBT 的各种表现形式,如技术标准、技术法规、质量认证、绿色贸易壁垒、信息技术壁垒的定义、分类、性质和作用,并对 TBT 对我国出口贸易的影响进行了深入分析。在此基础上对以下内容进行了深入的研究:

(1) 进行了 TBT 演化的南北博弈分析,并分别对 TBT 的各种表现形式如技术标准、技术法规、质量认证、绿色壁垒和社会责任贸易壁垒对中小企业技术创新的影响进行研究。

(2) 从贸易和质量管制两方面由表及里地揭示了 TBT 影响中小企业技术创新的机理。进口贸易国出于保护市场或消费者的需要提高技术要求,达不到新要求的行业创新产品将会被禁止进口或失去出口竞争优势,数量抑制作用开始生效。中小企业为了保持出口优势就必须增加成本,再次开始产品创新或工艺创新,TBT 就起到了对我国中小企业创新产品的价格抑制作用。质量管制方面揭示了 TBT 本质上属于进口国政府实施的产品质量管制措施,通过对厂商基于产品质量差异竞争策略的研究,认为 TBT 是技术创新的动力之一,质量差距的存在迫使中小企业将更多资源投入创新活动。我国中小企业通过国外先进技术的扩散,不断吸收并提高自己的质量水平。

(3) 建立了基于信息熵法与灰色关联度模型,测算出了 TBT 与我国中小企业技术创新的关联度,并对其进行了排序,进而得出如下结论:复杂的检测和检验手续是 TBT 的重要组成部分、技术法规对中小企业技术创新的影响较大、TBT 促进中小企业技术创新成果的产出。

(4) 建立了 TBT 对中小企业技术创新的影响结构模型,并对模型做了详细解释。分别描述了 TBT 对中小企业技术创新的外部和内部的影响:TBT 对中小企业技术创新外部市场环境和科学技术环境的影响,即 TBT 对中小企业技术创新活动的贸易环境和技术环境等方面产生影响,从而改变了中小企业技术创新的资源配置,并通过这种改变影响了技术创新的速度、方向和规模。同时,TBT 作为中小企业技术创新的动力和信息源，对中小企业技术创新的技术、信息、设备、资金和人力资源投入的正负两方面影响，以及为构思、研发、设计、制造和销售各个阶段顺利开展提供了丰富的信息和指导。

(5) 为了更好地发挥中小企业技术创新优势，有针对性地构建了应对 TBT 的中小企业技术创新支持体系，使之为中小企业技术创新提供良好的服务平台。进一步构建了应对 TBT 的中小企业技术创新支持体系的运行模式，即构建的政府为领导，社会化服务机构和行业协会为核心的支持体系，从而为中小企业技术创新创造良好的外部环境，帮助其跨越 TBT。又分别从政府机构、社会化服务机构和行业协会三个方面阐述了应对 TBT 的中小企业技术创新支持体系的管理模式。最后，提出了应对 TBT 的中小企业技术创新支持体系服务内容，主要包括技术标准体系、TBT 预警体系、社会化服务体系、财政支持体系、税收支持体系和金融支持体系等。

(6) 运用欧盟 CR 法案对温州打火机行业技术创新影响的案例，对本书前文的理论研究部分进行实证研究。通过大量翔实的数据，验证了欧盟 CR 法案对温州打火机行业技术创新产品的影响符合 TBT 的数量和价格机理，并从质量管制的角度验证了质量提高是突破 CR 法案的重要途径。根据 CR 法案对温州打火机技术创新外部市场和科学技术环境、内部资源投入和过程的影响，证明了 TBT 对中小企业技术创新影响结构模型的有效性。最后，阐述了在应对 CR 法案时，温州打火机企业、温州打火机行业协会、政府部门分别采取的对策措施。同时，研究了欧盟 RoHS 指令对我国家电行业、欧盟 REACH 指令对我国化工业影响的案例。

(7) 分别从企业、行业协会和政府三个层面进行博弈分析，提出了中小企业技术创新应对 TBT 的策略。对中小企业而言，应当加强技术创新资源投入、实施技术创新标准化战略、加强技术创新过程管理、强化以技术创新为核心的市场营销管理和倡导绿色创新；对行业协会而言，应当加强与国际标准化机构的交流、与国外相关组织进行谈判、建立应对 TBT 的行业预警机制、健全和完善各行业的技术标准体系、促进中小企业技术创新、建立健全中小企业行业内技术联盟以及完善行业协会职能；对于政府而言，政府应当与贸易伙伴国谈判、建立以政府部门为核心的 TBT 信息提供机制、实施支持中小企业技术创新的绿色战略、完善技术标准体系、健全技术法规体系和健全质量认证的监督体系和服务体系。

总而言之，从 TBT 的短期直接影响来看，它提高了中小企业的成本，令其出口量下降；但从长期影响来看，它使得这些中小企业为了达到进口国的产品质量要求，而被迫将更多资源投入创新活动。因此，从实践和理论两个方面总结和研究 TBT 对中小企业技术创新的影响和应对策略，具有重要的参考与借鉴作用。

本书在编写的过程中，参考了大量的文献。在此，谨向各位同仁表示衷心的感谢。由于时间紧迫加之作者水平有限，尽管笔者作了最大的努力，书中也仍然会不可避免地存在一些缺点或不足，恳请各位读者提出宝贵意见和建议，以使得本书可以不断完善。

毕克新

2010 年 9 月

目　录

第1章 绪　论

1.1 研究目的和意义

本书研究来源于国家社会科学基金资助项目。项目名称为“技术性贸易壁垒（TBT）对我国中小企业技术创新的影响与策略研究”（项目编号：05BJY020）。

1.1.1 研究背景

近年来，我国出口产品越来越受困于各种各样的非关税壁垒，如配额限制、反倾销和反补贴、紧急保障措施等，特别是主要来自发达国家的 TBT（technical barriers to trade，TBT）已成为继反倾销之后抑制我国出口贸易最严重的制约因素。TBT 是一国以维护国家安全、保障人类健康和安全、保护生态环境、防止欺诈行为、保证产品质量为由，采取的一些强制性或非强制性的技术性措施，这些措施成为其他国家商品和服务自由进入该国市场的障碍。进入 21 世纪以来，我国企业特别是中小企业在出口贸易中频频遭遇 TBT 的阻碍，对我国的出口贸易造成了巨大的损失。

1. 中小企业是促进国民经济发展的重要力量

不论是在发达国家，还是在发展中国家，中小企业都占有相当大的比重，在各国经济发展中，中小企业有着大企业无法替代的战略性作用。截止到 2007 年 6 月底，我国中小企业数量已达到 4200 多万户，占全国企业总量的 99.8%，其中，经工商部门注册的中小企业数量为 460 万户，个体经营户 3800 多万户。中小企业在国内生产总值、税收和进出口方面的比重分别占到全国的 60%、53% 和 68%左右。同时，中小企业提供了约 75%的城镇就业岗位，80%的国有企业下岗人员在中小企业实现了再就业。而且，我国 66%的发明专利、82%以上的新产品开发都是由中小企业完成的。中小企业不仅是国民经济和社会发展的重要力量，同时也是我国市场经济中最具活力的部分。中小企业的优势在于小而精、小而专、小而活，在开展技术创新活动方面具有大企业难以比拟的优势，我国 75%以上的自主创新产品、80%以上的专利是中小企业完成的。我国对外贸易进出口总额约 60%是由中小企业提供的，中小企业出口贸易对国民经济的快速发展起着巨大的推动作用。一方面，我国出口的劳动密集型大宗商品，如服装、玩具、工艺品以及一些高科技产品大多是由中小企业生产的；另一方面，中小企业通过向大企业提供质优价廉的零部件和劳务，促进大企业的出口。

2. TBT 对我国中小企业产品出口产生严重影响

改革开放 30 年来，我国对外贸易取得了巨大的成就，特别是在 2001 年 12 月 11 日加入 WTO 后，以此为标志，我国对外贸易进入一个快速增长期，进出口总额逐年增加。2002～2008 年我国进出口贸易总额分别增长 21.8%、37.1%、35.7%、23.2%、23.8%、23.5%和 17.8%，其中连续 6 年增幅超过了 20%，进出口规模翻了两番。2002 年位居世界第五位，2003 年上升到第四位，2004 年超过日本，位居世界第三位，2006～2007 年的快速增长又向位居第二位的德国逼近一步。2008 和 2009 年，由于国际金融危机继续蔓延，世界经济深度衰退，外需严重萎缩，我国出口出现下降趋势。但随着世界经济开始平稳复苏，国际市场需求逐步回稳，我国出口形势逐步好转并转降为升。根据 WTO 最新公布的数据，2009 年我国出口占全球出口比重由上年 8.9%提高到 9.6%，已经超过德国成为世界第一出口大国。然而，我国对外贸易的发展远非顺利，随着后危机时代的到来，国际市场消费疲软，贸易保护主义抬头，我国出口贸易摩擦日渐加剧。作为出口贸易的生力军，我国中小企业在进军国际市场时遭遇的风险也在不断提高，由于中小企业不注重增加产品的附加值，提升产品的技术层次，只是一味地强调廉价劳动力和低成本的优势，进而导致了产品的竞争力薄弱。而且我国中小企业产品在出口品行业和出口地区上过度集中，受到 TBT 的影响尤为突出，致使当前出口贸易环境逐步恶化。近年来，TBT 对我国中小企业的产品出口频频亮起红灯：纺织品技术指标的不断提高使我国纺织类中小企业出口严重受阻，欧盟“双绿指令”将直接影响我国电器产品出口额达317亿美元，欧盟禁用有害增塑剂也使得我国玩具出口企业受到重创。根据国家质检总局发布的《中国技术性贸易措施年度报告（2007）》显示，2006年我国全年出口贸易因TBT造成直接损失359.20亿美元，占同期出口额的3.71%。概括起来讲，我国对外贸易中遇到TBT的主要产品有食品、陶瓷、皮革、烟草、机电、玩具、汽油和纺织品等，其中实力薄弱、技术落后的中小企业生产的产品居多。2008年我国有三分之一以上的出口企业受到国外TBT不同程度的影响，2008年全年出口贸易直接损失超过了505亿美元。商务部2009年12月2日发布的《全球贸易摩擦研究报告》指出，目前为止我国已经连续14年位居全球贸易调查的首位，TBT成为我国产品出口面临的最主要的障碍，当前主要是美国消费者安全委员会的产品召回，还有美国食品药品管理局的拒绝入境，日本的食品扣留等。

3. 中小企业技术创新是跨越TBT的根本途径

国际市场的竞争是商品和服务的竞争，但归根结底就是技术实力的竞争。在当今的国际竞争中，TBT已成为新的贸易障碍之一，TBT严重制约了我国对外贸易的发展。事实证明，TBT的设置、破解与跨越实质上是各国国家技术创新体系和技术创新能力的较量。我国中小企业只有通过技术创新，不断提供新产品、新工艺、新技术和新设备，以及具有科技含量的现代管理方法和营销方式，使国内产品达到较高的质量要求，才能有效地越过西方发达国家的TBT。只有通过自身技术水平的提高，才可能参与制定标准，从根本上取得国际竞争中的主动权，获得强有力的国际竞争力。所以说，中小企业只有不断地提高技术创新能力才能适应国际市场的竞争，跨越TBT并得到进一步地发展。

因此，本书以中小企业作为研究对象，针对TBT对中小企业技术创新的影响及应对策略进行研究，以期能够从外延到内涵做深入分析，并提出中小企业技术创新应对TBT的相关策略，为中小企业技术创新管理和中小企业出口贸易提供参考建议。

1.1.2 研究目的

本书旨在进一步梳理现有相关文献，对TBT对我国中小企业技术创新的影响和应对策略问题作一比较全面、深入的研究。第一，本书对TBT的各种表现形式进行了深入分析，分别研究了其对中小企业技术创新的影响，为进一步深入研究TBT对中小企业技术创新影响机理奠定基础。第二，从定性的角度对TBT

对中小企业技术创新的影响机理进行深入剖析，为探寻相应的处理态度与应对措施提供理论依据。只有深入地研究 TBT 对中小企业技术创新的影响机理，才能够更加有针对性地指导我国中小企业正确应对。然后通过采集各方面的数据，从定量的角度进行 TBT 与中小企业技术创新关联关系的研究。第三，构建 TBT 对中小企业技术创新的影响结构模型，并分别从中小企业技术创新的内外部环境等方面进行阐述。研究 TBT 如何影响中小企业技术创新，对其技术创新环境、过程和投入要素等都有哪些影响，揭示出 TBT 影响中小企业技术创新的规律和特点。第四，依据对 TBT 作用机理等方面问题的认识，有针对性地构建了我国中小企业应对 TBT 的技术创新支持体系。第四，为了理论方法研究同实际应用之间更好地衔接，本书选用欧盟 CR 法案对温州打火机行业技术创新的影响的案例对上述理论研究进行实证分析。最后，从中小企业、行业协会和政府三个层面提出相应的策略，以此来促进我国中小企业尽快实现产品和技术的更新与创新，构建科学完善的质量管理体系，提高产品质量和降低生产成本，从而成功跨越 TBT。

1.1.3 研究意义

发达国家 TBT 的设置影响着中小企业的发展，尤其是对中小企业技术创新的影响更全面更深入。可以说，TBT 本质上是国家间技术差异的具体体现，尽管它还要受其他因素的制约。把希望寄托于发达国家放宽对进口产品的技术要求是不现实的，从根本上说，只有通过技术进步，使我国产品达到较高的技术要求，才能有效地跨越发达国家设置的 TBT。因此，从实践和理论两个方面总结和研究 TBT 对我国中小企业技术创新的影响和应对策略，具有重要的现实和理论意义。

在传统的关税和非关税壁垒藩篱不断被拆除的同时，西方发达国家纷纷采取隐蔽性更强、透明度更低、更不易监督和预测的保护性措施。从国际贸易壁垒的发展趋势看，以 TBT 为核心的新贸易壁垒将长期存在并不断发展变化，已逐渐取代传统贸易壁垒成为国际贸易壁垒中的主体，以阻止发展中国家的产品进入本国市场。在此背景之下，中小企业要想跨越 TBT，就必须开展技术创新活动。而 TBT 是一种新兴的非关税措施，我国政府和中小企业在应对时尚缺乏经验，在实践中存在许多问题和缺陷。TBT 对我国中小企业技术创新的影响如何，政府、行业协会、中小企业如何应对，如何构筑我国的 TBT 保护体系等诸多问题尚缺乏全面、深入、系统的理论研究。本书的研究对我国中小企业技术创新跨越 TBT，实现对外贸易的持续健康发展具有重要的现实意义。

虽然关于 TBT 和中小企业技术创新问题的研究已经取得了一定的成果，但目前TBT对中小企业技术创新的影响和应对策略的研究还存在不足，理论研究还不够深入。在出口贸易中，中小企业受TBT的影响最为全面和深入，而从中小企业角度出发，通过技术创新提高产品质量和技术含量，进一步改善贸易环境，全方位地提升应对TBT的整体环境，这方面的理论探索与相关的研究还相对较缺乏。本书从技术创新管理视角研究国际贸易中的问题，从这一新的视角对以TBT影响中小企业技术创新为出发点的影响机理和影响模型进行理论探讨，为正确认识我国中小企业出口贸易发展过程中出现的问题和中小企业技术创新的发展与管理提供科学依据。将中小企业的国际贸易和技术创新问题结合尚属于一种新的研究思路，从这个新的视角看，本书的研究在理论层面上也具有重要的意义。

1.2　国内外研究现状分析

1.2.1　TBT的研究现状

1. TBT的含义

TBT是新兴的贸易保护措施，由于经济技术水平等方面的原因，发达国家和发展中国家在实施和遭遇方面各有不同，因此对于TBT含义的理解也不尽相同。

(1) 国外对TBT含义的研究现状

自20世纪70年代以来，国外学者的一些研究开始涉及TBT。早期的研究都仅把TBT作为非关税壁垒的一种形式做以简单描述，并未做深入研究。Robert E. Baldwin在其发表的《国际贸易的非关税扭曲》一文中指出：技术与管理法规……通常与健康、安全或其他一些重要的公共利益有关，经常成为不必要的贸易障碍……不反映国家间在安全或健康目标上分歧的差别构成对贸易不必要的扭曲，应当被消除[1]。Jimmye Hillman在《农业贸易中的技术壁垒》一书中通过对1988～1989年美国与欧盟的荷尔蒙牛肉贸易纠纷的研究指出：国家找到了传统的关税以外的贸易保护工具来限制农产品的国际贸易，这些工具被称为技术壁垒或非关税壁垒，即TBT（主要包括检疫与卫生法规），他的定义对歧视性的强调更为突出[2]。美国学者Suzanne Thornsbury在他提交的关于技术法规壁垒的博士论文中指出，非关税壁垒是由或然性保护措施、国内税收、管理壁垒和贸易限制法规构成的，TBT则是其中贸易限制法规的一种形式[3]。进入20世纪90

年代中期以来，随着 TBT 成为国际贸易主要的政策工具，国外学者对这一问题的研究成果开始大量出现。比较有代表性的是 Alan Sykes 的《国际一体化商品市场的产品标准》，他对有关 TBT 政策做了较为全面的剖析[4]，其研究较为系统、全面，研究成果也较多被以后的研究所引述。美国学者 Donna Roberts 认为 TBT 是“各国管理外国产品在国内市场销售的不同法规和标准，它们的表面目的是纠正与这些产品的生产、分配和销售有关的外部效应产生的市场无效”。该定义中使用了“表面目的”一词，说明他们认为 TBT 是用校正市场无效的目的来遮掩其贸易保护的实质[5]。Asta Krutejevaitë 认为 TBT 是一种贸易保护政策，是对生产安全和产品质量的不同标准和要求，形成了自由国际贸易流一个很主要的障碍[6]。

(2) 国内对 TBT 含义的研究现状

我国作为发展中国家，在出口贸易不断增长的同时，也遭遇到越来越多的 TBT 的阻碍，因此国内对 TBT 含义的分析大多是从技术措施、体制差异和贸易障碍的角度展开的。

① 技术措施的角度。由于大量的 TBT 表现为复杂苛刻的技术法规和标准、繁琐冗长的评定程序等，而且 WTO 关于 TBT 的争端也主要集中在技术法规和标准等方面。因此，郭从彭、陈志田、叶柏林认为：TBT 是指那些确定工业产品或消费品的某些特性的强制性或非强制性的规定、标准和法规，以及检验产品是否符合这些技术法规和确定产品质量及使用性能的认证、审批和实验程度。但该种观点笼统地把标准、法规和各种认证制度一概视为贸易壁垒，而事实上，只有那些利用国际贸易规范和条件派生出来的不合理的国别标准以及以此而设置的贸易障碍才能称之为 TBT[7,8]。

② 体制差异的角度。体制差异论认为，TBT 是由于国家与国家之间在标准、法规、合格评定程序体制等方面的不一致造成的。高文书认为 TBT 就是指由于各国的标准、技术法规、合格评定程序、检验检疫措施等技术性贸易措施的体系不同，或水平不同，或信息不足，或不能相互协调，或歧视性制定和实施而给国际贸易造成的障碍[9]。简而言之，在国与国之间对产品进行管理时，由于其实际的法规、技术标准、认证制度和检验制度四方面的差异而形成的贸易壁垒就构成了 TBT[10]。

③ 贸易障碍的角度。一国在某些特殊情况下采用技术性措施限制贸易具有正当性，只有以这些正当理由为借口采用技术性措施造成的贸易障碍，或是只有技术性措施造成的不合理国家贸易障碍才算是 TBT[11]。例如，夏友富认为 TBT 是一国或区域组织以维护国家或区域基本安全，保障人类健康和安全，保护动植

物健康和安全，保护环境，防止欺诈行为，保护产品质量等为由而采取的一些强制性、自愿性的技术性措施。它具有名义上的合理性、提法上的巧妙性、形式上的复杂性、内涵上的歧视性、手段上的隐蔽性和发展上的动态性等特点，他的定义较多为我国以后的研究所引述[12]。孙敬水认为，技术性贸易措施是指一国以维护国家安全，或保护人类健康和安全，保护动植物的生命和健康，保护生态环境，或防止欺诈行为，保证产品质量为由，采取一些强制性或非强制性的技术措施，这些措施成为其他国家商品自由进出该国市场的障碍[13]。

2. TBT 的分类

随着经济全球化浪潮的兴起和贸易自由化的发展，加上 WTO 规则的有关限制，国际贸易壁垒的种类和形式正在不断地变化：关税税率越来越低，传统的非关税壁垒也在逐步减少，新型的贸易壁垒形式 TBT 却在不断发展、种类在不断增多。对于 TBT 的分类国内外学者分别从不同的角度进行了研究。

（1）国外对 TBT 分类的研究现状

Donna Roberts 和 Timothy Josling 等对 TBT 进行过详尽的研究，他们分别从政策工具、措施影响范围和政策实施的目标这三个方面对 TBT 进行了分类。①从政策工具的角度，TBT 可以分为进口禁止、技术规范说明和信息补救三类；②从措施影响范围的角度，TBT 可以分为对国内国外都有影响的措施、只对进口产品有影响的措施、只对特定来源的进口产品有影响的措施三类；③从政策实施目标的角度，TBT 可以分为社会福利型、风险降低型和非风险降低型三类。而 Steven Popper 等则将 TBT 分为技术法规、标准、合格评定程序三种主要的表现形式[14]。

还有一些文献，通常不强调 TBT 的具体表现形式，而把它们统称为标准，并根据研究侧重点对标准进行分类。Paul David 和 Shane Greenstein，根据标准的内容或功能把它们分为兼容性标准（也称横向标准）和最低标准（MS，也称纵向标准）[15]。Karl Swann 等还在这个分类基础上提出了第三种标准——减少多样性的标准。Johannes Moenius 按照标准的起源不同将其分为：事实标准，即在市场过程中演化形成的；法定标准，即通过法律来实施的；机构标准，即通过协会和标准化机构（如国际标准化组织）协调产生的[16]。Neil Gandal 和 Oz Shy 按照标准制定与实施的主体，把标准分为三类：主要通过市场机制形成的事实标准（defacto standard）；机构标准，即由行业协会或主要生产者协商制定，也称行业自发标准，可通过国际标准化组织上升为全国乃至全世界的行业标准；法定标准，即由国家标准局制定并强制执行，或由地区/国际标准开发组织协商制定的标准[17]。

（2）国内对 TBT 分类的研究现状

夏友富将 TBT 看作是一个体系，主要由技术法规、标准和合格评定程序；包装和标签要求；商品检疫和检验规定；绿色壁垒和信息技术壁垒 5 个部分构成[18]。高文书区分了合法及非法 TBT、客观地分析了 TBT 等概念，将 TBT 分为进口歧视型技术壁垒、体制差异型技术壁垒、经济技术差距型技术壁垒、信息缺失型技术壁垒等类型[19]。周伟民将 TBT 的作用分为两个层次：一是边境上的，通过国家层面上的技术法规实行；二是边境后的，通过行业或企业层面的技术标准（包括事实标准和机构标准）实施。边境后作用机制是借用“市场竞争”的结果，而非纠正“市场失灵”的结果[20]。邓兰兰将 TBT 分为内生性和外生性两种类型：内生性是由于技术的差异而导致的，即由于出口国企业不具备达到国外要求的生产技术水平，缺乏竞争力，从而导致产品被挡在技术水平相对较高的国家之外。外生性则是由于规则和制度的不同而形成的，仅仅是由于外在制度安排导致的限制外国产品进口的措施[21]。

3. TBT 的形成

TBT 往往打着保障生活、使用安全和保护人民健康的旗号，规定十分苛刻复杂，并且经常变化，使进口产品难以适应。对于 TBT 的形成国内外学者分别从不同的角度进行了研究。

（1）国外对 TBT 形成的研究现状

国外许多学者大多是从经济学角度分析技术标准的贸易保护主义特性，并由此来解释 TBT 的形成原因，概括起来可以归纳为以下三个观点：

① 贸易保护是政府制定 TBT 的唯一目的。Alessandra Casella 认为标准是一种公共产品，因为标准必须面临类似问题，产生有共同消费收益的团体[22]。Alessandra Casella 在同年发布的《无边界的产品标准联盟》报告中，提出了对传统观点的质疑，他认为产品标准可以在产业层面上形成，具体来说就是标准可以在国际企业联盟的活动中形成，国际贸易中标准的制定是政府的行为[23]。Ronald Fischer 和 Pablo Serra 研究了标准的贸易保护效果，结论是政府制定的最小标准，即使表面非歧视，也是贸易保护的[24]。Neil Gandal 和 Oz Shy 研究了政府是否承认外国标准的政策行为，结论是当政府只限于在承认所有外国标准或不承认任何国外标准间做选择时，如果网络外部性显著，那么所有的国家会相互承认其他国家的标准[17]。

② 区域经济一体化组织的 TBT 政策。John Wilson 的《标准与 APEC——行动议程》[25]与 Michelle Egan 的《构筑一个欧洲市场：标准、法规与治理》[26]。Keith. Maskus，John Wilson 和 Tsunehiro Otsuki 在前人研究的基础上总结了标准成为 TBT 的五条原则：一是某个标准的执行纯粹只是在增加成本；二是设定的标准高于其要实现的特定政策目标，例如，标准超过了所有企业都是国内企业时政府可能选择的法规，或者《TBT 协议》中定义的“最低贸易扭曲”和“非歧视性”；三是某个标准在国内和国外企业的应用中存在歧视性；四是所选标准是否是现有可选措施中对贸易的破坏性最小的；五是标准的强制性要求与科学或可靠的风险措施相比更加谨慎[27,28]。

③ TBT 形成过程中的政治动因。Uri Ronnen 指出，有些情况下，比如安全产品，尽管消费者愿意为更高质量买单，但政府出于温情主义或外部性原因，可能认为自由市场的质量不充分，而制定与实施最低质量标准[29]。Philip Jones 指出标准化可降低消费者评估产品时面临的不确定成本，标准还会提高不同版本类似产品的需求替代弹性[30]。Carmen Matutes 和 Pierre Regibeau 指出“标准化政策可被用做贸易政策天然的替代物”，政府与企业可为封闭市场、使竞争有利于国内企业或改善贸易条件而建立战略性标准[31]。Suzanne Thornsbury 从政治经济学角度分析了 TBT 形成的原因，他认为 TBT 的实施取决于理性经济个体的偏好及其政治影响的效力与政府之间相互作用的均衡过程，TBT 的实施是一种基于经济层面原因基础上的政治行为，其最终决定取决于能够左右政策决策的个体经济因素，政策制定者偏好和有效的政治力量[3]。

(2) 国内对 TBT 形成的研究现状

叶柏林已经敏锐地观察到 TBT 的产生有着深刻的历史背景，第二次世界大战后国际贸易自由化的逐步进展，使传统的关税、数量限制及其他非关税壁垒逐渐受到制约，因而各国需要寻找新型的贸易壁垒以替代性保护国内产业和市场[32]。这是近年来 TBT 逐渐演变成最主要的贸易壁垒形式的直接动因。但这样的观察仍是初步的，并未解释 TBT 形成和逐渐演变成最主要的贸易壁垒的经济动因。在随后的国内文献中，针对 TBT 形成的经济学动因，主要界定在信息不对称、外部性以及用以提供公共产品上[33,34]。张海东从网络转换成本的角度，认为网络外部性下技术选择的路径依赖与各国不同的技术经济条件和技术标准相结合构成事实上的 TBT[35]。鲍晓华以 TBT 为例对贸易政治经济学在我国的适用进行检验，结论表明，可以通过国家利益和利益集团特征指标来解释我国 TBT 保护政策形成的政治经济原因[36]。对 TBT 的形成，另一个分析视角是运用博弈论的工具。康晓玲和宁艳丽研究表明，进口国更多采用 TBT 作为主要的保护政策，这一政策的实施受到“连锁效应”的强化，而因为 TBT 的应诉成本很高，因而博弈的结果是 TBT 的设置和扩散的经济动机得以强化[37]。TBT 的形成还源于 TBT 的扩散效应。这一扩散效应包括数量扩散效应、国家（或地区）扩散效应及产品扩散效应[13]。数量扩散效应是指技术性壁垒数量急剧增加，频率加快，数量分布逐渐由发达国家扩展到发展中国家。国家（或地区）扩散效应表现为不同产品的国家间扩散，及同一产品在不同国家间的扩散，尤其是后者扩散速度更快。产品扩散效应则指一种产品向相关产品甚至整个产业扩散，以及从劳动密集型产品向技术密集型产品扩散。这样的扩散效应客观上促使 TBT 在一国生成并迅速强化、扩展[38]。

4. TBT 的实证研究方法

TBT 的实证研究方法大多集中在调研方法、引力模型等计量经济学方法、局部均衡法、可计算的一般均衡法等，下面将对各个方法的优势与应用中存在的问题、方法的选择等进行分析。

(1) 调研方法

虽然这一方式是定性的，但可以缩小分析的范围，集中了解 TBT 对不同对象国家的影响程度及其重点影响的行业。运用调查法的主要是一些研究机构。例如：世界银行（World Bank）建立了 TBT 调查数据库。世界银行的 John Wilson 通过对 17 个国家 689 家企业发放调查问卷，分析了 TBT 对贸易运行的总体阻碍和促进出口的因素[39]。Maggie Xiaoyang Chen 检验了达到国外标准是如何影响企业出口绩效的，这一研究也是应用了世界银行 TBT 调查数据库中 17 个发展中国家的 619 家企业的数据。结果表明发达国家的标准和技术法规的确影响着发展中国家企业的出口方向[40]。经济与合作发展组织（Organization for Economic Cooperation and Development，OECD）于 1999 年在美国、日本、英国、德国对三个部门的 55 家公司开展了一项调查，结论是：合格评定程序中的相互认可协议能够降低贸易成本；小公司在很大程度上依赖于外部的信息资源，而且不能通过大批量出口来分摊这些成本，因此，他们往往因为成本的增加而减少出口[41]。另外，WTO 中的 TBT 委员会于 2002 年对 OECD 成员国和非成员国在 1995～2001 年期间与农产品相关的 TBT 进行了调查，通过分析 TBT 协议的执行情况来评估 TBT 对经济、贸易产生的影响。为了及时掌握国外 TBT 对我国出口企业的影响，我国商务部科技司组织专家，在各地外经贸主管部门的协助下，采取抽样调查和案例调查相结合的方式，制定了国外 TBT 对我国出口影响的调查报告。

（2）引力模型等计量经济学方法

这种方法是目前 TBT 测度技术中相对来说最为客观的。Peter Swann（1996）研究了标准对英国贸易绩效的影响，对 1985～1991 年期间英国的净出口、出口、进口与本国的标准数目及英国和德国认可的国际标准数目进行了回归分析。结果显示：标准的严格提高了英国贸易均衡，也使得英国市场更加开放。并认为标准能够促进产业内贸易，一些特殊的标准能够促进出口[42]。Johannes Moenius 对 PeterSwann 等人的研究进行了改进，他运用引力模型分析了 1980～1995 年期间 12 个国家 471 个行业的国家特定标准与双边共享标准对国际贸易的影响。回归结果表明：双边共享标准对贸易量有着显著的正效应；专门针对进口的标准对非制造业部门的进口有显著的降低作用，而对制造业部门的进口却有显著的促进作用，相比之下，专门针对出口的标准与大多数产品的贸易量都存在积极的正效应[16]。Mark Vancauteren 应用引力模型评价了 TBT 对单个欧盟国家的双边贸易流的影响[43]。我国学者潘菁和姚志毅从短期贸易效应的角度，采用计量的方法分析了 TBT 对我国不同行业的影响，结果显示：TBT 和出口额、出口量有很强的负相关性[44,45]。顾国达等和孟菲等应用引力模型分别分析了 TBT 对我国茶叶出口和稻米出口的影响[46,47]。

（3）局部均衡法

采用局部均衡法研究 TBT 影响的主要有以下学者：Dawn Thilmany 和 Christopher Barrett 通过分析供需曲线的变化，研究了技术法规对美国向其他北美自由贸易区成员国出口奶制品的贸易影响。他们发现进口规则会增强消费者购买某种产品的信心，这就避免了柠檬问题或对国外产品的不信任。如果法规要求不提供给消费者选择有关产品的信息，这就会使消费者的福利受损，但信息法规会纠正市场无效并增加社会福利[48]。Daniel Sumner 和 Hyunok Lee 的研究则细致到市场营销各个环节上发生的成本。他们通过分析亚洲针对美国蔬菜的进口规则问题，指出法规能以不同方式在销售链的不同点上增加成本，并且这些法规会影响到国内外的价格水平、外汇流量和贸易量[49]。Barry Krissoff 和 Linda Calvin 等分析了美国苹果在日本、韩国和墨西哥市场面临的关税和 TBT，对三个出口市场分别建立了部分均衡模型，计算了进口国卫生检疫措施的等量关税，并据以计算在关税之外有多少贸易受卫生检疫措施的影响[50]。Chengyan Yue 和 John Beghin 等采用计算等价关税率的方法研究了近期的美日苹果贸易争端，发现日本消除 TBT 能够获得有限的出口美国收益[51]。

（4）可计算的一般均衡法

其主要优势是可以评估行业间的标准对产出、价格、就业、贸易以及经济福利的影响，也可以分析一国或多国不同的市场结构、需求和政策的影响。运用可计算的一般均衡模型（CGE 模型）来考察 TBT 影响效果的代表性成果，Michael Gasiorek 对欧盟规模收益递增的几个部门建立了 CGE 模型。得出的结论是当欧盟内部地区生产的产品代替了欧盟从国外进口的产品，则含有一个实质性的贸易转移，这种效应在一体化市场背景下会更加明显[52]。Glenn Harrison 等对上述研究作了进一步拓展，增加了从需求方面来解释协调标准带来的收益，建立了垄断竞争条件下的 CGE 模型。他们认为协调的标准应该可以提升消费者购买外国产品的信心，增加国内外产品间的替代弹性[53]。我国学者卢大川在国内较早地使用 CGE 模型尝试研究 TBT 变动对我国经济的影响[54]。冯宗宪、柯大钢用进出口数量变动来模拟 TBT 变动，运用 CGE 模型对 TBT 变动对整个经济的影响作了定量分析，结论是由于产业的相互影响，运用 TBT 对某一产业实施保护时需要全面权衡其波及效应[10]。冀春苏在国务院发展研究中心提出的我国经济可计算一般均衡模型基础上，建立了拓展 TBT 因素的 CGE 模型，定量分析国外 TBT 对我国经济的影响[55]。

5. 应对 TBT 的策略

国内外学者都针对 TBT 的影响提出了应对的策略，偏向于企业如何通过自身能力跨越 TBT，我国学者的研究认为由于自身的技术水平比较落后，发展中国家应该采用主动与其他国家进行协调的方法。

（1）国外对 TBT 应对策略的研究现状

为了应对 TBT，国外学者进行了相关的研究。Paul Brenton 和 John Sheehy 等提出通过共同认证、最低要求等方式来消除欧盟国家和中东欧国家之间的 TBT[56]。另外，Michelle Egan 研究中提到在欧盟制定标准时涉及 25000 家企业、消费者协会和贸易协会，他通过英国小玩具公司和美国 Dormont 公司的例子证明了中小企业不但能够克服 TBT，还能通过有效的申诉来制定行业标准，进而占领国际市场[57]。Mica Jovanovic 则认为东盟要建立一种实验室网络，使鉴定成为一处合格则处处通[58]。

（2）国内对 TBT 应对策略的研究现状

我国已有的关于 TBT 的文献中，大量的文献用以分析 TBT 的应对对策。当前的热点在于：①预警机制构建和相关信息如何提供给相关企业[59]；②与国际标准接轨和国内的标准化战略[60]；③对主要贸易对象国的相关 TBT 设置的分析和介绍；④关于WTO《TBT协议》和相关协议的研究；⑤充分发挥行业协会应对TBT的作用[61]。此外，如何实现标准制度的互认[62]，通过内生的技术研发、标准形成和输出以及相关认证机制的健全来建立标准制度互认机制[63]，未来TBT理性化的路径分析也开始得到关注。这些跨越TBT的措施主要集中在：建立TBT的预警机制；建立与国外权威机构认证的相互认可机制；收集、跟踪国外的TBT措施，建立TBT信息中心，很多学者认为，技术创新才是跨越TBT的根本途径。从根本上说，只有通过技术创新和技术进步，真正提高国内产品的质量和档次，才能有效地跨越国外的TBT。其中侯俊军认为进口国（即产品用户）提出的TBT引发了技术创新，并对此进行了更进一步的研究，通过TBT环境下技术创新成本与收益的分析，认为跨越技术性贸易壁垒成为企业进行技术创新的一种新的激励。侯俊军又将技术创新同对外直接投资和寻租活动进行了比较，再次证明了这一结论[64]。黄胜辉也认为技术创新是突破TBT的必由之路和兴贸之基，我国技术创新应具备安全理念、质量国际标准理念、环境保护理念、专利理念和信息技术优先发展理念[65]。总之，国内学者的有关研究主要表现为政策研究，结合我国的实际问题进行探讨，对我国对外贸易实践提供了有益的指导。

1.2.2 中小企业技术创新的研究现状

1. 技术创新的概念

技术创新是经济增长的原动力，然而，在技术创新的概念这个基本问题上，至今都还没有统一的认识，出现了许多观点，现列举几种有代表性的。

（1）国外对技术创新概念的研究现状

Joseph Schumpeter把创新定义为一种生产函数的转移，或是一种生产函数的新组合，其目的在于获取潜在的超额利润，提出创新是生产函数或者供给函数的变化，是生产要素和生产条件的“新的组合”。他将创新概括为五种类型：①生产新的产品；②引入新的生产方法、新的工艺过程；③开辟新的市场；④开拓并利用新的原材料或制成品的供给来源；⑤采用新的组织方式。此后，Carolyn Shaw Solo对技术创新理论重新进行了较全面的研究，1951年发表了《在资本化过程中的创新：对熊彼特理论的评论》，提出技术创新成立的两个条件，即新思想来源和以后阶段的实现发展，构成日后技术创新概念研究的基本框架。这种“两步论”被认为是技术创新界定研究上的一个里程碑[66]。Roland Mueser对几十年来在技术创新定义上的多种主要观点和表述作了较系统的整理分析。在此基础上，将技术创新重新定义为：技术创新是以其构思新颖性和成功实现为特征的有意义的非连续性事件。这一定义突出了技术创新在两方面的特殊涵义：一是活动的非常规性，包括新颖性和非连续性；二是活动必须获得最终的成功实现。OECD对技术创新的描述是：技术创新是指产品和工艺的创新，包括实现了技术上新的产品和工艺，以及技术上有重大改进的产品和工艺。它还特别强调产品和工艺被列入市场或应用生产。因此，技术创新包括了科学、技术、组织、金融和商业一系列活动[67]。

(2) 国内对技术创新概念的研究现状

我国学者傅家骥根据我国经济技术的发展特点对技术创新的概念也提出了自己的看法。他结合技术创新理论的发展和我国技术发展的实际情况，认为技术创新的含义是指企业家抓住市场的潜在赢利机会，以获得商业利益为目标，重新组织生产条件和要素，建立起效能更强、效率更高和费用更低的生产经营系统，从而推出新的产品、新的生产（工艺）方法，开辟新的市场，获得新的原材料或半成品供给来源或建立企业的新的组织，它是包括科技、组织、商业和金融等一系列活动的综合过程。在我国，对技术创新中“新”的界定不能严格限制为“首创”，因为对于我国这样一个经济与技术发展水平还相当落后的发展中国家来说，即使是在相当长的时间内，也很难达到比较高的标准，过分限制会阻碍技术创新对经济发展和企业改革的推动作用[68]。我国学者吴贵生把技术创新比较简练、通俗地定义为：技术创新是指由技术的新构想，经过研究开发或技术组合，到获得实际应用，并产生经济、社会效益的商业化全过程的活动。其中，技术的新构想指新产品、新服务、新工艺的新构想；技术组合指将现有技术进行新的组合；实际应用指生产出新产品、提供新服务、采用新工艺或对产品、服务、工艺的改进；经济、社会效益指近期或未来的利润、市场占有或社会福利等；商业化指全部活动出于商业目的；全过程则指从新构想产生到获得实际应用的全部过程[69]。

2. 技术创新与企业规模

针对企业何种规模有利于企业技术创新的问题，在最近十几年里受到越来越多的关注，不同时期的经济学家做出了迥然相异的回答，无论是从理论上还是从实证上都存在相反的两种意见。

(1) 大企业比中小企业更有利于创新

早期的经济学家，包括熊彼特本人，认为大企业是推动技术创新的最主要、甚至是唯一的力量。这种观点在20世纪60年代以前占有统治地位。这种意见认为规模大的企业可以满足R&D投资的规模经济需要，可以累积技术知识和能力。大型企业具有的承担创新失败风险的能力也比较大，可以利用多样化使得R&D创新结果得到更有效的利用等。

(2) 中小企业对技术创新的贡献要强于大企业

F. Scherer对448家名列《幸福》500强的企业进行了分析。结果表明大部分产业中的企业R&D支出随企业规模的扩大而增大，但发明专利（创新能力）并不与企业规模的增长成正比，竞争会加快技术创新步伐。Edvin Mansfield在1968年考察了数个产业，并没有发现创新活动的规模经济效应。他认为对于大公司在给定规模的投入条件下，其创新效率比不上小企业。E. A. Bond对2852家美国公司及其拥有的4553件发明专利进行的研究表明，小企业（年销售额少于1千万美元）的销售额占总体的比例仅为4.3%，所拥有的发明专利则占总体的5.7%。还有一些经济学家对企业的技术创新能力进行定量分析，得到了大致相同的结论：中小企业的技术创新能力明显优于大企业。Samuel Gellman研究得到的结果表明中小企业中每位员工的技术创新能力平均比大企业强2.45倍。Zoltán Ács对美国34个创新最多的行业中不同规模企业的创新数作了比较，结果是：中小企业创新在14个行业占优，其余的20个行业大企业占优。另外在一些新兴的行业中，中小企业表现得更有优势[70]。P. A. Geroski对创新与市场结构作了新的实证研究。他认为高度集中的产业在促进创新方面不如竞争性行业。也就是说，实际垄断对创新有阻碍作用[71]。

可以看出，技术创新活动和企业规模并没有必然联系。企业创新活动会因市场结构、行业技术性质、竞争状况等方面因素的影响而有不同的表现。中小企业虽然在资源投入和风险承担能力上不及大企业，但不同技术的特征以及企业创新的动力会使得它们在技术创新上并不必然的显示出相对大企业的劣势。

3. 中小企业技术创新能力

中小企业技术创新具有独特优势，是经济活力的重要源泉。面对全球性资源、环境、生态、人口等新挑战，促进中小企业提高技术创新能力更具有重要的现实意义。一般对中小企业技术创新能力的研究主要是针对中小企业技术创新能力构成及其评价来展开的。

(1) 中小企业技术创新能力的含义及其构成

从技术创新资源要素的角度来看，技术创新能力可看作是由多种要素构成的有机整体，是指企业从事技术创新活动并以技术创新为内在机制推进企业经济增长和发展的能力。技术创新能力包括技术创新的投入能力、产出能力和活动过程能力以及企业技术创新的内部支持能力和社会支持能力等几个方面的综合实力。有的学者将技术创新能力同生产能力和吸收能力共同构成技术能力。这些学者依据技术创新的基本性质和基本过程、成功技术创新给予的启示以及企业技术创新调查分析结果，把技术创新能力分解为创新资源投入能力、创新管理能力、创新倾向、研究开发能力、制造能力和营销能力。还有的学者认为技术创新能力是企业产生新思想并运用研究与发展、营销和工程化能力实现新思想以促进、支持技术创新战略的综合能力。魏江指出技术能力应包括显在能力和潜在能力两方面，具体包括四层内涵：①技术与信息的引进、实现技术转移的能力；②对技术的学习能力；③产生新的技术与知识，保持技术的储备与积累；④实现技术创新，创造经济效益[72]。万兴亚提出中小企业技术创新能力按过程可分解为创新要素投入能力、研究开发能力、创新生产能力、新产品营销能力和创新管理能力五个方面内容[73]。茹莉将中小企业技术创新能力分为三个层次：①中小企业技术创新投入，包括资金投入、人员投入和技术设备投入；②技术创新活动过程，包括开展 R&D 活动的类型、开展的 R&D 项目、合作情况与技术引进情况；③技术创新产出，包括中小企业新产品销售收入率、销售利润率、产品出口销售收入率和专利数量。通过这些指标来衡量中小企业技术创新能力[74]。

（2）中小企业技术创新能力评价

中小企业技术创新能力的测度与评价，是人们认识与把握中小企业技术创新活动的本质与规律，系统总结创新经验的主要手段。目前对中小企业技术创新能力进行测度主要是从以下几方面进行：①通过对中小企业现有能力进行系统性的和经常性的审查，以及将这些能力与中小企业为维持竞争力需要培育或者获得的能力进行比较，来确认中小企业特定的创新需求；②将来自中小企业内外的不同投入结合起来以创造竞争优势；③探索广泛的技术选择渠道并为此而进行广泛的搜索以使其满足需求；④比较和对比各种可得的技术选择，并在这种比较的基础上选择最实用的技术；⑤在中小企业内部采用这种技术，这种采用可能涉及广泛的项目计划和管理活动，并使技术与组织相适应；⑥使用该技术应培育出可使其取得最佳使用的技能。1992 年 OECD 出版了《技术创新调查手册》（即《奥斯陆手册》），随后进行了欧共体创新调查（Community Innovation Survey，CIS）。这次 CIS 使用统一设计的问卷调查表，主要是收集制造业中与产品创新和工艺创新相关的创新活动数据以及创新产品销售额在企业销售额中所占的比重[75]。1993 年，波兰第一次依据《奥斯陆手册》推荐的基本原理和方法，进行了面向企业的技术创新调查，调查对象是通过随机抽样选取的 3000 家规模不同的大中小企业。1997 年初，波兰又进行了第二次类似的调查。为了使调查结果具有充分的可比性，这次调查尽可能地采用了OECD第一次CIS的方法和使用的指标，并且将被调查的样本企业增加到9000个。目前，国内学术界关于中小企业技术创新能力的测度与评估，已经发展出各种评价指标体系，并用综合指数法、层次分析法、功效系数法、灰色理论、模糊数学等方法进行多目标评价，取得了一定的成效。其中，吴友军考虑以往中小企业技术创新指标体系研究现状，结合中小企业的特点，构建出适合中小企业特点的一级5个、二级20个指标的评价指标体系[76]。毕克新从产品创新和工艺创新维度出发，采用基于模糊积分的改进综合评价方法对中小企业技术创新能力进行了评价[77]。

4. 中小企业技术创新政策

国内外学者们都十分重视中小企业技术创新的政策研究，这是由中小企业先天的劣势决定的，在此方面的研究主要是从三个方面展开。

(1) 关于中小企业技术创新政策的一般理论的研究

这一研究是对技术创新政策特征、制定与实施等基本问题的研究。新古典经济学家对技术创新政策研究的贡献，是指出了政府干预技术创新的合理性在于技术创新过程中存在着“市场失灵”。其代表人物Kenneth Arrow认为，“市场失灵”是指技术创新活动对于社会整体的边际价值和对于私人部门的边际价值的不相等，导致了自由市场在资源配置上的非优。在技术创新政策方面，新熊彼特学派指出技术创新过程中的各个环节都需要政策的支持，并强调旨在促进技术创新扩散的政策尤为重要[78]。黄鲁成认为，技术创新政策具有技术和经济的属性，但主要体现为经济属性；技术创新政策构成特征是，它由技术创新政策手段和技术创新政策目标构成；技术创新政策与科技政策既相区别，又相联系，科技政策的制定要以技术创新的需要为重要目标，技术创新政策应当成为科技政策与产业政策相联系的桥梁[79]。

(2) 关于各项具体中小企业技术创新政策的研究

戴强认为政府要支持中小企业技术创新就必须积极推行金融扶持政策、财政政策、教育培训政策、政府采购政策、信息政策、法律规范、中小企业孵化器，并完善技术市场和中介服务机构[80]。黄海蓉等从对《补贴与反补贴协议》和美国政府对中小企业技术创新支持的经验分析，提出了我国财政政策对中小企业技术创新支持的思路[81]。毕克新等在借鉴WTO成员方经验的基础上，分别从财政、金融、法律、税收和社会化服务体系五个角度，构建了适应WTO规则的我国中小企业技术创新支持体系[82]。

（3）关于中小企业技术创新政策的国际比较研究

我国科技部创新基金管理中心组织编写的《国际中小企业自主创新公共政策研究》，侧重于在操作层面上介绍政府支持中小企业自主创新相关计划的出台背景、经费来源、主要宗旨、运作和管理模式、实施效果和评价体系、经验和问题等[83]。李伟红对英国、美国、日本、德国等国政府干预技术创新的手段进行分析，揭示其共性和成功经验，并研究了现阶段我国政府在技术创新中如何进行有效干预[84]。阎维洁通过对美国和日本激励企业技术创新政策工具的分析，结合我国市场机制运行特点，通过类比，探讨我国在政策工具方面的选择及应用[85]。

1.2.3 TBT对中小企业技术创新影响的研究现状

迄今为止，专门从技术创新的角度来系统地研究TBT影响问题尚未多见。TBT的主要表现形式包括技术标准和法规、绿色壁垒和合格评定程序等，虽然这些措施最终结果表现为对中小企业出口贸易形成阻碍作用，但不能否认的是这些措施蕴含着一定的先进技术信息和市场需求信息，对中小企业技术创新活动具有一定的积极作用。学者们已有的研究都只是从不同侧面涉及一些相关的内容，主要包括四个方面。

1. 技术标准和法规对中小企业技术创新的影响

技术创新在技术发展中起着举足轻重的作用，而技术标准是随着技术的发展而发展的，可以说，技术创新是技术标准的基础，技术标准是技术不断创新的结果。

（1）国外对技术标准影响中小企业技术创新的研究现状

Cristiano Antonelli研究了标准作为经济制度的演化过程和技术标准的各种作用和效应，认为随着信息和IT技术快速发展和技术创新周期缩短，对技术标准化需求也在不断提高[86]。Allen Robert认为技术标准是由各种技术性活动组成的复杂系统，并成为广泛接受的规则。技术标准总是来源于最具创新性的技术，并且在现实中标准还能直接或间接地促进创新，他们的研究结果表明技术标准对技术创新既有积极影响也有消极影响[87]。同时，技术标准是创新成果迅速向现实生产力转化的桥梁，又促进和规范着技术创新进程。Gregory Tassey认为技术标准是所有产品要素、过程、方式或步骤都必须遵守的规范，它影响着研发、生产和经济活动的市场渗透的各个阶段。在生产中，标准传统的经济功能可以限制交易中的产品选择，从而使产品多样化以及消费者选择变得容易，实现规模经济的成本优势。另外，标准以公开出版物、电子数据库、术语、测试和测量结果的形式来描述、量化和评估产品属性，有助于提供被评估的科学和工程信息。在技术先进的制造业行业中，一系列由测量和测试方法提供的信息，由于广泛地被接受，所以极大地减少了买者和卖者之间的交易成本。而且界面标准提供了一个开发系统，允许多个专利部件协同设计。因此对于设计来说，技术标准使部件层面的创新成为可能[88]。Sadahiko Kano 认为独立渐进的创新必须是在全面系统标准的框架内进行的，技术标准化的一个重要作用是将纷乱的技术创新转变为系统的技术创新活动，并形成创新产品适应市场需求。他还对区域化市场的技术创新与技术标准化进行比较研究，认为从经济学和产业结构的观点看，新技术标准的产生会促进新市场的产生，并给市场带来活力[89]。Peter Swann 对标准的经济效用进行了综述，包括降低交易成本、鼓励技术创新、促进市场竞争和国际贸易等，他认为兼容性标准最主要的作用就是防止无效创新造成的损失[90]。Joel Bruneau 则认为，从实际的效果来看，在充分竞争的市场上，与基于市场的手段相比，技术标准对技术创新来说产生了更大的激励[91]。

(2) 国内对技术标准影响中小企业技术创新的研究现状

我国标准化专家李春田主要研究标准系统管理原理，他认为技术标准化对技术创新来说似乎是矛盾的、互相对立的，其实二者是对立的统一，技术标准化不仅不会限制创新，而且恰恰是为技术创新准备必要的条件，是技术创新的平台[92]。潘海波、金雪军研究了技术标准和技术创新的协同发展，认为技术创新带来了技术发展的新特点，推动了技术标准的发展；而技术标准的出现对技术创新起到了“双刃剑”的作用，既有利于技术创新，也在某方面阻碍了技术创新[93]。王黎萤等研究了技术标准、知识产权和技术创新三者之间关系的协同发展，认为技术创新促进了技术标准战略和知识产权战略的相互融合，而后两者的融合既有利于技术创新，也在某些方面阻碍技术创新；三者只有协同发展，才能提高技术创新主体的核心竞争力[94]。傅家骥等在《技术经济前沿问题》一书中提出把技术标准与市场竞争作为技术经济前沿问题。技术标准不仅影响着技术创新和技术扩散的进程，同时还决定着中小企业能否从技术创新中获得利益。技术标准对技术创新具有基础性作用，但在具有正面效应的同时，技术标准化过程也会产生负面影响。从市场竞争的角度看，技术标准不但会引发符合标准、质量优异、价格低廉的大型企业形成某种垄断，在这种情况下，还会诱发其他同行中小企业进行技术创新，甚至会触发后者的标准创新，即推动新的标准化过程[95]。陈淑梅则将欧盟标准化元素作为技术创新的信息源，建立了利用欧盟标准化进行技术创新的理论模型[96]。

(3) 技术法规影响中小企业技术创新的研究现状

技术法规提出的基本要求，将技术标准作为法规的引用文件，这一做法已经得到国际广泛认可。技术法规属于法律的范畴，具有的法定性不易变更，其强制性使技术标准能够得到更为有效地贯彻[97]。Nicholas Aslhford 研究了法规对技术变革的作用后认为，设计者能够通过改变规制战略来引起最可能的技术变化，从而获得特定的健康、安全或环境目标。对技术法规作出反应的技术变化包括：遵从技术的应用、工艺技术的改变和产品替代。在一些情况下，法规仅仅需要产生一个氛围，现有的技术能够生产出达到理想结果的产品，并被应用或是大规模生产。因此，技术法规在一定程度上激励了研发[98]。

2. 绿色壁垒对中小企业技术创新的影响

绿色壁垒又称环境壁垒，是 TBT 的一种新的表现形式，在环境管制与中小企业发展问题上，始终存在两种截然不同的流派。

(1) 积极派的观点

积极派的主要代表人物 Michael Poter 提出了著名的波特假说，即从静态的观点来看，在假定技术、产品、生产过程、消费需求不变的条件下，管制会降低生产率；但从动态的角度来看，环境管制使中小企业改进生产过程中的非效率，并通过技术创新降低污染、增加产出，可以补偿管制给中小企业增加的成本，如果这种创新效应足够大，则管制可以达到一种经济绩效和环境绩效同时改进的“双赢”状态。环境规制作为一个纯粹的积极推动力，能够促进中小企业改变观念、发展绿色创新，从而在环境要求普遍提升的情况下，这种技术创新还会使被管制中小企业具有“先动优势”。因而，严格的环境管制能够增强被管制的中小企业及相关产业在国际上的竞争力[99,100]。Peter Groenewegen 认为中小企业通过感知和处理环境问题的威胁和机遇，不断地调整着创新战略，进而导致了组织的变化，并且环境、安全和健康部门通过变成中小企业内部的网络，在技术创新战略重新形成过程中发挥了一定作用[101]。Javier Carrillo-Hermosilla 认为通过采取适当的环境规制措施，能够为技术创新提供动力，使其以可持续发展为目标，解决生产活动与环境质量的直接矛盾[102]。另外，Joosung J. Lee 提出了产品创新需求清晰度的概念，即通过建立概念框架，来分析社会需求清晰度，激励中小企业进行环境创新。他认为辨别社会需求清晰度是能够使知识和信息流动起来进行成功创新的有效途径[103]。Frans A. Vollenbroek 认为为了持续发展，需要不断创新以达到经济、生态和社会的目的。创新不再被过去所驱动，而是被未来所吸引，必须引导创新使之持续发展。在荷兰，环境政策导致环境质量提高的同时，也促进了创新的发展，这一成就主要归功于现有技术的提高以及应用了末端治理技术[104]。

（2）消极派的观点

消极派认为环境管制导致成本上升，生产率降低，中小企业整体利益下降，影响中小企业竞争力。积极派认为环境管制会刺激中小企业技术创新，提高中小企业生产率和国际竞争力[105]。发达国家以保护环境为由，采取贸易限制措施，抵制那些由于环境标准低而生产成本低的国家的商品，以保护本国的民族产业和国家利益，其中绿色壁垒是最重要的手段之一。

3. 合格评定程序对中小企业技术创新的影响

合格评定程序具有认证、认可和互认三种形式，质量认证是其中与中小企业技术创新关系最为密切的一种形式。一些学者从质量认证和质量管理的角度研究合格评定程序与中小企业技术创新的关系。

（1）质量认证的角度

Knut Blind 等根据理论假定，对引进 ISO9000（international organization for standardization 9000）质量管理体系的创新服务公司的驱动力进行了分析。他以德国创新服务公司为例，利用一个概率模型评估了不同的解释变量，对质量标准的地位进行了全方面的假定，分析了 ISO9000 质量管理体系在此公司的地位，并由此得出了结论，这个质量标准具有双重影响：①就像预期的那样，它为服务公司的消费者提供了质量保证，特别是在同质产品和均质产品市场上。②引入 ISO9000 质量管理体系已影响到中小企业的内部流程[106]。Ann Mulhaney 将 ISO9000 质量管理体系看作是中小企业流程再造的助推器，这些公司通过建立管理和操作层面上的关键工作指标来创造学习型文化，从而推动和持续改进有效管理。另外，由于中小企业没有资源去分派个人全职传递这种类型的变化，分派个人或一个团队兼职这项任务是不可行的，因此，需要引入外部的资源，如技术人员、咨询机构等，将组织中嵌入持续改进过程的目标，从而改变技术创新的组织[107]。

（2）全面质量管理的角度

全面质量管理与中小企业技术创新的关系十分复杂。已有文献认为全面质量管理的作用根据创新类型的不同而不同，本来对渐进性创新有利的可能会对根本创新不利。Patricia Moura 等对葡萄牙鞋业中的中小企业主要全面质量管理规则以及与人员管理和工作管理相关的规则进行调查，结果显示：全面质量管理能够使工艺和产品设计不断引入[108]。Maria Leticia 等分析了全面质量管理执行对中小企业创新文化、技术和行政组织方面全面创新努力的贡献。研究表明：全面质量管理强烈影响着中小企业的创新文化并使之执行更高的创新水平，全面质量管理是培育创新和组织创新的来源[109]。

4. TBT 对中小企业产品成本的影响

尽管技术标准和法规、绿色壁垒和合格评定程序对中小企业技术创新具有一定的激励和引导作用，但是 TBT 还是会增加产品成本，并对产品贸易造成阻碍。Lionel Fontagné 等认为当某一 TBT 协议或者卫生以及植物卫生标准被公布以后，贸易就会被认为受到了其潜在影响[110]。John S. Wilson 等收集了 17 个发展中国家 20 多个产业 689 家企业的数据，评估了标准和技术法规对企业层面贸易的影响，认为阻碍企业出口的因素包括低需求、设计成本、测试成本、运输成本、营销成本、信息缺乏顺从成本[111]。Neil Gandal 和 Oz Shy 在《标准化政策与国际贸易》中研究了政府标准化政策的选择问题。当标准和技术法规的网络效应和转换成本同时存在的情况下，他们认为在网络效应背景下，标准化政策虽然有益于全世界的消费者都使用兼容性产品，也有利于促进消费，但网络效应却无形中增加了外国公司进入本国市场的标准转换成本[17]。Spencer Henson 的研究表明，TBT 导致生产企业为满足进口国的技术要求而增加技术创新成本。这种成本增加主要涉及两方面内容：一次性初始成本与持续成本。前者是指为达到技术法规与标准而在生产、检疫等环节进行技术改造或努力所导致的成本增加，包括一次性的技术设计更新与生产工艺改进、投资于新设备的投入以及改进企业内部的测试与检验程序并建立新的质量管理体系的成本。后者则包括产品进入市场后不断发生的长期质量控制的成本、为验证出口产品符合某项标准所耗费的有关技术支出、为进行检疫造成周转速度下降，以及因此而产生的库存成本和运输费用的超额支出。出口商为满足进口国的技术要求而增加成本，结果导致竞争力相对于进口国企业下降[112]。发达国家设置的 TBT 以非常严格、苛刻的标准要求为主要特征，而我国中小企业的出口产品要达到要求，就必须对产品的原材料采集、加工、制造、及产品的运输、包装等各环节严格控制，中小企业必须调整它原来的生产设备来达到出口市场的技术要求，从而增加了相应的每单位产品生产成本。主要包括信息费用、检测检验手续引起的成本、重新研发或调整生产设施的成本等[113~115]。

1.2.4 研究评述

1. 研究中存在的不足

到目前为止，学者们研究比较多的领域包括 TBT 的内容、TBT 经济效应及作用机理、不同国家的不同 TBT 表现形式、TBT 对发达及发展中国家的影响尤其是对我国贸易和产业竞争力的影响及成因、我国应对 TBT 的对策等，对 TBT 影响中小企业技术创新的研究还处于起步阶段，同时还存在着一些问题。

（1）研究角度尚未集成

国内外大多数研究都是从某一特定的角度来研究的，例如，技术标准和法规、绿色壁垒和合格评定程序等，缺少对这些角度的综合集成考虑，即没有从 TBT 的这几个角度综合研究其对中小企业技术创新的影响。中小企业出口不会仅仅遭遇到一种形式的 TBT，可能是同时面临几种。因此，当这些形式交织在一起时，TBT 对中小企业技术创新的影响会呈现出什么样的模式和特点，显然无法从已有的理论研究中找到相应的答案。另外，已有的研究都是从技术层面上分析 TBT 对中小企业技术创新的影响，而没有将贸易和技术等多个角度融合在一起进行研究。

（2）理论研究缺乏深度

尽管众多学者都认识到了 TBT 对中小企业技术创新有着非常重要的影响，但是对此方面的研究还未达到相应的深度，并未形成系统深入的认识，没有揭示出 TBT 影响中小企业技术创新的规律和特点。主要表现在，目前多数学者的研究成果还停留在认为中小企业技术创新是跨越 TBT 的根本途径，而没有深入地去研究 TBT 如何影响中小企业技术创新，及其对技术创新过程、机制、要素、方式、战略、组织、作用和政策等都有哪些影响，而这些对于中小企业技术创新来说都是至为重要的。只有深入地研究 TBT 对中小企业技术创新的短期和长期效应及影响机制，才能够更加有针对性地指导我国的中小企业、行业和政府正确应对 TBT，只停留在表面的空喊对策是没有实际指导意义的。

（3）实证研究不够全面

欧美国家的某些经济组织或国际协会经常围绕 TBT 开展大型的市场调研活动，从而有利于当地学者在调研数据的基础上对实际问题展开深层次的分析，这是欧美地区在 TBT 定量化研究方面快速发展的主要原因。而我国在 TBT 影响方面的调查较少，且数据不能为广大学者所获得，这对 TBT 影响的实证研究来说是很大的阻碍。同时，已有的实证研究中对 TBT 的测度没有取得太多的成果，特别是我国一些已有的实证研究，由于数据很难获取，仅是用虚拟变量来表示 TBT 并分析其影响，所得到的结论也不能让人十分信服。

2. 研究的发展趋势

TBT 重点是人与环境。随着人类社会越来越重视自身环境的质量与安全，当今国际贸易对此方面的要求也越来越高，打着保护人类与动物和保护环境旗号的 TBT 成为我国今后较长时期主要应对的贸易壁垒形式。同时，西方发达国家为维护其根本利益，通过利用 WTO 促使其他各国不断扩展知识产权保护范围，将知识产权结合到技术标准之中，可想而知其杀伤力更加巨大，形成了国际贸易中新形式的 TBT。另外，以劳动者劳动环境和生存权利为借口采取有关的贸易保护措施，提高了发展中国家产品的生产成本，扭转发达国家由于劳动力价格较高导致部分产品缺乏国际竞争力的不利局面，实质是继绿色壁垒后发达国家设置的又一个贸易壁垒。因此，随着 TBT 形式的不断更新，对 TBT 影响中小企业技术创新的研究也要不断地改进。

（1）理论研究与实证研究相结合

随着国际贸易的快速发展以及中小企业核心竞争能力的提高，未来 TBT 影响中小企业技术创新的研究在不断完善理论与方法的同时，将更加注重 TBT 影响中小企业技术创新的实证研究。研究者们不仅要研究 TBT 影响中小企业技术创新的共性问题，还要针对特定行业、特定中小企业、特定技术领域的问题，在现有的基础上进行深化研究。研究者们应多运用实证分析方法，通过对特定技术创新项目进行分析，探讨 TBT 对其影响的整体特征，认识其内在的规律性，从而为中小企业跨越 TBT 快速发展积累成功经验和可借鉴的典型案例，以便为政府有关贸易和技术创新政策的制定以及促进中小企业技术创新发展提供有效的决策依据和战略指导。

（2）定量研究与定性研究相结合

对 TBT 影响中小企业技术创新的研究主要包括定性与定量两种研究方法，其中大多数学者采用了博弈分析、案例分析、统计分析等研究方法。这些方法要么是定量的，要么是定性的，缺少定性与定量的有效结合。结构模型方法是量化研究的一个重要分析工具，包含了方差分析、回归分析、路径分析和因子分析，弥补了传统回归分析和因子分析的不足，可以分析多因多果的联系、潜变量的关系，还可以处理多水平数据和纵向数据。因此，笔者认为通过对中小企业发放调查问卷，并应用结构方程模型进行数据分析，能够更准确地表述 TBT 影响中小企业技术创新的各种要素及其影响路径，从而能够掌握 TBT 影响中小企业技术创新的规律和变化趋势，为政府、行业及企业管理者制定相关的政策与策略提供参考的依据[116]。

TBT的理论与实践是一个复杂系统，它涵盖了经济学、国际贸易学、国际经济学、国际政治经济学、制度经济学等很多学科，技术创新的理论与实践同样也涉及了经济学、管理学等多学科的知识。因此，针对TBT影响中小企业技术创新的研究可以在很广泛的领域开展，研究视角、研究内容和研究方法都有很大的空间。

1.3 研究内容和方法

1.3.1 主要研究内容

近年来，我国相当数量的传统优势产品频频遭遇国外TBT，出口纷纷受阻，有的甚至退出了市场，中小企业技术创新是跨越TBT的根本途径之一。国内现有研究大多从TBT的角度来理解外国实施的产品质量管制行为，侧重分析它对我国外贸出口的负面影响；虽然也有观点认为它对国内中小企业提高产品质量有正面作用，但这些观点缺乏细致的理论分析。本书突破了以往对于TBT的研究仅考虑贸易政策的局限，从中小企业技术创新的视角进行了TBT的影响和应对策略的研究。本书研究内容包括七个方面。

1. TBT表现形式对中小企业技术创新的影响研究

阐述了TBT基本概况，进行TBT演化的南北博弈分析，并分别对TBT的各种表现形式如技术标准、技术法规、质量认证、绿色壁垒、信息技术壁垒和社会责任贸易壁垒对中小企业技术创新的影响进行研究。

2. 影响机理研究

从贸易和质量管制两方面由表及里地揭示TBT对中小企业技术创新的影响机理。贸易方面揭示了TBT影响中小企业技术创新产品的数量、价格以及复合抑制机理；质量管制方面揭示了TBT本质上属于进口国政府实施的产品质量管制措施，进口国实施产品质量管制对我国出口中小企业的影响：一方面，质量差距的存在迫使中小企业将更多资源投入创新活动，我国中小企业通过国外先进技术的扩散，不断吸收并提高自己的质量水平；另一方面，中小企业还要开展技术创新活动来降低成本，从而达到跨越TBT的目的。进而对TBT影响中小企业技术创新的效应进行阐述。

3. 关联性分析

在分别设计 TBT 水平与中小企业技术创新能力评价指标体系的基础上，采用灰色关联分析方法和信息熵法，测算 TBT 与我国中小企业技术创新的关联度，并进行排序，分析 TBT 与中小企业技术创新相关关系。

4. 影响模型研究

建立 TBT 对中小企业技术创新的影响结构模型，对 TBT 影响我国中小企业技术创新的外部贸易和科学技术环境进行分析，并对其如何影响我国中小企业技术创新要素的投入和创新活动的开展做了详尽的阐述。即 TBT 对中小企业技术创新活动的贸易环境和技术环境等方面产生影响，从而改变了中小企业技术创新的资源配置，并通过这种改变影响了技术创新的速度、方向和规模。

5. 应对体系构建

构建应对 TBT 的我国中小企业技术创新支持体系，确定支持体系的运行模式、管理机制，以及构建包括建立和健全技术标准体系、TBT 预警体系和中小企业技术创新支持体系的服务内容。

6. 案例研究

运用案例对本书前面的理论研究部分进行实证研究。首先，应用欧盟 CR 法案对温州打火机行业技术创新影响案例，着重分析了欧盟 CR 法案对温州打火机行业技术创新的影响机理以及对内外部环境影响等，并研究了温州打火机行业技术创新应对措施。同时，研究了欧盟 RoHS 指令对我国家电行业、欧盟 REACH 指令对我国化工业影响的案例。

7. 应对策略研究

从政府、行业协会和中小企业三个层面提出提高我国中小企业技术创新能力应对 TBT 的策略。中小企业应实施标准化战略，并通过引进先进的检测标准和检测设备进行规范的监督和检验，从而真正实现在技术层面上提高跨越国外 TBT 的能力；行业协会在中小企业与国内外相关组织之间以及在政府和中小企业之间建立起应对 TBT 的桥梁和纽带，构建服务市场；政府着重为中小企业技术创新应对 TBT 提供政策环境支持。

1.3.2 主要研究方法

1. 文献分析

采用文献分析法，对国内外 TBT 与中小企业技术创新进行动态跟踪，从中小企业技术创新外部环境、信息源、动力等角度探索 TBT 对中小企业技术创新的影响。

2. 理论分析

对 TBT 各种表现形式，包括技术标准、技术法规、合格评定程序、包装和标签壁垒、信息技术壁垒、绿色贸易壁垒的基本概念、特征、作用和发展趋势等基本理论问题进行分析，以准确把握其内涵与外延，为本书的分析奠定一定的理论前提和基础。

3. 系统分析

运用系统设计的思想，针对中小企业技术创新在应对 TBT 中存在的各种问题，构建应对 TBT 的我国中小企业技术创新支持体系，并对各子体系的功能与作用进行着重阐述。

4. 博弈研究

TBT 的设置水平是相关各方多种利益在博弈过程中不断较量和均衡的结果，具有策略与利益相互依存的博弈特征。可以通过分析两个厂商在市场竞争中，高质量的产品是如何在市场销量、价格、利润等方面通过竞争中取得优势，并逐步挤占低质量产品的市场份额，最后驱逐低质量产品的过程，从而说明技术创新在突破 TBT 的重要作用。

5. 实证研究

实证研究是从事管理科学研究的重要方法。运用案例对本书前面的理论研究部分进行实证研究。着重分析了欧盟 CR 法案对温州打火机行业技术创新内外部环境的影响以及影响机理等，并研究了温州打火机行业技术创新应对的策略。同时，研究了欧盟 RoHS 指令对我国家电行业、欧盟 REACH 指令对我国化工业的影响案例。

第2章 相关理论基础

2.1 贸易保护理论

贸易保护理论的发展主要包括早期重商主义、近代李斯特保护幼稚工业理论、现代凯恩斯新重商主义、当代新贸易保护主义和代表发展中国家利益的中心-外围等理论。

1. 原始资本积累时期

重商主义的贸易保护。该理论认为一切经济活动的目的就是为了获取金银。除了开采金银矿以外，对外贸易是货币财富的真正来源。因此，要使国家变得富强，就应尽量使出口大于进口。该理论主张限制制造业产品和奢侈品的进口，限制原材料的出口，实行奖励出口的政策，以保持出口优势。贸易保护的手段有行政管制、高额关税、退还税款、发放奖金和补助金、特许证等。

2. 自由竞争资本主义时期

后期的资本主义国家幼稚产业保护论。其核心内容是作为后进国家，发展一国的生产力比通过比较优势获得贸易利益更为重要，只有通过保护“幼稚产业”建立自己独立的工业体系，才有利于本国生产力的发展。

3. 资本主义垄断时期

凯恩斯主义（超保护主义）。凯恩斯的国际贸易理论经继承者的修改和补充，演变为扩张性贸易顺差理论。这一理论的持有者认为，自由放任的理论和政策应付不了重大危机的局面，因而必须要采用保护主义，由国家政府出面直接干预对外经济活动，通过各种措施，扩大出口，限制进口，取得对外贸易顺差，以提高国内的“有效需求”，缓和经济危机，增加就业。这就是所谓的“新重商主义”——超保护贸易理论[117]。

4. 当代保护贸易理论

当代保护贸易理论（也称新贸易保护主义）以非关税措施为主要手段，通过不断增加非关税措施中的 TBT 和环境壁垒，并采用苛刻的技术和环保标准来达到限制发展中国家出口贸易的目的。提出新贸易保护主义思想的主要是英美经济学家，其中比较有影响的是英国剑桥经济政策团体的主要代表人物 Wynne Godley 所提出的保护贸易理论模型。他认为，从一国宏观角度来看，国际贸易业绩对于一国的总需求和就业不仅起着关键作用，而且具有不可替代的作用。因此，问题的关键不在于一种贸易理论是自由贸易主义还是保护贸易主义，而在于它能否有效地说明对外贸易与宏观经济因素相互间的关系[118]。

如上所述，贸易保护的理论有多种，既有古老的重商主义、形成贸易保护理论主流的幼稚产业论、战后凯恩斯新重商主义、当代战略性贸易政策论，又有其他非主流的贸易保护理论，如中心-外围论、公平贸易论、夕阳产业保护论、管理贸易论等[119]。但无论是哪一种贸易保护理论，作为贸易保护的手段归纳起来主要是两种，一种是关税壁垒，一种是非关税壁垒。

非关税壁垒是指除关税以外的对国际贸易商品和服务限制的其他所有措施，目前，关税壁垒的保护作用日渐削弱，传统的非关税壁垒也日益受到 WTO 多边贸易体制的严格约束，世界贸易环境正在向好的方向发展，但越来越多的西方发达国家却频繁采取灰色区域措施，这在一定程度上构成了对以关贸总协定为主体的国际贸易体系的威胁。按照非关税壁垒的作用机制，可以将非关税壁垒分为三类。第一类是价格费用型的非关税壁垒。这种类型的非关税壁垒通过各种措施直接影响进出口商品的成本，从而影响这些商品的最终价格，或通过直接影响国内产品的成本，从而影响它们的最终价格，改变国产商品与进口商品的价格差，最终达到限制进口、推动国内进口替代产品的发展、促进出口的目的。第二类是数量限制型的非关税壁垒。它通过直接限制进口商品的数量或进口总额，从而达到直接、有效地限制商品进口的目的。第三类是综合影响型的非关税壁垒[37]。它对贸易的限制作用较前两类更强，主要是通过各种规定、标准，以及海关的检验来达到限制进口的目的，对进口商品的数量与价格都起着间接的影响作用。TBT 即属此类。

2.2 技术差距理论

技术差距理论是美国经济学家 Michael Posner 提出的用以解释国际贸易成因的理论之一。他把技术看作一种独立的生产要素，认为国际贸易尤其工业制成品的贸易是以技术差距的存在作为基础的[120]。

由于各国技术发展的水平不同，技术发达国家往往会领先于其他国家开发出一种新的产品或一种新的生产工艺，由此产生国际间的技术差距。在这段时期内，出现某种新产品或新的生产流程的国家将由于技术创新而获得技术垄断地位，成为技术领先国，别的国家对这种产品产生需求和拥有这种产品的生产能力将有一种时间上的延迟，该国因此大量出口技术领先产品。但是，通过贸易产生的示范效应、专利转让以及直接投资，这些技术将被其他国家模仿，技术领先国和技术追随国间的技术差距将会消失，它们之间的贸易由于技术追随国的生产扩大而减少，直至追随国的生产能够满足国内需求为止。随着技术的转移，贸易流的走向也发生变化，技术的领先国会由原来的出口国变成进口国。

在传统的国际贸易框架下，发展中国家在国际贸易中的地位并不利于实现技术跨越和技术赶超。技术差距理论表明，新产品总是在工业发达国家中最早产生，然后进入世界市场。随着新技术向国外转移，其他国家开始模仿并不断扩大规模，创新国比较优势逐渐丧失，出口下降，以至可能从其他国家进口该新产品。在这一过程中，存在两个滞后效应，一个是需求滞后，指创新国出现新产品之后，其他国家消费者从没有产生需求到逐步认识到新产品价值而开始进口的时间间隔；另一个是模仿滞后，指创新国制造出新产品到模仿国能完全仿制这种产品的时间间隔。由于这两种滞后的存在，当发展中国家的企业完全掌握了一项创新产品的技术时，发达国家已经再次甚至多次发生了技术创新，这就可能出现了技术差距。因此，这种滞后所带来的是一种劣势，会造成技术跨越上的“马太效应”，发展中国家将有可能处于更加不利的地位[121]。现实中，发达国家往往是技术的领先国，发展中国家在这一过程中力图缩短模仿时滞，消灭技术差距，不可能主动设置 TBT，而技术领先国不可能轻易地放弃它在此产品或工艺上的优势地位，会尽可能地采取反仿制措施以减缓技术的外移。同时，发达国家会在原有技术优势的基础上继续研发出新的标准和功能以阻碍类似产品的进口[122]。所以从长期的角度来看，只有缩小国家间的技术差距，TBT 才可能减少，否则 TBT 不会随非关税壁垒的消失而消失。因此，简单的模仿或是仅为达到发达国家 TBT 要求而进行改进，是无法真正跨越 TBT 的，只有技术创新才是跨越 TBT 的根本途径。

2.3　技术扩散理论

技术扩散（technology diffusion）是创新的技术在其他经济领域和更大地域空间范围的应用推广。从地理角度看，技术扩散是技术在空间上的流动和转移，由新技术的供方、受方、传递渠道组成。技术扩散理论是在早期的南北贸易与国际技术转移理论的基础之上发展起来的，随后不断进行补充和完善。技术扩散理论的发展大致经历了三个阶段。第一个阶段以 Raymond Vernon、Paul Krugman 和 Serge Daulard 为代表。他们主要研究了南北贸易中国际技术转移产生的过程和结果，这些理论奠定了技术扩散理论发展的基础。然而，这一阶段的技术扩散理论忽略了技术创新、技术转移以及发展中国家吸收新技术的动态过程。第二阶段以 D. Gale Johnson、Harry Flam 和 Janet Seager 等学者为代表。他们将技术创新、扩散和转移过程内生化，对技术扩散产生的机制进行了研究。尽管他们的研究较早期理论有了较大的改进，但这些研究采用的是局部均衡的分析方法，没有对技术扩散进行一般均衡的分析。针对这一缺陷，近年来，第三阶段的技术扩散理论将重点放在开放经济条件下的一般均衡分析上，弥补了以前理论的不足，使技术扩散的研究向前推进了一大步[123]。影响技术扩散效应的因素包括 6 个方面。

1. 技术势能

技术势能是指一个特定地域技术水平的高低。沈越、傅家骥等学者认为，技术创新使创新者与周围空间之间产生了“位势差”，为了消除这种差异，一种平衡力量就会促使技术创新者将创新向外扩散和传播，或者是周边地区对创新进行学习、模仿和借鉴。技术的扩散可以发生在人群、企业（厂商）或地区之间，通过技术转让、信息交流、人才流动以及国际技术贸易和投资等方式实现。国外的技术和东道国技术之间必须存在一定的差距，否则可供学习的空间就太小了，但这个差距又不能太大，不然东道国企业也无法利用。

2. 距离

距离是影响技术微观尺度扩散最主要的因素。技术潜在采用者之间相互联系、相互制约、相互促进，直接影响着企业间信息、观念、物资、人才、资金等要素的空间流动，影响着技术扩散。技术扩散过程首先通过创新者与最早的接受者之间的信息传输实现，然后首批接受者又作为新的扩散源继续扩散。由于距离影响企业间信息传播和物资流通，技术势能的强度具有明显随距离增大而衰减的特征，因而距离成为影响技术扩散的重要因素之一。

3. 技术的相似性

技术水平可能会有差异，但只要地区和国家间所使用的技术具有一定的相似性，技术扩散才是有效率的。

4. 扩散通道

技术扩散通道是指技术扩散的内外环境。技术扩散外环境是指区域经济体制、政策、法律、社会环境系统；扩散内环境则指经济发展水平、技术结构、市场结构、产业结构、信息流通体系、资源禀赋、企业素质等要素组成的区域系统。畅通的技术扩散通道有利于技术扩散，反之则阻碍技术扩散[124]。市场化程度较低的国家及企业提升技术水平的动力不足，不注重技术的引进、消化和吸收，技术扩散的效果较差。

5. 东道国人力资本水平

人力资本的水平可分为较高和较低两个层次。较高层次上的人力资源（比如科学家和工程师）有利于消化吸收引入的技术，解决生产中遇到的技术难题，充分发挥引入技术的生产能力，而且在消化吸收的基础上进行模仿创新，形成独立的创新能力，该层次要求有高素质的技术人员。较低层次上的劳动力（熟练的劳动者）则有利于充分发挥先进设备的生产率，应用引入的先进技术。

6. 东道国的研发投入

首先，为了使引入的技术适应本土生产，需要对技术进行一定的调整和改造，这就要本国进行相应的研究。其次，要模仿国外技术，必须掌握国外技术，这也需要进行研究。其三，本国独立的研究开发提高了本国的技术水平，而吸收国自身技术水平的提高，增强了对先进技术的吸收消化和创新能力，获得技术外溢的可能性也变大[125]。

2.4　中小企业技术创新理论

2.4.1　中小企业技术创新战略

按照技术创新途径的不同方式，中小企业技术创新的基本战略主要有自主创新、模仿创新和合作创新三种。下面对这三种创新战略进行阐述。

1. 自主创新战略

自主创新战略是指中小企业依靠自己的技术力量，通过独立的研究开发活动实现技术突破，并通过自己的努力推动创新的后续环节，率先使重要的新技术商品化，获取商业利润，达到预期目标的创新活动。自主创新的思想来源于自己，创新中各要素的组合自主实现，不仅产品技术突破是内生的，而且创新的后续过程也主要是依靠自身的力量推进的。在自主创新过程中，除了一些辅助性工作或零配件通过委托加工或转包生产让其他中小企业承担外，技术创新的主体工作及主要过程都是通过中小企业自身的知识与能力支持来实现的。自主创新要求中小企业有雄厚的研究开发实力和研究成果积累，处于技术领先的地位，否则是做不到率先创新的。因此，它不利的一方面也是显而易见的，这种技术创新风险高、成本高，因为研发领先的产品极易失败，而且研究、开发费用以及开拓市场的费用都很高，是前人没有实践过的创新活动，是最高境界的创新模式[126]。

2. 模仿创新战略

模仿创新战略是指中小企业通过逆向工程等手段，对引进的技术和产品进行消化、吸收、再创新的过程，是在技术引进的基础上，通过对技术的消化、吸收进行再创新的一种创新模式，是一种通过引进技术，然后消化吸收获得创新能力的有效的战略[66]。模仿创新不同于简单的原样仿造，它包含着渐进的创新和对原设计的不断改进。由于模仿创新者不必像自主创新者那样花费大量的时间和费用去进行艰苦的研制，而主要通过学习和借鉴自主创新者的经验，在市场中以更廉价、更优质或更具特色的产品或服务获得经济利益，从经济学的观点看，这是一种更有效的创新，因而也是大多数中小企业采用的创新方式。

3. 合作创新战略

合作创新战略是指以中小企业为主体，中小企业与中小企业、中小企业与研究院所或高等院校合作推动创新的组织方式。合作成员之间可能是供需关系，也可能是相互竞争的关系。合作创新通常以合作伙伴的共同利益为基础，以资源共享或优势互补为前提，有明确的合作目标、合作期限和合作规则。合作各方在技术创新的全过程或某些环节共同投入，共同参与，共享成果，共担风险。在现代经济中，随着全球性技术竞争的不断加剧，中小企业技术创新活动中面对的技术问题越来越复杂，技术的综合性和群集性也越来越强。很多中小企业自身的研究开发能力不高，但可以利用分工的形式，与国内外的大学、科研机构建立新型的产-学-研联合模式，充分利用市场、中小企业、院校几者间的互动关系，将知识转化为生产力。中小企业与大学、科研院所的合作，即产学研合作是最常见的合作创新模式。这对于许多小型企业不失为一种好方法。可以使中小企业始终保持技术优势[127]。

4. 中小企业与技术创新战略

对于我国大多数资源有限、实力不强的中小企业来说，自主创新是一条相对艰难的道路。因此，现阶段，更符合我国中小企业的选择是采取模仿创新战略和合作创新战略。中小企业在引进国外企业的先进技术后，或是在与国内外大企业、科研院所合作的过程中，在对先进技术的消化吸收和二次创新的基础上，开发新技术、新产品的一种创新方式，是中小企业利用后发优势，实现技术跨越的重要途径。很多技术在发达国家虽然已经非常成熟，在发展中国家却具有很强的先进性，发展中国家可以用较小的代价，获取自己需要的技术，通过对引进的技术进行消化吸收和再创新，可以使中小企业避免落入“引进技术—技术落后—再引进技术—再技术落后”的技术引进陷阱，从而获得新的技术优势。

2.4.2 中小企业技术创新模式

Joseph Schumpeter 认为技术创新是指企业家将生产要素和生产条件的一种从未有过的新组合引入生产系统以获得超额利润的过程，按照诸生产要素及外部环境因素在企业技术创新动力机制中所发挥的作用不同，创新形成了不同的模式。

1. 技术推动模式

早期的创新理论（包括 Joseph Schumpeter 的创新理论）大都主张技术推进模式。按照这种模式，技术创新是从科学研究开始，在实验室中得到技术成果，然后寻找市场，通过技术创新使其商品化，从而达到发展经济的目的。技术推动说有两层含义：一是具有大规模研究群体的企业在创新上优于科研人员少的企业。二是创新活动的步伐主要依赖于科学进展。20 世纪 60 年代以前，技术推动模式占据主导地位，人们认为技术上的重大突破是创新的原动力，是驱使创新活动得以产生和开展的根本动因。

2. 市场需求拉动模式

1966 年，J. Schmookler 提出技术创新的市场需求拉动模式，他认为技术创新源自于市场需求。该模式强调技术创新起源于社会需求，社会需求是拉动、牵引技术创新的主要动力。这种市场需求拉动模式认为，由于社会需求的出现，对科学技术提出了具体的要求，导致应用研究与开发研究的开展，从而产生了技术创新以解决已存在的需求问题。根据市场需求拉动模式，技术创新主要起始于市场需求，市场需求信息是技术创新活动的出发点，它对产品和技术提出了明确的要求。

3. 技术推-市场拉双重作用模式

到了 20 世纪 80 年代，提出了技术推-市场拉双重作用模式。他们认为科学技术和市场需求都是创新成功的重要决定因素。该模式强调技术创新是科技推动和市场拉动综合作用的结果，这两个方面的因素相互作用，相互影响。企业既要寻找技术上的可能性，即技术支持，又要确定市场机会的存在与否，即市场需求支持，这两种支持构成了企业技术创新活动的基本动力。这一模型强调创新全过程中技术与市场这两大创新动力的有机结合，认为技术创新是技术和市场交互作用共同引发的。技术推动和需求拉动在产品生命周期及创新过程的不同阶段有着不同的作用，单纯的技术推动和需求拉动创新过程模型只是技术和市场交互作用创新过程模型的特例；同时，创新过程中各个环节之间还存在着交互作用[69]。如图 2-1 所示。

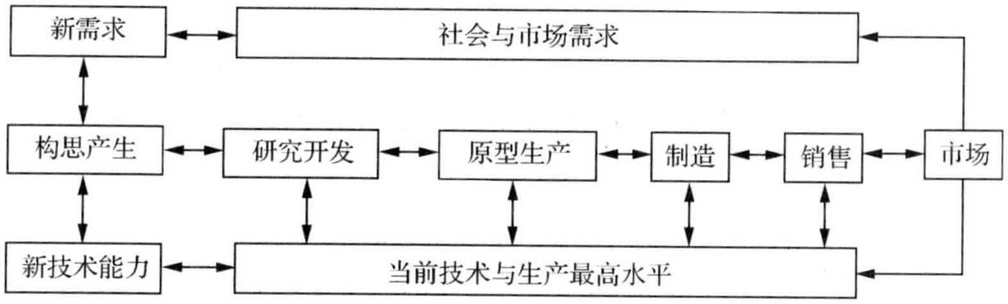

图 2-1　技术与市场交互作用的创新过程模型

2.5 中小企业国际竞争力理论

对中小企业而言，进行国际贸易不仅是为了开拓国际市场，更应该成为提高自身竞争力的重要手段。从国际竞争力的产生和变动的角度来研究中小企业国际化的起因和发展是一个较新的视角，本书在此借鉴了 Michael Porter 的国家竞争优势理论，用以构建中小企业的国际竞争力理论。

1. 要素条件

随着知识经济的发展，中小企业竞争力提升中基本要素的必要性日益下降，而高等要素的重要性却在不断增加。中小企业掌握的资源素来有限，劳动力、土地、资本等传统生产要素的占有颇少，但在知识经济时代，这些传统要素重要性已经让位于信息、知识、企业家精神、研究开发能力、人力资源的质量。而且，随着通讯和信息技术的发展，信息获取和知识内化的成本大大降低。技术素养高且能灵活适应产品创新需要的员工、强大的研究开发力量、企业家精神和创新能力，是中小企业拥有较强竞争力的根本。

2. 需求因素

需求是中小企业生存的必然条件。在社会不断发展的今天，中小企业的独特优势更适合当下环境的变化并能得到充分的发挥。更加专业化、定制化、个性化的需求已经取代了大规模的标准化制造，产品生命周期不断缩短，消费者的偏好和品位迅速变化，中小企业自身船小好调头的特点更适应这样的变化。中小企业投资规模小，能够迅速投产进入生产经营状态，并能根据市场变化迅速作出反应；中小企业管理层次少、管理成本低、决策迅速，更容易抓住稍纵即逝的市场机会；中小企业往往比大公司更加富有创新精神、更能够顺应顾客导向、在满足特殊要求时能够更快地作出反应；中小企业拥有低成本优势，不受多层组织和昂贵信息系统的困扰。在当今的需求变动格局下，这些中小企业特有的优势，可以提升其竞争力。

3. 相关和辅助产业

中小企业可以通过集群效应、发展网络来获得竞争优势。中小企业集群是一群自主独立又相互关联的中小企业根据专业化分工和协作建立起来的组织，该组织介于市场和科层之间，能够产生外部经济效应，激发知识分享与技术创新。同时，集群还有利于群内中小企业分享并扩展各自的中小企业网络，并借助网络关系提高自身的竞争力。

4. 企业战略组织和竞争状态

同行中小企业同居一地，相互之间可以作经常性的比较，产生价格、质量、产品差异化程度等评价尺度，中小企业的集群必然会产生竞争压力。这种压力会促使中小企业不断创新、改进。中小企业的竞争优势需要通过竞争不断地注入活力，也需要通过合作取长补短。众多中小企业在空间上聚集在一起，中小企业的互动程度和学习动力都比较高。另外，中小企业集群由于拥有大量经验丰富的专业人才，群内中小企业可以降低人才搜索成本，同时还能吸引外地人才流入，从而进一步加强集群的人才优势，这些无疑将提高集群内中小企业的竞争力。

5. 信息化

信息化潮流给中小企业的发展带来了前所未有的机遇。现代信息技术的发展，使得中小企业能够以较低的成本获取信息、积累知识，同时也让更多的企业了解中小企业的有关产品信息，这是中小企业提高竞争力、走向国际市场的机会。由于通讯技术的发达，电子商务发展迅速，网上营销成本低、见效快、客户不受时间和空间的限制，加上低廉的网上广告费用、丰富的信息资源，使中小企业能够与大企业平等地获取市场信息；现代信息技术使中小企业得以在因特网上开设有声有色的“虚拟公司”，十分有利于对抗大企业利用其资本优势实现的跨地区垄断。可见，中小企业正面临着良好的提高竞争力的机遇。

6. 政府政策

各国政府无不把建立和完善政府对中小企业的支持体系作为政府工作的重点。亚洲国家在战后长期扶持中小企业。美国在 20 世纪 70 年代开始重视中小企业，并从更高层次上扶持中小企业发展。英国曾一度主张淘汰中小企业，但到 20 世纪 80 年代又重新认识了中小企业，从而开始扶持中小企业发展。政府对中小企业的支持政策，包括金融支持、财政支持、税收支持、法律支持、社会服务体系的建立和完善等。各国政府出台的一系列关于支持中小企业发展和中小企业国际化的法案，也会增强中小企业的竞争力和国际化经营能力。

要素条件、需求因素、相关和辅助产业、企业战略组织和竞争状态、信息化和政府政策这六个因素相互影响，相互加强，共同构成一个动态激励创新的竞争环境，从而产生一些在国际市场上颇具竞争力的中小企业[128]。

2.6 全面质量管理理论

20世纪50年代初，Feigenbaum Pogonia等先后提出了全面质量管理理论。后来这一理论在日本得到了广泛重视和充分实施，为日本经济在战后的迅速腾飞做出了不可磨灭的贡献，并最终带动全球质量管理进入了一个更高的阶段。目前，全面质量管理被国际公认为是一种能实现顾客满意和本组织所有成员及社会受益而达到长期成功的管理途径。就其内容而言，全面质量管理理论主张全员参与、全过程控制、企业全面管理以及以预防为主、不断改进。全面质量管理理论强调质量是设计、生产出来的而非检验出来的，提倡由前期工作的质量管理来保证最终质量。其重在培养每位员工的质量意识，在每一项工作、每一道工序中注意质量的检验与控制，保证及时发现和避免质量问题[129]。全面质量管理的核心思想是在一个企业内各部门中做出质量发展、质量保持、质量改进计划，以最为经济的水平进行生产与服务，使用户或消费者获得最大的满意。人们也逐渐认识到，产品质量的形成不仅与生产制造过程有关，还涉及其他过程及环节。只有将影响质量的所有因素统统纳入质量管理的轨道，并保持系统、协调地运作，才能确保产品质量。因此全面质量管理具有“三全一多样”的基本要求：①全过程的质量管理；②全员参与的质量管理；③全企业的质量管理；④多方法的质量管理。

2.7 循环经济理论

循环经济是一种具有整合意义的新发展方式，它是对18世纪工业化运动开始的以经济、社会、环境三维分裂为特征的传统发展模式的根本性变革。范式的概念是由美国著名学者Thomas Kuhn在其著作《科学革命的结构》一书中提出的，本义是指科学理论研究的内在规律及其演进方式，即“科学共同体的共有信念”。基于不同的社会历史状况、科学技术水平、经济发展的前提条件及其运行机制和对环境问题的不同理解与认识，借鉴科学发展的范式理论，可以探索和总结出人类历史上两种特定的科学共同体信念，即两种不同范式，一种是生产过程末端治理范式，另一种是循环经济范式。随着环境问题在全球范围内日益突出，人类赖以生存的各种资源从稀缺走向枯竭，以资源稀缺为前提所构建的天人冲突范式（以末端治理为最高形态）将逐渐为天人循环范式（以循环经济为基础）所替代。

循环经济作为一种新技术范式，其技术主体要求增加反馈机制。在技术层次上，与传统经济活动的“资源消费→产品→废物排放”开放型物质流动模式相对应，循环经济是“资源消费→产品→再生资源”闭环型物质流动模式，其技术特征表现为资源消耗的减量化、再利用和资源再生化，其核心是提高生态环境的利用效率。在微观层次上，要求企业纵向延长生产链条，从生产产品延伸到产品回收处理和再生；横向技术体系拓宽，将生产过程中产生的废弃物进行回收利用和无害化处理。在宏观层次上，要求整个社会技术体系实现网络化，使资源实现跨产业循环利用，综合对废弃物进行产业化无害处理[130]。循环经济的技术体系以提高资源利用效率为基础，既关注经济增长，同时又关注资源的再生、循环利用和无害化处理，以保护生态环境为目标，推进经济社会可持续发展。发展循环经济、实现环境与发展协调的最高目标是实现从末端治理到源头控制，从利用废物到减少废物的质的飞跃，使利用废旧资源的经济效益高于利用有限的初次资源的经济效益[131]。

2.8　博弈理论

博弈理论（game theory），又名对策论、游戏论。它是一种使用严谨的数字模型来解决现实世界中的利害冲突的理论，主要研究决策主体的行为发生直接相互作用的时候所进行的决策，以及这种决策的均衡问题，是一门研究博弈中局中人各自所选策略的科学，只应用于互斗局势的抽象模型（也称博弈模型）的数学理论和方法，或者说它是决策者在某种竞争下，当成果无法由个体完全掌握，而结局须视群体共同决策而定时，个人为了取胜，应该采取何种策略的数学理论和方法。

一般来说，博弈由四个最基本的要素构成：①局中人（player）。即博弈的参与者，指在博弈中选择行动以最大化自己效用的决策主体。局中人可以是具体的一个人，也可以是一个集体，还可以是某种客观状态（即非人类的局中人）。②行动/策略空间（act/strategy space）。每个局中人有一系列不同的可供自己选择的行动方案或策略，局中人必须知道自己及别人的策略选择范围，以及各种策略间可能的因果关系。用博弈论的术语来说，这就是行动空间或策略空间。③支付（payoff）函数。每局博弈结束，对局中人来说，必有胜败之分，必有得利多少之别，或者有精神上的愉悦与失落，或者有物质、金钱上的收入与支出。这种博弈得失的结果就称为支付。④信息（information）结构。即局中人有关博弈局势的知识，特别是有关其他局中人（对手）的特征和行动的知识。博弈的四要素结构可以用来描述各种各样的现实竞争问题。博弈论主要就是研究在不同信息结构下局中人的理性行为、局中人策略选择时的相互影响以及他们之间的利益冲突与协调关系，它试图将研究内容数学化、理论化，以便更确切地理解其中的逻辑关系，为清晰地描述与解决现实问题提供理论工具[132]。

由于技术创新具有高投入、长期性、动态性以及结果的不确定性等特征，为了应付全球性竞争的挑战，国际贸易竞争的思路出现了某些变化，各国企业正在寻求一种新型博弈关系，即战略合作。在日趋激烈的竞争中，博弈的双方有可能结成同盟或伙伴关系，共同提高彼此的竞争力或分享市场份额。近年来，关于技术竞争的研究主要是依靠博弈论为研究工具的。因此，TBT 领域的一些问题也可以采用博弈论进行分析，博弈论为解释 TBT 的设置以及提出相应对策提供了分析工具。

【本章小结】

本章首先介绍了 TBT 的理论基础即贸易保护理论，然后对技术差距理论、技术扩散理论、中小企业技术创新理论、中小企业国际竞争力理论进行阐述，为分析中小企业技术创新受到的影响奠定理论基础，进而了解了全面质量管理理论、可持续发展理论和博弈论，为提出中小企业技术创新应对 TBT 的策略提供了依据。

第3章　TBT概述及其对我国中小企业出口贸易的影响研究

3.1　TBT　概　述

3.1.1　TBT的主要表现形式

在国际贸易中，由于各国技术发展水平、法律制度、文化传统等诸多方面的不同，TBT的具体表现形式多种多样，千差万别。其主要表现为六种形式。

1. 技术标准

标准是指经公认机构批准的、非强制执行的、提供通用或重复使用的产品或相关工艺和生产方法的规则、指南或特性的文件。该文件还可包括专门适用于产品、工艺或生产方法的专门术语、符号、包装、标志或标签要求。标准是发展变化的，以前的标准多体现为对产品或服务的技术要求和质量要求，伴随高新技术的快速发展，标准也发生着变化，标准的内容越来越丰富，并趋向于将一些技术解决方案纳入到标准之中。由此，技术标准开始出现。

技术标准的范围比标准要小，技术标准多涉及信息技术等高新技术领域，且标准的内容包含有一定量技术解决方案的这一类标准。欧盟将技术标准定义为：一种与产品或服务相关并得到大多数生产商和用户承认的技术规范体系。根据

ISO 和国际电工委员会（International Electrotechnical Commission，IEC）汇总世界各国标准化情况，经专家研究及理事会通过，于 1991 年颁布了 ISO/IEC 第 2 号指南的规定技术标准就是指一种或一系列具有一定强制性要求或指导性功能，内容含有细节性技术要求和有关技术方案的文件，其目的就是让相关的产品或服务达到一定的安全要求或进入市场的要求[133]。从其定义来看，技术标准本质上包含两层含义：对技术要达到的水平划了一道线，只要不达到此线的就是不合格的生产技术；技术标准中的技术是完备的，如果达不到生产的技术标准，可以向标准体系寻求技术的许可，从而获得相应的达标的生产技术。即技术标准的实质就是对一个或几个生产技术设立的必须符合要求的条件以及能达到此标准的实施技术[134]。

我国将 ISO 和 IEC 对技术标准定义的规定直接引入我国国家标准，《标准化工作指南第 1 部分：标准化和相关活动的通用词汇（GB/T 20000.1-2002）》中对标准作了如下定义：标准就是为了在一定范围内获得最佳秩序、经协商一致制定并由公认机构批准，共同使用的和重复使用的一种规范性文件；技术标准则是对技术活动中需要统一协调的事物制定的标准，是中小企业进行生产技术活动的基本依据。

按照《TBT 协议》的规定，标准是自愿性的。但需要注意的是，实践中有些国家将标准分为强制标准和推荐标准两种，其强制标准具有技术法规的性质。目前，一些国家特别是某些发达国家，利用其经济和科技优势，将标准做为构筑贸易壁垒的重要手段，以限制其他贸易伙伴、尤其是发展中国家的产品进口。例如，有的国家制定了进口产品很难达到的苛刻标准，并以此影响消费者偏好，事实上对进口产品构成了障碍。

2. 技术法规

《TBT 协议》（Agreement on Technical Barriers to Trade，WTO/TBT 协议）附件一中规定：技术法规是指规定产品特性或与其有关的工艺和生产方法，包括应适用的管理规定并强制要求与其符合的文件。当它们适用于一产品、工艺或生产方法时，技术法规也可包括或仅仅涉及术语、符号、包装、标记或标签要求。这些文件可以是国家法律、法规、规章，也可以是其他的规范性文件，以及经政府授权由非政府组织制定的技术规范、指南、准则等[135]。技术法规具有强制性特征，即只有满足技术法规要求的产品方能销售或进出口。

3. 合格评定程序

合格评定程序是指按照 ISO 的规定，依据技术规则和标准，对生产、产品、质量、安全、环境等环节以及对整个保障体系进行全面监督、审查和检验，合格后由国家或国外权威机构授予合格证书或合格标志，以证明某项产品或服务是符合规定的标准和技术规范。合格评定程序包括产品认证和体系认证两个方面：产品认证是指确认产品是否符合技术规定或标准的规定；体系认证是指确认生产或管理体系是否符合相应规定。当代最流行的国际体系认证有 ISO9000 质量管理体系认证和 ISO14000 环境管理体系认证。

4. 绿色壁垒

绿色壁垒是绿色贸易壁垒的简称，也叫环境壁垒，指在国际贸易中一些国家以保护生态资源、环境和人类健康为借口，设置一系列苛刻的高于国际公认或绝大多数国家不能接受的环保法规和标准，以对外国商品进口时采取准入限制或禁止措施。绿色壁垒实际上是一种市场准入的障碍，它通过复杂的卫生检疫制度或采用绿色环境标志、绿色包装制度，以阻止或限制某些外国商品的进口。当前的绿色壁垒主要是建立在一些国际性的环保公约、国别环保法规和标准、环境管理体系和环境标志等自愿性措施、生产和加工方法及环境成本内在化要求等框架之内的。其中，国际环保公约主要包括《保护臭氧层维也纳公约》、《控制危险废物越境转移及其处置巴塞尔公约》、《濒危野生动植物物种国际贸易公约》、《生物多样性公约》、《生物安全议定书》和《联合国气候变化框架公约》等；国别环保法规和标准则包括各国在相关国际公约框架内各自制定的具体文件。

5. 包装与标签壁垒

由于包装材料及其所形成的包装废弃物和包装容器结构可能对环境或使用者的安全与健康造成负面影响，许多国家由此颁布有关包装的法律、法令，对包装材料的内容、包装废弃物的处理、包装容器结构等做出规定，要求生产者、进口商、批发商和零售商等强制执行，否则不准相关商品进口或禁止在市场上销售。许多进口商为了符合进口国的要求，不得不重新包装，从而增加产品成本，削弱产品竞争力。

标签是附在商品或包装容器上的说明和图样，其内容包括制造者、产品名称、商标、成分、品质特点、使用方法、包装数量、储存及应注意事项警告标识等，许多国家为保护消费者利益，要求尽量向消费者提供商品质量和使用方法的信息，对进口商品标签作了严格的规定。

6. 信息技术壁垒

信息技术壁垒是指进口国利用在信息技术上的优势，对国际贸易的信息传递手段提出要求，从而造成贸易上的障碍。这些情形包括与贸易有关的信息的表述不衔接、不接轨，不符合进口国的要求，其中既有计量单位要求，也有条形码方面的规定。现状的最新发展与信息技术的飞速发展都有关，比如 EDI 和电子商务，他们是国际贸易的主要表现形态。发展中国家尤其是不发达国家出口因信息技术水平较低、市场不完善和没有相关法律法规及执法差等处于明显劣势，信息不透明，如合格评定程序信息传递不及时，技术标准更改信息传递受阻等。

3.1.2 TBT 的主要特征

TBT 的原始设计动机在于鼓励提高产品质量，保护人类、动植物的生命和健康，保护环境或防止欺诈。但是，也有些国家以保护人类和动植物生命和健康及其他目标为名，行贸易保护主义之实，使其成为取代关税和其他非关税壁垒的新贸易壁垒。与传统的关税贸易壁垒和非关税贸易壁垒相比较，TBT 除限制进口、保护国内产业的传统功能之外，还具有其他特点。

1. 广泛性

TBT 覆盖的内容极其广泛，从产品角度看，不仅涉及资源环境与人类健康有关的初级产品，而且涉及所有的中间产品和工业制成品，产品的加工程度和技术水平越高，所受的制约和影响也越显著。从过程角度来看，包括研究开发、生产、加工、包装、运输、销售和消费整个产品的生命周期。从领域角度来看，已从有形商品扩展到金融、信息等服务贸易、投资、知识产权及环境保护等各个领域。TBT 的表现形式也涉及法律、法令、规定、要求、程序、强制性或自愿性措施等各个方面。随着技术的进步，TBT 将扩散到国际贸易的各个方面。

2. 系统性

TBT 是一个系统，不但包括《TBT 协议》规定的内容，而且还包括《卫生与植物检疫措施协议》、《服务贸易总协定》等规定的措施以及《建立世界贸易组织的协议》、《补贴和反补贴措施协定》、《农业协定》、《与贸易有关的知识产权协定》等。除此之外的其他国际公约、国际组织等规定的许多对贸易产生影响的技术性措施和协议也都属于 TBT 体系的范围。

3. 合法性

设置 TBT 有时确实具有保护生态环境和人类健康等积极的一面，因而，多边贸易谈判确立了 TBT 在国际贸易中的地位与作用，同时得到了国际环保公约和各国环境法规的支持，进而获得了合法性的依据。在《TBT 协议》的依托下，越来越多的国家尤其是发达国家以保护人类生命安全和健康、保护动植物生命和健康、保护环境为借口，且提法巧妙，貌似合理，而实质上是以限制他国商品进入本国市场为目的，而且 TBT 多数以国际国内公开立法的形式存在。比如美国职业安全与健康管理局、消费者产品安全委员会、环境保护局、联邦贸易委员会、商业部、能源效率标准局等都各自颁布法规，包括《联邦危险品法》、《家庭冷藏法》、《控制放射性的健康与安全法》、《植物检疫法》、《联邦植物虫害法》、《动物福利法》等，其中有些条例是专门针对进口国家或商品而制定的[136]。

4. 双重性

TBT 是一把双刃剑，具有积极与消极双重性。正常的 TBT 是指合法合理地采取技术性措施以达到合理保护人类健康和安全及生态环境的目的，如禁止危险废物越境转移可以保护进口国的生态环境，强制规定产品的安全标准可以保护消费者的健康甚至生命。这些措施能够保障人类健康和安全，保护生态平衡，促进科技进步，使国际贸易良性发展，真正推动贸易参与国福利的增长。但是由于各国经济技术发展并不平衡，一些国家特别是美国、日本、欧盟等国凭借其自身的技术、经济优势，制定比国际标准更为苛刻的技术标准、技术法规和技术认证制度等，以 TBT 之名，行贸易保护主义之实。

5. 隐蔽性

TBT 与其他非关税壁垒如进口配额、许可证等相比，巧妙地回避了分配不合理、歧视性等分歧，不像关税和倾销、补贴等其他形式的非关税措施那样容易遭致贸易对手的报复。而且 TBT 对国别没有限制，一视同仁，不存在配额问题，从而具有更强的隐蔽性。另外，TBT 是以基于高科技的技术标准为基础，发达国家设置的要求高于国际平均水平，并以高科技手段予以检验，这使得科技水平相对落后的发展中国家难以适应并对其做出判断。一些技术标准还具有不确定性而且涉及面很广、内容复杂、形式灵活多变，令人无从谈起、无法把握，使出口国很难全面顾及。

6. 灵活性

TBT 的制定和实施不必像关税税率的确定、调整或更改那样要经过严格的立法程序，TBT 只要对涉及进口商品的技术法规、标准或包装、标签要求做一些改变就能够达到限制或阻碍外国商品进口的目的。尤其是动植物及其产品的检验检疫措施，如在检验检疫过程中发现重大疫情或检出有害生物，国家可以立即发布公告，禁止相关产品进口或对相关产品加强检验检疫，对贸易的阻碍作用立刻能够显现出来。正是由于 TBT 的灵活性使得进口国能轻易地达到限制进口的目的，却使得出口国防不胜防，很难适应。因此，目前 TBT 的运用十分频繁[137]。

7. 动态性

由于 TBT 是科学技术发展的产物，代表了不同时代科学技术的发展水平，也体现了各国不同的经济发展水平，因此，它在发展上具有动态性。随着知识的积累、科技的发展和人们环保意识的不断提高，TBT 总是处于不断变化发展之中。贸易商品的技术法规、技术标准不断地提高和进步，越是发达的国家，人们的环保意识越强，TBT 的标准也越高。TBT 从本质上讲是一种动态的技术差距壁垒[138]。如日本对大米的检测项目从 60 多项增加到 104 项进而又增加到 123 项。这也是 TBT 层出不穷，花样不断翻新的原因之一。

3.1.3 TBT 产生原因

TBT 的设立和兴起有着一定的社会和历史背景，主要可以归结为三个方面。

1. 生活水平提高、环境保护力度加强和可持续发展是 TBT 产生的最大诱因

随着生活水平的提高，人们更重视自身生活质量，对安全和健康有了更高的追求，这是当前以保障人类健康等为由的 TBT 迅猛发展的重要原因。社会生产力的巨大发展和提高，使得人们在解决了温饱之后，更加关心产品对身体健康和安全的影响，所以在国际贸易中以健康、安全和卫生为主要内容的新贸易壁垒日益增多。另外，目前全球都非常重视环境问题，这关系到人类的健康，同可持续发展密切相关。发达国家的环保组织与消费者尤其关注同人们日常生活密切相关、与人身安全、环境保护、动植物健康等有关的产品质量与性能，因此对环保、安全、卫生方面等要求日趋严格，相关规定与标准的出台容易造成贸易壁垒。

2. 传统贸易措施的局限为 TBT 的发展提供了巨大的空间

WTO 主持下的多轮多边贸易谈判，使关税的贸易保护作用变得极其有限，乌拉圭回合谈判又使传统的非关税壁垒，如进口许可证、进口配额等只能在特定的条件下使用，这些传统的贸易壁垒措施的发展空间不是很大。相比之下，

TBT 以名义上的合理性、实施上的灵活性以及手段隐蔽等优越性而成为最难对付、最难以质疑、从而也最为各国所乐于采用的国际贸易壁垒措施。

3. 科学技术的发展及其发展的不平衡为 TBT 的发展创造了技术条件

当今世界科学技术的发展日新月异，科学技术正作为一股巨大的力量迅速地改变着人们的生活。发达国家为了保护本国的产品，依靠先进的技术水平，不断提高技术标准。目前大多数国际标准为具有技术优势的发达国家控制，新的技术拥有者又成为新标准的制定者，科学技术发展的不平衡造成在国际贸易中，技术领先与具有经济优势的国家总会设立有利于本国利益的技术法规和准则，往往对产品出口国提出相对更高的技术要求，造成对出口国的 TBT[139]。尤其是高灵敏度检测技术的快速发展，也使得检测精度大大提高，在技术上为发达国家设置 TBT 提供了方便。

3.1.4　TBT 演进趋势

TBT 的最大受益方是发达国家，因为作为先驱者，他们的技术专利、技术产品、版权等得以优先保护，取得了垄断利润；同时作为国际技术标准的制定方，也因阻挡其他国家同类产品进入市场而获得垄断利润。

1. TBT 与知识产权相结合

西方发达国家为维护其根本利益，通过利用 WTO 这一国际组织促使其他各国不断扩展知识产权保护范围，将知识产权结合到技术标准之中，具有更大杀伤力，形成了国际贸易中新形式的 TBT。由于许多高科技产品的核心技术与生产标准已被发达国家所垄断，国外企业先是对我国中小企业“放水养鱼”，然后在知识产权保护的旗帜下，通过收取各种专利和标准税费的手段，在一定程度上达到限制、垄断我国高科技产业的发展，保护其国内市场的目的。

2. TBT 重点是人与环境

随着人类社会越来越重视自身环境的质量与安全，当今国际贸易对此方面的要求也越来越高，打着保护人类与动物和保护环境旗号的 TBT 成为我国今后较长时期主要应对的贸易壁垒形式。

3. TBT 涉及面更广

TBT 的影响将出现从个别产品转到整个行业的新动向，涉及的范围也不断扩大，不仅包括货物商品，还会延伸到金融、信息等服务行业。同时不再局限于工业产品、农产品等制成品，而从早期的商品流通领域扩展到对产品生产过程、产品的使用或预期结果等。显然，TBT已成为非关税壁垒的主要组成部分且涉及面会进一步地扩大。

4. TBT形式不断更新

早期的技术性贸易措施主要是针对产品本身的性能、质量标准，现在已经发展到覆盖产品生产、加工、运输等全过程。即使是我国的产品质量符合标准，一些国家也往往借口该产品的生产、运输甚至销售过程不符合其技术法规要求而被拒之门外。当前的技术性贸易措施不仅表现在产品本身的标准和合格检验上，而且反映在产品包装、标志标签、文字、图形、条码等方面。可见，TBT的形式呈现出不断变化的趋势。

5. TBT会产生强烈的连锁反应

在资讯发达的21世纪，TBT产生的连锁反应将会从一个国家迅速扩展到多个国家。如果一个国家对我国设置TBT，那就不可避免地使我国的产品和服务在世界大部分主要国家都要遇到障碍。2002年初，欧盟以我国蜂蜜所含氯霉素超标为由，停止进口我国的蜂蜜，之后，日本、加拿大、美国等发达国家也加强对我国出口蜂蜜的检验。

3.2 TBT对我国中小企业出口贸易的影响

3.2.1 影响我国中小企业出口产品进入国际市场

2007年9月11日，国家质检总局召开关于《中国技术性贸易措施年度报告(2007)》的新闻发布会，发布了《中国技术性贸易措施年度报告（2007)》。该报告显示，2006年，我国出口贸易因TBT造成的直接损失达359.20亿美元，占我国同期出口总额的3.71%。该报告是在国家质检总局组织的全国范围内的问卷调查的基础上形成的，共涉及全国31个省、自治区、直辖市的2570家出口企业。报告称，2006年，我国有31.4%的出口企业受到国外技术性贸易措施不同程度的影响，比2005年增长了6.3个百分点。受影响较大的行业分别是：机电、农食产品、化矿、塑料皮革和纺织鞋帽，分别占我国因TBT造成的直接损失总额的24.20%、23.77%、23.76%、9.30%和7.72%。TBT对我国出口企业影响较大的前五位的国家（地区）是：欧盟、美国、日本、俄罗斯和东盟，分别占我国因 TBT 造成的直接损失总额的 43.59%、23.67%、19.07%、5.34%和 2.96%。报告指出，随着我国对外贸易持续快速发展，贸易顺差进一步扩大，各类贸易摩擦逐渐增多，其中国外对我国产品质量安全的关注，已经成为贸易摩擦的新焦点。部分国家蓄意炒作，把我国个别产品的质量安全问题上升为对“中国制造”的普遍怀疑，制造中国商品威胁论，给我国出口中小企业造成了巨大损害，这是一些国家利用 TBT 实现贸易保护的新做法。调查同时显示，我国受影响较大的省市中，排在前五位的是广东省、浙江省、上海市、北京市和福建省；影响我国工业品出口的 TBT 集中在认证要求、技术标准要求、有毒有害物质限量要求、包装及材料的要求和环保要求（包括节能及产品回收）五个方面；影响我国农产品食品出口的 TBT 集中在对农兽药残留要求、重金属等有害物质限量要求、细菌等卫生指标要求、食品标签要求和食品接触材料要求五个方面。

我国国家质检总局公布的调查结果表明，国外 TBT 令我国出口企业 2007 年损失近 500 亿美元。2007 年有 34.6%的出口企业受到国外技术性贸易措施不同程度的影响，比 2006 增长 3.2%；全年出口贸易直接损失 494.59 亿美元，比 2006 年增加 135.39 亿美元，占同期出口额的 4.06%，同比略有上升；企业新增成本 264.31 亿美元，比 2006 年增长 72.76 亿美元。调查结果显示，对我国企业出口影响较大的国家和地区排在前五位的是美国、欧盟、日本、东盟和俄罗斯，分别占直接损失总额的 36.79%、34.54%、10.44%、4.41%和 3.59%。调查显示，主要贸易伙伴影响我国工业品出口的 TBT 类型集中在认证要求、技术标准要求、产品的人身安全要求、环保要求、有毒有害物质限量要求和包装及材料要求六个方面；影响农产品出口的 TBT 类型集中在食品中农兽药残留要求、细菌等卫生指标要求、重金属等有害物质限量要求、加工厂和仓库注册要求，以及食品标签要求五个方面。抽样显示，TBT 受企业关注的程度明显提高，出口企业在应对国外 TBT 的问题上表现得更为积极、主动。受国外 TBT 影响较大的行业排在前五位的是机电仪器、橡塑皮革、农食产品、纺织鞋帽和化矿金；受国外 TBT 影响较大的省份排在前五位的是广东省、山东省、江苏省、上海市、河南省。

2009 年 4～5 月，国家质量监督检验检疫总局在全国范围内开展了 2008 年国外 TBT 对我国出口企业影响的调查。调查显示，2008 年我国有 36.1%的出口企业受到国外 TBT 不同程度的影响，2007 年为 34.6%，2006 年为 31.4%，2005 年为 25.1%，全年出口贸易直接损失 505.42 亿美元，2007 年为 494.59 亿美元，2006 年为 359.2 亿美元，2005 年为 288.13 亿美元。对我国企业出口影响较大的国家和地区排在前五位的是欧盟、美国、日本、俄罗斯和拉美国家，受国外 TBT 影响较大的行业排在前五位的是机电仪器、农食产品、纺织鞋帽、木材纸张非金属和化矿金属。调查表明，影响我国工业品出口的 TBT 主要有：有毒有害物质限量要求、技术标准要求、认证要求、包装及材料要求、产品的人身安全要求、环保要求等；影响我国农产品、食品出口的 TBT 主要是：食品中农兽药残留要求、食品添加剂要求、重金属等有害物质限量要求、细菌等卫生指标要求，以及加工厂、仓库注册要求等。

我国中小企业产品的出口市场主要集中在发达国家和部分新兴工业化国家和地区。它们通过制定名目繁多的技术法规和不断提高的技术标准以及规定复杂的合格评定程序，使得我国的产品出口连连受挫，这无疑大大增加了我国中小企业产品进入国际市场的难度。

3.2.2 降低我国中小企业出口产品的竞争力

有些 TBT 不直接对产品的市场准入设限，但却可以通过设置各种环境标准和检测标准，或是提高原有的标准，从而迫使我国中小企业为了跨越 TBT 增加生产与交易成本，以达到削弱我国中小企业出口产品在国际市场上的竞争力的目的。中小企业出口产品成本增加具体表现在以下四个方面：①为了达到相关标准而增加原料成本，削弱了产品竞争力。由于发达国家不断提高检验检疫标准，我国中小企业要达标，就必须采购价格更高的原料，致使生产成本提高，削弱了产品在国际市场的竞争力。②繁琐、苛刻的认证、认可制度与检验程序，昂贵的检测费用，均使得我国中小企业出口产品成本增加，造成产品竞争力下降。③我国的检验检疫设备和技术与发达国家存在较大的差距，因此中小企业产品出口时，需要较长的检验时间，这就增加了出口成本。另外，由于很多高技术设备还无法取得，迫使中小企业到发达国家的一些检验机构进行检验，既增加了难度，也增加了成本。④近年来发达国家相继采取措施，严格包装、标签规则，大力提高对产品包装的要求。而且由于包装要求各国不一、变化无常，往往迫使我国中小企业出口产品不断变换包装，成本不断增加，失去不少贸易机会。凡此种种都要增加投资，增加了中小企业出口产品的成本，从而降低了中小企业的出口竞争力。

3.2.3 妨碍我国双边或多边经贸关系的正常发展

目前，在 WTO 贸易纠纷案例中，有 28%与 TBT 有关，TBT 已成为引发贸易纠纷的重要导火索。很长的一个时期内，国际贸易利益的分配将会进一步向发达国家倾斜。在现行的国际标准体系中，标准的制定者基本上都是发达国家，发展中国家大多是标准的被动接受者。而发达国家从他们自身利益和技术水平出发制定的标准是许多发展中国家所难以达到的。所以，发达国家经常利用技术标准设置贸易壁垒甚至发动技术贸易战，以保护他们的国际贸易利益，从而继续控制发展中国家并占据国际贸易的主导地位。目前 TBT 已成为贸易争端的重要领地。欧盟对我国的 TBT 更是层出不穷，且有逐年上升的趋势。欧盟是我国机电产品出口的主要市场，其环保法规也是世界上最严格、最完善的。纺织品和服装是我国的传统出口产品，日益受到 TBT 的影响。影响纺织品和服装出口的 TBT 主要包括安全要求、环境保护和标签要求。其中绿色壁垒的影响尤为严重，覆盖面大约在 15%，按照 2006 年出口计算，损失将近 1500 亿美元。2007 年以来，国外针对牙膏、宠物食品、轮胎、玩具等我国产品的召回事件频频发生，以产品质量、安全、环境等技术性标准为名的贸易纠纷逐渐走入我们的视野。我国出口中小企业也因此面临着巨大的考验。有数据显示，2007 年上半年美国发生的召回案中约有六成是针对我国的商品，涉及宠物食品、玩具、轮胎等多个领域。从这些贸易纠纷中不难看出，以 TBT 为代表的贸易保护主义正在逐步抬头，并且来势汹汹，TBT 已经成为重要的贸易壁垒[140]。随着世界经济一体化趋势的不断加强，TBT 将不可避免的引发我国与其他发达国家或地区之间的贸易纠纷，影响我国双边或多边经贸关系的正常发展。

3.3　我国中小企业出口贸易遭遇 TBT 的主要原因

3.3.1　外部因素

目前，美日等发达国家经济都不同程度地出现了衰退或增长迟缓。需求的萎缩导致争夺市场的竞争白热化，贸易保护主义重新升温。在保护政策的引导下，各国构建各种与公平贸易原则背道而驰的贸易壁垒。通过法律、法规制定统一的产品技术标准、认证制度等，对于合理配置资源、保护消费者利益等有着积极意义，特别是国际社会通过共同努力制定的国际技术标准，对国际贸易的发展起到了积极的促进作用。但是，由于各国制订不同的产品技术标准以及认证程序，导致了产品在国与国之间流动的障碍，达到阻碍贸易流通的目的。在复杂多变的国际竞争导向下，TBT 呈现出不断发展的趋势，各成员不断将其新制订修订的技术法规、强制性标准及合格评定程序向 WTO 总部通报，使得 TBT 的种类越来越繁多。从 2001～2006 年 11 月，WTO 成员共发布 TBT 通报约 3182 项。其中 2001 年通报为 542 项，2005 年为 771 项，2006 年共发布 874 项[141]，呈现逐年稳固增加趋势，如图 3-1 所示。欧美发达国家为了保护自身利益，从产品质量到包装、运输，从合理协议到精心设计，设立了重重关卡，促使 TBT 得到了迅速发展，进而达到贸易保护的目的。中小企业在我国对外贸易中发挥着越来越重要的作用，然而近几年，TBT 却对其频频亮起红灯，这严重威胁着中小企业的进一步发展，给我国对外贸易也带来了巨大的损失。

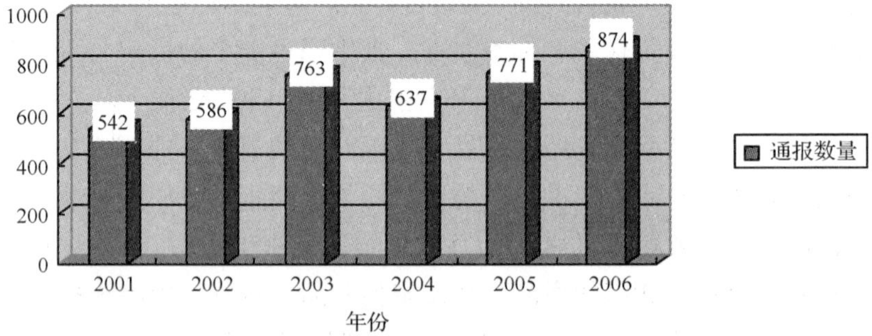

图 3-1　2001～2006 年 TBT 通报数量统计情况

3.3.2　内部因素

1. 中小企业出口产品的弱质性

我国科技水平落后于发达国家，由此导致我国中小企业出口产品的技术含量低及质量水平不高。我国相当多的中小企业技术装备落后，即使在改革开放后引进了许多生产技术装备，也是发达国家在进行产业结构调整时，淘汰下来的 20 世纪 80 年代、甚至六七十年代的生产设施，造成我国的产品质量实际水平落后于发达国家一二十年。例如，我国医药品出口主要是以资源成本和环境成本都较高的化学原料药、中药材，以及技术含量较低的医用敷料为主体，所占比例超过 90%，而以生命科学技术和生物技术为代表的高新技术医药产品出口比例较小。而世界范围的产品质量的迅速提高和质量标准不断更新，使得我国中小企业的出口产品更易受到发达国家 TBT 的限制[142]。随着全球质量水平和档次的不断更新，国际标准的不断提高，我国中小企业出口的产品没有跟上步伐。我国中小企业出口优势产业主要是劳动密集型产业，出口行业整体技术层次低，导致了劳动密集型产品科技附加值低、质量不稳定、安全性差。中小企业由于在理念、资金等方面相对较弱而显得尤为突出。中小企业的出口产品以附加值低的劳动密集型产品和资本密集型产品占出口主导地位，而附加值高的技术密集型产品出口则占次要地位。附加值较低的中小企业产品在国际市场上主要靠价格低廉、薄利多销取胜，受环境保护、质量控制、检验及检疫和认证等方面因素影响较大。

2. 我国中小企业的贸易伙伴过于集中

根据海关的初步统计，2007 年 1～11 月，欧盟、美国、日本、中国香港是我国四大出口集中地，我国对这四个地方的出口额为 6940.7 亿美元，约占我国当年出口总额的 63%。另外，包括经香港的转口贸易在内，目前我国出口商品中有近 75%销往美、日、欧盟等国家或地区。而这三大经济实体恰恰是 TBT 的积极倡导者和实施者，近年来，这些国家普遍增加了对我国产品检验的技术指标和种类，有的甚至高于国际标准达到苛刻的程度。各国 TBT 与 SPS 通报数量如表 3-1 所示。出口的地理方向决定了我国中小企业经常会遭遇技术性贸易壁垒的严重威胁。

表 3-1　2000～2006 年各国 TBT 和 SPS 通报数量之和

	日本	美国	韩国	德国	英国	荷兰
2000	62	152	33	32	41	80
2001	31	14	27	7	8	46
2002	46	213	40	66	72	83
2003	66	267	51	101	101	103
2004	45	320	49	130	128	138
2005	61	334	43	88	91	90
2006	58	489	60	93	94	97

数据来源：中国技术性贸易措施网 www. tbt-sps. gov. cn。

3. 长期游离于多边贸易体制之外

在加入 WTO 之前，我国被长期排除在多边贸易体制之外，难以享有 WTO 有关协议对发展中成员方甚至一般成员方的待遇，因此中小企业缺少一个指导性强的信息发布平台，对我国出口造成极为不利的影响。WTO 的《TBT 协议》与《SPS 协议》要求各成员方设立关于技术法规与标准以及卫生检疫措施的国家级咨询点，进行有关信息通报，并回答其他成员方的合理询问。长期以来，我国无法获得充分、稳定、确切的有关各国 TBT 的信息，同时也无法享受 TBT 与 SPS 协议在技术法规与标准的制定、采纳与实施以及技术协助等方面给予发展中国家的特殊和差别待遇。因此，当我国遭遇 TBT 时，我国中小企业无法及时做出反应，错失良机，不可避免贸易利益受损。

4. 政府对中小企业缺乏有针对性的指导和扶持

中小企业在资金、技术、人才和信息等各方面都与实力雄厚的大企业存在巨大差距。因此，中小企业不仅比大企业更容易遭受 TBT 的打击，而且在应对 TBT 时也面临着重重困难。这就需要政府对中小企业在应对 TBT 方面给予有针对性的指导和扶持，但我国政府目前在融资、技术创新、信息和人才培训等方面对中小企业都缺乏有力的针对性扶持。政府对 TBT 也缺乏足够的重视，对国际通用的国际标准和技术管理措施重视不足，掌握不全面、不深入，对主要贸易对象国的技术手段缺乏了解。政府在宏观上对中小企业的指导也仅仅停留在对诸如 ISO9000、ISO14000 等国际通用标准的宣传上，至于中小企业如何通过这些标准认证，政府没有什么实质性的指导措施。同时对 WTO 的 TBT 协议和 SPS 协议的普及力度也不够。这些非常不利于我国中小企业产品在国际竞争中获得优势。

5. 中小企业对 TBT 重视不够

我国出口企业大多没有认识到 TBT 的重要性，对产品质量没有清醒的认识，不注重增加产品的附加值，一味的强调廉价劳动力和低成本的优势。同时，在引进国外先进技术方面，由于消化、吸收、创新投入很少，缺乏创新能力，陷入“引进—落后—再引进—再落后”的怪圈，这必然不利于中小企业的长期发展。我国的许多中小企业没有对 TBT 给予足够的重视，认证意识淡薄。大多数中小企业对 ISO9000、ISO14000 不甚了解，对欧盟、美国、日本等地的区域性标准就更是知之甚少，对主要贸易对象国的技术手段缺乏了解。多数中小企业的产品质量管理体系很不健全，软硬件设施和管理水平与国际水准存在差距，对主要贸易对象国的技术标准和技术性管理措施知之不多，不能及时根据进口国的政策改变调整自身的生产和销售策略。另外，我国的相当部分中小企业由于在生产过程和包装上缺乏环境保护意识，仍然停留在以消耗能源、资源，甚至不惜采取掠夺性、毁灭性经营模式来换取经济增长的发展阶段，一方面对生态造成难以恢复的破坏，另一方面使得很多中小企业达不到绿色认证标准，出口受阻。

【本章小结】

本章阐述了 TBT 的主要表现形式、主要特征、产生原因和发展趋势。并分析了 TBT 影响我国中小企业产品进入国际市场及其竞争力，并阻碍我国双边或多边贸易的正常发展，进而从外部和内部两个角度分析了我国中小企业出口贸易遭受 TBT 的主要原因。

第4章　TBT演化的南北博弈分析

近年来，TBT作为各国高度重视的战略性竞争手段逐渐成为国际贸易壁垒中的主体，越来越多地被一些国家尤其是发达国家广泛使用。以TBT为核心的新贸易壁垒将长期存在并不断发展，对国际贸易造成较大的负面影响，给发展中国家的经济贸易发展造成较大的障碍。TBT充分体现了技术标准、法规和合格评定程序对促进与阻碍国际贸易发展的双重性，它是一个设置与超越不断较量的动态发展过程。发展中国家与发达国家的经济结构、产业发展水平、消费结构各不相同，决定了各自采取不同的贸易壁垒政策。TBT的设置水平是相关各方多种利益在博弈过程中不断较量和均衡的结果，具有策略与利益相互依存的博弈特征。因此，通过探讨发达国家与发展中国家在TBT的设置水平的演变趋势及其影响因素，对于TBT本质的了解和我国中小企业更好地应对发达国家的TBT都具有十分重要的意义。

4.1　博弈分析

发达国家与发展中国家间的TBT的选择具有策略与利益的相护依存的博弈特征。一国对某产业可以采取维持现行TBT策略和提高TBT策略两种策略，发达国家可以采取维持现行TBT水平和提高TBT水平两种策略。发展中国家可以采取维持现行TBT水平和提高TBT水平两种策略。记为提高和维持两种策略。为了考察南北国家间的 TBT 设置的影响及政府间的对策，可以设 X 为发展中国家采取提高 TBT 策略的国家比例，Y 为发达国家采取提高 TBT 策略的国家比例，并且有如表 4-1 所示的得益矩阵：

表 4-1　发展中国家与发达国家间博弈的非对称得益矩阵

		发达国家 2			
		提高 λ_{2h}		维持 λ_{2l}	
发展中国家 1	提高 λ_{1h}		$U_{2g}(\lambda_{1h},\lambda_{2h})$		$U_{2g}(\lambda_{1h},\lambda_{2l})$
		$U_{1g}(\lambda_{1h},\lambda_{2h})$		$U_{1g}(\lambda_{1h},\lambda_{2l})$	
	维持 λ_{1l}		$U_{1g}(\lambda_{1l},\lambda_{2h})$		$U_{2g}(\lambda_{1l},\lambda_{2l})$
		$U_{1g}(\lambda_{1l},\lambda_{2h})$		$U_{1g}(\lambda_{1l},\lambda_{2l})$	

表中各项的含义如下：

$U_{1g}(\lambda_{1h},\lambda_{2h})$：表示发展中国家的贸易政策(提高对提高)下的得益

$U_{2g}(\lambda_{1h},\lambda_{2h})$：表示发达国家的贸易政策(提高对提高)下的得益

$U_{1g}(\lambda_{1h},\lambda_{2l})$：表示发展中国家的贸易政策(提高对维持)下的得益

$U_{2g}(\lambda_{1h},\lambda_{2l})$：表示发达国家的贸易政策(维持对提高)下的得益

$U_{1g}(\lambda_{1l},\lambda_{2h})$：表示发展中国家的贸易政策(维持对提高)下的得益

$U_{2g}(\lambda_{1l},\lambda_{2h})$：表示发达国家的贸易政策(提高对维持)下的得益

$U_{1g}(\lambda_{1l},\lambda_{2l})$：表示发展中国家的贸易政策(维持对维持)下的得益

$U_{2g}(\lambda_{1l},\lambda_{2l})$：表示发达国家的贸易政策(维持对维持)下的得益

式中，1：表示发展中国家；

2：表示发达国家；

λ：表示 TBT 水平；

l：表示维持 TBT 水平策略；

h：表示提高 TBT 水平策略。

当一国采取提高或维持 TBT 的策略时，需要考虑所要达到的预期效用 $E(\lambda_{ij})(i=1,2\ j=l,h)$、而最终影响该效用大小的因素有该策略对本国产业产品进出口的影响程度 $\beta_{ijh}\lambda_{ij}(i=1,2\ j=l,h)$、以及贸易对手的反制措施 $\frac{1}{\beta_{ij}}\lambda_{ij}+\gamma_{ij}$ $(i=1,2\ j=l,h)$，为了更好地分析一国采取 TBT 的影响因素及应对措施，可以对上表得益矩阵作进一步的设置。根据以上分析，有以下关系：

$$U_{1g}(\lambda_{1h},\lambda_{2h})=E(\lambda_{1h})+\beta_{1h}\lambda_{1h}-(\frac{1}{\beta_{1h}}\lambda_{2h}+\gamma_{2h})$$

$$U_{2g}(\lambda_{1h},\lambda_{2h}) = E(\lambda_{2h}) + \beta_{2h}\lambda_{2h} - (\frac{1}{\beta_{2h}}\lambda_{1h} + \gamma_{1h})$$

$$U_{1g}(\lambda_{1h},\lambda_{2l}) = E(\lambda_{1h}) + \beta_{1h}\lambda_{1h} - (\frac{1}{\beta_{1h}}\lambda_{2l} + \gamma_{2h})$$

$$U_{2g}(\lambda_{1h},\lambda_{2l}) = E(\lambda_{2l}) + \beta_{2l}\lambda_{2l} - (\frac{1}{\beta_{2l}}\lambda_{1h} + \gamma_{1l})$$

$$U_{1g}(\lambda_{1l},\lambda_{2h}) = E(\lambda_{1l}) + \beta_{1l}\lambda_{1l} - (\frac{1}{\beta_{1l}}\lambda_{2h} + \gamma_{2l})$$

$$U_{2g}(\lambda_{1l},\lambda_{2h}) = E(\lambda_{2h}) + \beta_{2h}\lambda_{2h} - (\frac{1}{\beta_{2h}}\lambda_{1l} + \gamma_{1h})$$

$$U_{1g}(\lambda_{1l},\lambda_{2l}) = E(\lambda_{1l}) + \beta_{1l}\lambda_{1l} - (\frac{1}{\beta_{1l}}\lambda_{2l} + \gamma_{2l})$$

$$U_{2g}(\lambda_{1l},\lambda_{2l}) = E(\lambda_{2l}) + \beta_{2l}\lambda_{2l} - (\frac{1}{\beta_{2l}}\lambda_{1l} + \gamma_{1l})$$

式中，$\lambda_{1i}(i = l,h)$：表示发展中国家 TBT 水平(维持或提高)；

$\lambda_{2i}(i = l,h)$：表示发达国家 TBT 水平(维持或提高)；

$\beta_{1i}(i = l,h)$：表示发展中国家在 TBT 水平(维持或提高)时的产业进步系数；

$\beta_{2i}(i = l,h)$：表示发达国家在 TBT 水平(维持或提高)时的产业进步系数；

显然，一国产业技术进步越大，$\beta_{ij}(i = 1,2\ j = l,h)$ 越大。

$\gamma_{1i}(i = l,h)$：表示发展中国家对发达国家 TBT 水平(维持或提高)的反制措施；

$\gamma_{2i}(i = l,h)$：表示发达国家对发展中国家 TBT 水平(维持或提高)的反制措施；

$E(\lambda_{1i})(i = l,h)$：表示发展中国家贸易政策(TBT 水平)下的期望收益；

$E(\lambda_{2i})(i = l,h)$：表示发达国家的贸易政策(TBT 水平)下的期望收益。

为了更好地反映应对 TBT 及其演化过程，本书将运用进化博弈的复制动态方程来分析上述发展中国家与发达国家间 TBT 选择的演化趋势。

4.1.1 模仿者复制动态方程

根据上述得益矩阵，对于发展中国家采取提高 TBT 策略与维持现行 TBT 策略的期望得益分别为：U_{1l} 和 U_{1d}，群体平均期望收益为 $E(U_{1g})$。

$$U_{1l} = yU_{1g}(K_{1h},K_{2h}) + (1-y)U_{1g}(k_{1h},k_{2l})$$

$$U_{1d} = yU_{1g}(\lambda_{1l},\lambda_{2h}) + (1-y)U_{1g}(\lambda_{1l},\lambda_{2l})$$

$$\begin{aligned}E(U_{1g}) &= xU_{1l} + (1-x)U_{1d} \\ &= U_{1g}(\lambda_{1l},\lambda_{2l}) + x(U_{1g}(\lambda_{1h},\lambda_{2l}) - U_{1g}(\lambda_{1l},\lambda_{2l})) + y(U_{1g}(\lambda_{1l},\lambda_{2h}) - U_{1g}(\lambda_{1l},\lambda_{2l})) \\ &\quad + yx(U_{1g}(\lambda_{1h},\lambda_{2h}) + U_{1g}(\lambda_{1l},\lambda_{2l}) - U_{1g}(\lambda_{1h},\lambda_{2l}) - U_{1g}(\lambda_{1l},\lambda_{2h}))\end{aligned}$$

发展中国家策略选择比例的复制动态方程为：

$$\begin{aligned}\frac{\mathrm{d}x}{\mathrm{d}t} &= x(U_{1l} - E(U_{1g})) \\ &= x(1-x)(y(U_{1g}(K_{1h},K_{2h}) - U_{1g}(\lambda_{1h},\lambda_{2l}) - U_{1g}(\lambda_{1l},\lambda_{2h}) \\ &\quad + U_{1g}(\lambda_{1l},\lambda_{2l})) + U_{1g}(\lambda_{1h},\lambda_{2l}) - U_{1g}(\lambda_{1l},\lambda_{2l}))\end{aligned}$$

令 $F(X) = \frac{\mathrm{d}x}{\mathrm{d}t}$

$$\begin{aligned}F'(x) &= (1-2x)(y(U_{1g}(\lambda_{1h},\lambda_{2h}) - U_{1g}(\lambda_{1h},\lambda_{2l}) - U_{1g}(\lambda_{1l},\lambda_{2h}) \\ &\quad + U_{1g}(\lambda_{1l},\lambda_{2l})) + U_{1g}(\lambda_{1h},\lambda_{2l}) - U_{1g}(\lambda_{1l},\lambda_{2l}))\end{aligned}$$

同样，对于发达国家采取提高 TBT 策略与维持现行 TBT 策略的期望得益分别为：U_{2l} 和 U_{2d}，群体平均期望收益为 $E(U_{2g})$。则：

$$\begin{aligned}\frac{\mathrm{d}y}{\mathrm{d}t} &= y(U_{2l} - E(U_{2g})) \\ &= y(1-y)(x(U_{2g}(\lambda_{1h},\lambda_{2l}) - U_{2g}(\lambda_{1h},\lambda_{2l}) - (U_{2g}(\lambda_{1l},\lambda_{2h}) \\ &\quad - U_{2g}(\lambda_{1l},\lambda_{2l})) - (U_{2g}(\lambda_{1l},\lambda_{2l}) - U_{2g}(\lambda_{1l},\lambda_{2h})))\end{aligned}$$

令 $F(y) = \frac{\mathrm{d}y}{\mathrm{d}t}$

$$\begin{aligned}F'(y) &= (1-2y)(x(U_{2g}(\lambda_{1h},\lambda_{2l}) - U_{2g}(\lambda_{1h},\lambda_{2l}) - (U_{2g}(\lambda_{1l},\lambda_{2h}) \\ &\quad - U_{2g}(\lambda_{1l},\lambda_{2l})) - (U_{2g}(\lambda_{1l},\lambda_{2l}) - U_{2g}(\lambda_{1l},\lambda_{2h})))\end{aligned}$$

得到系统的 5 个奇点：(0,0)、(0,1)、(1,1)、(1,0)和

$$\left(\frac{U_{2g}(\lambda_{1l},\lambda_{2l}) - U_{2g}(\lambda_{1l},\lambda_{2h})}{(\lambda_{1h}-\lambda_{1l})(\frac{1}{\beta_{2l}} - \frac{1}{\beta_{2h}})}, \frac{U_{1g}(\lambda_{1l},\lambda_{2l}) - U_{1g}(\lambda_{1h},\lambda_{2l})}{(\lambda_{2h}-\lambda_{2l})(\frac{1}{\beta_{1l}} - \frac{1}{\beta_{1h}})}\right)$$

4.1.2　发展中国家 TBT 策略的进化稳定分析

1. 考虑 $U_{1g}(\lambda_{1h},\lambda_{2h})>U_{1g}(\lambda_{1l},\lambda_{2h}),U_{1g}(\lambda_{1h},\lambda_{2l})>U_{1g}(\lambda_{1l},\lambda_{2l})$ 情况

一般情况下，总有 $U_{1g}(\lambda_{1h},\lambda_{2h})-U_{1g}(\lambda_{1l},\lambda_{2h})<U_{1g}(\lambda_{1h},\lambda_{2l})-U_{1g}(\lambda_{1l},\lambda_{2l})$

即：
$$E(\lambda_{1h})-E(\lambda_{1l})+\beta_{1h}\lambda_{1h}-\beta_{1l}\lambda_{1l}>\frac{1}{\beta_{1h}}\lambda_{2h}-\frac{1}{\beta_{1l}}\lambda_{2h}+\gamma_{2h}-\gamma_{2l} \tag{4-1}$$

$$E(\lambda_{1h})-E(\lambda_{1l})+\beta_{1h}\lambda_{1h}-\beta_{1l}\lambda_{1l}>\frac{1}{\beta_{1h}}\lambda_{2l}-\frac{1}{\beta_{1l}}\lambda_{2l}+\gamma_{2h}-\gamma_{2l} \tag{4-2}$$

提高 TBT 后的增量收益大于对方的反制措施带来的损失，式(4-1)和式(4-2)表明产业技术进步($\beta_{1h}>\beta_{1l}$)在其中起了重要的作用。

此时，

$$\frac{E(\lambda_{1h})-E(\lambda_{1l})+\beta_{1h}\lambda_{1h}-\beta_{1l}\lambda_{1l}-(\frac{1}{\beta_{1h}}\lambda_{2l}-\frac{1}{\beta_{1l}}\lambda_{2l}+\gamma_{2h}-\gamma_{2l})}{(\frac{1}{\beta_{1h}}-\frac{1}{\beta_{1l}})(\lambda_{2h}-\lambda_{2l})}>1$$

则不再考虑奇点

$$\left(\frac{U_{2g}(\lambda_{1l},\lambda_{2l})-U_{2g}(\lambda_{1l},\lambda_{2h})}{(\lambda_{1h}-\lambda_{1l})(\frac{1}{\beta_{2l}}-\frac{1}{\beta_{2h}})},\frac{U_{1g}(\lambda_{1l},\lambda_{2l})-U_{1g}(\lambda_{1h},\lambda_{2l})}{(\lambda_{2h}-\lambda_{2l})(\frac{1}{\beta_{1l}}-\frac{1}{\beta_{1h}})}\right)$$的稳定性，而

$$y(U_{1g}(\lambda_{1h},\lambda_{2h})-U_{1g}(\lambda_{1l},\lambda_{2h})+U_{1g}(\lambda_{1l},\lambda_{2l})-U_{1g}(\lambda_{1h},\lambda_{2l}))$$
$$+U_{1g}(\lambda_{1h},\lambda_{2l})-U_{1g}(\lambda_{1l},\lambda_{2l})>0$$

所以：$F'(1)<0$，即 $X=1$ 是进化稳定点。发展中国家演变到采取提高 TBT 策略。

(1) 因素分析

β_{1h} 因素。由 $U_{1g}(\lambda_{1h},\lambda_{2h})>U_{1g}(\lambda_{1l},\lambda_{2h}),U_{1g}(\lambda_{1h},\lambda_{2l})>U_{1g}(\lambda_{1l},\lambda_{2l})$ 可知，发展中国家演变到采取提高 TBT 措施的条件是 $\beta_{1h}>\beta_{1l}$，其中起重要作用的是 β_{1h}，即发展中国家行业进步程度(或产业进步系数)。

γ_{2h} 因素。同样，发展中国家采取提高 TBT 策略的成功，还取决于发达国家采取的反应程度反制措施，γ_{2h} 越小，$U_{1g}(\lambda_{1h},\lambda_{2h})$ 越大，提高 TBT 的效用就越大。双边谈判有助于降低对抗的程度，减少贸易摩擦，γ_{2h} 变小，同时也说明了利用外国对出口国的依赖程度和出口国的贸易报复机制是有效的制衡工具。

(2) 策略演变的经济学涵义

说明无论发达国家采取何种技术性贸易策略，如果发展中国家提高 TBT 策略的得益总是大于不采取提高 TBT 高度策略时，这种情况下，长期看发展中国家会演变到提高 TBT 策略，提高 TBT 水平有利于保护国内相关行业的进一步发展。上述研究表明，发展中国家是否采取提高 TBT 策略是由行业的进步情况决定的。

2. 考虑 $U_{1g}(\lambda_{1h},\lambda_{2h}) < U_{1g}(\lambda_{1l},\lambda_{2h})$，$U_{1g}(\lambda_{1h},\lambda_{2l}) > U_{1g}(\lambda_{1l},\lambda_{2l})$ 情况

即：
$$E(\lambda_{1h}) - E(\lambda_{1l}) + \beta_{1h}\lambda_{1h} - \beta_{1l}\lambda_{1l} < \frac{1}{\beta_{1h}}\lambda_{2h} - \frac{1}{\beta_{1l}}\lambda_{2h} + \gamma_{2h} - \gamma_{2l} \tag{4-3}$$

$$E(\lambda_{1h}) - E(\lambda_{1l}) + \beta_{1h}\lambda_{1h} - \beta_{1l}\lambda_{1l} > \frac{1}{\beta_{1h}}\lambda_{2l} - \frac{1}{\beta_{1l}}\lambda_{2l} + \gamma_{2h} - \gamma_{2l} \tag{4-4}$$

提高 TBT 后的增量收益小于对方的反制措施带来的损失。

式(4-3)和式(4-4)成立的条件是：

由式(4-3)和式(4-4)得到：$0 < \left(\frac{1}{\beta_{1h}} - \frac{1}{\beta_{1l}}\right)(\lambda_{2h} - \lambda_{2l})$，即 $\beta_{1h} < \beta_{1l}$，即发展中国家产业技术的落后。

此时，
$$0 < \frac{E(\lambda_{1h}) - E(\lambda_{1l}) + \beta_{1h}\lambda_{1h} - \beta_{1l}\lambda_{1l} - \left(\frac{1}{\beta_{1h}}\lambda_{2l} - \frac{1}{\beta_{1l}}\lambda_{2l} + \gamma_{2h} - \gamma_{2l}\right)}{\left(\frac{1}{\beta_{1h}} - \frac{1}{\beta_{1l}}\right)(\lambda_{2h} - \lambda_{2l})} < 1$$

所以：

(1) 当
$$y = \frac{E(\lambda_{1h}) - E(\lambda_{1l}) + \beta_{1h}\lambda_{1h} - \beta_{1l}\lambda_{1l} - \left(\frac{1}{\beta_{1h}}\lambda_{2l} - \frac{1}{\beta_{1l}}\lambda_{2l} + \gamma_{2h} - \gamma_{2l}\right)}{\left(\frac{1}{\beta_{1h}} - \frac{1}{\beta_{1l}}\right)(\lambda_{2h} - \lambda_{2l})}$$
时，$\frac{\mathrm{d}F(x)}{\mathrm{d}(t)} = 0$，则所有的 X 都是进化稳定的。

(2) 当
$$y > \frac{E(\lambda_{1h}) - E(\lambda_{1l}) + \beta_{1h}\lambda_{1h} - \beta_{1l}\lambda_{1l} - \left(\frac{1}{\beta_{1h}}\lambda_{2l} - \frac{1}{\beta_{1l}}\lambda_{2l} + \gamma_{2h} - \gamma_{2l}\right)}{\left(\frac{1}{\beta_{1h}} - \frac{1}{\beta_{1l}}\right)(\lambda_{2h} - \lambda_{2l})}$$
时，$X=0$ 和 $X=1$ 是稳定点，此时：

$$y(U_{1g}(\lambda_{1h},\lambda_{2h}) - U_{1g}(\lambda_{1l},\lambda_{2h}) + U_{1g}(\lambda_{1l},\lambda_{2l}) - U_{1g}(\lambda_{1h},\lambda_{2l})) + U_{1g}(\lambda_{1h},\lambda_{2l}) - U_{1g}(\lambda_{1l},\lambda_{2l}) < 0$$

$F'(1)>0, F'(0)<0$ 所以，$X=0$ 是进化稳定点。即当较多的发达国家采取提高 TBT 策略且比例

$$y>\frac{E(\lambda_{1h})-E(\lambda_{1l})+\beta_{1h}\lambda_{1h}-\beta_{1l}\lambda_{1l}-(\frac{1}{\beta_{1h}}\lambda_{2l}-\frac{1}{\beta_{1l}}\lambda_{2l}+\gamma_{2h}-\gamma_{2l})}{(\frac{1}{\beta_{1h}}-\frac{1}{\beta_{1l}})(\lambda_{2h}-\lambda_{2l})}$$ 时，发展中国家演化到采取维持现行 TBT 策略。

(3) 当 $y<\frac{E(\lambda_{1h})-E(\lambda_{1l})+\beta_{1h}\lambda_{1h}-\beta_{1l}\lambda_{1l}-(\frac{1}{\beta_{1h}}\lambda_{2l}-\frac{1}{\beta_{1l}}\lambda_{2l}+\gamma_{2h}-\gamma_{2l})}{(\frac{1}{\beta_{1h}}-\frac{1}{\beta_{1l}})(\lambda_{2h}-\lambda_{2l})}$ 时，$X=0$ 和 $X=1$ 是稳定点，此时

$$y(U_{1g}(\lambda_{1h},\lambda_{2h})-U_{1g}(\lambda_{1l},\lambda_{2h})+U_{1g}(\lambda_{1l},\lambda_{2l})-U_{1g}(\lambda_{1h},\lambda_{2l}))$$
$$+U_{1g}(\lambda_{1h},\lambda_{2l})-U_{1g}(\lambda_{1l},\lambda_{2l})>0$$

由于 $F'(0)>0, F'(1)<0$ 所以，$X=1$ 是进化稳定点。即当较少的发达国家采取提高 TBT 策略且比例

$$y<\frac{E(\lambda_{1h})-E(\lambda_{1l})+\beta_{1h}\lambda_{1h}-\beta_{1l}\lambda_{1l}-(\frac{1}{\beta_{1h}}\lambda_{2l}-\frac{1}{\beta_{1l}}\lambda_{2l}+\gamma_{2h}-\gamma_{2l})}{(\frac{1}{\beta_{1h}}-\frac{1}{\beta_{1l}})(\lambda_{2h}-\lambda_{2l})}$$ 时，在产业技术落后的情况下，发展中国家演化到采取提高 TBT 策略，这适用于发展中国家保护其弱势产业。

(4) 因素分析

① $Y_0=\frac{E(\lambda_{1h})-E(\lambda_{1l})+\beta_{1h}\lambda_{1h}-\beta_{1l}\lambda_{1l}-(\frac{1}{\beta_{1h}}\lambda_{2l}-\frac{1}{\beta_{1l}}\lambda_{2l}+\gamma_{2h}-\gamma_{2l})}{(\frac{1}{\beta_{1h}}-\frac{1}{\beta_{1l}})(\lambda_{2h}-\lambda_{2l})}$ 因素

Y_0 值越大，$y<Y_0$ 可能性越大，由式(4-3)可知，发展中国家演变到提高 TBT 的可能性就越大，Y_0 值越小，$y>Y_0$ 可能性越大，由式(4-2)可知，发展中国家演变到维持 TBT 的可能性就越大。

② β_{1h} 因素。可以证明 β_{1h} 与 Y_0 值正相关，β_{1h} 较小，发展中国家在产业技术落后的情况下，采取提高 TBT 策略，容易在发达国家提高 TBT 和采取反制措施下，得益反而低于维持现行 TBT 策略，$U_{1g}(\lambda_{1h},\lambda_{2h})<U_{1g}(\lambda_{1l},\lambda_{2h})$，由于 Y_0 值变小，即少数的发达国家采取提高 TBT 和反制策略且当 $y>Y_0$ 时，发展中国家将演化到采取维持 TBT 策略。反之，当发展中国家产业技术进步较大，β_{1h} 较大，由于 Y_0

值变大,即发达国家采取提高 TBT 和反制策略且当 $y < Y_0$ 时,发展中国家将演化到采取提高 TBT 策略。

③ $\gamma_{2h} - \gamma_{2l}$。发达国家应对发展中国家提高 TBT 的反制措施越大,Y_0 值变小,$y > Y_0$ 可能性越大,发展中国家演变到维持 TBT 的可能性就越大。

(5) 策略演变的经济学涵义

当发展中国家产业技术落后的情况下,会导致发展中国家提高 TBT 后的增量收益小于发达国家的反制措施带来的损失。表明发展中国家对发达国家提高 TBT 应该采取维持现行 TBT 策略。如果此时采取提高 TBT 策略,由于发展中国家对发达国家进口的限制会造成发达国家转而投放其他发达国家市场,降低了发展中国家在发达国家的市场份额,其损失超过了对本行业中小企业实施保护的得益。这是由于产业技术水平的原因,发展中国家采取提高 TBT 策略并不是可取的,表明发展中国家在使用提高 TBT 策略时,受到国外标准和国内标准的两方面影响,一是出口成本的上升,二是中小企业生产成本的提高。因此,当较少发达国家提高现行 TBT 策略时,发展中国家在行业技术进步提高的前提下,采取提高 TBT 策略是有利的选择。

而当大部分发达国家维持现行 TBT 策略时,发展中国家采取提高 TBT 策略是其较好的选择。发展中国家可以通过提高 TBT 策略来保护本国的弱势产业。

4.1.3 发达国家 TBT 策略的进化稳定分析

1. 考虑 $U_{2g}(\lambda_{1l},\lambda_{2h}) > U_{2g}(\lambda_{1l},\lambda_{2l})$,$U_{2g}(\lambda_{1h},\lambda_{2h}) > U_{2g}(\lambda_{1h},\lambda_{2l})$

$$E(\lambda_{2h}) - E(\lambda_{2l}) + \beta_{2h}\lambda_{2h} - \beta_{2l}\lambda_{2l} > \frac{1}{\beta_{2h}}\lambda_{1l} - \frac{1}{\beta_{2l}}\lambda_{1l} + \gamma_{1h} - \gamma_{1l} \tag{4-5}$$

$$E(\lambda_{2h}) - E(\lambda_{2l}) + \beta_{2h}\lambda_{2h} - \beta_{2l}\lambda_{2l} > \frac{1}{\beta_{2h}}\lambda_{1h} - \frac{1}{\beta_{2l}}\lambda_{1h} + \gamma_{1h} - \gamma_{1l} \tag{4-6}$$

发达国家提高 TBT 的得益总是大于 $(\lambda_{1h} - \lambda_{1l})(\frac{1}{\beta_{2h}} - \frac{1}{\beta_{2l}}) > 0$,既 $\beta_{2h} > \beta_{2l}$,发达国家产业技术先进,应对能力强。此时

$$\frac{E(\lambda_{2h}) - E(\lambda_{2l}) + \beta_{2h}\lambda_{2h} - \beta_{2l}\lambda_{2l} - (\frac{1}{\beta_{2h}}\lambda_{1l} - \frac{1}{\beta_{2l}}\lambda_{1l} + \gamma_{1h} - \gamma_{1l})}{(\lambda_{1h} - \lambda_{1l})(\frac{1}{\beta_{2h}} - \frac{1}{\beta_{2l}})} > 1$$

不用考虑($\dfrac{U_{2g}(\lambda_{1l},\lambda_{2l})-U_{2g}(\lambda_{1l},\lambda_{2h})}{(\lambda_{1h}-\lambda_{1l})(\dfrac{1}{\beta_{2l}}-\dfrac{1}{\beta_{2h}})}$, $\dfrac{U_{1g}(\lambda_{1l},\lambda_{2l})-U_{1g}(\lambda_{1h},\lambda_{2l})}{(\lambda_{2h}-\lambda_{2l})(\dfrac{1}{\beta_{1l}}-\dfrac{1}{\beta_{1h}})}$)的稳定性,由于

$$x(U_{2g}(\lambda_{1h},\lambda_{2h})-U_{2g}(\lambda_{1h},\lambda_{2l})+U_{2g}(\lambda_{1l},\lambda_{2l})-U_{2g}(\lambda_{1l},\lambda_{2h})$$
$$+U_{2g}(\lambda_{1l},\lambda_{2h})-U_{2g}(\lambda_{1l},\lambda_{2l}))>0$$

$F'(1)<0$,Y 进化稳定到 1,即发达国家采取提高 TBT 的策略。

(1) 因素分析

发达国家演变到采取提高 TBT 措施的条件是 $U_{2g}(\lambda_{1l},\lambda_{2h})>U_{2g}(\lambda_{1l},\lambda_{2l})$,$U_{2g}(\lambda_{1h},\lambda_{2h})>U_{2g}(\lambda_{1h},\lambda_{2l})$,显然,在 $U_{2g}(\lambda_{1l},\lambda_{2h})>U_{2g}(\lambda_{1l},\lambda_{2l})$ 其中起重要作用的是 β_{2h},即发达国家产业进步系数。这也说明了发达国家采取提高 TBT 策略是由产业的进步情况决定的,当发达国家由于产业的技术高于发展中国家时,采取提高 TBT 策略总是有利的。

(2) 策略演变的经济学涵义

无论发展中国家采取何种 TBT 策略,发达国家提高 TBT 策略的得益大于不采取提高 TBT 高度策略时($U_{2g}(\lambda_{1l},\lambda_{2h})>U_{2g}(\lambda_{1l},\lambda_{2l})$,$U_{2g}(\lambda_{1h},\lambda_{2h})>U_{2g}(\lambda_{1h},\lambda_{2l})$),这种情况下,发达国家采取提高 TBT 策略,可以保护国内产业的发展,限制发展中国家产品的进口,同时增加了发展中国家行业产品的边际成本,价格上升,出口的数量减少,在发达国家的市场份额减少,发展中国家中小企业受损。这时发展中国家只有通过技术进步,提升行业的应对能力,才能限制和突破 TBT。

结合 $U_{1g}(\lambda_{1h},\lambda_{2h})>U_{1g}(\lambda_{1l},\lambda_{2h})U_{1g}(\lambda_{1h},\lambda_{2l})>U_{1g}(\lambda_{1l},\lambda_{2l})$ 时 X 的进化稳定分析,奇点(1,1)是进化稳定均衡,说明在一些产业,发展中国家和发达国家采取提高 TBT 策略是双方符合 WTO 规则的必然选择。由于发展中国家对发达国家出口的依赖,发展中国家更多地通过设置 TBT 作为与发达国家进行贸易谈判的政策工具。并且,发达国家所面对的 TBT 总是低于对发展中国家设置的 TBT,而发展中国家则相反,即面临的外部 TBT 普遍高于针对其他国家设置的 TBT,这是由于发达国家与发展国家的技术差距、需求层次以及设置 TBT 的成本收益等多种因素决定的。

结合 $U_{1g}(\lambda_{1h},\lambda_{2h})<U_{1g}(\lambda_{1l},\lambda_{2h})$,$U_{1g}(\lambda_{1h},\lambda_{2l})>U_{1g}(\lambda_{1l},\lambda_{2l})$ 时的 X 的进化稳定分析,(0,1)是进化稳定点,意味着当发展中国家采取维持现行 TBT 时,发达国家总是采取提高 TBT 策略,经济上的解释就是发达国家强化贸易保护,这是由于南北产业技术差异决定的。说明了如果产业技术相差悬殊,发展中国家就不能阻

止发达国家停止采取提高 TBT 策略，见图 4-1 所示。

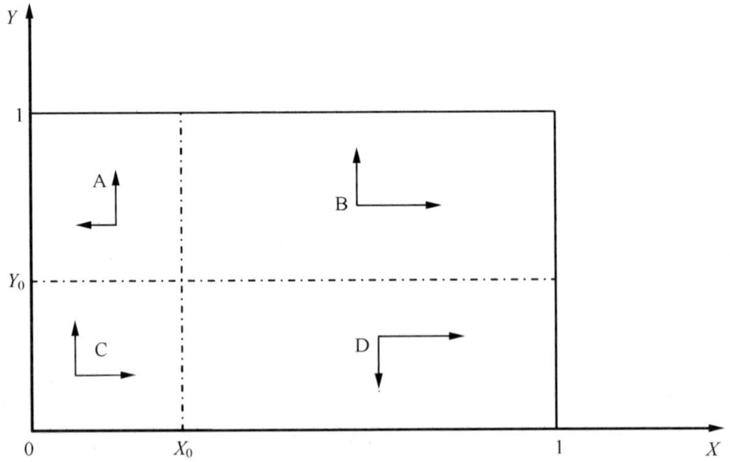

图 4-1 南北 TBT 非对称进化博弈分析

2. 考虑 $U_{2g}(\lambda_{1l},\lambda_{2h})>U_{2g}(\lambda_{1l},\lambda_{2l})$，$U_{2g}(\lambda_{1h},\lambda_{2h})<U_{2g}(\lambda_{1h},\lambda_{2l})$

$U_{2g}(\lambda_{1l},\lambda_{2h})>U_{2g}(\lambda_{1l},\lambda_{2l})$ 总是成立的，即

$$E(\lambda_{2h})-E(\lambda_{2l})+\beta_{2h}\lambda_{2h}-\beta_{2l}\lambda_{2l}>\frac{1}{\beta_{2h}}\lambda_{1l}-\frac{1}{\beta_{2l}}\lambda_{1l}+\gamma_{1h}-\gamma_{1l} \tag{4-7}$$

要使 $U_{2g}(\lambda_{1h},\lambda_{2h})<U_{2g}(\lambda_{1h},\lambda_{2l})$，即

$$E(\lambda_{2h})-E(\lambda_{2l})+\beta_{2h}\lambda_{2h}-\beta_{2l}\lambda_{2l}<\frac{1}{\beta_{2h}}\lambda_{1h}-\frac{1}{\beta_{2l}}\lambda_{1h}+\gamma_{1h}-\gamma_{1l} \tag{4-8}$$

式(4-8)右边 $\gamma_{1h}-\gamma_{1l}+\frac{1}{\beta_{2h}}\lambda_{1h}-\frac{1}{\beta_{2l}}\lambda_{1h}$ 反映发展中国家应对发达国家提高 TBT 的对策。其中 $\frac{1}{\beta_{2h}}\lambda_{1h}-\frac{1}{\beta_{2l}}\lambda_{1h}$ 反映产业技术进步应对发达国家的提高 TBT，$\gamma_{1h}-\gamma_{1l}$ 为对发达国家提高 TBT 的反制措施，

由式(4-7)、式(4-8)，总有

$$0<\frac{E(\lambda_{2h})-E(\lambda_{2l})+\beta_{2h}\lambda_{2h}-\beta_{2l}\lambda_{2l}-(\frac{1}{\beta_{2h}}\lambda_{1l}-\frac{1}{\beta_{2l}}\lambda_{1l}+\gamma_{1h}-\gamma_{1l})}{(\lambda_{1h}-\lambda_{1l})(\frac{1}{\beta_{2h}}-\frac{1}{\beta_{2l}})}<1$$

(1) 当 $x=\dfrac{E(\lambda_{2h})-E(\lambda_{2l})+\beta_{2h}\lambda_{2h}-\beta_{2l}\lambda_{2l}-(\frac{1}{\beta_{2h}}\lambda_{1l}-\frac{1}{\beta_{2l}}\lambda_{1l}+\gamma_{1h}-\gamma_{1l})}{(\lambda_{1h}-\lambda_{1l})(\frac{1}{\beta_{2h}}-\frac{1}{\beta_{2l}})}$

$\dfrac{\mathrm{d}F(y)}{\mathrm{d}(t)}=0$，则所有的 X 都是进化稳定的。

(2) 当 $x>\dfrac{E(\lambda_{2h})-E(\lambda_{2l})+\beta_{2h}\lambda_{2h}-\beta_{2l}\lambda_{2l}-(\frac{1}{\beta_{2h}}\lambda_{1l}-\frac{1}{\beta_{2l}}\lambda_{1l}+\gamma_{1h}-\gamma_{1l})}{(\lambda_{1h}-\lambda_{1l})(\frac{1}{\beta_{2h}}-\frac{1}{\beta_{2l}})}$ 时，

$$x(U_{2g}(\lambda_{1h},\lambda_{2h})-U_{2g}(\lambda_{1h},\lambda_{2l})+U_{2g}(\lambda_{1l},\lambda_{2l})-U_{2g}(\lambda_{1l},\lambda_{2h})+U_{2g}(\lambda_{1l},\lambda_{2h})$$
$$-U_{2g}(\lambda_{1l},\lambda_{2l}))<0$$
$$F'(0)<0,F'(1)>0。$$

所以 $Y=0$ 是进化稳定点。即发展中国家采取提高 TBT 策略的比例 $x>\dfrac{E(\lambda_{2h})-E(\lambda_{2l})+\beta_{2h}\lambda_{2h}-\beta_{2l}\lambda_{2l}-(\frac{1}{\beta_{2h}}\lambda_{1l}-\frac{1}{\beta_{2l}}\lambda_{1l}+\gamma_{1h}-\gamma_{1l})}{(\lambda_{1h}-\lambda_{1l})(\frac{1}{\beta_{2h}}-\frac{1}{\beta_{2l}})}$ 时，

所有发达国家演化到采取保持现行 TBT 策略。

(3) 当 $x<\dfrac{E(\lambda_{2h})-E(\lambda_{2l})+\beta_{2h}\lambda_{2h}-\beta_{2l}\lambda_{2l}-(\frac{1}{\beta_{2h}}\lambda_{1l}-\frac{1}{\beta_{2l}}\lambda_{1l}+\gamma_{1h}-\gamma_{1l})}{(\lambda_{1h}-\lambda_{1l})(\frac{1}{\beta_{2h}}-\frac{1}{\beta_{2l}})}$ 时，

$$x(U_{2g}(\lambda_{1h},\lambda_{2h})-U_{2g}(\lambda_{1h},\lambda_{2l})+U_{2g}(\lambda_{1l},\lambda_{2l})-U_{2g}(\lambda_{1l},\lambda_{2h})+U_{2g}(\lambda_{1l},\lambda_{2h})$$
$$-U_{2g}(\lambda_{1l},\lambda_{2l}))>0$$

$F'(1)<0,F'(0)>0$。

所以 $Y=1$ 是进化稳定点。即发展中国家采取提高 TBT 策略的比例 $x<\dfrac{E(\lambda_{2h})-E(\lambda_{2l})+\beta_{2h}\lambda_{2h}-\beta_{2l}\lambda_{2l}-(\frac{1}{\beta_{2h}}\lambda_{1l}-\frac{1}{\beta_{2l}}\lambda_{1l}+\gamma_{1h}-\gamma_{1l})}{(\lambda_{1h}-\lambda_{1l})(\frac{1}{\beta_{2h}}-\frac{1}{\beta_{2l}})}$ 时，

所有发达国家演化到采取提高 TBT 策略。

(4) 因素 $x=\dfrac{E(\lambda_{2h})-E(\lambda_{2l})+\beta_{2h}\lambda_{2h}-\beta_{2l}\lambda_{2l}-(\frac{1}{\beta_{2h}}\lambda_{1l}-\frac{1}{\beta_{2l}}\lambda_{1l}+\gamma_{1h}-\gamma_{1l})}{(\lambda_{1h}-\lambda_{1l})(\frac{1}{\beta_{2h}}-\frac{1}{\beta_{2l}})}$

分析

$$①\ x=\frac{E(\lambda_{2l})-E(\lambda_{2h})+\beta_{2l}\lambda_{2l}-\beta_{2h}\lambda_{2h}-\lambda_{1l}(\frac{1}{\beta_{2l}}-\frac{1}{\beta_{2h}})+\gamma_{1h}-\gamma_{1l}}{(\frac{1}{\beta_{2l}}-\frac{1}{\beta_{2h}})(\lambda_{1h}-\lambda_{1l})}$$

X_0 值越大，$x<X_0$ 可能性越大，由式(4-3)可知，发达国家演变到提高 TBT 的可能性就越大；X_0 值越小，$x>X_0$ 可能性越大，由式(4-2)可知发达国家国家演变到维持 TBT 的可能性就越大。

② β_{2h} 因素。β_{2h} 与 X_0 值正相关，β_{2h} 较小，如果发达国家产业技术水平较低，应对能力较差，这时，发达国家采取提高 TBT 策略，容易在发展中国家提高 TBT 水平和采取反制措施下，得益反而低于采取维持现行 TBT 策略（$U_{1g}(\lambda_{1h},\lambda_{2h})<U_{1g}(\lambda_{1l},\lambda_{2h})$），由于 Y_0 值变小，在发展中国家采取提高 TBT 和反制策略时且当 $x>X_0$，发达国家将演化到采取维持 TBT 策略。反之，当发展中国家产业技术先进，β_{1h} 较大，由于 Y_0 值变大，即发达国家采取提高 TBT 和反制策略时且当 $y<Y_0$，发展中国家将演化到采取提高 TBT 策略。

③ $\gamma_{2h}-\gamma_{2l}$。发达国家应对发展中国家提高 TBT 的反制措施越大，Y_0 值变小，$y>Y_0$ 可能性越大，发展中国家演变到维持 TBT 的可能性就越大。

(5) 策略演变的经济学意义

当发达国家采取提高 TBT 策略水平，发展国家采取相应的提高 TBT 及反制措施，使得发达国家提高 TBT 策略的得益小于维持现行 TBT 水平的策略（$U_{2g}(\lambda_{1h},\lambda_{2h})<U_{2g}(\lambda_{1h},\lambda_{2l})$）。当大多数的发展中国家采取提高 TBT 策略时，发达国家将演变到维持现行 TBT 策略。这就需要发展中国家采取协调一致的行动，加快行业技术进步，走技术创新的道路，缩小与发达国家的行业技术差距，发展中国家提高 TBT 策略才是可能的。只有这样，才能限制发达国家采取提高 TBT 带来的利益，保持 TBT 的相对稳定，为发展中国家的行业进步争取时间。研究表明发展中国家在面对发达国家提高 TBT 时，要针对行业的不同情况，采取不同的应对策略。

结合 $U_{2g}(\lambda_{1l},\lambda_{2h})>U_{2g}(\lambda_{1l},\lambda_{2l})$，$U_{2g}(\lambda_{1h},\lambda_{2h})<U_{2g}(\lambda_{1h},\lambda_{2l})$ 时 Y 的进化稳定分析，奇点(1,0)是进化稳定均衡。结合 $U_{2g}(\lambda_{1l},\lambda_{2h})>U_{2g}(\lambda_{1l},\lambda_{2l})$，$U_{2g}(\lambda_{1h},\lambda_{2h})>U_{2g}(\lambda_{1h},\lambda_{2l})$ 时 Y 的进化稳定分析，(1,0)和(0,1)是进化稳定点，奇点（X_0，Y_0）为不稳定鞍点。如图 4-1 所示。

$$(X_0=\frac{U_{2g}(\lambda_{1l},\lambda_{2l})-U_{2g}(\lambda_{1l},\lambda_{2h})}{(\lambda_{1h}-\lambda_{1l})\frac{1}{\beta_{2l}}-\frac{1}{\beta_{2h}}},Y_0=\frac{U_{1g}(\lambda_{1l},\lambda_{2l})-U_{1g}(\lambda_{1h},\lambda_{2l})}{(\lambda_{2h}-\lambda_{2l})\frac{1}{\beta_{1l}}-\frac{1}{\beta_{1h}})})$$

所以，当初始状态在 A 区域时，即 $X \in [0 \quad X_0]$，且 $Y \in [Y_0 \quad 1]$，系统进化到（0，1）即发展中国家采取维持现行 TBT 策略，发达国家采取提高 TBT 策略。当初始状态在 B 区域时，即 $X \in [X_0 \quad 1]$，且 $Y \in [Y_0 \quad 1]$，系统进化到（1，1）即发展中国家采取提高 TBT 策略，发达国家采取提高 TBT 策略。当初始状态在 D 区域时，即 $X \in [X_0 \quad 1]$，且 $Y \in [0 \quad Y_0]$，系统进化到（1，0）即发展中国家采取提高 TBT 策略，发达国家采取维持现行 TBT 策略。而（0，0）不具有进化稳定性，当初始状态落在 C 区域时，会收敛到点（X_0，Y_0），但不是进化稳定策略，最后可能进化到（0，1）即发展中国家采取维持现行 TBT 策略，发达国家采取提高 TBT 策略。也可能进化到（1，0）即发展中国家采取提高 TBT 策略，发达国家采取维持现行 TBT 策略，也可能进化到（1，1）即发展中国家采取提高 TBT 策略，发达国家采取提高 TBT 策略，这取决于发达国家与发展中国家的产业发展趋势及贸易政策，同时也说明了从动态的角度看，TBT 总是处在提高—维持—提高的循环中。因此，TBT 的跨越是无止境的，技术的进步必然导致出口产品对 TBT 的跨越，如图 4-1 所示。

4.2　博弈结果分析

通过发展中国家与发达国家 TBT 的策略选择的进化博弈分析，可以得到以下结论：

发展中国家与发达国家双方维持现行 TBT 水平的状况是不会持久的，TBT 是个提高—跨越—提高的过程，因此，TBT 水平的提高与跨越是永无止境的，TBT 的变化速度又主要取决于国家间技术创新的能力高低。南北双方将会出现发展中国家与发达国家同时提高 TBT、发达国家提高 TBT 与发展中国家维持 TBT、发展中国家提高 TBT 与发达国家维持 TBT 三种情况，而发达国家与发展中国家同时维持现行 TBT 水平是不稳定的。

TBT 从本质上说是国家间行业技术差距的具体表现，尽管它还受其他因素的制约。目前发达国家和发展中国家存在着巨大的技术鸿沟，而且有不断扩大的趋势。产业技术水平与进步的差距决定了设置 TBT 水平的南北差异，考虑到发展中国家技术产业水平总体落后的实际情况，发达国家处于技术创新国的领先地位，更多的产业表现在发达国家设置新的 TBT，发展中国家维持现行 TBT 这种状况，发展中国家总处于 TBT 跨越的被动位置，这是南北产业技术差距的必然结果。发展中国家为了从根本上跨越 TBT，就需要进行技术创新，不断地提高产业技术水平，一旦发展中国家达到了发达国家所要求的技术标准，TBT 就失效，发达国家将会采用新的更高的技术标准，设置新的更高的 TBT。从我国的实际情况看，面对发达国家的 TBT，由于产业的技术性差异，我国劳动密集型产品受损依然严重，高新技术和机电产品受损呈明显上升趋势。对于我国的中小企业来讲能否不断缩小技术差距，跨越 TBT，不仅取决于我国中小企业的模仿能力，也取决于国内产业的创新能力等。

进口国是否可能不断提高其 TBT，这取决于至少两方面的约束：主要是多边贸易体制规则及出口国的策略反应。从上面的分析可以知道，出口国可以采取报复性 TBT 措施来限制进口国的提高 TBT 行为，TBT 往往使设限国获益，受限国受损，如果两国都不设置 TBT，两国可以获得正常贸易所带来的正效用，如果两国都设置 TBT，则每个国家一方面因受他国 TBT 限制而遭受损失，一方面又从对他国的设限中得到利益补偿。发展中国家提高 TBT 是一种应对发达国家设置 TBT 的有效制衡手段，也是可行的，资料表明，发展中国家越来越多地运用这种贸易工具，但与发达国家相比，实施的目的不同，手段不同，存在层次上的差异，发展中国家应该运用设置 TBT 作为与发达国家进行贸易谈判的工具。

【本章小结】

本章对 TBT 的产生原因进行了分析，通过 TBT 演化的南北博弈分析得出以下结论：第一，南北双方将会出现发展中国家与发达国家同时提高 TBT、发达国家提高 TBT 与发展中国家维持 TBT、发展中国家提高 TBT 与发达国家维持 TBT 三种情况。第二，对于我国的中小企业来讲能否不断缩小技术差距，跨越 TBT 不仅取决于我国中小企业的模仿能力，也取决于国内产业的创新能力等。第三，出口国可以采取报复性 TBT 措施来限制进口国的提高 TBT 行为，TBT 往往使设限国获益，受限国受损，如果两国都不设置 TBT，两国可以获得正常贸易所带来的正效用，如果两国都设置 TBT，则每个国家一方面因受他国 TBT 限制而遭受损失，一方面又从对他国的设限中得到利益补偿。发展中国家提高 TBT 是一种应对发达国家设置 TBT 的有效制衡手段。

第5章　技术标准及其对中小企业技术创新的影响研究

5.1　技术标准概述

5.1.1　技术标准的分类

1. 按照标准的形成过程分类

最为广泛的分类方法是按照标准的形成过程将其分为三类，即事实标准、自愿性标准和强制性标准。事实标准是基于产品领先者的设计而形成的标准；自愿性标准是标准制定者之间通过一定专业协会相互协商取得一致而形成的技术标准；强制性标准是由政府组织通过颁布法令而形成的标准。其中，事实标准又可分为独家垄断模式和联盟模式。独家垄断模式如“Wintel 事实标准”，这类标准的特点就是厂商并没有追求标准化，也没有标准化管理机构和标准化的许可战略；标准的所有者、管理者和使用者三者统一。联盟模式往往意味着标准的所有者、管理者和使用者的分离，联盟标准分为开放标准和封闭标准。开放标准意味着标准对联盟外的成员授权、许可和开放，而封闭标准意味着标准不对外开放。当然，开放标准的程度和方式影响标准的参与者[143]。

2. 按照技术标准形成于成品成形的前后分类

按照技术标准形成于成品成形的前后，技术标准可分为前导型技术标准和后追型技术标准。前导型技术标准的特征是产品市场调研与标准调研同步进行，在产品开发设计之前提出标准，指导设计，在设计阶段结束时，经修改、完善颁布正式标准。后追型技术标准的特征是产品完成开发设计，通过产品鉴定和小批量试生产，在投入大量生产时，颁布并实施标准[144]。

3. 按照技术标准的公共物品属性和形成过程分类

按照技术标准的公共物品属性和形成过程，技术标准可以区分为非产品类标准和产品要素标准。非产品类标准主要是基于公共利益的技术基础设施，这类标准往往是由政府或相关标准化组织制定，而且绝大部分属于强制性标准。比较而言，产品要素标准则常常是由于一个或数个厂商垄断了市场，从而迫使其他厂商接受其专有技术，进而形成事实标准[145]。

4. 按照标准化对象特征和作用及其规定的内容分类

（1）基础标准

基础标准即对以标准化共性要求为前提条件的对象制定的标准，如保证产品零件互换性的标准有公差、配合；作为各专业共同技术依据的标准有机械制图；作为其他各种标准互相衔接、协调依据的标准有优先数系、环境条件、通用技术条件及大量的零件结构要素标准等。

（2）方法标准

方法标准即以生产过程中的重要程序、规则、方法为对象的标准，如计算公式、工艺规程、作业指导书、试验方法、验收规则及包装、运输方法等。

（3）产品标准

产品标准是以产品及其构成为对象，对产品的质量及规则所作的统一规定，包括产品品种系列标准规定了产品的分类、基本消费性能及直接反映使用价值的指标，如产品的精度、外观、成分、物理化学性能和机械性能等[146]。

5. 按照标准适用的范围分类

（1）国际标准

国际标准是由国际标准化机构制定或者引进国际标准或国外先进标准而制定形成的。具有代表性的标准是 ISO 和 IEC 的标准，国际联合机构发表的某个专门领域的标准也属于国际标准的范畴。

（2）区域标准

区域标准是由欧洲、东欧、中南美洲等部分地区内的组织制定、使用的标准。如欧洲标准化委员会标准、欧洲电气标准化委员会标准、泛美标准化委员会（Pan American Standards Commission，COPANT）标准等。

（3）国家标准

由国家或者国内标准化机构确认的团体制定、在全国适用的技术标准。如英国标准学会（British Standards Institution，BSI）、德国标准化学会（Deutsches Institur fur Normung，DIN）等。

（4）行业标准

行业标准是以行业为主体制定实施的，由国内的行业团体、学会等制定，大都起到补充国家标准不足的作用。

（5）企业标准

企业标准是在一个企业内部有效地开展活动的手段，是企业在自行研发技术的基础上建立起来的标准[147]。

6. 在企业的生产技术标准体系中的分类

（1）产品标准

产品标准是以本企业的产品及其构成为对象的标准，对产品的品种、规格、质量特性所作的统一规定[148]。制定好产品标准是企业标准化的关键，依此可以形成功能协调、接口清晰的标准体系。产品标准可按国家标准、行业标准、企业标准、产品技术条件、产品试制技术条件、出口产品技术条件及产品质量分等标准等分别管理。

（2）原材料标准

现代化工业生产是建立在先进制造技术、严密分工和广泛协作基础上的。生产企业只有运用标准化的原理、方法和手段，制定并贯彻相应的原材料采购标准，将外部与内部的工作有机地协调统一，才能保证生产活动正常顺利地进行。因此，应与有关国家标准和行业标准作对照，确定采购标准的有效性，并与分承包方取得联系，得到对方的认可。对有特殊要求的原材料，制定本企业的原材料采购技术条件，明确采购的型号、规格、品牌、等级要求及技术指标作为原材料验收的依据。在此基础上制定相应的《原材料重要性分级标准》、《原材料检验规程》，对原材料进行检验和验证，并对分承包方产品标准和工艺符合性进行评定。

（3）工艺标准

工艺标准是指根据产品标准或设计文件要求，对原材料和半成品进行加工或装配的方法、工艺指标及要求所制定的标准，主要包括工艺基础标准、工艺规程等。工艺标准是工艺技术的结晶，它是企业实行产品设计、保证产品质量、降低物质消耗的重要手段。因此，应该非常重视工艺标准的制定工作。

（4）检验和试验方法标准

检验和试验方法标准是指对成品、半成品、原材料、辅助材料等的质量进行理化测试、抽样检验和对产品生产过程控制指标进行分析检验制定的方法标准。企业应制定自己的检验和试验方法标准，包括外购物资检验、工序检验、库存品检验、成品检验。

（5）计量和测试仪器标准

计量和测试仪器标准是指计量和测试仪器的质量要求、检定规程和使用方法标准。包括各类量具和机械性能、电气性能试验仪器[149]。

（6）包装标准

包装标准是指为保障产品在储存、运输、销售中的安全和科学管理的需要，以包装的有关事项为对象而制定的标准。包括包装材料、包装技术与方法、包装试验方法等。

（7）材料定额技术标准

定额标准是指在一定时间、一定条件下，对生产某种产品或进行某项工作而消耗的人力、物力、财力所规定的限额制定的标准。它所反映的材料消耗和利用率是企业的综合性技术经济指标之一，在一定程度上反映了企业的生产技术水平的高低和经济效果[150]。

5.1.2 技术标准的特性

技术标准是建立在技术的基础之上的，其本身也可以视为技术的一部分。因此技术标准和技术之间存在着密切的关系，技术标准以技术为基础，同时很大程度上表现出技术水平，而技术则为技术标准的形成创造了一个平台。虽然某些条件下，技术标准与当前的技术水平发生脱节，但是一个完善的技术标准体系应该是能够很好地反映当前的技术发展水平的。技术标准的特性表现在七个方面。

1. 公开性

技术标准的公开性即普遍适用性、广泛性，技术标准适用范围非常广泛，强调整个技术领域的推广应用，从初级产品到中间产品和工业制成品，从劳动密集型产品到高资本、技术密集型产品，内容涉及产品、金融、信息、投资、知识产权、环境保护等各个领域，而且涵盖了商品的研发、生产加工、包装运输、销售和消费的整个产品生命周期。技术标准是微观经济基础设施重要的组成部分，起着为技术创新提供一个开放的而且组织良好的技术框架的作用。作为微观经济基础设施的一部分，技术标准的制定者往往无法有效地阻止其他市场参与者对该技术标准的使用[151,152]。

2. 统一性

技术标准对技术要达到的水平有一个衡量指标，只要不达到这一指标的就是不合格的生产技术，而这种技术不一定代表最高水平。

3. 方便性

技术标准中技术基本是完备的，如果达不到生产的技术标准，可以向标准体系寻求技术的许可，从而获得相应的达标的生产技术[153]。对技术标准的使用是非竞争性的，即一个市场参与者对技术标准的采用并不影响其他参与者可以采用的数量，是公开使用的。

4. 垄断性

技术标准的垄断性主要来源于现代技术标准与专利技术的结合越来越紧密，由于专利权有其地域性和排他性，一旦专利权进入技术标准行列并得到一定的普及，就会形成垄断。“技术专利化-专利标准化-标准授权化”就是对专利技术与技术标准之间关系的一个准确的描述，即通过将代表私利的专利技术与代表公利的技术标准绑定在一起，拥有专利的企业可以垄断性的获得专利费，专利技术通过技术标准化获得垄断性地位[154]。

5. 双重性

技术标准具有合理合法和隐蔽的双重性质。技术标准在提高产品质量、保护国家安全和消费者利益方面具有合理合法的一面，同时兼具贸易保护功能。但由于 WTO/TBT 协议中允许国际技术标准和进口国自行制定的技术标准同时存在，一些拥有较高技术水平的发达国家，自行制定的高技术标准实际上成为其贸易保护的幌子，而且比传统非关税壁垒更具隐蔽性[155]，技术标准正日益成为国际贸易保护主义的高级形态。

6. 坚固性

技术标准比传统的关税壁垒和配额、许可证等非关税壁垒的形势更加复杂，包括广泛获取信息，提高产品技术依存度，改进产品设计、包装和质量，建立一系列通过各种技术认证的措施等。因而，技术标准一旦形成，便具有稳定性的特征。

7. 不平衡性

各国在实践中，会不断制定、修改和完善其技术标准，使技术标准常常处于变化和升级之中。技术标准的制定和实施受限于各个国家经济实力和科技水平，发达国家和发展中国家明显存在着较大的差异和不平衡性，有些发达国家对进口产品实施远远高于国内标准的技术标准，实施双重标准、实行歧视性贸易保护，阻碍了自由贸易；同时，技术标准会因为技术进步和需求的增加经常处于变化和升级之中，是不断修改和完善的[152]。

5.1.3 技术标准的作用

1. 技术标准的宏观作用

(1) 促进作用

标准化是国际贸易的一个有效推动器。在国际贸易中，保持价格的竞争能力，进行市场需求的预测调查，在国外扎根进行优良的售后服务以及给予优惠的贸易信贷条件等，是推动出口的政策基础。

(2) 协调作用

技术标准的协调作用体现在由不同的标准化机构批准，在技术上相同或在实践中是同一技术领域中的标准。目前，许多国际性、区域性的标准化组织就是协调各方的标准，尽可能减少技术标准壁垒，为贸易自由化铺平道路。

(3) 优化作用

标准化的过程实际上是一个技术优化的过程。单个标准技术不一定是最高水平，但所有标准技术整合起来形成的标准体系将是最优的。标准化的过程就是在众多的专利技术中优选出最实用、成本最低、又能代表一定先进程度的技术。在标准的利用中，不但专利权受益最大，其他企业乃至社会均能达到受益最大[156]。

2. 技术标准的微观作用

技术标准具有五大基本功能：规定质量，即规定产品或服务的可接受的品质，如功能水平、品质偏差、有效期、效率、安全和环境影响等；提供信息，如可广泛接受的测量方法标准有助于大幅度降低供求双方的交易成本；规定兼容性，产品通常规定一种产品必须具备的功能和性能，以便与系统中其他辅助产品配合工作；减少变化，变化的减少通常有利于企业获得规模经济，但既能促进技术创新又会阻碍技术创新；经济性，技术标准及其制定或标准化过程中的多重作用不仅影响着企业及产业技术创新和技术扩散的进程，还决定着企业能否从技术创新中获益[136]。具体分析如下：

（1）技术标准是质量纠纷仲裁的技术依据

企业在原辅材料的购进合同中，已明确了产品质量应符合的标准要求，需方复检不合格可向供方提出索赔，必要时，可向相关仲裁部门提请仲裁。而购进的材料是否合格，其仲裁依据就是产品的质量技术标准。同样，公司的最终产品外售时，合同中的技术标准是处理质量异议的仲裁依据，这一点相当重要，若不注明技术标准，发生质量异议，会给供需双方的协商处理带来很大困难[157]。

（2）技术标准是经济贸易中质量合同的技术依据

市场经济进行的商品交换和经济往来，主要是通过合同的形式来实现，在这些合同中，技术标准是质量的技术依据。合同中应明确规定产品质量符合什么标准，并以此作为供需双方检验产品质量的依据。企业生产的中间产品也有相应的技术标准，以满足内部用户需求，作为企业的质量考核依据。

（3）技术标准是原料及产品检验判定的技术依据

企业购进的原辅材料、生产的中间及最终产品是否合格，需要检验判定，检验过程和方法需按照供需双方均认可的相应国家或行业检验标准，此标准方法具有科学性、适用性和通用性。因为不同的检验方法适用范围不同，检验误差不同，这些都直接影响结果的判定。检验结果就要按照原辅材料、中间及最终产品标准进行判定，此标准是衡量产品质量的唯一技术依据，只有合格的原料才能入厂，合格的中间产品才能进入下一道工序。

（4）技术标准是企业组织生产的重要技术依据

企业进行正常生产就必须有适合的原辅材料，只有合格的原辅材料才能生产出合格产品，衡量产品是否合格的载体就是技术标准。企业在生产产品过程中，产品每一道工序也都有相应的技术标准作为技术依据。生产的各个工序严格按照产品标准组织生产，合格的中间产品才能转序，合格的最终产品才能进入市场。

因此，适宜的原辅材料及产品技术标准是企业正常生产过程中必不可少的技术支撑[158]。

3. 技术标准的反作用

由于标准化过程的不确定性，技术标准可能带来很多问题。缺乏一个或几个支持率高的强势标准，阻碍了市场的充分发展，即“标准化不足”的问题；在技术标准竞争中处于劣势，标准支持率很低，缺乏辅助产品的支撑，但又被投资困扰，产生了“标准陷阱”；产品的技术研发尚未完成，市场上围绕技术方案的行业标准就已确立，出现“标准早熟”，也阻碍了产品的研发[153]。

5.1.4 技术标准形成的阶段

技术标准伴随着产品的生产和技术的进步而发生、发展的，它的形成必须经过三个阶段。

1. 第一阶段

初始阶段是技术标准的研制阶段，也是科技研发阶段，在这个过程中形成了技术标准的草稿，在这一阶段与其有关的数据和相关技术指标均已形成。

2. 第二阶段

任何科学实验都可能有其局限性，尤其是在实验室条件下进行的试验，很难保证反映了事物的本质。因此，在研发过程中形成的技术标准草稿，还应该在技术成果转化过程中进一步检验、充实、完善与提高。这一阶段，技术成果在转化过程中得到完善与提高，已经成为功能较为先进，能够作为企业组织生产的正式技术标准。

3. 第三阶段

在成果转化过程中形成的企业技术标准，经国家或国际标准化机构或公众的认可后，即成为公开的公用标准或带有强制性质的技术法规。这时，技术标准就成为国家标准或国际标准或事实标准[159]。

5.1.5 技术标准的发展规律

目前，技术标准的种类名目只会增加不会减少，技术水平也只会提高不会降低，制定时间只会缩短不会延长，把专利技术确认为技术标准的现象已经成为必然，技术标准作为贸易壁垒的现象不会减少，制定技术标准战略的国家也只会增加。纵观技术标准的发展过程，我们可以从中总结出技术标准的发展规律。

1. 技术标准在社会经济发展中的作用越来越大

围绕技术标准所开展的国际竞争已越来越激烈，各国在技术标准方面所呈现出来的总的发展趋势具体表现在技术标准在社会经济发展中的作用只会增大，发达国家主导国际性技术标准的现象很难改变，自愿参与技术标准制定的有关社会主体只会增加。技术标准化规律层次由最初分散的企业级、公司级以联合的方式逐渐发展到行业级、国家级直至国际级，形成了级别多元化，并将在社会经济发展中发挥越来越重要的作用。

2. 技术标准水平不断提高

随着社会的发展，技术的进步，技术标准制定的内容发生了很大的改变，从早期对尺寸数值的规定，发展到对性能质量的规定，最终将发展到对服务的规定，继而为形成相互兼容的系统奠定了基础，同时也可以带来一些中小企业升级。中小企业不需要掌握完全的技术，也可以通过兼容的部分技术作为企业生存发展的落脚点。

3. 技术标准的形成与技术创新的结合程度日趋紧密

技术标准从后追型向前导型的转化过程，就是技术标准与技术创新相结合的有力证明。前导型的技术标准需要投入更大的研发力量，同时增大了技术开发的风险，因为未来的市场毕竟不都是在预期中的，这就更需要对技术市场的把握，对技术创新的市场适应能力的把握。这不再如先前的后追型技术标准，是在技术产品成熟之后自然形成的标准。因此，当前的技术标准在技术创新的基础上还需更多关注市场的动向，只有开发出适合市场的技术，方能在市场中占据足够的份额，从而形成标准，最终达到占领市场的目的。

4. 国家标准和国际标准大量涌现

世界的经济从早期的一国经济逐渐转变为全球化经济，随着国与国之间贸易的不断发展，国家标准、国际标准就会越来越多地出现在技术标准领域，更多地活跃在技术标准的舞台上[160～162]。

5.2 发达国家技术标准的发展状况

在市场竞争过程中，技术、经济与技术标准化的联系日益密切，技术的进步和生产的发展同全球技术标准发展的关系越来越密切。随着知识和技术日益成为经济发展的基础，相应的全球竞争的方式从以价格争市场、以规模求生存，转向以技术求效益、以创新求发展的方向，技术的进步和经济的发展同样对于技术标准化的发展具有重大影响；企业之间的竞争也已经逐步由产品、服务和品牌上的竞争发展到技术标准的竞争[163]。

一项技术标准被国际标准采纳，往往可带来极大的经济效益，甚至能决定一个行业的兴衰。因此，自 20 世纪 90 年代以来，许多国家认识到了控制国际标准是应对市场竞争的有力武器。为了维护本国的经济利益，各个国家、地区、经济合作组织纷纷进行国际经济竞争战略的转移，尤其是在市场经济较发达的国家，各种社会利益团体（主要是企业或者企业联盟）都积极参与到技术标准的竞争之中[164]。1998 年 10 月，欧洲标准化委员会（European Committee for Standardization，CEN）和欧洲电工标准化委员会（European Committee for Electrotechnical Standardization，CENELEC）相继发布了 CEN2010 年战略和 CENELEC2010 年战略，以充分利用“维也纳协定”和“德累斯顿协定”制定国际标准，在国际标准化活动中形成欧洲统一地位为战略的核心。1999 年 10 月，欧盟发布了“控制”型国际标准竞争战略，以建立强大的欧洲标准化体系，以求对国际标准产生更大的影响为战略的核心。2000 年 9 月，美国发布了“控制、争夺”型国际标准战略，以加强国际标准化活动，使国际标准反映美国的技术，并大力发展和采用事实上的标准，开展国际经济竞争为战略的核心。2001 年 9 月，日本经济产业省工业标准调查会发布了“争夺”型国际标准战略，加强国际标准化活动、加强产业界参加国际标准化活动的力度，并建立适应国际标准化活动的技术标准体系、争夺国际标准化组织的最高领导权、争夺制定国际标准的控制权为战略的核心[165]。

发展中国家中的新兴工业化国家（例如韩国、新加坡、巴西等）以及正在崛起的国家（例如印度、马来西亚、印度尼西亚、越南等）近两年也在积极地研究、制定技术标准化战略。但这些国家的国际标准化战略仍属于“追赶式”战略，把提高本国技术标准对国际标准的影响力、追求国际标准的公平合理作为目标，来争取在国际标准化活动中的发言权和实质参与权[166]。

可见，随着 TBT 逐渐取代关税壁垒地位成为国际贸易壁垒最主要的方式，作为 TBT 核心部分的技术标准已经从过去主要解决产品零部件通用和互换问题，逐渐发展成为一个必须遵守的行业规定，成为发达国家维持在价值链高端位置、阻碍发展中国家对外贸易的有力武器，技术标准影响已从劳动密集型产品向高新技术产品延伸，逐渐成为发达国家对发展中国家设置 TBT 的重要手段[167]。

5.2.1　美国技术标准的发展状况

目前，美国致力于争夺 ISO、IEC 的控制权。由于美国是一个标准大国，它制定的包括技术法规和政府采购细则等在内的标准有 5 万多个，私营标准机构、专业学会、行业协会等制定的标准也在 4 万个以上，其中不包括一些约定俗成的事实上的行业标准[168]。

表面上美国极力倡导贸易自由化，但为维护自身利益，美国在技术标准方面有较强的保护主义色彩[169]，结果造成了技术标准数量繁杂，要求比较苛刻。而且，美国技术标准还为标准的制定提供了多样化渠道，使制定者能根据一些特殊要求做出灵活反应，及时从技术标准角度出台限制性措施。美国在几个主要的技术领域重点开展 ISO、IEC 的工作，努力制定出反映美国技术的国际标准。据统计，美国在 ISO 承担技术委员会秘书处的数量从 1975 年底的 160 个增加到 300 个，居世界第四位，承担 IEC 技术委员会秘书处 30 多个，居世界第二位[170]，积极从事国际标准化活动，进一步抓紧争夺对 ISO、IEC 的控制权。

美国在不断加强本国技术标准的同时，还注重有意识地对其技术标准战略进行调整。2000 年，美国国家标准协会颁布了《国家标准战略》，明确提出要发挥美国标准体系的优势，整合各方面的资源与优势，大力推进本国技术标准的国际化。美国技术标准化战略的核心是：加强国际标准化活动——使国际标准反映美国技术；承担更多的 ISO、IEC 秘书工作。这一标准化战略包括 12 项战略要素、62 项战略措施。美国的这一标准战略调整，不仅可以通过“标准先行”实现对国际市场的控制，而且还可以达到打破欧盟、日本等国的 TBT 限制的目的[171]。

美国标准体制区别于其他国家的一个重要特点在于其结构的分散化，政府负责制定一些强制性标准，主要涉及制造业、交通、环保、食品和药品等行业[172]。美国大部分标准是所谓的“自愿标准”，即由民间标准机构、专业学会和行业协会制定并发布，由企业界自愿采纳，美国的民间标准机构多达 400 多个。美国国家标准协会（American National Standard Institute，ANSI）则负责对自愿标准制定进行协调，协会本身并不制定标准。也就是说，实际上美国并没有一个专门机构主导标准的制定与推广。这种高度分散的体制所造成的结果是技术标准极其繁杂，向美国出口某些产品可能会涉及几个甚至十几个由不同机构制定的相关法规或标准，有的是政府的强制性规定，更多的是自愿标准，要求比较苛刻[173]。有些技术标准是专门针对进口国家或商品而制定的，如制定等级、尺寸、质量等。例如，美国对进口汽车的安全性能和废气排放标准就订得十分苛刻，对于国外中小汽车企业而言是一道难以突破的 TBT，美国为保护国内的汽车工业，在《空气净化法》和《防污染法》中明确规定，所有进口汽车都必须安装防污装置，并制定了十分苛刻的技术标准，从而使得排气量过大的汽车被挡在美国市场之外。美国还利用推行国内生产加工方法及其他技术标准设置 TBT[174]。

5.2.2 日本技术标准的发展状况

日本依靠强大的经济实力和技术能力实施国际标准化的“争夺”战略，谋求国家标准与国际标准的整合化。为了实现贸易立国、技术立国的目的，日本把信息技术标准化、环境保护标准化、制造业产业基础技术的标准化和消费者、老年人、残疾人需求四个领域作为标准化的重点[175]，还一直把赶超先进国家技术作为自己的奋斗目标。从历史角度看，日本在经济赶超阶段，大部分技术及与此相关的工业规格几乎都是由国外引进的，日本的出口产品基本上都是根据进口国的技术标准和规格生产的。但是，日本的企业更重视得到市场消费者承认的事实上的标准规格，而不重视公认标准。因此，日本对实行国际标准化并不十分积极，这样做的直接后果，就是给进入日本市场的国外产品带来了很多麻烦。

日本的技术标准还带有强烈保护色彩，有名目繁多的技术标准，包括：工业标准、农林标准、日本各行业协会制定行业标准。其中很多技术标准不同于国际标准，只有极少数是与国际标准一致的，当国外产口进入日本市场时，经常出现一种产品必须既符合国际标准，又符合日本国内标准，才可以进入日本市场的情况，只要其中有一项指标不合格，日方就可以以质量不达标为由拒之门外，这就给其他国家的产品流入日本市场带来了阻碍[176]。

而且日本对很多产品的技术标准要求是强制性的，并且通常要求在合同中体现，还要求在信用证上，进口货物入境时要由日本官方检验是否符合各种技术标准[177]。进入日本市场的产品，其规格选择亦为严格，堪称抑制国外产品进入日本市场的枷锁。而这些产品分为两种规格：强制型规格的产品在品质、形状、尺寸和检验方法上均须满足其特定的技术标准，否则就不能在日本制造与销售；任意型规格的商品主要是每年在日本市场消费者心目中自然形成的产品，此规格又分为国家规格、团体规格、任意质量标志三种[178]。

5.2.3　欧盟技术标准的发展状况

欧盟是国际上最早意识到要克服由技术性因素造成的贸易障碍并采取相应措施的地区，同时这些成员国也是设置TBT最严重的国家，尤其在有关汽车、电机、机械和制药产业更为明显。为了统一各成员国的立法规定，消除欧盟内部市场中技术标准混乱造成的贸易障碍，欧盟颁布了不少有关产品安全、技术标准等方面的指令性法规，构成了一套技术标准体系。欧盟的技术标准可以分为两层，即协调标准和国别标准。协调标准由欧洲标准化委员会制定，凡是符合这些标准的产品，即可被视为符合欧盟指令的基本要求，它的作用是为指令的基本要求提供具体的技术规范。国别标准主要是欧盟各成员国的国家标准以及各国行业协会制定的标准[179]。1999年10月，欧盟通过了“欧洲标准化的作用”决议，把标准化作为经济和工业一体化的重要手段进一步运用，协调各成员国的技术法规、技术标准和质量认证，以加强消除欧共体内部市场TBT的力度，建立一个具有一致性、开放性、透明性和利益自主性的体系，对产品的技术细节、安全性、卫生和环保等方面做出了要求，规定凡符合欧盟有关产品的安全要求和技术标准才能进入欧洲市场[180]。

欧盟各国由于经济、技术实力普遍较高，因而各国的技术标准水平较高，不仅有统一的技术标准，而且各国也有各自的严格标准，它们对进口产品可以随时选择对自己有利的技术标准。尤其是德国、英国和法国将势力渗透到ISO、IEC中，较长一段时间内ISO、IEC主要被这三个国家操纵。

1. 德国技术标准的发展状况

德国经济繁荣在很大程度上取决于出口，而技术标准每年创造的经济价值约占德国经济增长比例的1/3，远比技术专利和许可证的作用明显。出口需要市场，进一步打破技术标准壁垒，改善市场“准入”框架条件，依然是德国扩大出口的重中之重，有效地应对国外TBT已成为德国扩大出口的重要环节。1994年德国标准项目中约有90%是国家标准项目，10%是国际标准和欧洲标准项目。根据德国国际标准化组织2000年年报统计：截至2000年底，国家标准项目降到40%左右，电工领域只有5%，而国际和欧洲标准项目升至60%[181]；到2000年，由于运用德国技术标准改善出口产品质量和售后服务，德国有84%的出口企业调整出口战略，成功地打入国际市场。2001年5月，DNI出版了《标准化的经济效益》的研究报告，对技术标准和标准化的经济效益作了详细的总结和分析，得出了技术创新的扩散依靠技术的标准化，技术标准对技术创新提供较强的正向激励等结论[182]。

德国在国际标准化活动中做出了重要贡献，它承担了 ISO 中 29 个技术委员会和 93 个分技术委员会秘书处工作以及 357 个工作组召集人的工作，在 IEC 中承担了 26 个秘书处的工作，其对 ISO 的贡献率为 28%。在技术标准方面，德国目前应用的工业标准约有 1.5 万种，虽然这些技术标准并非全部属于强制性规定，即并非要求进口产品全部符合这些技术标准，但许多德国客户喜欢符合这些技术标准的产品，因而进口产品是否符合德国工业标准，实际上已成为推销产品的一个重要因素。除工业标准外，德国法律规定，某些进口产品必须符合特别安全规定或其他强制性技术要求[183]。

总之，德国技术标准有三大特点：技术标准翔实健全，具备应对 TBT 的基本要件；技术标准基本上实现与国际标准接轨，具备应对 TBT 战术上“知己知彼”；技术标准日臻完善，具备应对 TBT 的战略优势[184]。

2. 英国技术标准的发展状况

英国是一个在制定技术标准方面具有悠久传统、具备雄厚技术实力的国家，在 20 世纪初就成立了国际标准化组织 BSI，为实现英国标准与国际标准同步，将参加国际标准化活动、承担国际标准化机构秘书处、采用国际标准的具体政策和做法，订入 BSO 标准，以技术标准将其固定下来。从事英国标准化工作的人员，同时从事国际标准的具体工作。

自 1977 年以来，BSI 每 3 年要制定一次标准化工作计划，每年进行一次调整并制定出年度实施计划。BSI 是 ISO、IEC 的创始成员之一，并在其中发挥着重要作用。BSI 在 ISO 中承担了 25 个 TC、79 个 SC 及 317 个工作组秘书处的工作，在 IECPTC、SC 中承担 24 个秘书处的工作；按承担 TCPSC 技术秘书处数量和资助额计算，其贡献率为 17%，仅次于美国和德国，居第 3 位。BSI 的标准制定、修订和复审工作计划的编制与实施，均由标准部负责。计划项目一般来自三个方面：制造商、国营工业企业、政府部门、大专院校和个人提出的项目建议；英国计划采用的国际标准计划项目；根据 5 年复审制度必须安排的计划项目。任何单位和个人都可以提出新项目，但实际上，大多数项目是由各技术委员会提出的。经过多年的实践和磨合，英国政府与本国非政府部门、工业行会和企业之间在技术标准的制定与实施上确立了明确的职责与分工，建立起比较健全和较有特色的技术性贸易保护体系[110]。

在技术标准的制定以及理论研究方面，英国也积累了丰富的经验，这种学术上的对技术标准与技术创新关系的研究也影响到相应的国家决策。斯旺第一次运用经济计量方法分析了英国标准对英国进出口、贸易净出口的影响[185]；还用标准树说明了标准是如何支持创新导向型的增长的，比较了技术标准化的产品创新、没有技术标准化的产品创新、拥有专利的产品创新和具有企业事实标准的产品创新间的差异；又从实证的角度研究了技术标准与技术创新的关系，得出了“有效的标准既限制创新，又提供信息；而无效的标准也许并不限制创新，但也不提供任何信息”的结论。他认为标准影响和限制企业创新的程度主要与该企业的特质有关，而并不取决于标准本身的情况，具有一定特征的企业更会认为标准能够提供信息，标准对创新的限制作用与标准数量和标准平均寿命之间都存在着很大的相关性。

3. 法国技术标准的发展状况

法国为了控制国际标准的制定权，把对本国贸易有利的要求直接纳入到国际标准中去，积极参加国际标准化活动，为加快标准的制定速度，提高法国标准的国际性，确定了积极采用国际标准的政策，制定了采用国际标准的具体措施，实行国际标准与法国标准同时执行的政策，例如法国规定在制定法国 NF 标准之前，首先考虑所制定标准应符合国际标准。而且，法国每年制定的 NF 标准，约有 50％是采用国际标准的，而现制定标准 19500 个，采用国际标准约 60％左右。法国标准化协会（Association Francaise de Normalisation，AFNOR）的标准化工程师也把主要时间和精力用于国际标准化工作上，并注重在国际标准化活动方面体现如下原则：提高欧洲标准和国际标准的有效性和效率；改革法国和欧洲标准化的政策和原则；利用政府机构提高法国在国际标准化工作中的影响；通过标准化工作，促进贸易发展，减少贸易的 TBT。

法国作为欧盟成员执行的是欧盟的对外贸易法规和管理制度，但涉及进口产品的技术标准和安全标准时先将欧盟有关指令性规定转换成本国的标准后再执行，而对于一些特殊产品的进口，实施本国的有关进口管理措施，其中合格认定是技术标准实施中最为关键的环节。而且非欧盟成员国的产品要进入法国会面临两套技术标准，对法国国内生产商起到双重保护作用[186]。

5.3　我国技术标准的发展状况

改革开放以来，我国的经济实力大大增强，高新技术和拥有自主知识产权的新技术都有了快速的发展，技术标准化工作也具有了一定的基础。但是，我国科学技术落后于发达国家，在技术标准管理和战略上差距更大，大量的技术标准仍掌握在国外企业手中，作为发展中国家，我国绝大部分企业在国际竞争中主要还是依靠以低价格占领市场、以规模求增长的竞争手段来实现发展。尤其是加入世界贸易组织（World Trade Organization，WTO）后，国外企业凭借强大的实力，以大量技术标准迅速占领我国市场，并使他们的技术标准成为事实标准，通过技术标准和市场的双重壁垒增加我国企业技术创新的难度。国外企业就是凭借着技术标准获得了最大的利益，而缩小了我国企业的发展空间。同时，我国属于技术引进和专利使用的国家，迫使我国企业不得不引进更多的资金、技术和管理经验来获得自身的发展。

随着我国的经济体制逐步由计划经济体制向市场经济体制过渡，技术标准化工作表现出越来越不适应我国经济发展的要求。目前，尽管我国已经有 19000 多项国家标准，但技术标准制定时间超过 10 年的高达 7000 多项。在 ISO、IEC 现有的 16700 多项技术标准中，以我国为主起草或采纳我国标准的国际标准仅有 10 余项，和我国的技术创新能力严重不对称，不能快速满足市场和技术发展的需要，直接影响我国企业技术和产品的国际竞争力[187]。为应对入世的挑战，在 2002 年 1 月 9 日举行的全国科技大会上，国家科技部宣布，我国将实行标准、专利和人才三大战略，并为实施技术标准战略而提出了加强国际标准化和我国技术标准发展战略研究，尽快研究建立既符合 WTO 规定，又能保护我国利益的国家技术标准体系；调整现有的科研机构设置，支持有关部门建设国家技术标准研究机构及相应的人才队伍；增加技术标准研究投入，把建立技术标准体系作为国家科技项目的重要内容和考核目标；积极参与国际标准的制定及相关活动，争取在国际标准方面获得更多的发言权。科技部主持召开的国家“十一五”重大科技专项、重要技术标准研究论证会，针对我国长期缺乏技术标准发展战略方向性指导、技术标准体系不完善、技术性贸易措施缺乏有效策略、技术标准检测手段和方法不配套等多方面存在的问题组织攻关，进行重点领域重要技术标准研制的战略性运作，尽快改变我国在重要技术方面的各类标准与国际标准的差距。

5.3.1 我国技术标准的现状

我国标准化工作起步于新中国成立以后。建国以来，我国国家标准的累计数量呈折线上升趋势。我国的技术标准工作大致可以分为四个阶段。

1. 建国初期计划经济体制下的我国技术标准（1949～1976）

1949 年，中央技术管理局正式成立，开始谋划新中国的标准化工作。在

1955年制定的国民经济第一个五年计划中，提出了设立国家管理技术标准机构和逐步制定国家统一技术标准的任务。1957年，在国家技术委员会内设标准局，对全国的标准和工作实行统一领导，同年加入IEC。1958年，国家技术委员会颁布第一号国家标准GB1——《标准幅面与格式、首页、续页与封面的要求》。1962年，国务院发布我国第一个标准化管理法规——《工农业产品和工程建设技术标准管理办法》。1963年，召开第一次全国标准化工作会议，制定了《1963～1972年标准化发展规划》。至1966年，我国已颁布国家标准1000多项。《中国科技年鉴》等资料显示，1958～1976年间，我国累计制定修订国家标准约为2000项，平均每年仅100项左右。这一阶段我国技术标准主要以引进或采用原苏联标准为主，技术标准的作用表现为国家组织生产和建设的手段，多属于制造与验收型的工艺过程标准，与国际贸易无关。

2. 改革开放初期的我国技术标准（1977～1988）

"文化大革命"以后，我国的标准化工作快速恢复。1978年，国家标准总局成立，同年加入ISO；1979年7月31日颁布《中华人民共和国标准化管理条例》、1982年颁布《采用国际标准管理办法（试行）》、1984年颁布《采用国际标准管理办法》。这一阶段，我国从主要引进、采用原苏联标准变为采用国际标准。技术标准的作用是为了生产和管理，技术标准等同于技术法规，确立了国家标准、行业标准、企业标准三级标准体系，以及严格的由政府负责的涵盖标准制定、实施、监督等方面的管理体制和运行机制。1979～2002年间，共制定并修订国家标准19000余项，平均每年834项左右。这充分说明了改革开放对我国技术标准的发展起到了巨大的推动作用，同时也反映了国家标准和经济发展的密切相关性。

3. 社会主义有计划商品经济向社会主义经济过渡的技术标准（1988～2000）

1987年，中共十三大提出了要发展"社会主义有计划商品经济的体制"。在这一背景下，1988年12月29日全国人大通过了《中华人民共和国标准化法》，标准化工作逐步进入法制管理的新阶段。1990年我国先后发布了指导标准化工作的《中华人民共和国标准化法实施条例》。《中华人民共和国标准化法》决定了我国的标准化体制是政府主导标准化，而不是市场主导标准化。国家技术监督局负责全国标准化管理工作以后，1998年，改名为国家质量技术监督局，直属国务院领导，统一管理全国标准化、计量和质量工作。经过改革开放30年的努力，我国初步建立了由国家标准、行业标准、地方标准和企业标准构成的标准体系。

截止到2000年底，我国共有国家标准86万多项。这一时期我国标准化工作强调采用国际标准和国外先进标准；技术标准的作用主要是为了生产建设和对外贸易的需要；技术标准的性质分为强制性和推荐性。建立了国家标准、行业标准、地方标准和企业标准的四层次标准体系以及与之相适应的管理体系和运行机制。

4. 加入WTO和逐步完善市场经济的标准化工作（2000年至今）

2001年，国家质量技术监督局与国家出入境检验检疫局合并，组建国家质量监督检验检疫总局，同年成立中国国家标准化管理委员会，代表着我国逐步完善社会主义市场经济，标准化管理体制进行进一步改革的开始。到2001年底，我国共有国家标准19744项，备案行业标准、地方标准和企业标准分别为34000，12000，860000项。2003年成立了中国标准化研究院，截至2003年底，我国共有国家标准20906项（不包括工程建设标准），其中标龄在5年以上的有15205项，占总数的62.73%[188]。截至2004年底，已经批准发布的推荐性国家标准、强制性国家标准，已经批准的国家标准制修订计划项目等。截至2005年底，我国已有国家标准2万余项、行业标准4万余项，还有数以万计的地方标准。但是，ISO共制定国际标准14941项，其中95%由发达国家制定，我国有32项，仅占0.21%；IEC共制定国际标准5296项，其中96%由发达国家制定，我国有15项，仅占0.28%。目前国家层面的标准化形成了具有中国特色的标准化体系：国际标准委作为政府的标准化管理机构，国家认可委作为政府认证认可管理机构，中国标准化研究所作为国家最高标准化技术机构，中国标准出版社作为国家标准印刷出版机构，中国标准化协会则是挂靠国家标准委的协会组织[189]。

但是，我国现阶段技术标准还存在总体水平偏低、采标率低、标龄过长等情况，我们只能是不断追踪国外先进的技术标准，因此国外先进的技术标准稍微做一下调整，哪怕是一项小小的技术参数调整，我们的企业都将要从原料、生产设备与生产工艺、产品检测设备等方面进行一系列的调整，而且已经生产的产品只能是“出口转内销”[190]。

5.3.2 我国技术标准发展存在的主要问题

国际标准地位的重大变化，以及主要发达国家推行的以控制、争夺国际标准制高点为目标的国际标准竞争策略，使我国技术标准的国际竞争力面临严峻挑战。总体来说，我国技术标准和标准化工作滞后于国际标准的发展。

我国技术标准的制定与实施缺乏技术支持。由于技术标准特别是高技术产品标准的背后都有专利支持，根据我国自主知识产权而制定的技术标准很少，一些发达国家利用技术专利，打压我国的产品出口。我国技术标准与产业竞争力和贸易发展的需求脱节，而且制定技术标准的竞争意识较弱。我国相当一部分技术标准没有得到严格执行，出台不久后就因执行不力而“夭折”的也不在少数，而且技术标准更新速度慢[191]。

由于我国技术创新能力差、技术水平比发达国家相对落后，技术标准缺乏国际竞争力，主要表现在四个方面：

1. 大部分技术标准严重落后和滞后

从参与国际标准化工作情况来看，我国也处于十分落后状态，我国的国际标准化工作不足，大大低于美国、德国等发达国家，也低于一些发展中国家。在 ISO 的技术委员会中，我国只主持了一个技术委员会的秘书工作，大大低于美国（30 个）、德国（29 个）、英国（21 个）、法国（19 个）等发达国家，也低于印度（5 个）、南非（3 个）等发展中国家。

国家标准标龄过长，老化现象严重，近一半的标准是 10 年前发布的。据统计，截止到 2003 年底，我国的 20906 项国家标准的平均标龄为 10.12 年，最长的达到 41 年，60 年代发布的标准有 30 项。标龄超过 10 年的标准有 9608 项，占 45.96％；标龄 5 年以上的标准 15205 项，占 72.73％。采标标准做不到与国际标准同步修订或作废。在 20906 项国家标准中，共有 4826 项采用的是 ISO 标准，但是这些 ISO 标准中有 1106 项已经更新，316 项已经作废，420 项找不到对应的 ISO 标准。这些数字说明，采用 ISO 标准制定的国家标准中已经有 1842 项找不到对应的现行国际 ISO 标准，占了总数的 39％[192]。当国际标准已经修订或作废的时候，我国对应的采标标准却做不到及时的修订或作废，致使我国标准落后和滞后于国际标准。

技术标准制定周期长。我国技术标准制修订过程的环节过多，造成了相当一部分标准的报批时间过长，甚至有些技术标准需要等一年的时间才能发布。对 1993～2000 年国家标准计划项目统计分析表明，1993～2000 年国家标准计划项目总数为 8389 项，其中有 28.55％的项目没有完成，只有 8.33％按时完成，已完成项目的平均制修订周期为 4.7 年。由于技术标准制定周期长，制定出的标准滞后于市场的需求，起不到带动产业发展的作用[193]。

以上情况均说明我国采用的相当部分国际标准实际上是已经落后、更新和淘汰的。国际标准对发达国家而言，大多数国际标准只是一般水平，而我国相当部分的技术标准还落后于国际标准，这些都和我国目前及未来的经济发展很不适应。

2. 我国技术标准的制定与市场需求脱节被国际市场认可的更为数不多

长期的计划经济体制导致我国技术标准的主要立项需求并不是来自市场和企业，政府依然在技术标准制定过程中发挥重要作用。截止到2003年底，对我国现行国家标准的抽样调查显示：与我国当前的科技、生产、工艺、管理水平相比，0.31％的国家标准处于过度超前水平，与现实水平和未来几年可能达到的水平完全脱节，处于几乎不能被市场采用的状况；21.04％的国家标准处于适度超前水平，表现出显著的对现实相关产业和技术进步的拉动和引领作用；70.19％的国家标准处于平均水平，与我国当前科技、生产、工艺、管理水平基本相适应；8.45％的国家标准处于落后或完全落后水平，制约着相关产业和技术的发展与进步，甚至妨碍着新技术的应用和推广[194]。而且，企业和社会团体提出立项的国家标准只占53.6％，政府部门提出的项目所占比例竟然高达35.5％。这从一个侧面反映出国家标准中有相当一部分没有来自真正的市场需求。

在我国标准的立项中真正来自企业需求的项目所占比例很少，其中有些由企业出资的项目中也并不是能够真正体现企业的实际需要，我国的部分标准制定与市场需求脱节。

3. 按照我国技术标准生产的产品附加值低

主要的发达国家知名跨国公司生产的“品牌产品”，大多具有自主知识产权，标准的技术含量高、附加值高，在国际上有着一定的知名度。在我国出口的高新技术产品中，例如通信、半导体、生物医药和计算机等高新技术产业，获得国外授权的专利数占60％～90％以上，自主品牌产品所占比重不到10％。我国机电产品出口额占总出口额的比重已超过50％，但其中拥有自主知识产权的品牌产品所占比重偏低。在104项彩电关键技术中，我国只掌握60％；在65项手机关键技术中，我国只掌握50％；在57项DVD关键技术中，我国只掌握15.8％。由于按照我国标准生产的大多数出口产品，缺乏具有自主知识产权的核心技术，产品的附加值偏低，缺乏国际知名度，主要靠低价销售。在国际上，我国外贸“数量型”增长，正在受到以反倾销、TBT和保护措施的制约。与WTO其他成员国相比，我国出口的产品更容易受到反倾销的调查，我国出口产品的70％都可能被提起反倾销调查。我国出口产品是经过严格检验符合国家标准要求的，企业产品是按照技术标准要求生产出来的，产品缺乏竞争力和标准缺乏竞争力有直接关系。

4. 我国标准转化为国际标准的比例太低

ISO、IEC现已制定国际标准18468项，其中由我国提交或主持制定的近20项，仅占国际标准总数的0.2%，且基本上是一些非关键性的技术标准，在高技术产业领域尤其如此。而主要发达国家的技术标准，例如美国ANSI标准、日本的JIS标准、德国的DIN标准、英国的BS标准、法国的NF标准已被世界上公认为先进标准，并被众多的国家特别是发展中国家采用为本国标准。目前在欧洲贸易活动中使用率最高的标准是DIN标准、ASTM标准和BS标准。而我国除了在中文编码、VCD和第三代移动通信领域有少量技术标准被纳入国际标准外，绝大多数技术标准在国际上远远还没有形成自己的“品牌”，只能被动地执行国外或国际标准，受制于人。技术标准是产品进入国际市场的消费导向信息，但到目前为止，99.8%的国际标准是以发达国家技术标准为基础制定的，或是发达国家主持起草的，还没有一件商品上附有我国国家标准的标志，国际标准很少能反映我国的技术要求和经济利益，技术标准缺乏知名度就导致产品在国际上缺少知名度和竞争力[195]。

5.3.3　我国技术标准缺乏国际竞争力的主要原因

我国的技术标准缺乏国际竞争力很大程度上是由于缺乏技术标准创新机制。长期以来，我国制定国家标准采取跟踪模仿政策，以采用国际和国外技术标准为主，自己开发先进标准较少。由于缺乏自己技术标准创新机制，抑制了技术标准创新能力的提高和技术标准化人才成长，造成技术标准创新缺乏动力。其次，就是我国没有建立国家科技创新体系和技术标准研制体系，缺乏有效的、协调的国际标准竞争机制。同时，国家科技创新体系和技术标准研制体系脱节也造成我国主持制定的国际标准少，不能很好地反映我国利益，从而导致我国技术标准缺乏国际竞争力。

1. 企业技术标准化意识淡薄，未成为参与国际标准制定的主体

从本质上讲，采用国际标准、增加产品在国内市场和国际市场上的竞争力是企业自身的行为，但我国企业采标意识不强，有的企业经营管理者根本没有这种意识，甚至有的企业认为采标工作是质量技术监督部门强加的一种负担。尤其是中小企业更为突出，没有把技术标准化工作作为企业参与市场竞争的手段，国家标准没有很好地贯彻实施，没有建立企业标准体系，有的甚至无标生产。目前，尽管我国已有少数企业有了参与国际标准制定的积极性，但大多数企业标准化意

识不足。尤其是改革开放以后，新兴的集体企业和民营企业中，有些更是缺少标准化意识。由于缺乏渠道，很多中小企业没有机会参与国家和行业的标准化活动，得不到标准资料；有些中小企业由于与国外企业合资，学习了国外企业的先进技术和标准化的情况，从而了解到技术标准对于企业的重要性，但是他们苦于没有渠道，不知道如何参加标准化活动。这就致使中小企业还远远没有成为参与国际标准制定的主体，出现了市场主体错位的问题。企业是市场的主体，对市场变化反应最灵敏，企业没有成为参与国际标准制定的主体、参与国际标准化活动的动力不足，是制约我国实质参与国际标准制定、我国技术标准缺乏国际竞争力的重要原因。

2. 没有建立稳定的国际标准化活动经费筹集机制

参与国际标准化活动经费应由受益方——国家、行业、企业分别负担，多渠道筹集。随着改革开放的深入和市场经济的发展，对技术标准工作要求越来越高，企业的产品进入市场需要技术标准，而我国国际标准化资金筹集机制的不健全，制约着我国参与国际标准化的活动。主要的发达国家已建立了多渠道的筹集经费机制：日本除政府大力支持外，还建立了国际标准化活动基金；美国建立了稳定的国际标准化活动筹款机制；欧盟支持的经费占欧洲标准化组织活动经费的49%。

在2003年的标准立项中，自筹经费的项目只占项目总数的11.6%。实际上，自筹经费主要来自企业自筹的资金和其他政府部门的资金（如科技部的科研项目经费）两个方面。但是，长期以来，我国参与国际标准化活动经费主要靠国家财政支持，来源于政府提供的技术标准补助费，在自筹经费项目中真正由企业提供经费的项目很少。加上每个技术标准项目的经费也很少（五千元到一万元），根本就无法支持标准技术的实验验证。对于大量应该修订的技术标准无力进行正常的修订，参与国际标准化活动以及采用国际标准和国外先进标准工作，由于经费不足也受到较大的影响。企业必要的国内适用性分析和科学实验验证都无法进行，只能进行文字的翻译，凭借专家的经验判断技术标准的适用性。这就造成了技术标准本身反映我国自主技术的含量低，采用国际标准的某些技术标准不适应我国的产业发展状况。

3. 我国的技术标准化体系不适应市场中的技术创新体系

由于市场经济的发展，我国很多新兴高技术企业的科技研发能力逐渐增强，他们组建自己的研究院，针对市场需求开展科学研究和创新产品设计，研发和产业化形成良性循环。中小企业自身科技创新能力不断增强形成了市场中新兴的科技创新体系[196]。但是我国技术标准的制定缺乏有效的科学实验和适用性分析，现有的、带有计划经济特征的技术标准体制与市场中的技术创新体系不相适应，中小企业很难参与国家层面的标准化工作。专业标准化技术委员会的组成大部分还都是大专院校和研究机构的代表，企业代表很少。虽然个别技术委员会也在进行改革的尝试，但是还不能从根本上解决问题。同时，我国的企业普遍轻视创新技术的专利申请，由于技术标准的实现在很多情况下依赖于专利技术，技术与标准化对加速高新技术产业化的重要作用还没有明显发挥出来，没有实现二者的相互结合、相互协调、相互促进[197]，轻视专利技术最终导致我国中小企业在国际市场竞争中处于不利地位。

5.4　技术标准对我国中小企业技术创新的影响

5.4.1　技术标准与技术创新的关系

技术创新在技术发展中起着举足轻重的作用，是促进中小企业发展的根本，而技术标准随着技术的发展而发展，是技术创新过程中的重要内容。技术标准增加了全球竞争，而全球竞争推动了技术创新的发展。技术标准作为一个体系，能够保证产品和工艺的兼容，也间接地推动技术创新。随着技术的发展，技术标准对于确保新产品和新工艺的性能、一致性和安全性是必需的[93]。由此可见，在技术标准和技术创新之间存在着复杂的、动态的关系。

1. 技术创新是技术标准的基础

技术创新是技术标准产生以及标准作用发挥的基础。首先要有高水平的技术创新，并且这些技术创新通过标准化将其融入技术标准，标准才能具有竞争力。技术创新的水平决定了标准的水平，标准水平不可能超越技术创新发展的水平，只有不断提高标准中的科技含量和自主创新含量，标准才能真正适应市场的需求，发挥其强大的作用。因此，技术创新环境的改善、技术创新能力和技术水平的提高，是产生高水平的、具有竞争力的技术标准的基础。标准的竞争力与标准所承载的科技含量密切相关。与较高科技水平协调产生的技术标准才能真正起到促进科技成果产业化，促进国民经济和社会可持续发展的作用[198,199]。

2. 技术标准是创新成果迅速向现实生产力转化的桥梁和催化剂

技术创新是国家实力的重要表现之一，创新成果能否转化为现实生产力则体现了国家的竞争力。科技创新成果要广泛推广应用才能收到应有的效益，达到科技研发和技术创新的目的。在科技成果扩散传播进而转变为生产力的过程中，技术标准起着桥梁和催化剂的作用。技术标准对技术创新的扩散作用，不仅仅可以使技术创新中小企业获得可观的经济效益，更重要的是通过技术创新扩散和传播过程的展开所产生的积累效应，会对整个国民经济的运行产生重大的影响。作为一个国家，也可以将本国的核心技术通过制定国家标准或国际标准，达到拥有自主知识产权的产品或技术，迅速占领市场，实现国家利益的目的[200]。

3. 市场机制有利于技术标准与技术创新协调发展

市场经济条件下，技术标准产生和标准化的根本动力是由市场需求决定的。创新竞争的本质就是科技研发的竞争，中小企业之间实力上的差异形成市场机构的非对称性，具有领先技术的中小企业才容易占领市场，由该技术产生的技术标准是扩大市场份额的重要手段。中小企业科技研发活动的最大特点在于它的不确定性（存在市场风险），即某种技术是否能够为市场所接受，存在很大的不确定性。而中小企业可通过技术标准的制定、实施，能从多方面降低科技研发的市场接受性的不确定性，主要体现在：中小企业尽早地参与技术标准的制定，影响技术标准的内容，以便研制出来的技术标准符合中小企业正在进行的科技研发发展方向；制定技术标准的中小企业，通过技术标准的实施来促进产品的销售，并将不符合技术标准要求的中小企业排斥在市场之外，或者削弱它们的市场地位从而巩固自身的垄断地位。中小企业之间的竞争日趋激烈，它们承担的风险也越来越大，降低技术创新风险是相关产品占领市场的先决条件之一，这就是中小企业制定技术标准的动力。因此，越来越多的中小企业在技术创新时就着手技术标准的研制，制定技术标准是它们的最佳选择。中小企业既是技术创新的主体，又是技术标准的主体，是进行科技研发和技术标准制定的主要参与者和重要力量。

4. 技术标准化是促进和阻碍技术创新的矛盾统一

在英国的一份有关标准在国家创新系统中的地位和作用的调研报告中表明，许多中小企业反映遵守技术标准是中小企业技术创新的障碍之一。但相比之下，这些中小企业的创新活动也最为活跃。英国曼彻斯特商学院斯旺教授关于技术标准对技术创新影响的研究表明技术标准能减去不必要的枝杈，产品创新和工艺创新的竞争持续地创造出具有竞争力的产品和服务，它们构成了以不同技术特征发展起来的“树冠”——技术体系，使技术创新之树繁茂；没有技术标准则会使其“枝杈丛生”，导致各种低水平的重复的创新，没有哪个“枝杈”能够健壮地发展起来，最终使技术创新之树枯竭。所以，从某种意义上说技术标准既促进了技术创新，又阻碍了技术创新，但在某种程度上又统一了起来。从开发者角度看，由于新技术必须与技术标准兼容，技术标准限制了技术研发者的选择，制约了技术的发展路径[201]；而由于转换成本原因，用户难以选择非标准的技术路径。网络效应也可能导致技术创新的无效率，表现为市场过度停留在一种落后的技术标准上；或者表现为市场过早地转向一种新的先进技术标准[202,203]。技术标准规定和约束了未来技术投入和研发投资的方向和路径，也坚定了技术投资的信心和市场力量，这样又创造和奠定了未来进行技术创新的基础。

5.4.2　正面影响

技术标准本质要求技术标准既需要不断的完善和发展，同时也需要不断提高其中的科学含量和技术含量。技术标准既是某领域技术创新成果长期积累的结果，也是对新时期各种新技术方向与水平优劣的评价和总结，并可以通过标准的形成来放大技术的社会、经济效益。

1. 加快中小企业技术创新速度

大多与产品或技术相关的标准都包含着标准化的技术信息。这些技术信息随着标准的宣传，贸易交流的增加而扩散。从社会的角度看，可以有效地节约个别中小企业积累这些基本技术信息的时间[204]。另外，技术标准主要包括产品标准、外购原辅材料标准、检化验方法标准及生产过程中所要执行的技术规程。它能够为中小企业技术创新提供及时和有效的信息，产品生产过程中具体应该执行怎样的技术规程进行工艺控制，原辅材料、中间产品、最终产品应达到什么要求，以满足用户需求，技术标准在中小企业技术创新过程中起着至关重要的作用，极大地加快了技术创新的速度。

2. 促使中小企业科技成果迅速转化为新产品

技术标准加速产业结构优化升级，带动信息化和工业化的快速发展。新技术往往在产业化之前，一些制式、接口等均须事先约定，即标准先行。通过构筑技术标准化平台，实现互通、互连和资源共享，有效的技术标准可以促使科技成果迅速转化为新产品进而形成产业，获得生产的规模化，完成向生产力的转化。因此，中小企业技术创新过程中，除了需要资金、人力、规模化生产等软硬件条件以外，技术标准是其非常重要的支持条件。在把新技术转化为产品，以及采用新技术后产业结构优化升级的过程中都离不开技术标准，没有技术标准就无法完成生产的规模化，也就无法完成科技成果向生产力的转化，中小企业技术创新也就无法实现了。

3. 促进中小企业技术创新产品占领市场

技术标准的科学性和权威性已被广泛认同，因此科技研发成果一旦转化为技术标准，就会被潜在的使用者所接受。凡标准化了的产品和技术，即使不加任何限制，人们也会优先采购和选用。因此，技术标准化的产品、零件和材料，容易形成较大的需求量，为实现专业化生产提供必要条件。由于集中专业化生产的技术优势和经济优势，特别是产品质量稳定可靠、价格便宜、供货及时、中小企业信誉好，这又会进一步扩大其影响，占领更大的市场份额，获得较好的经济效益。因此，中小企业技术创新以技术标准为目标和蓝本，生产出的产品就能够迅速占领市场，获得利益最大化。

4. 刺激组件创新

当发达国家技术标准已经成为“既成事实”时，我国中小企业由于了解“系统创新”的难度，转而投入资源进行系统中的组件创新是明智的选择：针对系统产品中的单个组件进行技术开发，并形成自己的专利技术。技术标准信息的开放能够促进组件层次上的创新。因为竞争者可以在这一界面的“任何一边”进行创新，从而该产品系统的消费者可以选择最优化系统设计的特定组件。而且这些组件随着时间推移也可以被更先进的组件所取代，因而极大地降低了整个系统被抛弃的风险。使用既有的专利技术标准，虽然要交纳专利费，但由于专利标准的一些技术信息公开了，反而有利于中小企业进行组件开发，并降低开发成本。

5.4.3 负面影响

1. 限制中小企业技术创新的方向

从国家和地区关系看，技术标准问题并不是一个单纯的技术问题或经济问题。在技术时代，它是影响一个国家或地区在全球权力和财富分配体系中地位的重要问题。一个国家或地区在一些重要行业是否具有制定技术标准和推行技术标准的能力，决定了它在国际经济格局中的地位和讨价还价的能力。发达国家由于技术先进，掌握着技术标准的制高点，他们制定着对产品或服务属性的详细技术规范的规定，影响着中小企业 R&D 投入方向，因而限制了技术创新的方向。中小企业很多不符合标准要求，或者为标准所限制的技术创新受到抑制。

2. 削弱中小企业技术创新的成长性和竞争性

中小企业实施技术标准战略的最高目标就是要形成自己的技术标准，然后推而广之成为行业标准。这样才能有效地左右市场，跨越 TBT。但是，在目前我国总体技术标准水平比较落后的大背景下，中小企业采用标准引进战略构成了应对 TBT 的主要手段，也是技术标准战略在企业层面运用的重点。直接引进、使用别国或国际先进的技术标准，既有利于提高产品质量和市场竞争力，也有助于打破 TBT，同时还扩大了产品市场。但是，采用引进战略会受制于人，久而久之会引起中小企业自主研发能力的丧失，进而丧失企业的成长性和竞争能力[205,206]。

【本章小结】

本章概述了国内外技术标准的发展状况，分析了以美、日、欧盟为代表的发达国家以及我国技术标准的发展状况。并着重分析了我国技术标准发展过程中存在的问题，以及我国技术标准缺乏国际竞争力的原因，进而阐述了技术标准与技术创新之间的关系，并对技术标准对中小企业技术创新的正面和负面影响进行了研究。

第6章　技术法规及其对中小企业技术创新的影响研究

6.1　技术法规概述

6.1.1　技术法规特征的法理学分析

技术法规作为法律规范，保存着法规的属性，更重要的是调整人们在认识自然、利用自然和改造自然的科学技术活动中的社会关系。因此，根据 WTO/TBT 协议对技术法规的定义，可以得出技术法规具有法定强制性、科学技术性、约束范围广和表现形式多样性、国际贸易性等特征。

1. 技术法规具有法定强制性

法作为一种社会调整措施，所涉及的规范主要有两类：社会规范和技术规范。技术规范是指规定人们支配和使用自然力、劳动工具、劳动对象的行为规则。在技术发展极端复杂的情况下，没有技术规范就不可能进行生产，违反技术规范就可能造成严重的后果。因此，国家往往把遵守技术规范确定为法律义务，对违反技术规范造成的严重危害，要求承担法律责任。当这些技术规范在法律上被确认后，就成为了技术法规，即技术法规是上升为法律的技术规范。奥斯丁的三位一体法律学说指出法律是在上位者给在下位者所下达的命令，如果不服从，就要给予制裁[207]。技术法规同所有法律法规一样，是由立法机构、政府部门或其授权的其他机构制定的、并强制执行的法规或其他形式的文件。技术法规的制定剥夺了人们对技术规范自主适用的自由，赋予它国家强制力，强迫人们予以遵守，起到调整社会关系、维护统治利益和社会整体利益的作用。所以，法定强制性是技术法规的一个突出特点。

2. 技术法规具有科学技术性

技术法规建立在科学技术的基础之上，必须遵从、体现和突出基本的自然科学规律。这是由于：第一，技术法规并不是一个纯粹的法律概念，它本质上是一种需要强制遵守的技术性文件，并以反映社会科学技术发展水平和要求的技术规范为主要内容。技术法规必须将科学技术的某些成果作为自身的内容之一，以其来对生产制造等活动进行规范。第二，在技术法规体系中，拥有大量的自然技术突出的标准、规范和操作规程，这些标准、规范、操作规程在技术法规体系中具有独特且极其重要的地位。第三，由于技术法规在内容上规定产品（包括服务）特性和加工工艺，因此必须由具备专业技术知识的专家参与立法，在执法中又需要专业技术机构作为支撑，仅靠一般的执法机构是不能完成的[208]。因此，技术法规较之于其他的法律规范具有明显的科学技术性。

3. 技术法规具有约束范围广和表现形式多样的特征

技术法规以保护国家安全、防止欺诈行为、保护人身健康安全、保护动植物的生命和健康、保护环境为目标，因此，技术法规不仅涉及质量技术监督系统，而且还涉及农业、林业、卫生、医药、检验检疫、经贸、信息产业、环保、建材、食品等许多行业。另外，技术法规不仅可以规定产品特性，诸如产品的大小、形状、功效和性能，而且也可以对出售之前加贴标签、标志的样式和包装的方式等多方面的内容做出规定。同时，技术法规还对适用于产品的加工过程或生产方法，包括适用的管理规定进行约束[209]。

技术法规概念只是一个范畴，并不特指国家法律体系中的某个层次。根据技术法规的定义及实践，技术法规可以具有多种表现形式，包括国家法律、政府法令、部门规章条例以及其他强制性文件。技术法规分布在国家的各层次法规中，从国家法律到地方法规，从政府行政法规到各部门的规章，都有涉及技术内容的规定。法律层面规定的技术内容较原则化，到了行政法规直至规章所规定的内容则逐渐细化。

4. 技术法规具有很强的国际贸易性

技术法规不仅对国内产品的生产有着要求，对进口产品也有着同样的要求。技术法规以服务国际贸易为主要实践目标的趋势越来越明显，人们日益强烈地关注和重视技术法规的理由，正是在于技术法规所凸现出来的适用于和服务于国际贸易的现实特征。技术法规建立在一国的科技发展水平上，使得一国可以利用其掌握的科技能力有针对性或倾向性地设置 TBT，同时又使其贸易壁垒表面上具有正当的目的性，以阻碍他国产品进入其国内市场，实现贸易保护。技术法规以 TBT 的形式出现在国际贸易中，这使得一国制定的技术法规通过国家贸易媒介，成为对其他国家的相关主体发生作用的一种法律制度。技术法规的法律地位对市场准入具有较强的限制作用，也保证了技术法规成为构造国际贸易壁垒的一种有效可行的措施。技术法规是以国家法律形式出现的技术规范，在形式上具有合法性和强制性，又使得确认的技术规范能在国家强制力保证下得以强制执行，使得其设置的 TBT 在合法形式掩护下显得十分坚固。

6.1.2 技术法规的功能分析

技术法规不仅具有法的一般调整和保护性功能，而且作为各国谋求自身利益最大化的一种工具，在国际贸易中也有着不可忽视的作用。

1. 技术法规划分了政府权利与社会权利的界限

法律规定了权利与义务的界限，法律界限就是权利行使的界限。技术法规划分了国家权力与社会权利主体不得逾越的界限。与宪法和普遍性法律宗旨性和高度概括的规定不同，技术法规主要是针对涉及国家安全、防止欺骗、保护人身健康或安全、保护动植物和环境的技术要求规定最基本的技术要求和管理措施，对于其他方面的技术要求不制定技术法规，而由社会或市场参与者制定或选择所需技术要求。技术法规对技术监督行政主体的权限给出了限定，技术监督行政主体只有在权限内才可以采取强制措施。而这一权限之外，根据市场主体自由的原理，则完全是市场主体行为自由的范围。这种模式体现了政府对国家和公共利益负责的态度，而在生产经营活动上给予市场较大的灵活性[210]。

2. 技术法规规范了产品的生产并确保了公共安全和社会效益的提高

由于机器大工业的发展，社会生产力以前所未有的速度发展，然而由于产品质量问题引发的消费者的人身、财产伤害也大量涌现，制定技术法规的根本作用就是要通过对有关产品的符合性要求，促使制造商、销售商生产和销售合格的产品，从而保证入市产品的质量和安全。技术法规作为法规对产品生产进行规范能够帮助消费者提高辨识能力，引导生产者设定适当的生产标准，从而提高公共安全和社会效益。这是由于：一方面，技术法规对产品的制作工艺、性能、安全性、适应性、时间性、检测方法等都有规定，企业可以以此为根据对不同方案进行比较、改造、组合，筛选出最佳的技术方案，从而化解技术上的风险[97]，生产出符合安全、质量和环保等要求的产品。另一方面，由于产品安全性的相关信息对一般消费者而言难以充分获取，极大地影响了消费者的辨别能力，损害到消费者权利中最根本的安全和健康权。技术法规能够对产品质量进行合法的监督，增加消费者购买商品的信心，从而提高了社会效益[211]。

3. 技术法规在国际贸易与国内经济之间树立屏障

技术法规之所以被提出并得到广泛重视是由于其在国际贸易中不可忽视的作用。技术法规作为当前国际贸易中最主要的贸易技术措施，是WTO法律体系中不可或缺的法律文件之一。欧美日韩等市场经济发达国家和地区十分重视技术法规的制定，其技术法规体系十分完善并有一套行之有效的技术法规管理运行机制，对提高各国产品质量、保护消费者利益、健康和生命安全，促进国家相关工业的发展和维护生态环境等起到了不可或缺的作用。与此同时，技术法规在不同国家有不同要求，技术法规是把“双刃剑”。技术法规由于技术的复杂性、目的的正当性、形式的合法性，成为经常被使用的TBT形式[111]。技术法规具有很强的刚性，只要产品不符合进口贸易国技术法规的要求，就不能进入该国市场。出口国为了突破这一限制就要按照技术法规要求增加资本投入更新技术设计、改进生产工艺和引进新设备，改进企业内部的测试与检验程序并建立起新的质量管理体系，而且产品还需要接受国际技术标准和检测机构的检验、测试、认证和技术鉴定，这些费用增加了产品的成本。产品生产成本与价格的提高，无疑会降低该产品的价格优势，从而失去了与进口贸易国同类产品的价格竞争机会[112]。技术法规正是通过对进口产品的数量和价格复合作用机制，达到抑制产品进口保护本国产业的目的。

6.1.3　技术法规的法律属性分析

对技术法规性质的认识无外乎行政法和经济法两种。英国当代著名法学家、国际贸易法学的主要创始人之一施米托夫曾指出经济法位于商法与行政法之间，它与商法分享对经济事务的调整，与行政法分担政府管理的职能[212]，技术法规正能起到这样的作用。通过以下的分析可知技术法规属于经济法。

1. 从公平价值取向角度看

公平作为法律所始终遵循的价值观，是以具体化、明确化的法律规范为其表现形式和保障的，并在法律实施的各个环节得到实现和维护。行政法所追求的公平是行政权行使的公平，它要求政府在行使行政权时能够进行准确的角色定位。经济法所追求的公平是社会整体利益的公平，它强调追求利益最大化，对全社会的经济发展而不只是对个别人的特定利益承担义务[213]。技术法规具有的科学性和技术性决定了它本身不可能包含有阶级利益的差别与意识形态的差别。在技术法规立法中，公平正义价值这样一个抽象的原则被具体转化为各个主体间利益的选择和衡量，即转化为利益平衡原则的适用。技术法规除了应以利益平衡原则为指导公平合理地分配各个主体的权利和义务外，还需要进一步透视背后的利益导向，特别是个体利益和公共利益间的平衡。技术法规尽管在直观上主要是对产品生产的规范，但它还具有重要的公共利益因素，是保障国家安全，保障人身健康和安全等权益，保护动植物和环境的重要法律形式，是国家基于公共利益的需要而作出的制度安排。因此，技术法规应当属于经济法的范畴。

2. 从追求效益的角度看

效益作为法的价值，是正义观的体现。行政法对效益的价值追求只是通过努力提高行政效率得以实现，减少行政管理中的物质消耗，同时也间接改变再生产过程中社会资源的消耗同所提供劳动成果之间的比率。经济法的效益观是一种社会效益观。经济法所追求的社会效益不仅是一般的经济成果最大化，同时更是宏观经济成果、长远经济利益以及社会福利和自然环境、人的自由和自身价值等诸多因素的优化和发展[214]。技术法规是以整体的社会利益作为调整目标，通过规范产品生产避免了企业追求个体经济效益而放弃社会各方面综合利益的情况。特别是在自然资源被过度开采的时候，技术法规制定能够在很大程度上避免由于人为活动所造成的自然资源污染、破坏、浪费、紧缺、枯竭等现象。从总体上说，技术法规就是为了消除人们因对技术规范的违反而给他人、社会甚至整个人类所带来的危害，从而提高了社会稳定性及人们的安全感，维护了社会的有机协调状态。因此，技术法规应当属于经济法的范畴。

3. 从管理方式和手段看

行政法的调整手段主要为行政计划、行政许可、行政强制和行政罚没等，集中体现为行政机关直接用权增加、限制、消灭和设定行政相对人的权利和义务。经济法的调整手段则较为温和，体现为“间接”国家权力而不能像行政法那样大量微观直接管理社会。经济法是由国家运用计划、政策和经济杠杆进行宏观调控，或者直接参与经济活动，以促导经济运行，如果经济行为主体“拒绝引导”，则只能自食其果。经济法的调整手段、立法目的和宗旨主要在于加强对社会经济的宏观把握，从总体上把握国民经济运行状况和变化趋势，遵循客观经济规律，运用强制方式排除价值规律和市场调节机制的障碍[215]。技术法规的目标之一就在于减少国际贸易对国内经济的不利影响，技术法规的制定能够将国外生产商排除在本国市场之外，增加国家福利。当国际贸易中发生冲突时，又可以法律方式采取各种方式以自保。因此，技术法规应当属于经济法的范畴。

6.2　美国技术法规体系

6.2.1　美国技术法规体系现状

1. 技术法规的立法机构

按照美国《宪法》的规定，所有的美国联邦政府部门及独立机构都有权制定技术性法规。美国联邦政府部门有 17 个，包括农业部、能源部、卫生与人类服务部、住房和城市发展部、劳工部、交通部、财政部等。按照美国《行政程序法》的规定，对于技术法规立法，国会一般是授权给各联邦政府部门在各自的职权范围内承担立法工作，国会负责为其制定立法规范并提供原则性指导。美国联邦独立机构有 84 个，主要包括消费者生产安全委员会、环保部、联邦通讯委员会、联邦贸易委员会、原子能管理委员会等。按立法权限，联邦独立机构也有技术法规的立法权，主要在以下三种情况下制定技术法规：第一，在各自的立法权限范围内启动立法动议或其他法律授权其参与相关的技术法规立法活动。第二，应公众请求在各自的管理权限内启动技术法规立法。第三，接受国会的指令启动特定技术法规立法程序[216]。

2. 技术法规的实施

美国负责技术法规执法工作的部门很多，大的方面既有联邦政府部门，如农业部、卫生部、财政部、商务部等，又有联邦独立机构，如消费者产品安全委员会、环保局及联邦通讯委员会等；从小的方面分，针对同一产品，在同一部门内，设立不同的部门负责不同项目的执法工作。另外，对同一产品，由于其用途及加工阶段不同，美国相关部门也制定不同的执法标准。美国技术法规的实施是以产品的类别来进行划分的，其机构设置非常分散，机构之间分工明确，但又联系紧密。美国各主要执法机构分别在各自职责范围内，从不同的角度，为进口产品设立标准或负责执法。例如美国食品药物管理局（Food and Drug Administration，FDA）负责进口食品的检验审批，农业部主要负责进口农产品的检疫及检验，国际贸易委员会负责制定进口产品的标签与包装规定，消费者产品安全委员会主要负责从消费安全的角度，为进口产品制定标准并负责产品安全性能检测，环保局主要从环保的角度为进口产品制定标准等。上述各相关部门分工协作，相辅相成，筑起了一道复杂而有机的执法体系，确保了技术法规的有效实施，并确保了美国的经济及安全利益。

3. *技术法规体系的层次*

美国联邦法律从渊源上主要表现为两大部分：一部分是法院产生的判例法，印载于各种法律报告中；另一部分是国会通过的成文法，印载于《美国国会法案决议案汇编》中。作为规范产品特性或与其有关的工艺和生产方法、包括适用的管理规定并强制执行的技术法规，由于其本身的技术性、特殊性，在美国主要以成文法而非判例法的形式存在。美国有关产品的技术法规分散于美国的联邦法律法规体系之中，既存在于国会制定的成文法——法案中，也存在于联邦政府部门制定的条例、要求、规范和标准中，即美国的技术法规分为两个层次：一是国会制定的法律，二是行政机构部门根据法律制定的法规。

法律层次的技术法规主要是美国国会通过的法案，以下列形式存在：第一，存在于美国全部永久性法律的汇编《美国法典》中。第二，以由每届国会制定通过的、但暂时还没有编入《美国法典》的美国法律的公法的形式存在。第三，存在于《美国国会法案决议案汇编》。国会制定通过的法律一旦由总统签署，便被赋予一个公法编号，并作为一个活页法律出版发布。在每届国会结束后，活页法律将被整理成册，称为《美国国会法案决议案汇编》。无论是汇编于《美国法典》中的法案，还是公法或每年的《美国国会法案决议案汇编》中的法案，只是由于美国法律文件制定、修订工作量太大，而有了不同的存在形式，本质并无区别。因此，在美国技术法规是存在于各种法案之中。

属于技术法规范畴的部门法规、要求规范都是根据各部门相关的法律按一定程序制定的，主要存在于具有普遍适用性和法定效力的美国全部永久性规定进行收集整理后的汇编《美国联邦典集》中。《美国联邦典集》包含了美国联邦法规的各个领域，其中有关产品性能、过程、加工方法、包装、标签及管理等方面的要求的法规，构成了在法规层次的美国技术法规体系[217]。

4. 技术法规的发布

美国技术法规的发布与其他美国法律法规的发布是一样的，都要在《联邦记录》发布。根据《美国法典》第 44 篇第 15 章的要求，成立联邦记录办公室通过《联邦记录》持续向公众公布总统文件、行政命令、政策法规条例、通告通知等文件。按其来源说，有的是总统要求或命令，有的是法律、国会议案要求的，有的是联邦政府机构要求公布的，还有的是联邦记录办公室认为与公众利益相关，需要在《联邦记录》上公布的。美国所有技术法规和相关技术标准均可以通过网络查阅到，技术法规和政策的透明度很高。良性运作确保了技术法规的可行性，使得美国各个领域事无巨细，均有法可依。

6.2.2　美国技术法规体系的特点

1. 技术法规数量众多、分布广泛

美国的法制建设已有上百年的历史，法规体系几乎是世界上最健全的，技术法规体系也同样如此。美国联邦政府 17 个部门和 84 个独立机构都有权制定技术法规，美国的州、市地方政府也制定了许多的技术法规。因此，美国技术法规体系在世界上也是比较健全和完善的，它是由联邦政府各部门颁布的综合性的长期使用的法典，按照政治、经济、工农业、贸易等各方面分为 50 卷，共 140 余册。每卷根据发布的部门分为不同的章，每章再根据法规的特定内容分为不同的部分[218]。可以说，美国技术法规不仅数量众多，而且分布也相当广泛。

2. 技术法规的定位具有战略高度

美国技术法规体系是在法律法规等法律形式中引用技术标准，使技术标准成为法律法规和契约合同的组成部分，由国家法律法规对标准化活动进行规范。美国技术法规和标准制定的定位具有战略高度。美国很少采用国际标准机构制定的标准，有些美国标准甚至与国际标准完全对立。根据 2000 年下半年美国国家标准学会等出台的《国家标准战略》，其基本策略是利用美国标准体系的优势，整合各方面资源，大力推进美国标准的国际化，使美国标准更容易被国际市场接受。标准意味着高附加值和垄断，而垄断具有超额收益。以此为基础而制定的技术法规不仅使美国在现实市场中占尽先机，而且具备了拥有掌控未来市场的条件[219]。

3. 技术法规制定目标不断更新

根据自身经济实力和技术水平优势而不断地引入最新规制理念，是美国技术法规体系的一大特色，其具体表现就是在制定目标上的翻新变化。一般而言，技术法规制定目标主要在于规定有关安全、卫生、健康和环境保护等方面的要求。美国在遭遇“9·11”恐怖袭击之后，将“反恐”作为一个新的规制目标，并有愈演愈烈的发展趋势。2003 年 10 月，FDA 以预防生化恐怖袭击和确保人畜食物的安全名义，颁布了《食品企业注册条例》和《进口食品提前通报条例》，并于 12 月生效，要求向其出口食品、动物饲料等涉及食物链、影响人体健康产品的生产经营单位必须事先取得 FDA 的注册，增加进入美国市场的条件和程序。FDA 还颁布了《记录的建立与保持条例》、《供人类和动物消费的食品的行政扣留条例》等配套法规的草案，从法律制度上预防生化恐怖袭击，保障美国人畜食物的安全，也由此揭开了以反恐为藉口的新一轮 TBT 设置的序幕。另外，美国最近开始推广的 SA800 标准认证，将劳工权利与订单挂钩，这种国际贸易中“蓝色壁垒”对产品进口到美国将产生越来越大的影响。技术法规制定目标翻新并被滥用已成为美国技术法规体系的一大特色。

4. 技术法规的手段多样

一方面美国表面上极力倡导贸易自由化，另一方面为维护自身利益，在技术法规等方面具有较强的保护主义色彩。有些技术法规专门针对出口国家或商品而制定，通过多种的手段制定与出口国产品不同标准的等级、尺寸、质量和成熟度等条例。另外，美国较早地实施并推广了着眼于监控产品生产、加工等市场全过程的规制手段[220]，实现了对过程控制与结果控制的全面结合、环节与环节之间的有效承接，以及法规实施中的循序渐进、由点及面以及对法规出台时机的适时把握等。与单纯的结果控制相比，环环相扣且层层推进的过程控制显然更加行之有效。美国《2002 年公众健康安全和生物恐怖活动防备与应对法案》及其相配套的食品企业注册和进口食品提前通报的规制要求以及在食品产业中普遍实行的“危险分析及临界控制点”（Hazard Analysis and Critical Control Point，HACCP）管理模式都是此种规制手段的典型例证。

6.3　日本技术法规体系

6.3.1　日本技术法规体系现状

日本和美国一样，在法规体系中并不存在独立的技术法规类别。在众多的法规中，只有按照工业安全、产品安全、保护消费者权益、环境保护、人类健康等方面法规制定的有关产品“技术基准”、“规则”才是技术法规。

日本产品方面的技术法规包括两类：一是政府部门发布的省令；二是各省大臣、各委员会、各厅行政长官向所管辖的机构、职员发布的通告。日本目前涉及产品技术方面的法律有 11 部：《环境基本法》、《大气污染防止法》、《水质污染防止法》、《噪声规制法》、《计量法》、《高压气体取缔法》、《道路运输车辆法》、《消防法》、《电器用品取缔法》、《消费生活用品安全法》等，有关政府部门根据这 11 部法律制定了大量的属于省令、通告层次的技术法规，这些省令、通告就构成了日本法规体系中的技术法规体系。

日本的技术法规名目繁多，涉及纺织、机械制造、汽车制造、化学工业、农业、食品等各个行业，而且在每个行业中，又有数项法规从不同方面同时规范。例如，在纺织工业方面有《产品含毒物质限制法》、《商标管理法》、《外国标签管理法》；在机械制造方面有《日本工业规格》、《日本认证制度》、《劳动安全与健康法》、《电气用品取缔法》、《制品安全法》、《气瓶生产检验法》、《制品安全法》；在汽车工业方面有《废气排放检验法》、《限制噪音法》；在化工方面有《药品管理法》、《化工产品制造与检验管理法》、《化妆品成分管理法》；在农业、卫生领域有《动植物防疫法》、《家畜传染病预防法》、《食品卫生法》、《药事法》；在农产品食品工业方面有《食品与日用消费品管理法》、《蔬菜水果进口检验法》、《肉类制品进口检验法》、《包装与标签法》、《家畜传染病预防法》、《动植物防疫法》、《食品卫生法》等[221]。

日本技术法规对很多产品的技术标准要求是强制性的，不论产品来自何地，均要满足一定的品质和规格要求才能进行生产、销售和使用。要求包括以下几方面：第一，产品的性能、品质、成分、等级、形状、尺寸、构造、耐久性和安全度等；第二，产品的设计方法、制图方法、生产方法、使用方法以及生产单位的作业方法和安全条件等；第三，产品包装的种类、形式、形状、尺寸、构造、性能、等级和包装方法等；第四，关于产品的实验、分析、鉴定、检查和测定方法等；第五，产品的计量标准和度量衡；第六，建筑物及其他构筑物的设计、施工方法及其安全条件等。由于这些技术法规名目众多，很多不为国外出口商所熟悉，而且要求又相当苛刻，因而外国产品很容易因不符合某项规定而被拒绝进口。

6.3.2 日本技术法规体系的特点

1. 技术法规与标准、合格认定程序巧妙结合

技术法规和标准在贸易活动中对产品提出强制性和非强制性的技术要求，合格评定程序则规定了如何确定产品是否符合这种要求，它是检查产品是否符合技术法规和标准的具体操作方法。日本技术法规体系与标准、合格认定程序较为巧妙地结合起来。在日本技术法规体系中，每一项工业标准都要满足实体品质要求和合格认定程序，而实体品质要求又要达到强制性规格和任意性规格的要求，合格评定程序要求又要达到工业标准标识制度和国家实验室认定制度的要求。同样地，每一项农林物资标准也都要满足实体品质要求和合格认定程序，而实体品质要求又要达到与产品品位、成分、性能有关的标准和有关生产方法的标准，合格认定程序要求又要满足农林物资标准标识制度和质量标识标准制度。日本技术法规体系与标准和合格评定程序结合的两分法形成了门槛高、规制森严的 TBT，在达到规制效率和利益最大化的同时，也限制了其他国家产品的进口，最大限度地保护了本国市场。

2. 将技术标准引入技术法规

日本和欧盟一样，现有技术法规对促进日本经济发展和保护国内市场曾发挥过重要作用。但是，由于存在对产品技术内容、技术性能等规定过细、过于具体的问题，使得现有技术法规体系不能完全适应经济全球化发展的需要。日本借鉴欧盟旧方法指令的改革经验，对技术法规采取两方面改革措施：第一，引用技术标准作为技术法规的解释。第二，制定环境保护、安全等新的社会需求领域的技术法规，有效利用标准[222]。日本从 2002 年开始，计划用 5 年时间完成部分技术法规的改革工作，将技术标准引入技术法规，建立柔性规则体系。日本的高压气体管制法、劳动安全卫生法、气体事业法、确保液化石油气安全法、食品法、道路运输车辆法、消防法等都引用了日本工业标准的内容。这种做法使得技术法规体系在形成贸易壁垒的过程中，应用更为灵活。

3. 技术法规对农产品和食品进口管理严格

日本是是世界上食品安全保障体系最完善、监管措施最严厉的国家之一，尤其对进口农产品和食品的立法和检验检疫不但严格而且手续繁琐。日本历来对绿色产品格外重视，通过立法手段，制定了严格的技术法规，包括绿色环境标志、绿色包装制度和绿色卫生检疫制度等。近年来，日本技术法规壁垒呈不断加强的趋势，出台了一系列法律法规，特别是对农产品和食品进口实施更加严格的管理。日本于2006年5月29日又开始实施了《食品中残留农业化学品肯定列表制度》，该列表制度设定了进口食品、农产品中可能出现的799种农药、兽药和饲料添加剂的5万多个暂定限量标准，对涉及的264种产品种类同时规定了15种不准使用的农业化学品，几乎涵盖了所有我国出口日本的农产品，增加了我国生产者为遵循该列表制度、改善食品安全而产生的负担，提高了我国企业产品进入日本市场的门槛。而如此严苛的肯定列表制度所依据的仅仅是日本《食品安全法》（修订版）第11条第三段的内容[223]。

6.4　欧盟技术法规体系

6.4.1　欧盟技术法规体系现状

欧盟是最早意识到技术法规在经贸往来中的重大作用、最先建立技术法规体系的地区，同时也是技术法规设置最为完善的地区。这些技术法规的确对欧盟统一内部大市场的建立和区域内的贸易自由化起了巨大的促进作用，但因欧盟具有较高的经济技术水平和一些出于贸易保护的原因，对欧盟以外的国家而言，则是强化了对其他国家产品进入欧盟市场的限制，是国外产品进入该市场必须逾越的门槛。

1. 技术法规体系的构成

欧盟技术法规主要是欧盟理事会和委员会制定的各种规范性文件，主要形式包括：条例（Regulations）、指令（Directives）、决定（Decisions）、建议和意见（Recommendations and Opinions）。在欧盟技术法规体系中，指令占有主导地位，欧盟绝大多数产品的技术立法都是以指令形式发布的[224]。20世纪80年代，欧共体为避免过去旧方法协调中的不足，在总结20多年来制定、实施旧方法指令的经验和教训的基础上，依据欧委会1985年发布的《建立内部市场白皮书》

的分类原则，采用了与以往方法不同的、更简单、更灵活、更有效的新方法，制定了新方法指令。欧盟颁布了有关法律文件，将技术法规与技术标准进行了区分，明确了它们的分工，将消除 TBT、实现商品自由流通所必须采取的技术协调措施分为旧方法指令和新方法指令，由此以新方法指令为主体的完善的、独立的技术法规体系逐步形成[225]。这些指令由欧委会组织起草，由欧洲议会和部长理事会批准，在指令中提出政府的管理程序、各国监察机构的职责、互相协作和基本安全要求。它是对成员国具有约束力的欧洲经济共同体法律，要求各国把有关立法纳入共同体法律的条文。

2. 技术法规的管理

在技术法规的管理方面，是由欧委会负责向欧盟理事会提出制定欧盟指令的建议，并监督和确保各成员国政府和法人遵守指令所规定的原则和要求。在紧急情况下，欧委会由理事会授权可以在 48 小时内出台技术法规和指令。欧委会下设 36 个总司级办事机构。目前由健康和消费者保护总司、企业总司分别具体承担农产品和食品、工业品方面的欧盟指令的制定、监督工作。总司负责管理工作，具体技术工作由总司下设的专家委员会承担，委员会的专家由各成员国推荐，任期 4 年，可连任两次。每个委员会下面根据专业的不同分别设有分委员会[226]。相比于美国，欧盟技术法规管理程序能够相应地统一协调，而且有效地对欧盟利用技术性贸易措施保护内部市场以及应对他国 TBT 起着积极作用。

3. 新方法指令的要求与运行

自 1985 年以来，欧共体发布的 25 个“新方法指令”主要涉及安全、健康和环境保护与消费者保护的领域，包括的产品有机械产品、玩具、医疗器械、燃气燃具、建筑产品、电讯设备、电器设备、民用爆炸物等，构成了以指令为核心的技术法规体系[227]。新方法指令基本上包括两种不同的要求：第一种是保护要求，规定了与指令相符的、必须满足的安全要求。指令不列出对产品的全部要求，而把这个任务交给产品的标准去做。第二种是管理要求，规定生产商及其代理商如何在产品上加贴 CE 标志。同时，新方法指令已形成了一套完整的运行模式：一是欧洲协调标准支持；二是合格评定程序保证新方法指令的正确实施；三是各成员国指定机构依据新方法指令要求对产品进行评定，保证产品投放市场前符合新方法指令的要求；四是加贴 CE 标志证明投放市场的产品符合新方法指令的要求；五是国家主管机构负责对投放市场的产品进行监督[228]。

6.4.2　欧盟技术法规体系的特点

1. 技术法规体系不断地修订和调整

欧盟的技术法规体系处于一个不断发展变化和完善的过程中。早在 20 世纪 60 年代初，欧共体就开始了协调技术法规和标准的制定工作，制定了许多关于有毒物质、化妆品、食品添加剂等方面的协调指令，这是欧共体最早的、统一的技术法规。20 世纪 80 年代，欧盟单一市场建设过程中，欧盟颁布了有关法律文件，将技术法规与技术标准进行了区分，明确了他们的分工，独立的技术法规体系由此逐步形成。2002 年 1 月 15 日，欧盟发布了《一般产品安全指令》(2001/95/EC)。该指令是今后一个阶段欧盟制定技术法规和标准的指导性文件，原则规定了几乎所有领域产品应满足的安全要求，设定了欧盟标准的制定程序和对不合格产品的处理原则，并要求成员国建立专门的市场监督部门[229]。这些措施都是从战略高度对欧盟技术法规的发展进行指导，并对现有的技术法规在实施中暴露的问题进行补充和完善，从而使欧盟技术法规体系呈现出与时俱进的动态发展特点。

2. 技术法规体系运行模式更有效

欧盟技术法规体系的运行是由欧洲协调标准给予支持，由欧盟各成员国的指定机构依据新方法指令中规定的合格评定程序进行产品投放市场前符合新方法基本要求的审核，再加贴 CE 标志，而后由欧盟各成员国主管机构负责对投放市场的产品进行监督，从而保证了新方法指令的有效实施[230]。这一模式充分有效地发挥了技术法规体系的立法协调功能、标准的技术协调功能、合格评定程序和认证标志的质量保证功能、强有力的市场监督功能以及上述各项措施的综合功能，将技术法规、标准、认证标志、合格评定程序及市场监督机制有机地联系起来，形成了一个科学、系统、完整且有效运作的整体，技术法规体系运行更为有效。

3. 技术法规引用技术标准的模式更具系统性和科学性

纵观当今世界各发达国家和区域组织采取技术法规引用技术标准这一模式有一个共同点就是以技术法规为中心，主要由技术法规来规定对产品的健康、安全、环境保护等方面的基本要求，而技术细节问题则通过引用或参照相关的技术标准来解决。在这一模式的基础上，各国或区域组织又根据自身的特殊性制定出了自己的一套行之有效的模式。在众多的模式中，欧盟的模式更具科学性和系统性。欧盟理事会每批准一个新方法指令，欧委会就要给欧洲标准化组织发布标准化委托书，由欧洲标准化组织完成相关的标准制定工作，而通过这一过程制定出来的标准都被称为协调标准。欧盟通过这一模式一方面使成员国内部原本差别的技术法规、技术标准在一定程度上得到了统一，消除了建立统一的欧洲大市场的一大障碍；另一方面也给制造商提供了自由选择满足基本要求的方法，可使制造商充分选择适合技术进步的材料或产品设计。

4. 技术法规体系为保护环境而立法的趋势越来越明显

自 20 世纪 80 年代以来，环境因素的重要意义日益凸显。为了生产商、经销商和消费者的利益，几乎所有的工业化国家都出现了一个加速演化的环境立法进程。1993 年初通过的第五届欧洲共同体环境计划，不仅拓宽了环境政策立法的范围和方向问题，而且还开发了一系列新的环境政策、法律工具[231]。近年来，以保护环境为目的的技术法规也层出不穷。2005 年 7 月，欧盟制定了《关于制定用能产品环保设计要求框架的指令》，涉及产品非常广泛，涵盖了除车辆以外的所有投放市场的用能产品。该指令要求所有用能产品的制造商必须通过产品设计或采用环境管理体系控制产品能耗，并按照欧盟委员会另行制定的有关实施措施对产品进行合格评定，加贴 CE 标志，否则产品不得上市。2006 年 7 月，欧盟以环保为由出台了《关于在电器电子设备中限制使用某些有害物质指令》。该指令广泛覆盖了各种电子电气产品及相关原材料，规定投放市场的电子和电气设备不包含铅、汞、镉、六价铬、聚溴二苯醚和聚溴联苯 6 种有害物质。2007 年 1 月欧盟又通过了《化学品注册、评估与许可规则（草案）》，对所有化学物质建立统一的管理制度，并在欧盟 25 国统一实施[232,233]。欧盟以环保为由而制定的技术法规一个接着一个，其影响必将更为广泛和深远。

6.5 技术法规体系对我国中小企业技术创新的影响

技术法规体系作为组织生产的重要法律依据，能够促使生产者采取措施不断改进生产技术提高产品质量，维护消费者的权益，对贸易的正常运转起着必要的保证和监督作用，然而技术法规所具有的这种贸易监督作用又极易被贸易保护主义所利用，成为各国推行贸易保护的工具，对中小企业的生产经营活动也有着重大的影响。因此，主要发达国家技术法规体系对中小企业技术创新活动的影响可以从正反两个方面进行分析。

6.5.1　正面影响

从动态角度看，技术法规是对我国中小企业技术创新活动的外部环境激励，令其不能永远只满足低成本和低质量的竞争，必须进行技术创新，实现产品升级，从而向产业链上游攀升。因此在这个意义上说，发达国家技术法规体系对于我国中小企业技术创新有一定的正面效应。

另外，技术创新的风险主要是源于其不确定性，而技术法规传递的技术和市场信息为中小企业开展技术创新活动提供了便利的条件[234]。一方面，技术法规具有公开性和透明性，中小企业技术创新构思能够比较便利地获取相关的有用信息。技术法规中有关技术的要求和研发的方法反映了技术的现状，为研发这一动态过程提供了大量的信息，降低了研发的风险。技术法规对产品的制作工艺、性能、安全性、适应性、时间性、检测方法等都有规定，中小企业可以以此为根据对不同方案进行比较、改造、组合，筛选出最佳的技术方案，从而化解技术上的风险[97]。另一方面，技术法规还是一种市场信号信息，反映了市场的发展趋势，表达了市场中消费者对产品的要求。中小企业在进行技术创新之前，通过解读相关技术法规文件，能够了解到进口贸易国消费者对产品的要求，从而形成有效的构思，技术创新就有了努力的目标和前进的方向。满足技术法规的产品可以增强消费者的消费信心，使技术创新产品能够迅速地占领市场。

6.5.2　负面影响

为了突破技术法规的限制，中小企业就要按照技术法规提高技术水平、改进产品的功能和质量。而产品的改进必然涉及到技术引进、设计更新、试验改进以及生产线改造等技术创新活动，需要资金与研发力量的投入，最终导致产品生产成本与价格提高，降低了产品的国际竞争力[235]。中小企业虽然在技术创新方面具有灵活性的特点，但由于体制、规模、政策支持和生存环境等问题的困扰，中小企业进行技术创新所需资源如信息、技术、人员、资金和设备等都很贫乏，创新有很大的难度。而在出口贸易中，当国外技术法规过严、过繁时，中小企业由于产品质量和技术含量过低难以满足国外技术法规的要求，或是由于技术创新导致成本增加，其产品相对大企业产品更容易遭到退货甚至是退出市场的风险，从而使中小企业的市场声誉、市场份额、经济效益都受到极大的打击，中小企业在这样的情况下进行技术创新的难度更大了。另外，技术法规属于法律的范畴，具有法定性和强制性，不易变更，对中小企业开展技术创新活动具有负面影响。

【本章小结】

技术法规作为TBT的核心内容，对我国出口贸易和中小企业技术创新活动产生了越来越大的影响。本章首先对技术法规的特征、功能和法律属性进行了分析，进而研究了美国、日本和欧盟技术法规体系的现状和特点，总结了主要发达国家技术法规体系的特点，进而分析了主要发达国家技术法规体系对我国中小企业技术创新正反两方面的影响。

第7章 质量认证及其对中小企业技术创新的影响研究

在遭遇 TBT 的状况下，通过国际质量认证是我国国内企业特别是中小企业突破壁垒的有效方法。随着市场竞争的不断加剧，质量认证日益受到中小企业的重视，国内外有关专家学者对质量认证对中小企业技术创新的影响作了一些开拓性的研究工作。在 WTO 框架下，我们可以通过质量认证标准和质量认证的具体实施措施保护我国中小企业技术创新，扩大新产品的出口贸易，积极应对 TBT 尤其是应对质量认证的进入壁垒，这些对我国中小企业技术创新具有深远的影响。

7.1 质量认证概述

7.1.1 质量认证的表现形式

ISO/IEC 指南 2-1991 中对认证的定义：“第三方依据程序对产品、过程或服务符合规定的要求给予书面保证（合格证书）”。合格认证：“由可以充分信任的第三方证实某一经鉴定的产品或服务符合特定标准或规范性文件的活动”。上述定义可从以下几个方面理解：质量认证的对象是产品、过程或服务；标准是认证基础；鉴定方法包括对产品质量的抽样检验和对企业质量体系的审核和评定；认证的证明方式有认证证书和认证标志；认证是第三方所从事的活动。质量认证分为产品质量认证和质量体系认证。

1. 产品质量认证

产品质量认证是根据产品标准和相应的技术要求，经第三方认证机构确认并通过颁发认证证书和认证标志来证明某一产品符合相应标准和相应技术要求的活动。通常把产品的卖方称作第一方，产品的采购者称作第二方，第三方是独立于第一方和第二方之外的一方。在质量认证活动中，第三方是一个公正的机构，它和第一方、第二方都没有任何的行政隶属关系和经济利害关系。例如国家标准化机构如我国的国家质量监督检验检疫总局，独立于政府机构的质量协会、认证机构、试验机构和检验机构等都属于第三方。

产品质量认证的对象是产品、过程或服务，即有形产品和无形产品。这里所说的“产品”除了一般概念的产品外，还包括软件和加工技术，例如焊接、热处理、电镀涂层等。这里的“服务”是指服务行业，例如旅馆、洗染、通信（邮政和电信）、银行、保险、商业和交通运输等。标准是认证的基础，采用适用的标准，即采用何种质量标准和检验标准是开展质量认证活动必须具备的基本条件。我国规定，实行产品质量认证依据的标准是具有国际水平的国家标准、行业标准及其补充的技术要求。取得认证合格的证明方式是认证证书和认证标志。认证证书是由认证机构颁发给企业的证明文件，它是证明该项产品或服务符合特定的标准、技术规范、认证要求和许可产品使用认证标志的法定证明文件。认证证书由国家标准化行政主管部门如国家质量监督检验检疫总局组织印刷并统一规定编号。认证标志是根据认证管理办法发布和使用的专用标志。认证合格的产品准许在产品和包装上使用规定的认证标志，用以证明该项产品或服务符合特定标准或技术规范[236]。认证标志是质量标志，使用在产品上，可帮助和指导顾客选购满意的商品。

产品质量认证的作用可归结为三个方面。

（1）促进供方提高产品质量，增强产品竞争力

产品质量认证的实施需要进行三方面的工作：产品标准的确认、质量体系检查和产品实物质量检验。为符合这三方面的要求，申请产品质量认证的企业需要规范产品标准并严格按产品标准生产，建立健全企业的质量体系并有效实施运行，以保证所生产产品的实物质量。并且，通过产品质量认证的企业每年还要接受认证机构的监督检查。由此，企业若想获得并保持产品质量认证证书，必须要

保证其产品质量符合相应标准要求，并不断提高产品质量。另外，产品质量认证是由第三方认证机构实施的权威、独立、客观、公正的检查，认证合格后颁发产品质量认证证书和认证标志。认证标志可以直接明示在产品包装上，这是向消费者证实其产品质量的一个有利标志，并将有利于建立消费者信心，增强产品竞争力。

（2）增强顾客购买信心，促进产品消费

随着社会经济的发展，市场上商品品种越来越多，消费者在选购商品时选择的余地越来越大，因而对产品质量的要求也越来越高。随着质量认证知识的普及，带有产品质量认证标志的产品将为消费者建立消费信心，成为同类产品中消费者首选的目标，这就促进了产品消费，扩大了产品销路。

（3）产品质量认证是政府间接控制产品质量的有效机制

在以市场经济为主的工业化国家，政府间接控制产品质量的诸多措施中，实施质量认证制度是一种比较有效的机制。通常有两种形式的产品质量认证，即安全认证和合格认证。对涉及人们健康、安全和环境保护等有关的产品，如大多数电工产品，许多国家通常实施强制的安全认证制度，这类产品取得产品质量认证证书是允许上市的基本条件，从而将这些产品的质量处于认证机构的全面监督之中，保证其产品质量。另外，政府在进行采购或投资管理时，通常也运用质量认证这一手段控制采购和投资项目。

2. 质量体系认证

当今世界上公认的质量体系认证的依据是 ISO 发布的 ISO9001～ISO9003 质量保证模式标准。我国等同采用 ISO9000 而发布的 GB/T19001、GB/T19002、GB/T19003 质量保证模式标准，是我国开展质量体系认证的依据。对某些特殊行业（如军事工业、压力容器、核电站、药品等）进行质量体系认证时，还将依据该行业的特定规范。

质量体系认证选用以上三种质量保证模式标准中哪一种，除了生产有专门法令规定的产品（如核设施、军工产品、压力容器、锅炉等）的企业外，一般由申请认证的企业自行选择。企业申请质量体系认证选择质量保证模式标准时一般可考虑下列因素：

（1）企业承担的质量活动范围

某些企业承担的质量活动只是产品质量形成过程全部活动的一部分。比如，来图或来料加工的企业，不承担设计或采购。又如工艺协作性工厂（热处理、电镀、油漆等）不承担产品装配、检验、销售、服务等。这些企业一般在 GB/

T19002 或者 GB/T19003 中选择。自行设计并且生产（或施工）某一产品（或工程）的企业，一般选用 GB/T19001 为宜。

（2）产品特点和复杂程度

从产品的安全性、重要性、设计和制造的复杂性考虑，一般选 GB/T19001 或 GB/T19002 质量保证模式，这样质量保证模式通过后会给供方增强信任感，或者相应减少供方的风险。

（3）市场情况和经济因素

采用质量体系要求多的质量保证模式，虽可覆盖较多产品，也可使购方放心，但供方所花认证费用要多很多，反之可节省认证费用，但认证后让用户信任的保证范围也小些。因此，申请认证的企业应从市场经营的需要和所花认证费用之间的得失权衡决定。对属于产品认证的质量体系评定，根据 ISO/IEC 指南 48-1991E 对供方质量体系进行第三方评定和注册指导，依据的标准是 ISO9001、ISO9002 或 ISO9003。我国产品合格标志（方圆标志）认证的质量体系评定，对简单产品（如铆钉）选用 GB/T19003，其他产品一般公用 GB/T19002，极少数对设计有特殊要求的产品才选用 GB/T19001。

7.1.2 产品质量认证和质量体系认证的关系和区别

根据我国具体情况，产品质量认证和质量体系认证的主要关系和区别可归纳如表 7-1 所示。

表 7-1 产品认证和质量体系认证的比较

项目	产品认证	质量体系认证
对象	特定产品	企业的质量体系
获准认证条件	1. 产品质量符合标准要求；2. 质量体系符合指定质量保证标准及特定产品的补充要求	质量体系符合申请的质量保证标准和必要补充要求
证明方式	产品认证证书，认证标志	体系认证证书，认证标记
证明的使用	证书不能用于产品，标志可用于认证产品	证书和标记不能在产品上使用
性质	自愿，强制	自愿
两者关系	相互充分利用对方质量体系审核的结果	

典型的产品质量认证制度和质量体系认证制度都是由第三方机构从事的活动，两者都要对申请企业的质量体系进行检查评审。产品质量认证之所以要检查评定企业的质量体系，目的是评定工厂是否具有持续生产符合技术规范的产品的

能力。评定的主要因素是工厂的质量管理体系。质量体系认证正如 GB/T19000 所述："顾客可能关心供方质量体系中的某些要素，这些要素影响供方持续按要求生产产品的能力"；"质量体系认证或注册常能减少顾客质量体系评定的次数和范围"。这就是说，产品质量认证和体系认证都要求企业建立质量体系，具有持续生产符合规定要求的产品的能力，两者是一致的[236]。所以，产品质量认证和质量体系认证的关系如下：质量体系认证对企业质量体系检查评定的要求均以 ISO9000 质量管理体系为依据；产品认证中的质量体系检查要求取决于各认证机构的规定；质量认证的发展趋势是产品质量认证中的质量体系检查评定以 ISO9000 质量管理体系为依据，与质量体系认证协调起来，避免重复评定。

7.1.3　产品质量认证和质量体系认证的原则

1. 优先考虑申请产品质量认证

因为产品认证已包括对质量体系的检查和评定，它既证明产品的质量符合指定的国家标准或行业标准，又证明企业的质量体系符合 GB/T19000-ISO9000 系列标准的要求，并可在认证的产品上使用认证标志。体系认证通过后在产品上不能使用认证标志，消费者购买时无法区分是否经过认证。因此，企业可以优先选择申请产品质量认证。

2. 分两步申请认证

对于一些产品品种多、范围广的企业，对全部产品进行认证是非常不经济的，也是不可能。在这种情况下，企业可以考虑先通过体系认证。在此基础上对一些重点产品进行产品认证，可以免除对企业质量体系的审核，只对产品进行检验。

3. 不适合产品质量认证时可申请质量体系认证

没有适用于认证所需的产品标准、单件小批产品、服务行业、专业设计单位等，可申请质量体系认证。

4. 必须申请产品质量认证

我国法律、行政法规或联合规章（国家技术监督局与有关部门联合发布的）规定实行强制认证的产品，必须申请产品质量认证。产品出口时，进口国的法律、法令要求强制认证的安全性产品，例如电器产品、儿童玩具、汽车安全玻璃、汽车安全带、摩托车驾驶员头盔、某些建筑材料等，必须取得产品质量认证的资格。

5. 申请质量体系认证

产品出口时，外商只要求企业提供通过质量体系认证的证明，可申请体系认证。任何国家和欧盟都没有对质量体系实行强制认证的规定，那种认为未取得体系认证的资格，产品就不能进入欧洲市场或其他国际市场的说法是没有相关根据的[237]。

7.1.4 质量体系认证发展和前景

1. 发展情况

我国的质量体系认证工作自从1991年正式提出，国家技术监督局于1992年正式成立质量认证办公室体系认证处，同时筹建第三方实体机构，开展体系认证工作，经过1993年的国家试点，1994年已进入全面规范化实施阶段。

到目前为止，已获准国家认可的质量体系认证机构包括质量体系审核机构超过30个。由于我国质量体系认证机构国家认可委员会是ISO承认的我国国家认可机构，上述获准国家认可的质量体系认证机构均列入19项面向全世界发布的《质量体系注册机构名录》。此外，为适应形势发展的需要，各有关方面正在积极筹备和组建新的质量体系认证机构。目前质量体系认证机构国家认可委员会正在对一批新的质量体系认证机构进行认可评审。

2. 前景

我国自推行ISO9000质量管理体系以来，出口生产企业质量体系认证业务有了很大发展。一些企业已开始由动员申请认证型向自愿申请认证型转化。从目前的趋势来看，质量认证的潜力很大，前景看好。

(1) 国内企业需要认证，数额大

我国企业数目众多，且处于高速发展阶段，对认证的需求巨大。质量认证是由独立于供应商和采购商之外的第三方中介机构，通过严格的检验和检查，为符合要求的产品出具权威证书，是一种公正、科学的质量制度，能给贸易双方带来直接的经济效益，并有利于产品快速地被社会所接受。国内企业不仅需要认证的份额大，而且发展形势看好[238]。

(2) 向国外延伸认证，前景好

ISO9000质量管理体系源于发达国家，而且中国国家进出口认证机构认可委员会（IAF）系国际认可成员之一，同时也参加了欧洲认证认可组织（EAC）和太平洋认可合作组织（PAC），而众多发展中国家，ISO9000 系列认证起步比我国晚，这就给我国 ISO9000 系列认证业务向其他发展中国家延伸提供了机遇[239]。另外，一些国家利用质量认证作为 TBT，阻碍别国产品进入该国。而质量认证是商品进入国际市场的通行证，按照一定规范有序开展质量认证活动，可以减少重复检验和评审，能够降低成本。

（3）质量标准体系不断完善，新项目认证多

ISO9000 系列标准由国际标准化组织于 1987 年颁布，并于 1994 年进行修改换版。随着环境保护潮流的兴起，1996 年国际标准化组织又颁布了 ISO14000 环境管理体系标准，虽然它们都是国际标准，有许多相同相似之处，但适用范围、管理对象却迥然不同。由此预测 ISO9000 系列标准必将不断深化完善。为适应不同的对象和范围，也必将产生新的标准。由此带来企业不只限于一次性认证，可能出现多次新项目认证。认证的对象也不只限于企业，还可延伸到事业单位和行政机关、执法部门，如此发展下去，需要认证的数量还将越来越大，项目将越来越多，空间将更加广阔。

7.1.5 质量认证的国际互认

面临着各国的 TBT，质量认证是企业产品进入国际市场的通行证。质量认证这种评价制度，以其科学性和公正性为世界各国广泛采用，国际两大标准化组织——ISO 和 IEC 为推进认证制度的国际化，促进各国认证的相互承认，作出了重要的贡献。我国正按有关的法律、法规，遵循国际准则，加速建立我国的认证体系，以实现与国际接轨[240]。

1. 认证的相互承认是当前全球关注的问题

20 世纪初出现的由第三方权威机构对质量作出科学评价的认证制度，在近二三十年几乎已被所有经济发达国家采用。这种评价制度之所以具有生命力，是因为由独立的技术权威机构按严格程序作出的评价结论，具有无可争辩的可信任性。认证为供应商和采购商都提供了方便，并且认证为法律部门在推动法规实施时，提供了经济、有效的帮助，从而取得了政府对认证的依赖，这显然大大增加了认证的权威性。事物的发展总是一分为二的。当贸易关系越过国界以后，由于各国认证制度不同造成的差异，使认证制度应有的优点不能得到很好的体现。为打进各国市场，供应商需要反复申请多国的认证，其人力物力的消耗及费用的增加是可想而知的。同时，某些国家可利用认证制造贸易中的非关税壁垒，限制其他国家的商品或服务进入，特别是发达国家有可能据此对发展中国家采取歧视政

策[241]。因此，实现认证的相互承认已成为全球关注的问题，发展中国家对此呼声更高。

ISO和GATT都意识到认证的国际互认对促进经济发展和消除贸易中的TBT的重要性。因此，在确定认证的良好行为规范和建立互认关系这个问题上，GATT和ISO是有共识并且是充分合作的。国际标准化组织为积极推进各国认证制度的规范化，并在此基础上寻求实现国际互认的途径作出了不懈的努力[242]。近两年，在建立国际互认制度方面已取得了令人鼓舞的进展，特别是在欧洲，由于建立统一市场的需要，解决互认问题已有所突破，这使人们增强了实现全球范围互认的信心。

2. 实现认证的国际互认需具备的基本条件

国与国之间能否实现认证的相互承认，实际上会涉及政治、经济和技术三个方面的因素，其中，政治因素、经济政策将起着首要的作用。这里假定政治和经济方面的问题已经解决，只从技术的角度论述建立全球性认证互认体系的可行性。显然，认证的相互承认建立在各国认证实施的同一性基础上，包括：各国认证所依据的技术标准一致；各国认证实施的程序、规范所依据的准则一致；各国实施认证的审核员水平在同一水准上，其资格可以相互承认；各国认证实验室的能力可以相互承认，包括采用的检验方法一致，实验室管理满足相应的国际准则，计量仪器的量值可以溯源（或传递）等[243]。

为了创造国际互认的基本条件，国际标准化组织于1985年成立了一个专门机构，即合格评定委员会（ISO/CASCO），研究制定指导认证制度建设的各类标准和指南。经ISO理事会批准，ISO/CASLO的主要任务是：研究关于产品、过程、服务和质量体系符合适用标准或其他技术规范的评定方法；制定有关产品、过程和服务、质量体系认证及检验和审核工作的国际指南；制定有关检验机构、审核机构和认证机构的评审和认可的国际指南；促进各国和区域合格评定制度间的相互承认和认可，并在检验、审核、认证、评定和有关工作中，促进采用适用的国际标准。

3. 按国际惯例建立的我国认证制度

（1）建立国际承认的我国认证制度

我国推行认证制度的目的，一方面在于推动企业提高管理水平和产品质量，另一方面是帮助企业有效地参与国际竞争。因此，实现认证结果的国际互认，提高我国认证证书的有效性是我国认证制度建设的重要目标之一。负有依法统一管理我国质量认证工作职责的国家技术监督局，密切注意国际上认证制度的发展动向，参照国外成功的经验，对建立我国认证机构的认可制度进行了全面的规划，制定了我国认证制度的总体方案，确立了各种质量认证形式的基本原则和组织结构框架[244]。在管理结构上，既结合我国国情，以明确的国内法律、法规为依据，又借鉴了国际上认证制度较健全国家的常用模式。为我国认证制度走向国际，实现认证结果的国际相互认可打下了基础。

(2) 我国认证认可活动走向国际

我国认证制度的总体方案已受到国际上的高度重视和积极评价。1993年6月，欧共体合格评定（认证）国际研讨会期间，一批欧洲著名的专家表示，我国认证制度总体方案是个很好的方案，我国应该广泛向国际社会介绍自己的合格评定制度，并积极参与合格评定国际论坛的活动。到目前为止，我国认证工作的国际合作得到了进一步扩大，我国积极参加认证的各种国际活动并加入了相应的组织，如国际标准化组织合格评定委员会（ISO /CASCO)、ISO9000论坛、国际实验室认可大会（ILAC)、亚太地区实验室认可大会（APLAC)、国际认可论坛(IAF）和太平洋认可合作组织（PAC)、国际审核员与培训认证/注册协会(IATCA)。通过国际合作，广泛建立与各国认可组织或认证机构的联系，与欧洲、北美、大洋洲以及亚太地区的国家探讨双边合作的可能性，并且积极支持、指导认证机构与国外机构签订多种形式的合作协议。国内的体系认证机构，有的与国外相应机构合作，代理他们的审核业务；有的与国外相应机构合作一次评审颁发双证。其他合作形式正在探讨之中。通过这些合作形式，将不断提高我国认证机构的国际知名度。同时，由于我国认证制度的建立，不少著名的国外认证机构纷纷与国家技术监督局联系，希望在这个领域进行全面合作，并谋求获取我国认可机构的认可。事实证明，我国按国际惯例建立的认证制度，对发展和促进我国经济、贸易正发挥着越来越大的作用。促使认证制度更趋完善，更有效地运行，将成为我国质量认证工作的主要目标。

7.2　质量认证系列标准

质量认证已成为世界性活动，了解国外质量认证标准的动态，收集各种有关资料，把握国际认证标准发展趋势，对完善本国认证制度，赶上国际质量认证步伐，具有十分重要的意义。国际标准化组织ISO成立于1946年，总部设在日内瓦，成员国有100多个国家。ISO下设200多个技术委员会，专门从事国际标准的制定和推广工作。质量认证的国际标准系列有很多，但对各国经济发展起重大影响作用的有：ISO9000 质量管理体系标准和 ISO14000 环境管理体系标准，它们都是世界各国互认的质量管理体系标准。

7.2.1　质量认证系列标准的发展

近年来，全球范围内掀起了以 ISO9000 质量管理体系为依据的质量体系认证注册热。这是国际标准化组织始料不及的。因此，1990 年 ISO 全体大会上，把 ISO9000 质量管理体系标准作为有史以来制定的最重要的标准，做为对国际经济产生最重要影响的标准来庆祝。如图 7-1 所示，我们可以看出 ISO9000 质量管理体系发展的趋势。

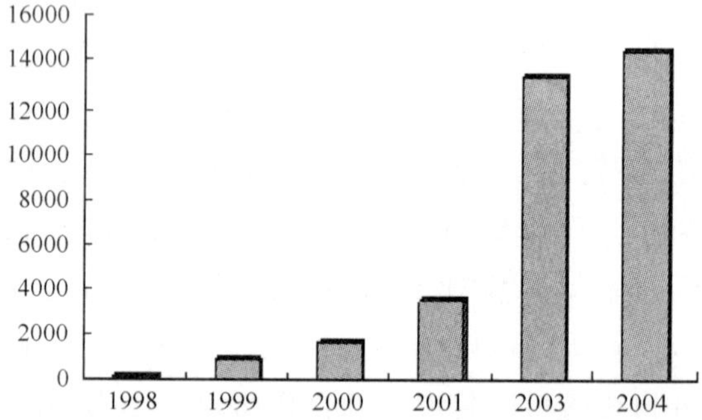

图 7-1　1998～2004 年我国通过 ISO9000 质量管理体系的企业数量（单位：万）

ISO 于 1979 年成立了质量管理和质量保证技术委员会，负责制定质量管理和质量保证标准。1986 年，ISO 发布了《质量——术语》标准，1987 年发布了 ISO9000《质量管理和质量保证标准——选择和使用指南》、ISO9001《质量体系——设计开发、生产、安装和服务的质量保证模式》、ISO9002《质量体系——生产和安装的质量保证模式》、ISO9003《质量体系——最终检验和试验的质量保证模式》、ISO9004《质量管理和质量体系要素——指南》6 项标准，统称为 ISO9000 系列标准。2000 年 12 月 15 日，ISO/TC176 正式颁布了新版本的 ISO9000 族标准，统称为 2000 版 ISO/TC9000 族标准。该标准的修订充分考虑 1987 版和 1994 版标准以及现有其他管理体系标准的使用经验，因此，它将使质量管理体系更加适合组织的需要，可以更适应组织开展其商业活动的需要[245]。2000 版标准更加强调了顾客满意及监视和测量的重要性，促进质量管理原则在各类组织中的应用，满足使用者对各个标准要通俗易懂的要求，强调了质量管理体系要求标准和指南标准的一致性。2000 版标准反映了当今世界科学技术和经济贸易的发展状况，以及“变革”和“创新”这一 21 世纪企业经营的主题。

ISO9000 系列标准的颁布，使各国质量管理和质量保证活动统一在 ISO9000 族标准的基础上。标准总结了工业发达国家先进企业质量管理的实践经验，统一了质量管理和质量保证的术语和概念，并对推动组织的质量管理，实现组织的质量目标，消除贸易壁垒，提高产品质量和顾客的满意程度等产生了积极的影响，得到了世界各国的普遍关注和采用。迄今为止，ISO9000 质量管理体系已被全世界 150 多个国家和地区等同采用为国家标准，并广泛用于工业、经济和政府的管理领域，有 50 多个国家建立了质量管理体系认证制度，世界各国质量管理体系审核员注册的互认和质量管理体系认证的互认制度也在广泛范围内得以建立和实施。

ISO14000 环境管理体系标准是由 ISO 第 207 技术委员会（ISO/TC207）组织制订的环境管理体系标准，其标准号从 14001 至 14100，共 100 个标准号，统称为 ISO14000 环境管理体系标准。它是顺应国际环境保护的发展，依据国际经济贸易发展的需要而制定的。目前正式颁布的有 ISO14001、ISO14004、ISO14010、ISO14011、ISO14012、ISO14040 6 个标准，其中 ISO14001 环境管理体系标准是系列标准的核心标准，也是唯一可用于第三方认证的标准。在 ISO14000 环境管理体系标准中，以 ISO14001 环境管理体系标准最为重要，因为 ISO14001 环境管理体系标准是企业建立环境管理体系以及审核认证的最根本准则，是一系列随后标准的基础。环境管理体系是全面管理体系的组成部分，它要求组织在其内部建立并保持一个符合标准的环境管理体系，体系由环境方针、规划、实施与运行、检查和纠正、管理评审 5 个部分的 17 个要素构成，通过这些要素有效结合和有效运行，使组织的环境行为得到持续的改进[246]。目前，国际、国内所进行的 ISO14000 环境管理体系认证是指对企业环境管理体系的认证，企业取得 ISO14001 环境管理体系认证证书。ISO14001 环境管理体系标准主要具有如下特点：以市场驱动力为前提，是自愿性标准；强调对有关法律、法规的持续符合性，没有绝对环境行为的要求；强调污染预防和持续改进；标准强调的是管理体系，特别注重体系的完整性；具有广泛的适用性。

7.2.2　ISO9000 质量管理体系各国比较

1. 西欧各国 ISO9000 质量管理体系发展情况

在欧洲，英国最先推行了质量保证体系认证制度。英国以国家认证机构认可委员会（NACCB）、品质保证协会（IQA）、英国标准协会（BSI）等机构为中心，开展标准、认证活动。BSI 于 1979 年制订了质量保证相关的标准 BS5750，该标准于1987年已被作为ISO9000质量管理体系的主要组成部分。英国对质量体系认证机构的授权是通过NACCB对认证机构的能力和公正性进行评估后推荐给政府部门获得批准的。至今已有18个体系认证机构得到授权，其中BSI是最有名的一家。到1991年共有20000家以上企业通过质量体系认证，得到注册，其中BSI注册的有15000家。在意大利、德国、法国、西班牙等国也相继推行了ISO9000系列标准的质量体系认证制度。最引人注目的是欧共体。欧共体与欧洲自由联盟（共18个国家）从1992年底起在欧共体内部统一大市场后陆续采用统一法规、统一标准、统一程序。欧洲标准化委员会（CEN）和欧洲电工标准化委员会（CENELEC）已联合组成欧洲标准学会CEN/CENELEC，制订发布欧共体EN标准，要求欧共体各国统一遵守。1987年欧共体将ISO9000系列标准等同采用为EN29000系列标准，要求各成员国作为质量保证体系标准统一执行。1988年发布的关于测试、认证和认可的EN45000系列标准也得到ISO承认，在世界范围内使用。欧共体为协调成员国间的技术标准，还在健康、安全、卫生等方面制定了统一的强制性标准，并通过欧共体付诸实施[247]。欧共体于1989年提出了在全球范围内进行标准认证的议案，为确保产品能在区域内自由流通，规定统一使用“CE”标志。欧共体计划儿童玩具、机械类产品、压力容器、建筑产品及材料、电磁兼容类产品、个人保护装备、医疗器具、非自动磅秤、瓦斯器具、食器及其用具等实行“CE”标志，无“CE”标志的上述商品不能在欧共体市场上销售。对儿童玩具、电磁兼容类产品、机械类产品，欧共体分别于1990年1月1日、1992年1月1日和1992年底起开始实行“CE”标记。

2. 美国、加拿大ISO9000质量管理体系发展情况

加拿大和英国一样，开展质量体系认证也较早，已在全国范围形成一定气候。1980年5月，在加拿大渥太华成立了质量保证技术委员会（TC176），专门研究质量管理、质量保证领域的标准化和制订有关国际标准。ISO/TC176秘书国为加拿大，秘书由加拿大CSA所属机构QMI担任。加拿大已废止了曾经施行的CSA2999标准，采用以ISO9000质量管理体系为基础而制订的CSA2999国家标准。目前加拿大有QMI（Quality Management Institute）和CGSB（Canadian General Staundards Board）两个质量体系认证机构，CGSB为加拿大政府机构，在某种程度上可影响政府的配额，其中就受到了CGSB提出的强制实行质量体系认证要求的影响[248]。ISO9004标准的主要起草国是美国，ISO9004标准是在美国标准ANSI/ASQCZ1-15的基础上，参照其他国家的一些标准编制而成的。美国国防部已宣布取消了两个MIL的质量规格标准，完全采用ISO9000质量管理

体系标准，也就是说企业如果要向国防部出售产品，必须要通过 ISO9000 质量管理体系标准的体系评审和注册。美国已开始对 ISO9000 质量管理体系表现出极大的关注，对欧洲"统一市场"加强了政府部门的介入，同时也加强了与欧共体的技术法规、标准和质量体系认证的协调工作。美国有名的 UL 公司也积极调整自己的工作，向 ISO9000 质量管理体系认证工作靠拢，制订了 ULISO9000 注册计划。

3. 日本的 ISO9000 质量管理体系发展情况

日本作为开展质量管理工作成绩显赫的超级经济大国，开始对 ISO9000 质量管理体系标准采取谨慎态度，1991 的 TC176 向各国发出调查函征询采用 ISO9000 质量管理体系情况时，日本还没有反应。但值得注意的是，在 2003 年 3 月份 ISO/TC176 秘书处发布全世界各国采用 ISO9000 质量管理体系标准情况统计表中已有日本，而且是全部等同采用成为日本 JISZ9000-1991 系列标准。据悉，受国际上推广普及 ISO9000 质量管理体系标准的影响，日本企业对 ISO9000 质量管理体系标准的关心日益高涨。为此，通产省工业技术院在等同采用 ISO9000 质量管理体系标准的同时，还修改 JIS 标记制度，并设立新认证标准。新修改的 JIS 标记制度规定对 ISO9000 质量管理体系标准具有指导作用。为保证国内外平等一致规定，参加 JIS 标记评审的工厂，同时也必须要接受通过 ISO9000 质量管理体系标准的认证。为此，还对 JIS 标准进行了一些相应的修改和补充[249]。建立专门机构，以 ISO9000 质量管理体系为基准对企业实施质量体系认证，并制定相应的认证机构审核制度，评审员注册制度，以便顺利地和国外达成相互认证协议，从而简化进出口手续。在制定了上述新的质量体系认证制度的前提下，日本机械电子检查检定委员会（JMI）充分认识到了贯彻 ISO9000 质量管理体系对于将产品打入欧共体、美国及加拿大等国际市场的重要性。为此，于 1989 年 12 月在日本率先宣布开始实行 ISO9000 质量管理体系系列的企业认证注册制度。此外，为进一步完善体制，该机构还与美国的 UL、英国 BSI、澳大利亚 OGS、加拿大 QMI 及德国的 DQS 达成了 ISO9000 质量管理体系的认证注册协议并签署了备忘录。

4. 其他国家和地区 ISO9000 质量管理体系发展情况

随着世界各大经济发展强国对 ISO9000 质量管理体系标准的重视程度不断提高，新加坡、马来西亚、澳大利亚、新西兰等亚太地区各国已把质量体系认证作为参加国际市场竞争的手段[250]。

澳大利亚各州政府都对配额物资供给企业明确提出了必须通过 ISO9000 质量

管理体系认证注册的要求。并于 1991 年，在对建筑用安全玻璃的认证中规定：工厂质量体系必须符合 ISO9000 质量管理体系标准要求，否则不能进口到澳大利亚。

新西兰按 NIS9000 系列标准开展质量体系认证的产品已有 2000 个。

香港特别行政区品质保证局已开展了 ISO9000 质量管理体系标准的质量体系认证工作。

台湾地区商检局也制定了相应制度推行此项工作[251,252]。

7.2.3 ISO14000 环境管理体系标准的比较

1. 欧洲

1992 年英国制定了其国家标准 BS7750，1993 年欧盟开始实施生态管理和审核计划（EMAS）。由于 BS7750 和 EMAS 标准相对严于 ISO14000 环境管理体系的要求，故已得到这两个标准认证的企业经换证审核，很快就获得了 ISO14001 环境管理体系认证证书，目前欧洲已有 4000 多家企业取得了 ISO14001 环境管理体系认证证书。

2. 美国

美国 1996 年 6 月正式启动 ISO14000 环境管理体系试点认证工作，能源部要求其合约商必须全部通过 ISO14001 环境管理体系认证，大的企业集团如：福特、克莱斯勒、通用汽车、IBM、施贵宝等都要求其在全球的生产厂商通过 ISO14001 环境管理体系认证。

3. 日本

日本因在 ISO9000 质量管理体系标准实施上迟了几年，对外贸易遭受极大损失，所以对 ISO14000 环境管理体系的推行十分积极，一些大的企业集团如：松下、三洋、索尼、佳能、夏普等都要求其全球所有制造厂商必须在一定时间内取得 ISO14001 环境管理体系认证证书。目前日本是全世界通过 ISO14001 环境管理体系认证的企业数最多的国家，已达 1000 多家。

4. 韩国

韩国对部分行业强制实施 ISO14001 环境管理体系。

5. 印尼

印尼对出口企业强制实施 ISO14001 环境管理体系。

6. 新加坡

新加坡政府对实行ISO14000环境管理体系认证的企业给予一定的补贴，认证费用可以在税款中扣除，还制定了帮助中小企业取得ISO14001环境管理体系认证的方案。

7. 马来西亚、泰国

两国相继出台了一些措施，推动企业进行ISO14001环境管理体系认证。

8. 台湾地区

台湾地区从1995年起一直跟踪ISO14000环境管理体系标准的制定，并完成了关于ISO14000环境管理体系对台湾经济影响的评价报告，认为若不实施ISO14000环境管理体系标准将会给台湾经济带来每年数十亿美元的损失。

9. 中国

世界范围的“绿色壁垒”已成为我国扩大产品出口的一种考验。近十年来，我国才开始看清ISO14000环境管理体系的重要性，才意识到ISO14000环境管理体系认证是“绿色壁垒”的一个重要内容，是目前我国企业破绿“壁”而出的一张“绿卡”[253]。截至目前，我国已有500多家企业和组织获得国家认可的ISO14000环境管理体系认证书。并且在迎战环保认证的同时，企业自身素质也得到很大提高：管理水平上升，员工的环境意识增强，企业环境行为改善，污染得以防治；能耗节约，企业发展生产与保护环境、资源的矛盾得到解决，企业产品结构调整，可持续地发展；有利于提高企业形象和市场份额，获得竞争优势，促进贸易发展[254]。

7.2.4 质量认证系列标准与技术创新的关系

1. ISO9000质量管理体系标准与技术创新的关系

（1）ISO9000质量管理体系中质量管理的具体标准，使产品创新有序进行

ISO9000质量管理体系是站在购入者的立场，保证购入者产品质量可靠而向供应商提出的质量管理活动。这样，质量管理的目的是积极生产满足用户需要的产品，依靠产品的高质量来占领市场，不是停留在满足购入者要求的检验和审核的程度，而是开展更积极的质量活动。

ISO9000质量管理体系标准的质量管理活动在产品创新的过程中，确定和实

施质量方针的全部管理职能的所有活动，包括财务、人事、安全、设备等。还由于质量管理涉及了创新产品的产生、形成和实现的各个岗位和全部职能部门的管理，并且包括了创新过程中人、物等资源的分配，可以合理进行创新产品的成本控制。所以，产品创新的过程是在真正的保证和管理下进行的，提高了产品创新成功的可能性。

(2) ISO9000 质量管理体系标准保证工艺流程的过程控制

质量控制就是为了达到质量要求所进行的一系列作业技术与活动。这里的作业技术是指形成质量全过程的每个环节的专业技术，包括设计、工艺、采购、制造、检验、销售、服务等技术，质量控制在工艺创新的过程中，充分运用专业技术和开展各环节的质量控制活动，排除产品质量形成的各阶段产生问题的原因，使整个创新过程中创新产品的质量始终处于受控状态，满足规定的质量要求，以取得较佳的经济效益。

质量控制活动对创新工艺的各个技术活动要求制定计划和程序，确立控制计划和标准，并且按照计划和程序进行实施，对不符合计划和程序的情况进行处置并及时采取纠正措施。进行质量控制，离不开监视，所以创新过程中的质量检查是质量控制必不可少的重要组成部分。

(3) ISO9000 质量管理体系标准保证产品、服务质量满足规定要求

质量保证的核心问题在于使人们（包括厂方、需方或第三者）确信某一产品或服务能满足规定的质量要求。为了实现这一要求，必须开展一系列的有计划、有组织的活动，其结果是使需方相信供方有能力提供满足规定要求的产品或服务，或已提供了符合规定要求的产品或服务；也可以使企业领导对提供满足用户要求的产品或服务充满信心，认为有相当把握，可以放心地生产；也可使第三方确信企业有能力生产出满足需方规定要求的产品或服务。为了使质量保证行之有效，企业需要对影响设计和规范的要求进行连续评价，需要对创新过程中的生产、安装、检验等工作进行审核，以检查是否满足用户要求，没有这些在工艺创新过程中的控制，很难确定产品能满足用户的要求。质量保证可以分为内部质量保证和外部质量保证。内部质量保证是企业内部管理的一种手段，也是内部质量管理职能的一个组成部分。其目的是使企业领导对本企业的产品质量放心。外部质量保证是为使需方确信供方的产品或服务的质量满足规定要求所进行的活动。它需要对供方的质量体系进行验证、审核和评价，使得供方一定提供满足合同要求的产品。内、外部质量保证保证了工艺创新流程生产的产品质量达到双方的需要。

(4) ISO9000 质量管理体系标准明确管理者责任、权限

标准明确企业采用质量体系以及各要素展开后的各项质量活动，并将这些质

量活动分配落实到有关部门，各部门根据所承担的质量活动制定本部门的质量职能并提出对其他部门的要求。这样，在技术创新的过程，企业管理者协调、完善、审批和发布了各部门的质量职责。技术创新是跨部门、跨岗位的活动，规定各部门、各岗位管理的接口和协调措施，规范了企业管理活动。在技术创新过程中，企业管理者应对质量活动是否有效，质量责任是否落实，尤其是质量体系能否达到查明实际存在或潜在的质量问题等问题，起到预防和有效控制的责任，并且采取有效的补救或预防措施。

(5) ISO9000 质量管理体系标准对质量成本经济性的考虑，使创新产品成本降低

质量成本是指确保和保证满意的产品质量所发生的费用，以及没有获得满意的质量时所遭受的损失。它是企业生产总成本的一个组成部分。质量成本是体现产品质量经济性的一个重要方面。质量成本的高低可以衡量一个企业质量体系运行的有效性，也为质量改进提供依据。

因此，在产品创新和工艺创新的过程中，开展质量成本管理对改进产品质量、降低成本、提高管理水平都具有重要意义。

2. ISO14000 环境管理体系认证标准与技术创新的关系

(1) ISO14000 环境管理体系使得企业在技术创新过程中节约资源，减少消耗，有利于世界经济和企业的可持续发展

节约资源是资源消耗的最小值，也就是说，尽可能鼓励可再生资源的使用和尽量减少不可再生资源的使用。但是，必须考虑资源的再生速度。例如，木材是可再生资源，但如果产品使用大量的原木，则很可能木材再生的速度赶不上木材消耗的速度。所以，在创新过程中除了考虑到制造出客户需要的产品外，还要注意能源的消耗、成本的控制。所以根据 ISO14000 环境管理体系制造出的创新产品更符合高素质的顾客需求，并且这也是产品发展的大势所趋，即创新产品不仅满足顾客需求，又实现了能源保护的目标。

(2) ISO14000 环境管理体系使得企业在技术创新过程中注意预防污染、生产环保产品

污染预防可以通过多种方法来实现，如减少资源消耗、废物再利用、再循环、材料替代、污染排放前预处理等。在制定创新产品的生产标准时，一些环境问题如臭氧消耗、气候变迁、长期健康影响等往往要考虑进去。因此，标准对于考虑地方和行业性环境问题，甚至是全球性环境问题，有着规范作用，使得企业生产出符合国际环境标准的创新产品。

工艺创新过程中，环保设计的考虑，包括材料替代、产品再利用、可维护性、可制造性和易分解设计等技术，这些设计活动很容易纳入质量保证体系的设计控制之中。工艺创新过程中的这些考虑使得企业生产的创新产品是符合国际环保标准的产品。

(3) ISO14000 环境管理体系使得企业降低环境事故发生概率，改善了企业形象，吸引投资者

由于实施 ISO14000 环境管理体系可以有效地控制环境责任事故的产生与破坏性影响，极大地降低环境事故发生的可能性，可以加强组织在环境保护方面的保险性，取得环保事故损失保险公司的较高信誉，因而可以减少投保支出。这是由于企业生产出了保险、安全系数很高的创新产品，改善了企业形象。随着人们生活水平的不断提高，环保意识的增强，对优美环境、清洁生产、绿色产品的要求日益提高，一个能生产环保产品，对社会及环境爱护的企业会形成良好的社会形象，进而树立良好的产品形象。并且，在社会上树立良好形象和具有良好产品形象的企业，必定吸引投资者进行投资。当今社会谋求合作和共同发展已成为潮流，但在寻求合作伙伴及投资对象时，愈来愈多的组织看重对方的环境状况。一个优美清洁的生产环境和良好的社会形象会使企业增强信心和合作欲望。当今许多世界知名企业都在努力改变自己的环境形象，欢迎各界到厂参观，向社会广泛宣传自己对环境的承诺。这样做，一方面在公众中树立了新的形象，另一方面也使公众增加了对产品或服务的认同，也会吸引更多的潜在用户和合作者。这对我国许多企业来说尤为重要，因为许多外商投资者把对环境及环境管理的质量高低作为投资可行性评价的条件之一。因此为了赢得这些投资，就必须有良好的自然环境和完善的环境管理体系。企业融资成功后，有了充足的资金投入产品和工艺创新研究中。这种良性循环推动企业向高素质、高信誉的现代化企业发展。

7.3 质量认证对中小企业技术创新的影响

自 20 世纪 90 年代后，国内外学者开始对质量认证的相关问题进行研究。随着市场竞争的不断加剧，质量认证日益受到中小企业的重视，国内外有关专家学者对质量认证对企业技术创新的影响也做了一些开拓性的研究工作，并且指出质量认证是把双刃剑，一方面可以提高中小企业生产的技术创新能力，另一方面又容易被用作贸易保护主义的手段，中小企业国际化经营受贸易保护主义的影响尤为严重。欧洲各国在大量研究 TBT 的同时，逐步认识到 ISO9000 质量管理体系

和 ISO14000 环境管理体系对中小企业技术创新的影响。因此，质量认证对中小企业技术创新的影响研究具有重要的现实意义。

7.3.1　正面影响

1. 质量认证系列标准在中小企业技术创新过程中的指导作用

中小企业生产具有国家标准或者行业标准的产品，可以向国务院标准化行政主管部门或者国务院标准化行政主管部门授权的部门申请产品质量认证，质量认证合格的产品，由质量认证部门授予质量认证证书[255]，准许其在通过质量认证的产品或者包装上使用规定的质量认证标志。中小企业生产已经获得质量认证证书的产品在不符合国家标准或者行业标准时，以及产品未经质量认证或者质量认证不合格的，不得使用质量认证标志出厂销售。这些认证系列标准的具体规定，使得认证的过程有法可依。加之对认证中产品、生产加工一些具体操作的规定，使得中小企业在技术创新过程中有了具体的操作指南[256]。

在认证系列标准中专门规定了用于产品加工或生产方法的术语、符号、包装、标志或标签要求。这些要求在中小企业技术创新具体操作过程中起到了指导、约束作用[257]，使得技术创新过程能够按照技术法规的规定有条不紊地进行。

质量认证中的合格评定程序，规定了加工和生产方法的通用和重复使用的规则、加工或生产方法的术语、符号、包装，任何直接或间接确定满足技术法规或标准中相关要求的程序。合格评定程序包括：抽样、试验和检验程序，合格的评价、验证和保证程序以及批准程序。在技术创新过程中，特别是工艺创新的过程中，对于产品加工、生产的质量进行的抽样、试验和检验程序等一系列的合格评定程序，保证了工艺创新过程能够严格按照规定要求进行，并且在出现错误操作时能够及时根据合格评定程序发现错误并且改正。

2. 质量认证推动中小企业产品创新和工艺创新的发展

在 TBT 日益严重的国际贸易中，各国对产品或者生产工艺的一些硬性规定，以要求通过某种认证的方式表现出来，特别是近年提出来的对 ISO14000 环境管理体系认证的诸多要求，指明了中小企业的产品创新和工艺创新的创新方向[258]。

世上没有完美无缺的产品，只有不断改进的产品。质量认证是中小企业进行技术创新的一种外部推动机制。中小企业应该把认证机构在质量认证过程中反馈出来的信息变为内部质量改进的动力，以实事求是的态度，严格认真地采取各种改进措施，提高自己的整体素质，提高产品在市场上的竞争能力[259]。可见，质量认证推动了中小企业的产品创新、技术创新的发展。在 TBT 日益严重的国际贸易中，各国对产品或者生产工艺的一些硬性规定，以要求通过规范质量认证的方式表现出来。

质量认证之所以有效，之所以被社会所接受，重要的因素是认证机构在质量认证过程中所表现出来的科学性和公正性，使其在社会上具有很高的信誉。认证机构必须严格按照统一的标准、规范、程序来开展工作，维护自己科学、公正的形象，并以此来吸引客户[237]。在中小企业的技术创新，特别是工艺创新过程中，由于质量认证的科学、公正、严格性，保证了工艺创新过程能够及时、有效地按质量认证具体规定实施[260]。

3. 质量审核及监督体系保证中小企业技术创新的系统性和独立性

质量体系审核是质量审核的一种形式，是实现质量方针中所规定目标的一种管理手段，以确定质量体系各要素是否已实施并与实际规定的目标相适应，同时还提供了减少、消除、特别是预防生产不合格产品的客观因素。质量审核确定质量活动及其有关结果是否符合计划安排，以及这些安排是否有效地贯彻并适用于系统性、独立性的检查。质量审核包括质量体系审核、过程质量审核、产品质量审核和服务质量审核。质量审核由被审核范围无直接责任的人员实施，保持了第三方独立性。审核与监督、检查不可以相混淆。监督和检查是过程控制或产品验收，而审核是有系统的、独立的审核活动[233]。这里所说的“有系统的”是指审核不仅包括计划安排和文件，而且包括这些计划和文件的有效贯彻并且达到了规定的目标，“独立的”是指质量审核工作由授权的审核机构进行，只对委托机构负责，不受其他方面的干扰独立地进行工作。它确保工艺创新过程按照实际计划的目标进行，更由于它的系统性、独立性检查的功能，避免了产品创新和工艺创新过程受到外在因素的干扰。产品质量审核确保创新产品符合规定的要求；过程质量审核确保工艺创新过程保证产品的生产质量；服务质量审核确保创新服务能够有效贯彻整个生产过程[261]。

内部质量审核是推动和维持质量体系正常运行的主要手段，也是检验质量文件是否符合中小企业实际、满足质量保证要求的重要途径。在质量文件开始实施的初期，内部质量审核的周期可以短些，以后随着熟悉程度的提高、良好习惯的养成，审核周期可以增长。整个内部质量审核从中小企业内部出发，更加能够确保中小企业技术创新过程的顺利完成，从而保证了技术创新过程的系统性和独立性。

质量认证监督部门对质量认证过程的监督功能，促进了中小企业技术创新成果的完成和实施。国务院规定的行政主管部门管理认证工作的职责是：制定认证工作的方针、政策、规划、计划；统一规定或者批准认证标志的样式；审批认证委员会的组成、章程；审批承担认证检验任务的检验机构；对承担认证工作的检查人员进行注册管理；审批并发布可以开展认证的产品目录；公布获准认证的产品及其生产企业的名录，管理有关认证的国际活动；对认证工作的重大问题进行协调处理；对认证工作实行监督。还规定：已取得质量认证证书的中小企业，应当接受质量认证委员会对其产品及质量体系进行的监督检查。

质量认证使得中小企业在产品创新过程中，以技术和市场为诱导机制，贯穿于产品构思、策划、设计、试制和营销全过程中，是功能创新、形式创新、服务创新的多维创新组合。并且质量认证过程中的监督功能，能够保证产品创新的多维创新组合按照规定的产品构思、策划和设计进行试制、营销。质量监督检查确保这一过程的合理、合规完成。工艺创新是指技术活动或生产活动中的操作程序、方式方法和规则体系方面的创新，是生产技术、生产方式上的重大改进。质量认证对工艺创新的监督功能，确保工艺创新提高劳动生产效率、降低原材料及能源消耗或改进现有产品生产的创新活动。必要的监督功能促进中小企业从原有老工艺向新工艺转变的速度，这必定保证了中小企业技术创新更新换代的速度。

4. 质量认证提高中小企业信誉和顾客满意度

质量认证制是市场经济的产物，市场经济是高度法制化的经济，其原则是平等竞争、自由贸易。随着市场经济的不断发展，特别是国际大市场的发展，要求不断完善法制。质量认证制顺应了市场经济发展的潮流，并推动了市场经济的发展，质量认证制已越来越为广大消费者所接受，且已成为广大供应商赢得顾客信任、参与市场竞争的重要手段[262]。中小企业通过产品质量认证或者质量体系认证，例如，通过 ISO9000 质量管理体系认证或者 ISO14000 环境管理体系认证，提高了产品的可信性和中小企业的信誉，在国际市场上获取了通行证[263]。所以，通过质量认证后的中小企业增强了市场竞争力，经营能力和创利能力也得到了进一步的提高，具备了进行持续技术创新的能力。所以无论是在资金或者技术方面，还是在政府政策方面，都会因为中小企业良好信誉而得到援助和支持，从而为中小企业进一步开展创新活动创造良好的条件。

具有良好信誉的开展技术创新活动的中小企业，在产品创新阶段，根据质量认证中质量保证模式的要求，生产出客户需要，或者培养客户需要的产品，这种有目的的生产创新过程，使得产品的面世更容易受到顾客的喜爱，减少创新产品投入市场遭遇冷眼的可能性。当前日益激烈的市场竞争和人们对质量要求的不断提高，使得中小企业需要形成一个闭环的持续改进与创新体系。谁最了解顾客的期望，及时掌握顾客的满意水平，以最有效的途径满足和超越顾客期望，获得顾客的忠诚，谁就会立于不败之地。随着顾客对附加产品中的服务等要求越来越高，中小企业对顾客提供的服务也已由售后服务拓展到售前、售中和售后的全方位服务。质量仅仅依靠制造部门和质量保证部门的努力是难以得到保证的，需要从顾客反馈的信息开始，经过规划、设计、生产准备、制造、销售各环节周期性的协调一致而得到保证，这种以最终满足顾客要求为目的的闭环生产、销售流程，使得中小企业在工艺创新过程中，每道工序或者岗位都力求使自己的用户满意，在此基础上建立起来的“用户链”必将最终保证满足市场上用户的需要。

5. 质量认证使中小企业走现代管理和企业文化创新之路

采用质量认证体系将加速中小企业向现代企业制度过渡的步伐。建立现代企业制度就是要解决所有者和经营者的行为合理性，中小企业能够充分自主地支配由其掌握的资源。在这种机制下，人的行为规范和企业的管理运行方式是处于严格的法制状态下，不应因个别人的行为变迁而发生变化。质量认证标准使中小企业质量工作科学化、规范化、制度化，顺应了这种客观要求，从中小企业的日常管理工作上能够保证和促进现代企业制度的落实效果。标准化管理体系推动中小企业从最高管理者开始，利用管理的“瀑布效应”，由上而下规范管理，使得从最高管理者到每一个职工将质量体系认证标准融入到实施现代企业制度的行为规范和运行之中，从而使中小企业以新的机制、新的面貌在国际、国内两个市场中腾飞[264]。

在实施质量认证系列标准的过程中，中小企业员工普遍认同并自觉遵循一系列的重视质量和重视创新活动的理念和行为方式，并且使之成为中小企业的行为准则、价值观和沿袭的传统与习惯，最终促进创新中小企业文化的发展。

现代企业管理方法中先进的质量管理体系，使得技术创新经济、协调、有效地严格按照组织、结构、权限等的详细规定，按照规定的目标进行。质量体系认证使中小企业走上现代企业管理制度之路，促进中小企业创新文化的发展，其主要表现在五个方面。

（1）目标管理的实施与质量目标的制定

目标是宗旨的具体化，是一个组织在一定时期内通过努力争取达到的理想状态或所希望获得的成果，它包括组织宗旨、任务、具体的目标项目和指标等。目标管理能够提高组织的工作效率，为管理工作指出方向，并且激励组织成员为实现组织目标发挥最大作用。建立 ISO9000 质量管理体系的首要任务是确定中小企业的质量方针和质量目标。任何一个组织为了搞好内部的质量管理，实现其质量方针和目标，都需要建立并保持一个质量体系，确保影响其产品质量的技术、管理和人员因素处于受控状态，以经济有效的方式实现产品质量要求。通过质量方针和质量目标的确立，来带动整个中小企业进行目标管理[265]。

在中小企业技术创新的过程中，首先确定出一定时期特定的总目标，然后对总目标进行分解，并且某一层次的目标需要用一定的手段来实现，将这些手段作为下一层次的目标，实现下一层目标的手段又可以作为更下一层次的目标，这样逐级展开，并通过上下级共同协商，可以制定出组织各部门直至每个员工的目标，这样在中小企业产品创新和工艺创新的过程中就形成了一个“目标-手段”链，保证创新过程的实施。

(2) ISO9000 质量管理体系标准中预防管理理念对技术创新的影响

建立质量体系要强调预防，在 ISO9000 质量管理体系标准中得到充分体现。预防管理是现代管理的重要理论，它是将质量管理的重点从管理结果向管理因素转移，不是等到出现不合格品才去采取措施，而是将质量问题消灭在萌芽状态之中，做到防患于未然。在中小企业技术创新的过程中，对产品创新和工艺创新的每个工序做到预防管理，可以降低创新风险和创新成本，最终降低创新产品的成本，使得创新产品更有竞争力。并且预防发生在创新过程的设计阶段，通过沟通、计划、验证来逐步消除出现不符合的可能性。在技术创新的过程中，这种前馈控制的预防管理形式要求管理者拥有大量准确可靠的信息，对计划行动过程有清楚的了解，使影响产品质量的技术、管理和人为的因素均处于受控状态，这就是一种很好的预防措施。

(3) 组织结构中职责、权限的具体规定划清工作范围，避免重复工作

组织结构是为了该组织的运作所建立起来的某种组织形式。它包括该组织的机构设置情况，岗位的设置情况及各个岗位的职责和权限，虽然不同的组织可以有不同的组织形式，但无论何种形式的组织结构都必须明确各层次，包括每一个岗位的质量职责、权限，以及上下、左右、内外的相互关系，以便使组织的质量工作都能分解落实到具体的个人。组织结构通常以组织结构图予以规定，结构图中各岗位的职责和权限应有书面规定。

职责和权限是质量体系结构中的重要组成部分，是以落实各级职能部门和各类人员的质量职能为中心任务。首先要明确与质量有关的直接或间接性质质量的活动，形成文件并采取下列措施：应明确规定一般的和具体的质量职责；应明确

规定影响质量的每一项活动的职责和权限，应赋予充分的职责、组织独立性和权限，以便按期望的效率达到规定的质量目标；应规定不同活动之间的接口控制和协调措施；为了组建一个结构合理且有效的质量体系，工作的重点应该是查明潜在的或实际的质量问题并采取预防或纠正措施。

组织结构在中小企业技术创新的过程中，明确规定了各个岗位的职责和权限，每个创新组织的质量工作都可以落实到具体的个人，以便于按照期望的效率达到规定的质量目标，避免由于职责和权限不清晰造成质量工作重复分配和没有分配的情况，最后出了问题找不到责任人的事情发生。

（4）质量认证体系标准促进企业文化的建立，这对工艺创新、产品创新起到促进作用

企业文化是在现代企业管理基础上，以科学的管理思想和方法培养出来的，质量认证体系管理模式及其所要求的人文环境，客观上形成并建立和发展现代企业文化的模式。在这种模式的开发与实施中，使得管理者的承诺，在利益和风险方面为顾客考虑，建立严格的控制程序，全心全意为用户服务的中小企业风范。建立体系、重视协调、统一意识、规范行为，使中小企业成为有机整体是高品位企业文化的基石。并且按照质量认证体系管理模式进行运作，有助于中小企业的各级领导人提高领导艺术，善于授权，善于调动职工的积极性，激发他们的创造力，保证决策的正确性和一致性，从而形成良好的企业文化环境，这对于中小企业的技术创新体系有着极强的推动作用。

（5）实施质量认证的根本目的在于提高产品和服务质量

如果中小企业的产品要进入国际市场，进口国要经本国认证机构认证，获得认证后，申请并获得进口国认证机构的认证，将是一件很容易的事。因为IS09000族标准，集世界质量管理之精华，按标准要求建立并保持规范的文件化的质量保证体系，是确保产品质量的一种重要手段，同时也使中小企业的管理走上与国际接轨的道路。ISO9000质量管理体系和ISO14000环境管理体系中关于质量管理的规定，使得中小企业技术创新过程在管理操作上得到文件化的指导。特别是在工艺创新的过程中，由于工艺自身的多变性和工艺流程的复杂性，为了使得整个工艺流程都能够按规定达到目标要求，质量管理对整个工艺创新起到了监督和促进的作用。

6. 质量认证对中小企业产品性能和安全性等的规定规范产品创新过程

质量认证对产品的性能、可信性、安全性、适应性、经济性、时间性作了具体的规定，使得产品创新过程有章可循[266]。

（1）性能

性能是指产品在开发、设计、研制阶段，综合顾客和社会的需要对产品所规定的功能，并在制造过程和生产阶段加以保证的。性能可分为使用性能和外观性能。产品创新过程，创新的产品在得到具体使用和外观的规定后，开发、研制的过程继而得以确定。

（2）可信性（包括可用性，可靠性和维修性）

可信性是描述可用件及影响因素：可靠性、维修性和维修保障等性能的一个集合术语。可用性反映了产品的可用程度，是可靠性、维修性和维修保障性能综合作用的结果。它是产品质量的重要特性之一，是产品质量特性随时间变化的持续保持程度的概述。产品可靠性是指在规定的条件下和规定的时间内，完成规定功能的能力。产品的维修性是指产品在规定的条件下和规定的时间内，按规定的程序和方法进行维修时，保持或恢复到规定状态的能力。可靠性与维修性决定了产品的可用性。可用性是指产品在任意随机时刻需要和开始执行任务时，处于可工作可使用状态的程度性能，与可信性又决定了产品的效能，即决定了产品在规定条件下满足给定特性和服务要求的能力。产品的可信性是在设计时确定的，在生产时所保证的，在试验时所确认的，在使用过程中被考验并得到鉴定的，也就是说，可信性是设计出来、制造出来和管理出来的。

所以，产品质量认证对产品的具体规定推动产品创新向可用性、可靠性和维修性发展，使得创新的产品更容易受到市场的认可。

（3）安全性

安全性是指“将伤害（对人）或损坏的风险限制在可接受水平的状态”。安全性反映了产品在储存、流通和使用全过程中不会发生由于产品质量而导致人员伤亡、财产损失和环境污染的能力水平，这种水平与人们为达到某种安全目的所支付的费用密切相关。创新的产品向具有安全性能的产品发展，使得创新产品市场进入的风险减到最小。

（4）适应性

适应性是指产品适应外界环境变化的能力。这里所说的环境包括自然环境和社会环境，前者如产品适应沙漠与山地，暴风雪与海浪，振动与噪声，灰尘与油污，电磁干扰、高温与高压等自然条件的能力，后者如产品适应某地区、某国家、某类顾客等需求的能力。推动产品向适应外界环境变化的能力进行的创新活动，提高了产品的适应性，满足了顾客的特殊需要，可以扩大产品的市场占有份额。

（5）经济性

产品的经济性是指合理的产品寿命周期费用。产品寿命周期费用包括开发、研制过程、生产制造过程、流通使用过程以及报销处置所需费用的总和。产品创新向经济性发展，使创新产品赢利能力得以提高。

(6) 时间性

产品时间性是指在规定时间内满足顾客对产品交货期和数量要求的能力，以及随时间变化满足顾客需要变化的能力。时间性对产品创新的要求，使得创新产品提高了市场反应能力，及时根据市场变化对现有产品及时进行创新和改革[267]。

这些对产品性能的具体规定，使得在产品创新的过程中，创新过程按照具体、详细的规定进行改革，防止了创新没有按照市场、顾客的要求，生产出不符合需要的产品，浪费物力和人力。

7. 质量保证体系推动中小企业技术创新和风险管理的发展

在中小企业技术创新的过程中，无论是产品创新还是工艺创新，都存在一些风险。这些风险包括：产品质量不良的风险，产品责任产生的风险等。质量风险是质量保证的相对方面。产品责任是由于产品缺陷造成的人身伤害或财产损失，中小企业所负的责任。由于产品质量不合标准给客户造成经济损失的，中小企业要负赔偿责任，并且国家已经颁布了《产品质量责任法规》。所以，创新产品的质量保证是建立在生产厂商和客户之间的一种担保、规定、契约，它可以证明中小企业质量管理工作实施的有效程度。

质量保证是质量管理的精髓。追求高水平的质量保证，是中小企业经营管理工作重要的、长期的目标之一。在科学技术不断发展的现在，如果中小企业的质量保证建立不起来，在用户中没有信誉，产品就缺乏竞争力，在国际市场上遭遇TBT的可能性将增大。在国际质量认证体系中，规定了质量保证体系和具体的质量保证标准。在ISO9000质量管理体系标准中，有3个标准的质量保证标准：设计、开发、生产、安装和服务质量保证模式的ISO9001质量管理体系；生产、安装和服务的质量保证模式的ISO9002质量管理体系；最终检验和试验的质量保证模式的ISO9003质量管理体系。这些具体的质量保证标准的规定，使得中小企业的产品创新和工艺创新生产的产品，在设计、开发、生产、安装和服务的产品质量上得到保证。

产品创新的过程是从创新产品的设计工作开始的，设计工作是产品创新生产的第一道工序，也是塑造产品质量的第一个环节。质量保证体系在市场研究、概念设计等方面保证设计的产品质量是要求的创新产品的质量，并且，质量保证体系保证产品的制造质量，即从制造技术能力、人力资源、管理能力三个方面来保证产品制造过程的质量。这样，中小企业以保证和提高产品质量为目标，运用系统的概念和方法，把质量管理各阶段、各环节的质量管理职能组织起来，形成一个明确任务、职责、权限、互相协调、互相促进的有机整体。质量保证体系促进了中小企业技术创新正常、规范的运行，提高了创新的效率。

7.3.2　负面影响

1. 质量认证标准化和达标论证方式的弊端

质量体系也存在一定的消极影响因素，很多追求质量认证的中小企业受到质量认证标准化、达标论证方式的限制，缺少了中小企业根据市场变化进行产品改革和创新的意识，使得更新和变革跟不上形势的发展。这种忽视了质量体系从标准化质量体系向特殊化、个性化标准质量体系的创新发展，忽视了从达标论证式的标准质量向顾客满意的标准质量发展的趋势，势必导致我国对外贸易的发展和经济的增长速度受到限制[268]。

因为标准化机制本身除了具有规范的特点外，还有静止和保守的特点，ISO9000质量管理体系标准族亦然。一方面规范化是为了更好地生产产品，提高产品质量；另一方面由于技术的发展，利用现有技术和设备已经可以生产出更好的产品，但由于标准这个规范的存在，人们一方面在已经达标的前提下便会消减提高产品质量的积极性，从而阻碍质量和生产水平的提高，另一方面中小企业也可能用变通的方法来保护积极的、优良的变异，标准化机制就会被善意的变通破坏，从而引入人为的不确定因素到标准体系中，这种不确定因素一多，日积月累，便会使标准成为一个空架子，失去意义。例如：ISO9000质量管理体系标准族在不断的更新和变革，逐步成熟，逐步完善，更新周期也越来越短，这种趋势一方面反映ISO9000质量管理体系标准的发展，另一方面也反映了形势发展太快，ISO9000质量管理体系不得不随着形势发展亦步亦趋，但是这些更新和变革又很快与新的形势不相适应，于是标准便只得不断扩大其统配性，又导致标准在执行中的不严密，这也是一个两难悖论，给中小企业的技术创新顺利进行带来困难。

2. 多家质量认证引起中小企业技术创新出现混乱局面

一个中小企业获得多家认证证书，不断地进行技术创新，证明该企业的质量管理能力强，产品质量控制水平高，在市场竞争中可能会占有一定优势。但是多家质量认证对中小企业也造成了一些消极的影响。

由于不同的质量认证机构和审核人员对标准的理解不同，有些质量认证机构对ISO9000质量管理体系还有相应的补充要求，为了应付不同认证机构的审核或监督审核，这些中小企业常常陷入无休止的文件修改之中，已经无暇深入生产现场去指导工作，在质量管理的有效性方面下功夫，对于整个中小企业产品创新和工艺创新流程都有严重的阻碍作用，并且很有可能使中小企业技术创新流程局面出现混乱。

应当特别指出，中国质量体系认证机构认可委员会已是国际认可论坛和太平洋认可合作组织的多边承认协议集团的成员单位，凡是其认可的质量认证机构签发的认证证书，在协议签约国的范围内，都可以得到承认，具有较高的信誉，为我国中小企业参加国际竞争创造了条件，所以，质量体系的多家认证是没有必要的，即使在产品认证中，如无特殊要求，也应提倡认证结果的共用，这对于质量认证过程中进行的工艺创新有很好的指导和促进作用。

3. 质量认证中质量管理与全面质量管理的差距问题

市场竞争是激烈的，而在竞争中取胜的因素也不是唯一的，ISO9000质量管理体系也不是万能的法宝，很多通过了质量认证的中小企业，其效益照样不好，创新后的产品质量也很差，这说明了质量认证在有效性方面的脆弱性。弊端的出现，应从ISO9000质量管理体系标准本身寻找答案，ISO9000质量管理体系仅仅提供了产品的技术标准，并没有直接与产品挂钩，把产品留给顾客和供方的合同去解决。因为标准不涉及产品的质量水平如何，所以拿到证书的产品质量可能差别悬殊，这主要看中小企业的质量管理能力，在进行质量认证过程中，中小企业相应地进行产品创新和工艺创新流程的管理能力。我们要进一步解决ISO9000质量管理体系标准族的有效性问题，就应从标准本身的落实、执行出发。质量管理能力决定着ISO9000质量管理体系标准的有效执行。但ISO9000质量管理体系与全面质量管理的差距是显然的。

ISO9000质量管理体系的质量管理要求与著名的质量管理奖，如日本戴明奖、美国国家质量管理奖等质量管理要求相比较，前者大约只达到后者的10%～40%。有专家指出：中小企业从他们现有的基础出发，一般经过1.5～2年的努力可以通过ISO9000质量管理体系认证，取得认证证书，但此后还要经过3～5年的努力才能达到全面质量管理的要求。并且，ISO9000质量管理体系只是关于质量体系的一般性标准，而不是产品标准。如质量体系好，不能决定产品质量的优良程度。所以ISO9000质量管理体系的通过只表明一个中小企业的质量管理水平达到了一定标准，而与全面质量管理相比较，差距是显然的，这就使得获得

ISO9000 质量管理体系认证的中小企业进行工艺流程的创新无法保证创新产品的质量，这势必影响创新产品在市场上的竞争力。

4. 质量认证收费较高和认证复杂等问题加重中小企业负担

中小企业对质量认证反应强烈的一个突出问题是质量认证的收费标准高，加重了中小企业的负担。特别是对一些刚刚成立不久的中小企业，高额的质量认证费用无疑使得通过质量认证成为可望不可及的事情。仅以我国产品强制认证 3C（China Compulsion Certification，3C）为例来介绍[269]。自 2003 年 8 月 1 日起，国家认监委对涉及人类健康安全、动植物生命安全和健康以及环境保护和公共安全的 19 大类 132 种产品实行统一的强制性产品认证制度，其中与市民生活息息相关的家电类产品几乎都在其中。我国质量认证中心人士证实，企业单个产品办理 3C 认证费用一般需要 40000 多元，其中包括：工厂审查费 14000 元，电磁兼容检测费 15000 万元，整改咨询费、申请费等几千元。原来一个产品，可能认证需要 1000 多元，现在一个单元的检验费用大概在 10000 元～15000 元，有的企业可能同时申请几个单元，这还不算工厂审查的费用。工厂审查的费用以“人/天”为单位计算，一个“人/天”的收费为 3500 元，一般的工厂审查需要 4 个“人/天”，即 14000 元。通过业内人士计算，按每家企业只办 1 个产品认证，每个产品平均支付 3.5 万元计算，仅广东省的第一批产品认证全部办完就要支付 2.8 亿元，而实际上，大多数中小企业要通过质量认证的产品不止 1 个。可见，对于想通过质量认证来提高自身创新能力（产品创新和工艺创新）的中小企业来说，高额的质量认证费用成为中小企业质量认证的障碍。国家认证认可监督管理委员会准备出台一些政策，包括放宽单元的定义范围，以及精简工厂审查时间等，以期尽量减少中小企业进行质量认证的负担。

5. 执法力度和有效度阻碍中小企业认证和技术创新

在实施强制性产品认证中，作为被赋予进行行政执法权力的各地质检部门面临着如何有效执法的困境。目前，质量认证机构多为质量认证证书的颁发机构，没有做到对申请中小企业或者通过认证中小企业的监督、监察。“只管收费，不管服务。”这是大多数中小企业对质量认证机构的抱怨之声。对于强制性的产品认证或者质量体系认证，质量认证机构没有严格依法行事。对于自愿性的产品认证和质量体系认证，质量认证机构没有经必要的认证审核和检查后，就予以颁发证书。不完善的质量法制和质量监督体制，纵容了生产商和销售商进行生产和销售假冒伪劣商品的违法行为[270]。

7.4 案例分析

7.4.1 公司概况

深圳华为技术有限公司是我国目前最大的通信设备研发和制造企业，并且是全球通信业最主要的供应商之一。它从事通信设备的研发、生产、营销和服务，在电信领域为世界各地的客户提供创新的、客户化的网络设备、服务和解决方案，实现客户的潜在增长，持续为客户创造长期价值。

华为公司成立于1988年，最初，它并没有自己的产品，而是代理香港鸿年公司的用户交换机。通过两年多的代理，华为不但建立了自己的营销网络和营销队伍，更重要的是认识了通信行业和通信市场，把握住了市场的脉搏。接着它就开始介入通信设备的研发和制造领域。先是开发出小型局用交换机，并以此起家，积累了充分的资金和经验，于1995年开发出在公司成功道路上的标志性产品——C&C08交换机。这一产品的开发成功，为华为带来了丰厚的利润，公司每年以50%～100%的速度发展。公司在不断发展和完善传统电信技术的同时，还在通信技术发展方向的数据通信和移动通信领域进行着积极探索，为未来的竞争拓展生存空间[253]。

截至2006年1月，华为在国际市场上覆盖100多个国家和地区，服务300多家运营商，在“世界电信运营商50强”中，已有28家使用华为的产品和服务。除了公司总部，华为设有六个研究所（北京、上海、合肥、杭州、西安和南京）、33个国内办事处、40多个海外代表处，其产品已经进入40多个国家和地区。公司自主开发的产品涵盖了交换、接入、传输、移动通信、智能网、支撑网、ATM、接入服务器、路由器、以太网交换机、会议电视等通信领域，形成了自主的核心技术体系，提供固定网、移动网、数据通信网的全方位解决方案，在光网络、移动通信和宽带领域处于业界领先水平。

华为公司经过短短的12年时间，从无到有发展成我国头号通信设备制造企业，并成为众多进入我国市场的国际著名通信公司的一个强有力的竞争对手。这一巨大的成功一方面是因为这些年我国的通信市场处于飞速发展阶段，每年的通信设备基础设施投资近3000亿人民币，这一庞大的市场为它提供了很好的发展机遇。但更主要的是华为公司始终把技术创新能力的提高摆在第一位，形成自主的核心技术体系，不断开发出符合市场需求的新产品，并通过强有力的营销手段得到用户的认可。如今，其 10 多项产品已挤身世界通信行业的先进或领先行列，初步获得与世界知名公司平等的技术地位，从而能够在技术淘汰日趋加快，竞争极其激烈的通信设备市场中站稳脚跟，获得发展[271]。

7.4.2　认证过程

华为公司在 10 余年间迅猛发展，得益于公司自主研发的推动力和不断创新的企业文化。同时公司积极推行全面质量管理，深入贯彻 ISO9000 质量管理体系标准，不断完善质量体系，在不断提高自己研发能力的同时，时刻关注企业质量管理体系、质量保证体系的构建。形成以全面质量管理为中心的企业质量文化，使全体员工具有强烈的质量意识、永不满足的质量观念和持续的质量改进思想，并且坚持以顾客满意度作为提高产品研发，保证产品质量的出发点。这些都为企业的不断创新，产品质量的稳定提高，良好目标的顺利完成提供了有利的保证[272]。

华为公司在 2002 年通过了 ISO9001/TL9000 质量体系认证，并且成为通信业卓越质量论坛正式会员，是该组织目前唯一一家中国会员，也是国内通信行业第一家推行 TL9000 标准的企业，这标志着华为在质量管理体系方面已经与国际接轨并达到较高水准，它还提升了自身品牌的形象，使得认证的产品也更近一步贴近客户。QUEST 论坛（电信供方质量论优论坛）推出的 TL9000 是一套新的电信业质量体系要求标准，它把 ISO9001 质量管理体系标准作为自己的核心要求，ISO9001 质量管理体系标准的要求虽然是正确的，但对于全面定义电信业质量要求是远远不够的，TL9000 认证则补充了可信度、成本、软件开发、生命周期管理、服务的特殊功能以及顾客与供应商之间不断发展的关系等。TL9000 强调利用数据驱动改善，使用生命周期模型，利用通信业标准的衡量指标，从客户角度测量企业的表现，其宗旨是减少成本、提升质量、树立企业标杆和提升国际竞争力。

在 2003 年，华为公司通过了 ISO14001 环境管理体系认证，它由环境方针、环境规划、实施与运行、检查与纠正措施及管理评审 5 个基本要素构成。华为通过 ISO14001 环境管理体系认证的实施，有效地控制了环境污染，消除了“绿色贸易壁垒”，促进了通信产品的国际化销售，提高企业环境管理水平，增强了保险优势，并且开始对组织的生产运行实行全面的整体控制，即实施以产品设计、原料选购、生产过程、产品检测、包装运输直至最终产品的使用和报废、处置等整个流程的控制。这种环保流程的建立，使得企业减少城市污染、节省资源、降低能耗、减少环境治理的开发。

7.4.3　质量认证对华为公司技术创新的影响

在华为《公司基本法》中对其经营模式有如下概括："我们的经营模式是，抓住机遇，靠研究开发的高投入获得产品技术和性能价格比的领先优势，通过大规模的席卷式的市场营销，在最短的时间里形成正反馈的良性循环，充分获取"机会窗"的超额利润，不断优化成熟产品，驾驭市场上的价格竞争，扩大和巩固在战略市场上的主导地位。"我们从中可以认识华为公司的创新理念：不断提高高投入的研发能力，获得技术优势，生产创新产品；在不断优化成熟产品过程中，不断创新工艺流程，提高产品的市场竞争力。本节从 4 个方面谈论质量体系认证对华为公司技术创新的影响。

1. 质量保证体系促进生产和服务流程的优化

企业通过质量保证体系来审核质量体系，验证工序质量，提出质量改进和创新的措施，提高组织的效能和效率。华为通过 TL9000 认证制定质量标准和质量控制流程，使得在产品创新和工艺创新的过程中，有各种定性、定量的指标、规则、方案等质量标准来指导创新的进行，并且质量控制流程图将可能导致最终质量问题的各影响因素分支绘在图上，以进行对症分析。这样，通过质量保证体系依靠必要的组织机构，把各个部门、各环节的质量管理活动严密地组织起来。

2002 年华为通过 ISO9001/TL9000 后，无论从产品质量还是技术管理、技术研发、创新上都实现了质的飞跃，但是公司的管理层在通过认证后，并没有沉浸在喜悦之中，他们清楚地意识到通过认证，只是拿到一张通向国际市场的"通行证"，而客户是否接受你不是仅仅靠这张名片就能够实现的，客户更注重的是认证后产品的质量。在通过 TL9000 认证后，公司组建了内部质量体系审核部门，组成成员全部为经过国家认证人员注册委员会培训考核的内审员组成，在对企业的创新管理进行有效的监督之余，对程序文件的执行情况也要进行检讨，制定内部质量体系审核年度计划表及质量体系改进计划表，这种完善的审核和质量保证制度，使得企业在进行产品创新和工艺创新的过程中，保证创新产品质量满足产品生产标准的要求。

2. 质量认证提高企业生产活力和创新的发展

质量体系认证规范了企业的基础管理，并通过第三方的监督，使自身的体系运行不断完善，无疑给企业创新管理增添了新的活力。通过华为几年的实践，可以得出：

(1) 员工质量意识得到提高，企业走自主研发、建核心技术的道路

TL9000 规定了对员工的教育、培训和技能的培养。这使得员工有能力满足所从事活动和生产的要求，并且为实现质量目标做出贡献。使员工真正意识到："今天的质量就是明天的市场"，"现场紧接着市场"，在体系运行中，所有员工都能自觉执行质量体系的程序文件，员工是企业的灵魂，是创新的实施者，只有使得员工意识到质量体系的重要性，才能在创新的整个流程中真正保证产品的质量，并且员工自身素质的提高，使得企业走上自主研发、建立核心技术的道路。

核心技术是一个企业拥有的，其他企业难以模仿的技术，它构成了企业独特的竞争力。它是一种创新能力和机制，可辐射多产品及系列，可超越单个产品，涉及企业的一系列主流产品。企业可通过各种核心技术的组合，开发出适应市场需求的产品。所以拥有自己的核心技术是一个厂家可持续发展的重要条件。没有核心技术，就不可能在竞争中保持持久的优势。真正推动企业拥有更多核心技术的关键是企业最宝贵的资源——人才，企业的员工才是推动技术进步的源泉。

(2) 质量管理体系的有效运行，使得企业质量改进工作形成良性循环

质量管理体系有效性，要求组织按照标准建立的管理体系能够为组织的经营业绩带来成效，使得产品质量符合顾客、法律法规和预期用途的要求，质量稳定，不能仅仅达到认证标准的要求，但是在生产流程中没有得到改进。所以，华为不断加强质量管理体系的有效性，使得体系的保持与持续的改进和自我完善机制健全，企业质量创新工作形成良性循环，并且能够及时采取纠正、预防措施。TL9000 采取识别预防措施，以消除潜在的不合格因素，防止不合格产品的产生，对产品创新有保证作用，能有效地保证产品创新过程的进行。华为目前专注的 3G（WCDMA/CDMA2000/TD——SCDMA）、光网络、XDSL、数据通信等几个领域，都在研发、生产、改进工作的良性循环中运作，希望通过持续投入和努力成为几个领域的全球领先者。并且，华为特别注意自己的技术创新，据权威机构统计，目前华为在 NGN 系统、交换接入设备方面市场占有率全球第一，在 XDSL、光网络等方面仅次于美国思科系统。尤其在 3G 领域，华为已全面掌握 WCDMA 核心技术，成为全球少数实现 3G/WCDMA 商用的企业，并率先在荷兰、阿联酋、香港、毛里求斯等地区获得成功商用，跻身 WCDMA 第一阵营。这与良性的管理体系是分不开的。

(3) 质量体系认证推行企业全面质量管理，促进企业创新发展

华为通过 TL9000 认证后，公司全面推行全面质量管理（TQM）。TQM 是为了能在最经济的水平上，考虑到充分满足用户要求的条件下进行市场研究、设计、生产和服务，把企业内各部门的研制质量、维持质量和提高质量的活动，构

成为一种有效的体系。华为坚持“用户至上”，预防为主，并且强调员工的积极性等的全面质量管理。华为技术的研发能力一直领先于国内其他企业，在技术不断创新的过程中，全面的质量管理为了公司的技术研发、创新提供了一个很好的平台。华为在包括移动网络和 ASIC 芯片技术在内的通信领域内不断加大投入，将不少于收入的 10%投入研发。华为的专利申请增长率历年都保持 100%，年度专利申请量已经突破 1000 件，而且其中有 85%的专利是属于发明专利，三年内获四项国家科技进步奖。其中，GSM 系统获得国家科技进步二等奖。在拥有自主核心技术产权的同时，华为积极开展与英特尔、SUN、微软、摩托罗拉、NEC 等国外著名公司以及高校科研机构的合作，并建立了长期、友好、开放、双赢的关系，从而实现了技术开发与合作的全球化[273]。

3. 质量认证统一全球电讯业的质量体系标准

TL9000 系列标准包括适用于软件、硬件和服务的通用标准，适用于软件和硬件的标准，适用于软件和服务的标准，适用于硬件和服务的标准，还有仅适用于软件、仅适用于硬件、仅适用于服务的标准和要求。并且对管理职责、权限、客户管理、设计、开发、采购等方面，都有详细的标准规定。这使得华为的产品是在符合国际化标准的前提下生产出来的，产品创新过程严格在这些标准的监管下进行[274]。

华为在创新生产的过程中，严格按照质量体系的要求，以适应质量管理国际化的标准，从实际出发不断创新，生产出符合电讯业标准的创新产品，从而提高其在国际市场上的竞争力。华为从来没有把利润最大化当作生存的大问题来对待，而是把提升企业核心竞争力作为追求的最大目标，它认为，只要核心竞争力能得到不断提升，其结果必然就是企业生存、发展能力的提升。IT 产业的技术换代周期越来越短，缺乏创新能力，无法生产出符合国际标准的创新产品的企业在市场占有率上会很快萎缩，因此，想要活下去，就必须不懈追求“世界领先”。

4. 质量认证使企业获得国际贸易绿色通行证

华为通过 ISO14001 环境管理体系认证后，建立和健全企业绿色经济管理体制，从根本上转变了企业系统运行的管理机制。表现在：把企业的环境目标和企业生产经营目标有机结合起来，建立起统一考核机制；建立起管理目标明确，管理层次清楚，管理职责分明的环境管理工作体系。并且华为在设计、采购、制造、营销上都建立起绿色评价体系。在设计方面实施产品绿色设计、工艺绿色设计、材料绿色设计；在采购方面，建立绿色采购链，保证采购的原材料、零部件的绿色性，采购的生产设备的绿色性和绿色运输能力；在制造方面，保证生产产品和零部件的绿色性、制造过程的绿色性；在营销方面，保证绿色营销、绿色回收、绿色运输的能力。

通过认证的执行，树立良好的产品形象和社会形象，吸引更多投资者进行投资和合作。因为许多外商投资者把对环境及环境管理的质量高低作为投资可行性评价的条件之一。因此为了赢得这些投资或者合作，就必须有良好的自然环境和完善的环境管理体系。2005 年，华为与全球最大的移动通信运营商英国沃达丰正式签署全球采购框架协议，华为将参与沃达丰的移动网络建设，这标志着华为成为首家正式进入沃达丰全球供应链的我国通信设备供应商。沃达丰全球供应链总裁谈到合作的原因时指出，华为成功满足了沃达丰供应商认证流程的挑选标准。可见，华为通过认证后流程的创新改进，特别是绿色供应链的建立，对这次成功合作起到至关重要的作用。

7.4.4　基于中小企业技术创新的质量认证体系构建

华为技术有限公司作为一个飞速发展的公司，坚持走“自主研发、技术创新领先”的道路。在过去的几年里，它由一个以代理起步的小公司，迅速发展到现在的规模和地位。本节把华为作为中型企业的代表，而没有划为大型企业，是希望更多的中小企业能够从华为的成长过程中得到技术创新和认证的一些借鉴。以华为为研究对象，本节通过对基于中小企业技术创新的质量认证体系的构建，来对企业质量认证体系进行评价，通过技术创新前后质量认证体系评价结果的分析比较，找出质量认证实施的可行性和重要性，及其技术创新能力的推动作用。为使中小企业质量认证体系评价指标体系更具目的性、系统性、完备性，能够客观地反映事实，我们在建立评价指标体系时，不仅要结合中小企业质量认证体系自身特点，还应该遵循一定的设计原则：目的性原则、系统整体性原则、科学性原则、可操作性原则等。

中小企业要想在激烈的市场竞争中获取生存和发展，就必须不断地创新，开发新产品，改善新工艺，质量认证极大推动了中小企业的技术创新能力，并且技术创新能力的提高，也相应地在企业质量认证体系的构建上起到了支持的作用。本节从设计与规范控制、采购控制、生产控制、市场与服务四个方面建立指标体系，并且，在上述四个二级指标体系下又建立了第三层的指标体系，来反映基于中小企业技术创新的质量认证体系。具体见表 7-2 所示。

表 7-2　基于中小企业技术创新的质量认证体系评价指标体系

一级指标	二级指标	三级指标
基于中小企业技术创新的质量认证体系	设计与规范控制	规划/标准设计程度
		设计技术完备程度
		价值工程占有费用比重
		可靠性工程/评定
		设计/规范审查
		开发/质量技术
	采购控制	采购能力
		供应商/售方评价
		监督/认证
		接收（进厂）检验能力
	生产控制	工艺研究与设计能力
		资源分配时间占有率
		工装量具规格
		材料处理（加工）能力
		生产与装配能力
		检验与试验完备程度
		包装、储存、装运费用比重
		发货与安装控制程度
	市场与服务	维修费比重
		产品后勤支援能力
		售后服务能力
		市场反应力
		抱怨、起诉、索赔等发生率

7.4.5　基于中小企业技术创新的质量认证体系模糊综合评价方法

1. 模糊综合评价方法

模糊综合评价是借助模糊数学的一些概念，对实际的综合评价问题提供一些评价的方法，它与概率、统计的方法不同，因为客观事物的不确定性有两大类：一类是事物对象是明确的，但出现的规律有不确定性，例如晴天、下雨、下雪，这是明确的，但出现规律不确定；另一类是事物对象本身不明确，例如年轻、年老、严重、不严重等这一类程度上的差别没有截然的分界线。模糊综合评价就是以模糊数学为基础，应用模糊关系合成的原理，将一些边界不清，不易定量的因素定量化，进行综合评价的一种方法。本节是对基于中小企业技术创新的质量认证体系进行模糊综合评价。

基于中小企业技术创新的质量认证体系的模糊综合评价指标体系，是一个由若干不同参数组合而成的指标体系，这些指标是多层次的、复杂的，有些指标难以精确化，带有明显的模糊性。在对这个多对象、多因素、多层次和模糊的综合评价体系进行评价时，需要用到定性和定量两种评价方法来反映评价结果的优劣程度和影响因素。多指标综合评价方法是通过一定的数学模型（或算法）将多个评价指标“合成”为一个整体性的综合评价值。我们运用这类方法的关键，是如何根据评价目的即被评价系统的特点来选择或构造较为合适的合成方法。最常用的“合成”方法是线性加权法[275]。

根据基于中小企业技术创新的质量认证体系的评价目的和特点，本节从华为公司取得定性和定量指标，并且采用德尔菲法来数量化集成评价者的经验知识、决策偏好等主管信息。之后再利用群决策方法整合多方参与决策专家的信息，克服单一主体评价时产生的片面性，最终构建了一种模糊综合评价方法。

2. 评价步骤

(1) 确定评语集

评语集是评价者对评价对象可能做出的各种评价结果的集合。模糊综合评价的目的就是在综合考虑所有影响因素基础上来评价中小企业的质量认证体系。因此，评语集 V 可建立为$\{V_1, V_2, \cdots, V_n\}=\{$极差,差,中等,好,极好$\}$。

(2) 确定因素集

因素集是影响中小企业质量认证体系的各种因素为元素所组成的多层集合。具体分为 4 个子体系，记为 $U=\{U_1, U_2, U_3, U_4\}$，且满足 $\sum_{i=1}^{4} U_i = U$；每个子体系 U_i 记为

$$U_i = \{U_{i1}, U_{i2}, \cdots, U_{ij}, \cdots, U_{in}\}(i = 1,2,3,4; j = 1,2,\cdots,n)$$

式中，U_i 为影响被评价对象的主准则层指标；U_{ij} 为子准则层指标；n 为第 i 个子体系所含的指标个数。

(3) 德尔菲法给指标赋权

权重集是用以描述各指标对于被评价对象相对重要程度的集合。在模糊综合评价方法中，评价指标的取值对评价结果的影响较大。本节运用德尔菲法即专家调查法确定权重，对中小企业质量认证体系进行模糊综合评价。利用德尔菲法确

定各评价指标权重的具体步骤如下：

① 确定各指标的重要性序列值。确定每个子因素 U_i 的重要性序列值 F_i，其中 F_i 值为 1，2，…，n（n 为各准则层中所含指标的个数）中的某一个数，记为 $F_i \in \{1,2,\cdots,n\}$。其中最重要指标的 F_i 值为 1，最不重要指标的 F_i 值为 n。将第 k 个专家根据下层指标对上一层指标的重要性来评定的各指标重要性序列值，记为 F_{i-k}。具体如表 7-3 所示。

表 7-3　第 k 个成员的 F_i 值评定表

因素序号 U_i	U_1	U_2	…	U_n
重要性序列值 F_{i-k}	F_{1-k}	F_{2-k}	…	F_{n-k}

② 编制因素优先得分表。按专家 k 提供的指标重要性序列值 F_i，进行统计。

当 $\dfrac{F_{j-k}}{F_{i-k}}>1$ 时，计 $A_{ij-k}=1$

当 $\dfrac{F_{j-k}}{F_{i-k}}<1$ 时，计 $A_{ij-k}=0$，且 $A_{ii-k}=0$

设参加评议的专家共有 m 位，将所有参加评议的专家的 A_{ij-k} 值累加起来，记为 $A_{ij}=\sum_{k=1}^{m}A_{ij-k}(k=1,\cdots,m;i,j=1,2,\cdots,n)$。将 $n\times n$ 个统计值 A_{ij} 组成优先得分表。见表 7-4 所示。

表 7-4　优先得分统计（A_{ij} 值）表

因素序号	U_1	U_2	…	U_n
U_1	A_{11}	A_{12}	…	A_{1n}
U_2	A_{21}	A_{22}	…	A_{2n}
⋮	⋮	⋮	⋮	⋮
U_n	A_{n1}	A_{n2}	…	A_{nn}

③ 求主准则层指标的重要程度。将表 7-4 中每行 A_{ij} 值累加起来，即

$\sum A_i=\sum_{j}^{n}A_{ij}$，$i=1,\cdots,n$，其中 $\sum A_i$ 表示第 i 行 A_{ij} 的累加值，再取

$$\sum A_{\max}=\max\{\sum A_1,\cdots,\sum A_n\} \tag{7-1}$$

$$\sum A_{\min}=\min\{\sum A_1,\cdots,\sum A_n\} \tag{7-2}$$

显然，与 $\sum A_{max}$ 相对应的指标的重要程度最高，而与 $\sum A_{min}$ 相对应的指标的重要程度最低。

④ 计算级差。在[0，1]之间取 W_{max} 和 W_{min}（$W_{max}>W_{min}$），定义级差 d 为：

$$d=\frac{\sum A_{max}-\sum A_{min}}{W_{max}-W_{min}} \tag{7-3}$$

⑤ 计算各指标的重要程度系数 W_i。公式如下：

$$W_i=\frac{\sum A_i-\sum A_{min}}{d}+W_{min},\ i=1,2,\cdots,n \tag{7-4}$$

最终得各指标重要程度的模糊子集 $W=(W_1,W_2,\cdots,W_n)$。

（4）计算单个指标的隶属函数值

在对中小企业技术创新支持体系进行评价之前，首先应确定该指标体系中各个评价指标的评价值，即计算评价指标相对于评语集的隶属函数值。但由于本节所构建的中小企业技术创新支持体系评价指标体系中既包含定量指标，又包含定性指标。因而，其隶属函数的计算方法不尽相同。主要可分成以下两大类：

① 定性指标的隶属函数。对于难以用数量来定量表示的定性指标，采用模糊统计方法确定其隶属函数。假设有 m 个专家参与基于中小企业技术创新的质量认证体系的指标评价，让专家按事先规定的评语集 V 给各定性指标划分等级，再依次统计各定性指标 U_{ij} 所归属的评价等级 $V_t(t=1,2,3,4,5)$ 的频率数 r_{ijt}。

$$R_{ijt}=\frac{r_{ijt}}{m} \tag{7-5}$$

式中，R_{ijt} 表示定性指标 U_{ij} 隶属于 V_t 的隶属度，m 为参加评议的专家总数，r_{ijt} 是参加评议专家中认为定性指标 U_{ij} 隶属于 V_t 的专家人数。

② 定量指标的隶属函数。确定体系中可以用数量表示的定量指标的隶属函数。本节将搜集到的华为公司认证前后质量认证体系的数据进行简单的处理，如表 7-5 所示。

依据专家意见，确定指标相对于评语集中各等级区间的取值界限。设任一指标 L 的取值大小划分成 n 个等级：$L_1,L_2,\cdots,L_n$，采用 m 个专家的群决策意见，可得出 m 个专家对评价等级界限取值的评定和 m 组等级界限取值的点估计序列：$L_1^{(1)},L_2^{(1)},\cdots,L_n^{(1)};\cdots;L_1^{(m)},L_2^{(m)},\cdots,L_n^{(m)}$，因而定量指标等级界限取值可以确定为：

$$L_i=\frac{1}{m}\sum_{k=1}^{m}L_i^{(k)},i=1,2,\cdots,n \tag{7-6}$$

表 7-5 创新前后指标数据值

	创新前	创新后
价值工程占有费用比重①	10%	8.5%
资料分配时间占有率②	2.4%	1.8%
包装、储存、装运费用比重③	15%	13.4%
维修费比重④	4.3%	3.5%
抱怨、起诉、索赔等发生率⑤	13.5%	10.6%

资料来源：① 王金军，低调华为 为何有为，中外企业文化，2005 年，第 34～35 页

② 尹生，华为的"成吉思汗"，中国企业家，2005 年第 23 期，第 42～43 页

③ 王育琨，华为的间接路线战略——全球性力量时代，经理人，2005 年第 1 期，第 24～26 页

④ 刘育闻，站在标准旁的中国企业，法人杂志，2005 年第 6 期，第 26～27

⑤ 李承军，陈俊华，车海军，华为：创新赢得尊重 自信源于实力，中国新通信，2005 年第 11 期，第 16～18 页

数据由以上资料整理而得。

确定隶属函数。根据专家意见，利用以上的点估计方法，确定等级因素取值上下界限 a 和 $b(a<b)$，再在 (a,b) 之间插入三个等距离分级标准点 x_1, x_2, x_3，得出评价指标 u_{ij} 隶属于等级 v_j 的隶属函数如下：

最终得到如下隶属函数：

$$R_{ij1}(u_{ij})=\begin{cases}1 & u_{ij}\geqslant b\\ (u_{ij}-x_3)/d & x_3\leqslant u_{ij}<b\\ 0 & u_{ij}<x_3\end{cases} \tag{7-7}$$

$$R_{ijk}(u_{ij})=\begin{cases}0 & u_{ij}\leqslant x_{5-k-1}\\ (u_{ij}-x_{5-k-1})/d & x_{5-k-1}\leqslant u_{ij}\leqslant x_{5-k}\\ (x_{5-k+1}-u_{ij})/d & x_{5-k}\leqslant u_{ij}\leqslant x_{5-k+1}\\ 0 & u_{ij}\geqslant x_{5-k+1}\end{cases} \tag{7-8}$$

$$R_{ij5}(u_{ij})=\begin{cases}1 & u_{ij}\leqslant a\\ (x_1-u_{ij})/d & a<u_{ij}\leqslant x_1\\ 0 & x_1<u_{ij}\end{cases} \tag{7-9}$$

式中，$k=2,3,4$；$d=\dfrac{b-a}{4}$；$x_0=a$；$x_4=b$

通过上述隶属函数公式分别计算出各定量指标 U_{ij} 隶属于 V_t 等级的隶属度 $R_{ijt}(t=1,2,3,4,5)$。

(5) 模糊综合评价步骤

① 对主准则层各评价指标 U_i 分别进行模糊综合评价。由步骤 3 确定出子准则层各评价指标的权重 w_{ij} 并构成其权重集合 W_i，将其与通过步骤 4 所求得隶属函数值构成的模糊关系矩阵 $R_i = \begin{bmatrix} R_{i11} & R_{i12} & \cdots & R_{i15} \\ \vdots & \vdots & & \vdots \\ R_{ij1} & R_{ij2} & \cdots & R_{ij5} \\ \vdots & \vdots & & \vdots \\ R_{in1} & R_{in2} & \cdots & R_{in5} \end{bmatrix}$ 进行合成运算，合成运算公式如下：

$$B_i = W_i \odot R_i \tag{7-10}$$

式中，$\odot$为广义模糊合成算子。按照模糊关系的合成运算得出主准则层各项指标的模糊综合评价集合 B_i。常用的合成运算方法很多，本节运用加权平均型的合成算子 $M(\cdot, \oplus)$来进行综合评价。

② 对目标层指标 U 进行模糊综合评价。同理，由步骤 3 确定出主准则层各评价指标的权重 w_i 并构成其权重集合 W，将其与通过步骤 5 所求得主准则层各项指标的模糊综合评价集合所构成的评价判断隶属矩阵 $R=(B_1, B_2, \cdots, B_i, \cdots, B_n)$ 进行合成运算，按照模糊关系的合成运算公式(7-10)得出目标层的模糊综合评价结果 $B=(b_1, b_2, b_3, b_4)$。

③ 根据最大化隶属度原则，判断被评价对象所归属的评价等级，对被评价对象的评价结果进行排序[276]。

7.4.6　基于中小企业技术创新的质量认证体系评价方法的应用

本节通过对华为公司技术创新前后质量认证体系的模糊综合评价，发现其中的问题，找出解决问题的关键。

1. 问卷设计

由于基于中小企业技术创新的质量认证体系具有多样性和复杂性等特点，因此需要通过问卷调查方式对样本进行统计测算。本节的问卷调查是在对华为公司技术创新前后的质量认证体系问卷调查进行研究的基础上设计而成的。

由于《奥斯陆手册》以及其他调查问卷自身的合理性有待验证，华为公司又有自己的特点,因此,问卷设计体现了很强的创造性。具体内容涉及华为有关质量认证体系的 4 个方面的问题,主要包括设计与规范控制体系、采购控制体系、生产控制体系、市场与服务体系。基于华为公司对相关资料的保密性,本节在进行实证分析时,一些重要原始数据将不列出,其中的定性指标数据是通过所设计的问卷调查表,由有关专家填写获得的。基于中小企业技术创新的质量认证体系影响因素重要性评价调查表如表 7-6 所示。基于中小企业技术创新的质量认证体系评价指标体系如表 7-7 所示。

表 7-6 基于中小企业技术创新的质量认证体系影响因素重要性评价调查表

	二级指标	打分	三级指标	打分
基于中小企业技术创新的质量认证体系	设计与规范控制		规划/标准设计程度	
			设计技术完备程度	
			价值工程占有费用比重	
			可靠性工程/评定	
			设计/规范审查	
			开发/质量技术	
	采购控制		采购能力	
			供应商/售方评价	
			监督/认证	
			接收(进厂)检验能力	
	生产控制		工艺研究与设计能力	
			资料分配时间占有率	
			工装量具规格	
			材料处理(加工)能力	
			生产与装配能力	
			检验与试验完备程度	
			包装、储存、装运费用比重	
			发货与安装控制程度	
	市场与服务		维修费比重	
			产品后勤支援能力	
			售后服务能力	
			市场反应力	
			抱怨、起诉、索赔等发生率	

表 7-7　基于中小企业技术创新的质量认证体系评价指标体系

	极好	好	中	差	极差
规划/标准设计程度					
设计技术完备程度					
可靠性工程/评定					
设计/规范审查					
开发/质量技术					
采购能力					
供应商/售方评价					
监督/认证					
接收(进厂)检验能力					
工艺研究与设计能力					
工装量具规格					
材料处理(加工)能力					
生产与装配能力					
检验与试验完备程度					
发货与安装控制程度					
产品后勤支援能力					
售后服务能力					
市场反应力					

2. *评价方法*

由于本节所构建的基于中小企业技术创新的质量认证体系是三级指标体系，因而首先应利用模糊综合评价模型对其准则层的各项指标进行一级模糊综合评价，得出主准则层各指标的判断矩阵，之后再利用同样模型对目标层指标进行二级模糊综合评价。具体评价步骤如下：

(1) 利用德尔菲法确定基于中小企业技术创新的质量认证体系评价指标权重

① 确定基于中小企业技术创新的质量认证体系评价指标重要性序列值。

确定每个子指标 U_i 的重要性序列值 F_i，其中 F_i 值为 $1,2,\cdots,n$(n 为各准则层中所含指标的个数)中的某一个数，记为 $F_i\in\{1,2,\cdots,n\}$。其中最重要指标的 F_i 值为 1，最不重要指标的 F_i 值为 n。将第 k 个专家根据下层指标对上一层指标的重要性来评定各指标的重要性序列值，记为 F_{i-k}。

② 编制因素优先得分表。设参加评议的专家共有 m 位，将所有参加评议的专家的 A_{ij-k} 值累加起来，记为 $A_{ij}=\sum_{k=1}^{m}A_{ij-k}$，$(k=1,\cdots,m;\ i,j=1,2,\cdots,n)$。将 $n\times n$ 个统计值 A_{ij} 组成优先得分表。

③ 求基于中小企业技术创新的质量认证体系主准则层指标的重要程度。将主准则层指标值累加起来，即 $\sum A_i=\sum_{j}^{n}A_{ij}$，$i=1,\cdots,n$，其中 $\sum A_i$ 表示第 i 行 A_{ij} 的累加值。

④ 计算级差。在[0，1]之间取 $W_{\max}$ 和 $W_{\min}$（$W_{\max}>W_{\min}$），定义级差 d 为：

$$d=\frac{\sum A_{\max}-\sum A_{\min}}{W_{\max}-W_{\min}}$$

⑤ 计算基于中小企业技术创新的质量认证体系各指标重要程度系数 W_i。

$$W_i=\frac{\sum A_i-\sum A_{\min}}{d}+W_{\min},\ i=1,2,\cdots,n$$

最终得各指标重要程度的模糊子集如下：

$W=(0.28,\ 0.27,\ 0.149,\ 0.301)$

$W_1=(0.429,\ 0.254,\ 0.212,\ 0.068,0.012,0.025)$

$W_2=(0.352,\ 0.323,\ 0.185,\ 0.140)$

$W_3=(0.256,\ 0.112,\ 0.266,\ 0.072,\ 0.094,0.065,0.025,0.110)$

$W_4=(0.313,\ 0.230,\ 0.157,0.078,0.222)$

（2）计算基于中小企业技术创新的质量认证体系的模糊关系矩阵

在对基于中小企业技术创新的质量认证体系进行评价之前，首先应确定该指标体系中各个评价指标的评价值，即计算评价指标相对于评语集的隶属函数值。但由于本节所构建的基于中小企业技术创新的质量认证体系的评价指标体系中既包含定量指标，又包含定性指标。因而，其隶属函数的计算方法不尽相同。主要可分成以下两大类：

① 定性指标的隶属函数。对于难以用数量来定量表示的定性指标，采用模糊统计方法确定其隶属函数。假设有 m 个专家参与中小企业技术创新支持体系的

评价，让专家按事先规定的评语集 V 给各定性指标划分等级，再依次统计各定性指标 U_{ij} 所归属的评价等级 $V_t(t=1,2,3,4,5)$ 的频率数 r_{ijt}

$$R_{ijt}=\frac{r_{ijt}}{m}$$

式中，R_{ijt} 表示定性指标 U_{ij} 隶属于 V_t 的隶属度，m 为参加评议的专家总数，r_{ijt} 是参加评议专家中认为定性指标 U_{ij} 隶属于 V_t 的专家人数。

② 定量指标的隶属函数。依据专家意见，确定指标相对于评语集中各等级区间的取值界限[68]。

确定隶属函数。根据专家意见，利用以上的点估计方法，确定等级因素取值上下界限 a 和 $b(a<b)$，再在 $(a,\ b)$ 之间插入三个等距离标准点 x_1,x_2,x_3，得出定量指标 U_{ij} 隶属于等级 V_t 的隶属函数。

通过上述隶属函数公式(7-7)、公式(7-8)和公式(7-9)分别计算出各定量指标 U_{ij} 隶属于 V_t 等级的隶属度 R_{ijt} $(t=1,2,3,4,5)$。

③ 得出模糊关系矩阵。通过上述公式所得主准则层各项指标的模糊关系矩阵，其计算结果如下：

创新前

$$R_1=\begin{bmatrix} 0 & 0 & 0.582 & 0.418 & 0 \\ 0 & 0.212 & 0.352 & 0 & 0.436 \\ 0.351 & 0.346 & 0.303 & 0 & 0 \\ 0.514 & 0.368 & 0.118 & 0 & 0 \\ 0 & 0 & 0.418 & 0.228 & 0.354 \\ 0 & 0.20 & 0.511 & 0 & 0.289 \end{bmatrix}$$

$$R_2=\begin{bmatrix} 0 & 0 & 0.417 & 0.259 & 0.324 \\ 0 & 0 & 0.567 & 0.433 & 0 \\ 0.189 & 0.215 & 0 & 0.211 & 0.385 \\ 0 & 0.4 & 0.411 & 0 & 0.189 \end{bmatrix}$$

$$R_3 = \begin{bmatrix} 0.2 & 0 & 0.219 & 0.327 & 0.254 \\ 0 & 0.308 & 0 & 0.49 & 0.202 \\ 0.288 & 0.224 & 0 & 0.247 & 0.241 \\ 0 & 0 & 0.459 & 0.541 & 0 \\ 0.25 & 0.318 & 0.202 & 0 & 0.23 \\ 0 & 0 & 0.512 & 0.488 & 0 \\ 0.213 & 0 & 0.331 & 0.456 & 0 \\ 0.384 & 0.302 & 0 & 0.314 & 0 \end{bmatrix}$$

$$R_4 = \begin{bmatrix} 0 & 0 & 0.512 & 0.488 & 0 \\ 0.366 & 0 & 0.421 & 0 & 0.213 \\ 0 & 0 & 0.258 & 0.421 & 0.321 \\ 0.231 & 0.302 & 0.254 & 0.213 & 0 \\ 0.442 & 0 & 0 & 0.345 & 0.213 \end{bmatrix}$$

创新后

$$R_1 = \begin{bmatrix} 0.372 & 0.211 & 0.417 & 0 & 0 \\ 0.344 & 0.324 & 0.208 & 0 & 0.214 \\ 0 & 0.324 & 0 & 0.297 & 0.379 \\ 0.296 & 0.333 & 0.124 & 0 & 0.247 \\ 0 & 0.461 & 0.539 & 0 & 0 \\ 0.357 & 0.247 & 0.241 & 0.155 & 0 \end{bmatrix}$$

$$R_2 = \begin{bmatrix} 0 & 0.271 & 0.321 & 0.408 & 0 \\ 0 & 0.486 & 0.514 & 0 & 0 \\ 0.254 & 0.145 & 0.387 & 0 & 0.214 \\ 0.275 & 0 & 0.313 & 0.412 & 0 \end{bmatrix}$$

$$R_3 = \begin{bmatrix} 0 & 0.366 & 0.409 & 0.225 & 0 \\ 0.242 & 0.265 & 0 & 0.215 & 0.278 \\ 0.284 & 0.224 & 0.214 & 0 & 0.278 \\ 0 & 0.412 & 0.588 & 0 & 0 \\ 0.241 & 0.324 & 0.127 & 0.308 & 0 \\ 0.443 & 0.229 & 0.328 & 0 & 0 \\ 0 & 0.493 & 0.507 & 0 & 0 \\ 0.369 & 0 & 0.345 & 0.286 & 0 \end{bmatrix}$$

$$R_4 = \begin{bmatrix} 0.206 & 0.281 & 0.196 & 0 & 0.317 \\ 0.328 & 0.144 & 0.528 & 0 & 0 \\ 0 & 0.32 & 0.463 & 0 & 0.217 \\ 0.223 & 0.458 & 0 & 0.319 & 0 \\ 0 & 0.459 & 0.541 & 0 & 0 \end{bmatrix}$$

(3) 基于中小企业技术创新的质量认证体系的模糊综合评价

① 对主准则层各评价指标 U_i 分别进行模糊综合评价。由步骤 1 确定出子准则层各评价指标的权重 w_{ij} 并构成其权重集合 W_i，将其与通过步骤 2 所求得隶属函数值构成的模糊关系矩阵进行合成运算，得出主准则层各项指标的模糊综合评价集如下：

创新前　$$R = \begin{bmatrix} 0.122 & 0.511 & 0.342 & 0.025 \\ 0.053 & 0.416 & 0.018 & 0.513 \\ 0.143 & 0.124 & 0.325 & 0.408 \\ 0.016 & 0.321 & 0.358 & 0.305 \end{bmatrix}$$

创新后　$$R = \begin{bmatrix} 0.273 & 0.224 & 0.152 & 0.351 \\ 0.34 & 0.356 & 0.083 & 0.221 \\ 0.253 & 0.254 & 0.139 & 0.354 \\ 0.456 & 0.167 & 0.123 & 0.254 \end{bmatrix}$$

② 对目标层的指标 U 进行模糊综合评价。按照模糊关系的合成运算公式(7-10)得出目标层的模糊综合评价结果 $B=(b_1, b_2, b_3, b_4)$,并运用加权平均型合成算子来进行综合评价,然后将评价结果进行算术平均得到基于中小企业技术创新的质量认证体系最终的模糊综合评价结果如下:

创新前 $B=(0.075, 0.370, 0.257, 0.298)$

创新后 $B=(0.343, 0.247, 0.123, 0.287)$

③ 根据最大隶属度原则,判断华为公司创新前后中小企业质量认证体系归属的评价等级,创新后的中小企业质量认证体系的评语集隶属度处在较好的水平上,创新前的质量认证体系的评语集隶属度处在较差的水平上。

3. 评价结果分析

从以上分析中,我们得出华为公司通过技术创新推动了质量认证的实施,而质量认证的推行也促进了华为公司进行技术创新的步伐。

2005 年 11 月 29 日,华为集团总裁任正非宣布:“华为海外销售今年超过 50 亿美元,首次超过内销。”境外销售占大头对于华为来说具有里程碑意义。这表明,华为的市场结构出现根本性改变,华为由此进入以欧美顶级市场为核心的新一轮国际化扩张阶段。市场结构变化的背后,是华为“走出去”模式的全面升级。华为品牌在全球范围的知名度越来越响,截至 2005 年 10 月,华为已在全球建立 8 个地区部,55 个代表处及技术服务中心,海外营销覆盖 90 多个国家和地区,全球排在前 50 名的运营商中,已有 22 家使用华为的产品和服务。任正非说,到 2008 年,海外市场的销售要占七成以上,成为真正意义上的“国际华为”,并且华为的全球化视角还不仅仅在于市场,华为的目标是成为世界级的电信设备与服务提供商,人才国际化,形成跨文化的团队合作也是华为的一大目标。

华为“走出去”战略的具体成果表现在:2003 年,华为的国际市场收入占总收入份额的 27%,2004 年,华为这方面的目标是 40%。各类产品进入了包括德国、西班牙、法国、英国在内的欧洲主流市场。在英国,英国电信采用华为 U-SYSNGN 解决方案搭建 VOIP 长途商用网,英国 FIBERNET 采用华为第五代路由器建设覆盖全英国的 MPLS 骨干环。在法国,华为与 LDCOM 公司合作建设 DWDM 国家干线传输网,覆盖了巴黎、里昂等所有法国重要城市以及瑞士日内瓦。在莫斯科与西伯利亚首府诺沃西比尔斯克之间,华为将铺设 3797 公里的光纤电缆,构筑俄罗斯最大电信运营商 ROSTELECOM 的全国性骨干网。在东欧市场,华为早已经是这里最主要的电信设备供应商,每年实现数亿美元的销售。取得这样的成绩，都是华为不断进取和创新的结果。

华为深刻地体会到，随着科学的进步，社会的发展，世界经济的多变性，只有在自己的不断创新完善的发展过程中，才能永远走在世界的前面，企业只有永不满足现状，坚持持续改进，不断吸收创新，才会充满活力。

【本章小结】

本章首先对国内外的质量认证及其认证的系列标准进行了比较。具体对英、美、法、日、德等几个发达国家的质量认证体系：ISO9000 质量管理体系和 ISO14000 环境管理体系进行分析比较，找到我国质量认证工作中的不完善之处，寻求国际标准的统一尺度和我国认证工作的完善。进而从质量认证对我国中小企业技术创新的影响进行了深入和全面的研究，分别从积极影响和消极影响两个方面，深入探讨质量认证对技术创新的影响情况。本章依据一定的原则，构建了基于中小企业技术创新的质量认证体系的评价指标体系，并对具体指标进行了分析，然后利用多级模糊综合评价方法，建立了评价模型，在设计调查表的基础上得到专家们的评判，对技术创新前后的质量认证体系进行了评价，得出了评价结果，并作了相应的分析，找出我们质量认证工作和技术创新工作中存在的问题，为相应体系的构建提供有益的参考。并以华为公司为实证研究对象，分析建立健全质量认证体系，增强企业的技术创新能力的必要性和重要性。先从华为公司的具体发展经历谈起，讲述了华为艰难、神秘的发展历程，以及时至今日取得的辉煌成就。而后，分析质量认证体系对企业技术创新的影响，以及认证后企业流程管理优化、创新和绿色创新、绿色供应链的发展，这些都推动了华为提高自己的核心竞争力。对华为基于技术创新的质量认证体系进行模糊综合评价，通过权重和隶属关系矩阵的确定得出模糊评价结果，评价结果的分析促进华为公司“走出去”的全球化战略的实施。

第8章　绿色壁垒及其对中小企业技术创新的影响研究

8.1　绿色壁垒概述

随着贸易自由化的发展，以及地球环境日益恶化，人类不得不反思环境污染与经济增长之间的关系，努力寻求经济增长、自由贸易与环境之间的平衡点。为了保护环境，各国及国际社会均制定了一系列的环保法规，以遏制环境的进一步恶化、有效改善生态环境，这是绿色壁垒形成的最初原因，也标志了绿色壁垒的合法化。近年来，以我国为代表的发展中国家经济保持了强劲的增长势头，对外出口贸易持续走强，而以美国为首的发达国家经济低迷不振，贸易逆差不断扩大，市场矛盾日益突出，于是一些发达国家开始采取以绿色壁垒为主的各种非关税措施，限制产品进口，保护本国贸易。因此，绿色壁垒在相当长的一段历史时期内都将成为我国较难跨越的一道贸易屏障。

8.1.1　绿色壁垒的主要内容

1. 绿色标准

绿色标准是指进口国以保护环境为名，通过立法制定严格的限制性环保标准，对外国产品进行检查，对一些污染环境或影响生态的进口产品限制或禁止其进口，从而保证进口产品能满足本国的环境标准。如 ISO14000 系列环境管理体系标准是由发达国家控制的国际标准化组织制定的，许多发展中国家目前的经济发展水平和环保现状较难达到。虽然这套标准是一种自愿性的标准，但实际上，不符合这套系统标准的产品很难进入发达国家市场。

2. 绿色环境标志

绿色环境标志是贴在商品或其外包装上的一种图形，是根据有关的环境标准和环境法规规定，由政府管理部门或民间团体依照严格的程序和环境标准颁发给厂商，印附于产品的包装上，以向消费者表明该产品在研制开发、生产、使用、消费直至回收利用整个过程均符合生态环境和环境保护要求，对生态环境和人类健康均无损害。其目的是通过引导消费提倡和鼓励对环境有益或无害产品的生产和销售。发展中国家的产品，在取得发达国家颁发的绿色环境标志的情况下，才能比较顺利地进入发达国家市场。由于绿色环境标志是各国国内环境政策的产物，在国际贸易中容易构成潜在的贸易歧视和现实的贸易冲突，尤其是当环境标志起到诱导消费者的选择，并影响出口产品的市场份额时，就起到了贸易壁垒的作用[277]。

3. 绿色包装

绿色包装又称环境包装或生态包装，源于 1987 年联合国环境与发展委员会的《我们共同的未来》。通常是指能节约能源、减少废弃物、用后易于回收再用或再生，易于自然分解、不污染环境的包装。在发达国家，为推行绿色包装，各国纷纷制定相应的法律、规章，赋予“绿色包装”以强制约束力。

4. 绿色关税

绿色关税指进口国以环境保护和人类健康为由，对其认定的污染环境、危害健康的进口产品，除了征收正常进口关税外，还另外加征进口环境附加税或对可能造成较大污染的产品禁止进口的措施。这是绿色壁垒最早的表现形式，包括：①对产品所征的税，主要针对对环境有潜在不利影响的产品。如卷烟、一定种类的能源、化学品等征收的税。②对使用环境资源所征的税。如对污水、废气排放所征的税。③对生产过程投入的物质所征的税。

5. 绿色卫生检疫制度

绿色卫生检疫制度是基于保护资源和生态环境，确保人类和动植物免受污染物、毒素、微生物、添加剂等影响的严格的环境与技术标准。现在许多国家，特别是发达国家往往将海关的卫生检疫制度作为控制从发展中国家进口的重要工具。例如，他们对食品的卫生指标十分敏感，尤其对农药残留、重金属含量的要求日趋严格。同时，随着运输方式发生革命性的变化，集装箱在国际贸易运输中占据着十分重要的地位，集装箱的检验检疫已成为各国出入境法定检验检疫的重要内容。世界卫生组织制定并经各国政府批准的《国际卫生条例》规定，集装箱在离境时，各出口国检验检疫机构应采取一切切实可行的措施，对集装箱实施检验检疫。集装箱到达时，各进口国检验检疫机构应尽可能确保国际运输中集装箱在装运货物时无传染性物质、媒介昆虫等动物。

8.1.2 绿色壁垒的特点

在国际贸易领域，一些国家凭借其科技优势，以保护环境和人类健康为名，通过立法或制定严格的限制性技术法规、标准和质量认证，以及名目繁多的商品包装、标志、检验检疫等要求，构成了更为隐蔽、更难应对的贸易壁垒，即绿色壁垒。进入21世纪，绿色壁垒愈来愈呈现出新的特征。

1. 环境技术标准愈来愈繁杂

目前，许多国家特别是发达国家，对传统的食品、纺织品、化工产品，甚至机电产品，要求检测的项目不断扩大，监控制度愈加严格，致使我国许多中小企业防不胜防。作为世界上最大的发展中国家，由于我国在环境标准制定实施及资金投入、环境技术水平等方面与欧美日发达国家存在较大差距，再加上我国出口商品市场又多为欧美日等发达国家，所以绿色壁垒对我国出口商品的阻碍作用不断加强[278]。例如，欧盟自2000年7月1日起对进口茶叶实施新的农药最高允许残留量标准，与原来的标准比较，限量标准苛刻得多，部分新指标比原指标提高了100～200倍。比如对氯霉素残留量的标准规定为0.1～0.3ppb，远超过日本、美国标准（4～5ppb），以至于欧盟国家自己的产品也常常达不到这一标准。2003年5月20日，日本厚生省又从我国冷冻菠菜中查出“毒死蜱”含量超标而禁止进口我国冷冻菠菜。2003年7月23日，欧盟对从我国进口的辣椒产品采取限制措施。不仅仅是农产品，我国许多行业出口都受到了绿色壁垒的困扰。农业、纺织服装和机电行业是我国出口行业中最容易遭受绿色壁垒的行业，这三个行业遭受的损失占到了整个对外贸易的一半以上。

2. 绿色检验检疫措施愈加苛刻

虽然各国海关对进口商品的检验检疫制度一直存在，但发达国家对食品的安全卫生指标十分敏感，特别近年来对农药残留、放射性物质残留、重金属含量的要求日趋苛刻。按照韩国国立植物检疫所的规定，向韩国出口的水果等农产品，其认证至少要过 4 道手续。一般需四五年甚至更长时间，双方才能签定检疫约定。这种复杂的程序使得各国农产品出口韩国遇到了一定的障碍。目前，绿色检疫措施已经延伸到运输工具上，澳大利亚、新西兰、美国、加拿大、德国、荷兰等许多国家结合本国本地区情况，也做出了具体的非常严格的检验检疫规定。

3. 绿色环境标志和绿色认证制度方兴未艾

绿色环境标志，也称绿色标志、生态标志，是由政府管理部门、公共或民间团体依据一定的环境标准，向有关申请者颁发其产品或服务符合环保要求的一种特定标志，是贴在产品或外包装上的一种图形。如德国的“蓝色天使”、加拿大的“环境选择”、葡萄牙的“生态产品”等。出口产品若没有进口国家的环境标志，将受到价格和数量上的限制。有些国家对他国中小企业在申请环境标志的程序上或增加手续或故意刁难，例如频繁检查申请环境标志或绿色认证企业的工厂或产品，从而有利于本国企业。并且，在选择环境标志的产品类别时，选择国内企业生产、而其他国家不生产或没有竞争力的产品，从而使环境标志产品限于本国。我国机电产品进入发达国家市场首先必须达到这些国家对机电产品的电磁污染、噪声污染以及节能等方面的环境要求。一些国家要求必须对进口机电产品进行电磁兼容性测试，并经有关部门出具认可证明。如欧盟制定了“技术协调和标准新方案”，实行 CE 标志认证制度，规定其成员国有权拒绝未贴 CE 标志的产品入关。澳大利亚、美国、加拿大和德国也相继对电子、机械和电器产品实行认证制度。目前，环境标志制度在国际贸易中虽然尚未占有较大比例，但增长速度极快。

除上述三大新的绿色特征之外，绿色包装和绿色标签制度日趋增多，绿色关税、环境配额、环境许可证、绿色补贴等各种形式的绿色壁垒都有不同程度的扩大趋势。

8.1.3　我国当前面临绿色壁垒的总体态势

我国目前处于高速工业化与城市化阶段的基本国情，决定了我国在环境保护方面存在着意愿与实际难以一致的情形。与此同时，随着绿色革命的兴起，人们环保意识的增强以及全球经济的发展，绿色消费将成为今后消费方向的主流。这种“绿色化”的趋势不仅表现在发达国家，随着欠发达国家经济水平的提高，其环境规制水平及绿色需求也将随之提高。因此，我国面临绿色壁垒的总体形势越来越严峻。在表 8-1 中，笔者列出了近年来我国出口贸易所遭受的部分绿色壁垒，当然，这只占我国产品遭受绿色壁垒的很小一部分。从表 8-1 中我们可以发现，绿色壁垒涵盖的范围很广，且相关标准越来越苛刻。这其中固然包括了一些发达国家借环保之名对我国产品采取的歧视性措施，但也反映出我国出口产品存在着严重的环保问题。若政府和社会忽视环境保护，中小企业在生产和组织出口货源时不重视保护环境和生态，不注重开发绿色产品和环境标志产品，我国的出口贸易将不仅不能“持续发展”，甚至连现有的水平也难以维持。一旦产生恶性循环，我国的产品将很难再出口，或进入国际市场将会面临更多的阻碍。而环境竞争力的提高可以从根本上改变这种现状。只有我国产品的环境竞争力提高了，才能真正扫除绿色壁垒的障碍，并使一些国家的歧视性环保政策失去用武之地。

表 8-1　近年来我国部分出口贸易遭遇绿色壁垒统计表

事件或相关环境标准	导致的后果或损失
1986 年，我国出口到加拿大的陶瓷制品含铅量超过该国的《危险产品法》规定的限量	当时的所有产品被海关没收
1989 年，我国输往日本的茶叶，农药残留量超过其标准 0.2～0.5ppm	茶叶被退回
1989 年我国出口鳗鱼经香港转口至日本，日方怀疑中方鳗鱼中含亚硅酸残留，从而要求对所有来自中国的鳗鱼进行检查，大批活鳗被滞留在机场	当年鳗鱼贸易额减少 5000 多万美元
1989 年，我国东林柴油机生产的柴油出口组件被冈比亚销售商认定不符合安全标准，因而不再从中国进口发电组件，并取消当年的 1000 台合同	1989 年损失 268 万元人民币，并断送了该企业的出口前途
1992 年，我国机电类产品由于受发达国家在噪声、电磁污染、节能性、安全性等方面的技术标准而遭到退货	仅 1992 年就损失了 80 多亿美元
1996 年开始，我国服装出口由于服装残留不符合环保要求，出口开始减缓。我国某服装厂出口的服装因拉链用材含铅过量而被拒收	该厂白白损失 10 多万美元，最终导致企业破产
1997 年底开始，欧盟对从我国进口的蜂蜜要求检测链霉素残留量	曾使我国的蜂蜜一度退出欧盟市场，造成很大的损失
1998 年，欧盟派专家来华考察，认为中国的防疫检疫体系不符合检疫要求	继续禁止中国向欧盟出口禽肉
1999 年，我国出口到欧盟某国的机械产品不符合欧盟的检验检疫要求	欧盟单方面采取紧急措施，致使我国 70 多亿美元的产品对欧出口受阻
2002 年初欧盟停止从我国进口鸡肉、兔肉和冻虾等产品，原因是在这些产品中检出残留抗生素	2002 年 1 季度被退回的冻鸡产品为 505.4 吨，比 2001 年同期增长 9.2 倍
近年来，欧盟一些国家实施纺织品环境标志，对棉花生产中农药的使用，对漂白剂、染色剂等提出较高的环保要求	我国纺织品出口严重受阻

资料来源：http：//www.orac.hainan.gov.cn/wto/wto _ example.htm、http：//www.jlqi.gov.cn/wto/anli/lusebilei.htm、http：//www.tjtsi.ac.cn/wto/wto anli.htm 等网站的绿色壁垒案例整理而得。

根据上述论述，可以看出我国目前面临绿色壁垒的发展态势可从三方面去概括。

1. 绿色技术门槛越来越高

一些发达国家为了限制发展中国家产品的进口，制定的绿色技术标准高得惊人，远远脱离发展中国家的科学技术和环境保护的实际水平，发展中国家要越过这些技术门槛存在相当大的难度。我国作为世界上最大的发展中国家，出口货物大多是劳动密集型产品，受绿色壁垒的影响很大。不仅如此，近年来一些发达国家为了削弱我国出口产品的竞争力，在已有的绿色壁垒的基础上，不断对其加高加固，绿色技术指标越来越多，标准越来越高，要求越来越严。日本将从我国进口大米的农药残留含量从原来的56项检测指标增加到104项。欧盟对进口我国茶叶的检测指标从原来的72项增加到现在的134项，限制使用的农药从原来的29种新增到62种，部分农药残留标准比原有标准提高了100倍以上。欧盟对氯霉素残留量的标准规定为0.1～0.3μg/kg，其要求之高连欧盟国家自己的产品也常常达不到这一指标。日本为了限制我国菠菜对其出口，2002年4月公布菠菜中农药“毒死蜂”残留限量为0.01mg/kg，这项明显针对我国的绿色技术标准大大高于国际通行标准[279]。

2. 绿色壁垒涉及的产品种类越来越多

一些发达国家对中国产品设置的绿色壁垒的范围呈不断扩大之势。因绿色壁垒而受阻的我国出口产品不仅包括粮食、水果、蔬菜、畜产品、禽产品、水产品、茶等大部分农产品，而且包括化工产品、纺织品、皮革制品、木制品、纸制品、机电产品、医药、保健品、化妆品、玩具、建筑材料、包装物等，绿色壁垒几乎无所不包，无处不在。1994年4月1日，德国正式禁止含偶氮染料的纺织品进口，被禁止的118种物品中有104种是我国纺织行业的主要出口产品。1994年以来，因达不到美国的食品安全标准，我国的牛肉、猪肉几乎不能出口美国。1996年8月1日，欧盟以不符合其卫生检疫标准为由，禁止我国冻鸡和部分水产品进入其市场。1997年欧盟宣布，由于我国的海洋环境不断恶化，出口的贝类产品达不到其卫生标准。因此不再进口我国的贝类产品。2002年1月，欧盟以我国出口的小龙虾所含氯霉素超标为由，全面禁止我国动物源产品进口，这不仅使我国的水产品、畜产品、禽产品难以出口欧盟国家，而且使蜂蜜等与动物有关的产品也无法出口欧盟。而日本则对我国出口的蔬菜、水果、稻米、畜禽、水产等农产品实施了极为严格的检验检疫制度[280]。

3. 对我国产品实施绿色壁垒的国家越来越多

通常，一个或几个发达国家对我国实施绿色壁垒，往往会引起其他一些国家也对我国实行绿色壁垒。1998 年 9 月 11 日，美国要求所有来自我国的木质包装和木质铺垫材料必须附有我国出入境检验检疫机关出具的证书，证明木质包装经过热处理、熏蒸处理或防腐处理，违规货物将整批禁止入境，这使我国 1/3 以上的对美出口受到影响。随后，加拿大也采取了相同的措施。英国于次年 2 月 1 日起实行此项标准。不久，欧盟也宣布对从我国离境产品的木质包装采取紧急措施，实施新的检疫标准。2002 年 1 月，欧盟宣布全面禁止我国动物源产品进口，随后瑞士、日本、韩国等国家相继采取措施，加强对我国动物源性产品的检测，德国、荷兰等国则提出更高更严的要求，沙特阿拉伯也暂停了我国此类产品的进口[281]。

8.1.4 我国中小企业应对绿色壁垒的现状及存在的问题

从 20 世纪 80 年代开始，我国遵循建立在比较优势基础上的出口导向发展战略，对外贸易实现了快速的发展，目前已成为世界上有影响的贸易大国之一。但是，从国际环境贸易关系的格局来看，我国仍然处于相对弱势的地位。目前，我国的出口相当一部分以劳动密集性产品为主，产品缺乏自主创新能力，在贸易保护主义面前处于被动地位。并且，作为一个发展中国家，我国在国际环境保护规则的制定与协调上缺乏足够的发言权。这种不平等的国际经济与权力秩序的存在，导致我国在来自其他国家的绿色壁垒冲击面前不能有效地保护自己。而经济发展层次和实力对比的差距，决定了我国在相当长一段时期内，无法在较大程度上改变在国际环境贸易关系中的附属与被动局面。客观地看，我国目前在环境保护上的状况及在绿色壁垒面前的地位可从四个方面去认识。

1. 经济增长方式不当

发达国家经过长期以资源消耗为基础的阶段才发展到今天的程度，而我国作为发展中国家，迫于经济发展压力，往往是考虑效益优先于环保。因此，经济增长建立在高投入、高消耗、低产出的基础上，这种状况决定了我国环境形势的严峻，难以对绿色壁垒进行有效防御。我国作为发展中国家，总体经济发展水平不高，在出口产品构成中占相当大比重的低技术含量的劳动密集型产品，或未经加工的农牧渔产品，都是各国环保法规争相限制的项目，这使我国出口产品从一开始就处于竞争的不利地位。同时我国在短时期内，通过实行较高的环境标准并不现实，需要一个循序渐进的过程。

2. 环境保护的法律不完善

我国目前环境保护的法规仍不十分健全，更重要的是对环境法规的执行存在着很大问题。我国已经颁布了 6 部环境法律，9 部自然资源管理法律，30 余部与可持续发展相关的其他法律和行政法规，近 400 项各类环境污染国家标准，但由于起步较晚，许多方面还很不成熟。例如，环境立法重实体规定，轻程度规范；重行政主导、轻执法和司法；不同部门和层次的环境立法缺乏统一规则；在放射性污染防止和自然保护等方面还存在空白领域等，使得我国在面对绿色壁垒时处于不利和被动地位。并且因地方保护主义的作梗，存在有法不依、查处不严、职责不清、力度不够的现象，“上有政策，下有对策”，我行我素的局面并未根本改观。有的地方出于地方保护主义，对当地中小企业的生态污染视而不见。部分环保部门更是靠收取污染费创收，缺乏根治污染的积极性。

3. 公众与中小企业对环境保护问题缺乏意识

公众与中小企业对环境保护问题尚缺乏足够的意识，中小企业普遍在环保管理上投入不足[73]。我国在近年才开始关注绿色壁垒问题，由于长期以来缺乏环境保护意识及绿色经济观念，国民尚未能够正确认识环境与经济的关系，绿色生产与消费观念还没有形成主流。由于消费群体环保观念不强，环保生产和销售举步维艰，使得绿色产品在我国的普及率较低。同时，中小企业环保观念和环境管理的意识淡薄，大部分还停留在传统粗放型的发展理念上，没有将环保内涵和中小企业竞争力结合起来。ISO14000 环境管理体系已成为各国中小企业跨越绿色壁垒的重要手段，但遗憾的是，我国中小企业对此尚缺乏积极主动认证的热情，目前获得国家认可的 ISO14000 环境管理体系认证证书的企业还不到 1000 家，且大部分是三资企业。此外，对于众多以资源密集型和劳动密集型产品为主的中小企业，资金和技术都尚欠缺，价格仍是竞争的重点，增加环境投入而增加的成本在短期内难以收回，因此即便是认识到了环境管理的重要性，对此也只能是“心有余而力不足”。

4. 与环境保护有关的技术开发投入不足

与环境保护有关的技术开发投入不足，整体上环保技术发展还处于比较落后的局面。环保规则的建立和实施就是一个改革传统生产方式、开发新技术的过程。发达国家依赖其雄厚的资金基础和高技术实力，在环保领域已有几十年的发展经验，在防治污染、回收资源、节约能源等方面形成了一个强大的环保技术市场。中小企业可以通过新的环境技术提高劳动生产率，抵偿部分环境投入成本，甚至全部成本，从而提高竞争力。而我国作为发展中国家，环保技术研究起步晚，水平低，又缺乏足够的资金和高新技术基础，很难在短期内通过技术创新补偿环保成本。而技术引进又存在种种障碍，从而制约了我国中小企业环境保护和环境管理体系的建立[282]。

8.2 绿色壁垒对中小企业技术创新的影响过程

目前我国的很多研究认为，进口国实施绿色壁垒阻碍了出口国（特别是技术水平较低的发展中国家）的商品出口，对出口国的出口行业造成了损害，以至影响到出口国国内其他相关行业的发展。但是，从另一个角度说，如果出口国中小企业能够认识到绿色壁垒的两面性，并与中小企业协会、政府密切配合，形成“合作博弈”关系，绿色壁垒不仅不会阻碍出口国中小企业的发展进程，而且会对出口国中小企业的技术创新起到很好的引导和促进作用。

当中小企业遭遇绿色壁垒时，可能面临三种选择：第一种选择是市场转移，将产品销往其他绿色管制相对较松的国家和地区；第二种选择是通过中小企业自身的努力逐步适应进口国严格的绿色贸易管制；第三种选择是通过集体的力量与进口国谈判，争取主动，继续保有对方国家市场的市场份额。以上三种选择在实施难度、花费成本、实现效果以及对宏观经济的贡献上各有不同，具体表现如表 8-2所示。

表 8-2　遭遇绿色壁垒后中小出口企业选择方式的比较

选择方式	难度	成本	效果	对宏观经济的边际贡献率
市场转移型	低	小	不可持续的短期利益	小
技术创新型	高	大	可持续的长期利益	大
谈判力争型	高	大或较大	不确定	小

市场转移型中小企业采取了“逃避战术”，虽然在短期内获得了一定的利益，但是随着人们环保意识的不断加强，其产品最终会失去市场。技术创新型中小企业所面临的是短期内利益的丧失和大量的前期投入，改造初期出口严重受阻使中小企业经营陷入困境的状况，如何度过这一难关是中小企业发展的关键。第三种类型的企业要面临谈判失败、丧失市场或谈判成功、负担增加的双重风险。比较

以上三种方式，中小企业在遭遇绿色壁垒时，为了实现企业的长远发展，获得广阔的国际市场空间，必须对自身的产品结构、服务内容进行更新改造，加大科研技术的投入力度，从产品的功能、外形设计、生产加工过程、包装材料、包装说明、销售方式、售后服务等多方面进行创新，力求体现产品的绿色特征和人性化特征，从而在世界绿色产品贸易的竞争中脱颖而出[283]。充分利用绿色壁垒的这种“倒逼机制”，将是发展中国家发展本国绿色产业、争夺未来主流国际商品市场的一个很好契机。如果能够在技术创新、积极开发绿色产品和服务的同时据理力争，通过进口国国内中小企业、行业协会、政府等多种渠道争取产品在进口国有更多的生存空间。对于遭遇绿色壁垒的出口国来说，如果政府政策能够积极引导、中小企业能够采取积极应对策略的话，短期内贸易额的下降趋势将随着新技术的应用、新产品的推出而逐步扭转，直至恢复到原来水平乃至更高，在绿色贸易壁垒的“倒逼机制”下形成一条由高到低、再由低到高的类似于“U”形的贸易发展曲线。如图 8-1 所示。

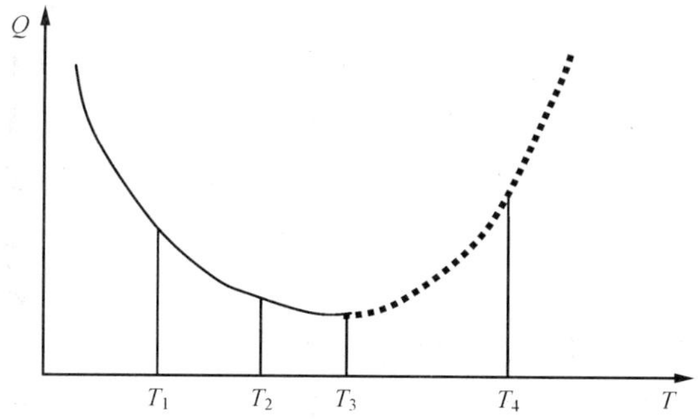

图 8-1　出口国贸易量的时序变动

(T_1,T_2)：遭遇绿色壁垒后的贸易量下降时期

(T_2,T_3)：遭遇绿色壁垒后中小企业产品，技术变革时期

(T_3,T_4)：随着技术创新和绿色产品、服务的推出，贸易量逐渐上升时期

在图 8-1 中，(T_1,T_2) 时期为出口国遭遇绿色壁垒的初期，由于受到绿色壁垒的阻挠，出口国出口贸易受到了重创，出口额大幅度下降。此时出口产业面临着艰难的选择：要么采取新的技术、标准，进行产品创新，挽救失去的国际市场；要么丧失一方市场，而丧失市场就意味着中小企业面临着生产萎缩甚至破产倒闭的危机。因此，在 (T_2,T_3) 时期，出口国政府应该以各种方式鼓励中小企业进行环保技术创新、绿色新产品开发、引用先进的生产标准和管理制度，规范中小企业的生产经营行为；而出口中小企业应该积极进行产品的创新、生产方法和加工工艺的改进、新技术、新能源、高标准的运用等。在以上两方面的双重作

用下，出口国的出口贸易量在下降到一定程度后会出现一个拐点，就是图 8-1 上表明的 T_3 点。随着环保新技术的不断完善，先进的生产标准和管理制度进一步地贯彻实施，绿色新产品更加适应国际市场的需求，因此在（T_3，T_4）时期，出口国的出口量将会逐步恢复到实施绿色壁垒以前的出口数量，并且由于新产品更加适合新一代消费者的消费心理、更加符合国际潮流，其出口量会超过原来的出口数量，走出一条更加陡峭的向上曲线。当然，以上贸易发展路径是在出口国政府和中小企业密切配合、以同样积极的态度面对绿色壁垒、达成“合作博弈”的情况下才能实现的。而且（T_2，T_3）时段的长短也取决于出口国政府和中小企业达成一致、采取行动的速度和程度。相反，如果出口国政府和中小企业不能达成一致，出口中小企业贪图眼前利益采取“逃避”的态度应对国外绿色贸易壁垒，那么（T_2，T_3）时段就无限期延长，（T_3，T_4）时段永远不可能实现，出口国经济将形成恶性循环的发展轨迹。因此，图 8-1 中所示，（T_3，T_4）时段用虚线表示，说明出口国政府和中小企业面对绿色贸易壁垒时不同的选择决定出口量时序变动的不同方向[284~286]。

除此之外，进口国实施绿色壁垒措施所导致的另一个可能的结果就是迫使出口国国内从政府到中小企业、再到消费者逐步树立环境保护意识，最终形成全社会关注环境、关注人类健康和生存安全的良好社会氛围，消费者对产品的效用评价会发生改变，他们往往愿意以更高的价格购买利于健康环保的产品，这就改变了需求状况。这样即使是对世界市场价格不具影响力的小国，在环境成本内在化过程中，也可将一部分成本增加量转嫁给自愿接受的消费者，也就是说小国也可以生产相关成本有所提高的绿色产品。同样，大国也一样，出口产品增加的环境成本而引起的价格上升，没有削弱他们的国际竞争力。环境成本的提高能迫使中小企业提高管理效率，降低交易成本来抵消部分环境成本增加所带来的负面效应。从长期来看，绿色壁垒所产生的环境成本如果能推动企业合理利用资源和积极采用新技术，以不断提高生产效率，则必然会带动中小企业整体管理素质的提高[287]；当今世界对于绿色产品的市场需求越来越旺盛，提前使用严格环保标准的中小企业实际上拥有了一种人们梦寐以求的先发优势，即抢先获取了这些绿色产品的生产和销售机会；采用严格环境标准的中小企业明显提升了自己的企业形象，这是一种长期的竞争优势。综上所述，在绿色壁垒的条件下，中小企业的内部和外部生产环境都有所改善，那么相关产业的发展必然是强劲且是可持续的。

8.3　绿色壁垒对中小企业技术创新的激励机制

随着全球贸易自由化进程的不断加快，绿色壁垒已经成为各国特别是发展中国家产品出口的主要障碍。我国作为世界上最大的发展中国家，中小企业是我国国民经济的重要组成部分，是技术创新和技术进步的重要源泉。很多研究表明，绿色壁垒对中小企业技术创新有着正反两方面的影响，中小企业要想从根本上跨越绿色壁垒，只有通过技术创新，加快提升出口产品的质量和技术档次。而中小企业能否成功实施技术创新的关键在于它是否存在实施技术创新的外部环境和内部条件。只有解决好技术创新的外部环境和内部条件问题，了解技术创新各外部环境和内部条件要素之间的相互作用、相互转化过程，中小企业才能成功地实施技术创新。绿色壁垒作为技术创新信息源可以反映出技术创新外部环境的变化，同时它又是一种强制性绿色技术标准，在限制产品出口的同时会激发中小企业内部条件要素的产生和发展。因此，本书认为，我国中小型出口企业有必要从技术创新信息源和强制性绿色技术标准两个角度来理解绿色壁垒，并从这两个角度研究绿色壁垒给中小企业技术创新带来的激励效应。

8.3.1　绿色壁垒在中小企业技术创新中的激励作用

在各国面临的贸易壁垒中，技术性壁垒特别是绿色壁垒所占的比重越来越大。随着各国对绿色壁垒的日益重视，技术创新成为决定各国企业在出口贸易中竞争优势的根本支撑和决定因素之一[288]。对绿色壁垒与技术创新之间的关系进行考察就必须把握它在技术创新过程中的两种主要作用：即技术创新信息源和强制性绿色技术标准对技术创新的激励作用。

1. 绿色壁垒是中小企业技术创新信息源

绿色壁垒，也称环境壁垒，是进口国以保护生态环境、自然资源、人类和动植物的健康安全为由而采取的限制进口的措施。它一般是由进口国根据本国的消费观念、技术经济水平制定的，但随着贸易保护主义的盛行，保护本国幼稚工业和夕阳产业及其他政治因素也成为发达国家制定绿色壁垒的标准。因此，绿色壁垒在一定程度上体现了进口国国内对绿色产品的需求程度、进口国的技术发展水平、国际市场上的竞争状况以及出口国政府对贸易的支持政策等信息。而绿色技术创新就是满足未来需求的能够产生环境友好型产品和工艺的新观点的应用[289]。这种新观点的获取路径之一就是绿色壁垒所提供的信息。绿色壁垒作为信息源具有共享性、潜在性和时效性等特点[290]。即绿色壁垒所提供的信息是公开的，信息的获得程度取决于出口中小企业分析人员的素质，信息随着时间的推移和周围环境的变化而变化。因此中小企业决策者应尽可能充分的取得绿色壁垒所提供的包括技术、市场、产品以及政府政策等方面的信息（包括当前信息和未来发展趋势），迅速改进生产工艺或制定相应的技术创新战略，那么一旦创新成功，中小企业不仅能够生产出满足绿色壁垒要求的创新产品，还能跟踪到国际前沿技术。

2. 绿色壁垒是强制性的绿色技术标准

绿色壁垒的出现和盛行并不是偶然现象，有其深刻的技术背景：发达国家的科技水平较高，处于技术垄断地位，他们在保护环境的名义下，通过立法手段，制定严格的强制性技术标准，限制国外商品进口，这些标准对发展中国家来说是很难达到的[291]，这就形成了绿色壁垒。但标准本身并不会形成壁垒，只有当购买者要求产品必须符合标准，且产品必须得为此加以改进时标准才成为壁垒[292]。因此，绿色壁垒的本质是具有较强保护色彩的强制性的绿色技术标准，它在某种程度上反映了以往研究所产生的科学技术成果和实践经验的积累，技术是其产生和发展的基础，技术创新正是技术发展的重要因素，因此技术的不断创新会使绿色壁垒的种类更加繁杂，同时绿色壁垒也直接或间接地推动技术创新的产生和发展。绿色壁垒对产品出口的限制会直接影响中小企业对利润最大化的追求目标，进而影响中小企业的技术创新能力、企业家精神、企业激励机制等中小企业技术创新的内部条件要素。

8.3.2 绿色壁垒反映中小企业技术创新外部环境的变化

我国中小型出口企业财力和人力不充足，情报系统不发达，因此中小企业在应对绿色壁垒方面面临着很多困难和问题，其中较为突出的问题是信息不对称，无法及时了解进口国的技术限制及其变化，使中小企业的创新产品因不能满足进口国绿色壁垒的相关评定要求而无法出口。绿色壁垒作为技术创新信息源给中小企业研发等部门提供了必要的外部环境变化信息，为中小企业及时、准确地了解和掌握绿色壁垒相关动态，有针对性地进行技术创新提供了依据。

1. 绿色壁垒反映了国际市场的绿色需求程度

绿色壁垒是经济发展到一定阶段的产物，它实施的重要目的之一就是提高消费者的环保意识，引导消费者去购买获得绿色标志或绿色技术认证的产品，从而促使生产商提供符合环保要求的产品，达到环保目的。因此绿色壁垒体现了国际市场对清洁生产、绿色产品、绿色消费等理念的认识与需求。随着生活水平的提高和人们环保意识的增强，市场上对绿色产品及服务的需求不断增强，有资料表明，77%的美国人表示企业的绿色形象将会影响他们的购买欲；94%的意大利消费者表示在选购商品时会考虑绿色因素；德国 82%的消费者和荷兰 67%的消费者表示在购物时会考虑环保问题[293]。市场是衡量企业生产能否满足社会需求的标尺，只有满足市场需求的创新才是有价值的创新。而绿色壁垒提供了国际市场对绿色产品或服务需求程度的信息，这可以使中小企业能够按照市场需求的变化及时解决创新产品在设计、研发、生产、销售过程中的问题，生产出符合进口国所设置的绿色壁垒要求的产品，同时也极大地增加进口国消费者对该产品的消费信心，进而增加该产品在进口国市场上的需求量。巨大的市场需求会使中小企业从技术创新中获得较大利益，诱使中小企业进行新一轮的创新，形成了“需求→创新→再创新”的良性循环。

2. 绿色壁垒代表了贸易双方的技术水平差距

技术创新是以新技术投入为特点的活动，任何科学技术上的突破都会引发企业的技术创新活动。绿色壁垒的出现和更新从本质上说是技术差距的具体体现，它反映了国际贸易中的两国由于生产力水平的差异，导致两国经济和技术发展水平不同，使经济技术比较发达的国家的环境标准高于经济相对落后的国家的环境标准，这种环境标准上的差异就会成为经济较落后国家产品出口的障碍。绿色壁垒提供的进口国国内的环境标准，反映了进口国的技术水平，它能够指导、促进中小企业有目标、有方向地进行技术研发，在现有技术的基础上减少重复劳动，加快生产技术的更新速度，缩短产品更新周期，加速产品的换代速度。同时，攻克绿色壁垒所带来的经济效益和社会效果，又会刺激和激励科技研发的进一步开展，从而更有力地推动中小企业的技术创新。

3. 绿色壁垒加重国际市场竞争压力

随着经济全球化的发展，市场竞争已经成为经济生活中的常态。国内外绝大多数中小企业都是在市场竞争的压力下生存和发展的。在全球环境规制趋严的背景下，绿色壁垒会使得中小企业的外部成本内在化，从而提高了产品的生产成本和产品价格，削弱了产品的国际竞争力[294]。企业尤其是中小企业为了保证自身不在竞争中被淘汰，为了取得竞争优势和进一步发展，就必须采取各种手段增强自身的竞争实力。从短期看，降低成本、改善经营管理、节约开支等都是可选途径。从长期看，国际市场上的竞争压力会迫使中小企业产生强烈的危机感、紧迫感，吸引它不断进行技术创新，取得阶段性的技术优势和技术垄断，保持市场份额、提高市场地位。

4. 绿色壁垒体现了政府支持政策

绿色壁垒的出现会直接影响中小企业产品出口的可持续发展，而中小企业用于跨越绿色壁垒的技术创新又具有其自身的特殊性，即该种技术是一种富有外部正效应的技术，应用它能维护和改善生态环境。但由于目前绝大部分环境资源产权尚未界定，仍处于无偿使用状态，非绿色技术使用者的收益大于成本，而绿色技术应用的社会效益则大于绿色技术使用者所得到的直接收益，创新者不能获得技术的全部效益[295,296]。中小企业由于受到规模小、抗风险能力差等自身条件的限制，绿色技术创新的外部性必然损害中小企业技术创新的积极性。因此有赖于政府对现有政策作出调整，为中小企业跨越壁垒提供政策上的支持，如政府采取财政和产业倾斜发展政策对中小企业的研发活动进行补贴，在税收方面给予中小企业一定的扶持以及加大银行对中小企业融资力度等，这些都会使中小企业进行技术创新的动力和能力趋强，政府的政策越倾斜，中小企业的相关创新活动就越多。

8.3.3 绿色壁垒激励中小企业技术创新内部条件的产生和发展

波特假说认为严格而适度的环境标准可促使厂商提高资源利用率，激励企业进行技术创新，提高环境质量[297]。根据波特的观点以绿色技术标准为核心的绿色壁垒会激励中小企业创新，促进其利润增加，进而部分弥补中小企业为达到绿色壁垒要求而增加的投入。这一过程是通过绿色壁垒的“倒逼机制”实现的，即中小企业在遭受绿色壁垒时，必然会影响其利润目标的实现，进而激发中小企业对创新和“绿色”追求（企业家精神）、技术创新能力及创新激励机制等内部条件要素的形成和发展。

1. 对中小企业利润最大化目标的影响

作为强制性绿色技术标准，绿色壁垒对中小企业最直接的影响就是阻碍了它最大化利润目标的实现。中小企业不同于行政事业和福利性机构，它作为营利性的经济组织，存在的根本意义就是对利润最大化的追求和实现。绿色壁垒作为强制性的绿色技术标准是环境成本内部化的产物，具有很强的刚性，只要产品不符合标准要求，就不能出口。因此中小企业为了满足进口国所设置的绿色壁垒要求，就必须支付额外的附加成本，这种额外成本包括一次性遵循成本和重复遵循成本[298]。从短期来看，这些成本的增加严重冲击了环保技术匮乏、资金不足的中小企业的产品价格优势，使中小企业的出口受阻，面临失去国外市场的巨大威胁。但从长期来看，中小企业为了维护其利润目标的持续实现必会焕发出强烈的创新意识，以顾客不断变化的需求为基础，从产品的功能、外形设计、生产加工过程、包装材料、销售方式等多方面进行创新。当该项创新成功之后，巨大的利润会刺激中小企业继续创新，并吸引其他企业加入创新的行列。

2. 对中小企业企业家精神的影响

早在 20 世纪初，熊彼特在《经济发展理论》一书中就把“创新”定义为“企业家对生产要素的重新组合”，并认为企业家的职能就是创新，企业家精神就是一种不断创新的精神，是社会发展的策动力量[299]。企业家精神的核心包括创新精神、冒险精神、奉献精神以及绿色意识。当绿色壁垒影响中小企业的产品出口时，以创新精神为核心的企业家精神会促使厂商看出企业现有技术体系（包括生产工艺、生产设备、产品结构、管理技术等）的不足，主动对现有产品、服务、工艺、技术等进行分析，不断通过技术创新寻求和发现跨越绿色壁垒的途径，以推动中小企业的不断发展。同时，企业家精神会使厂商随时注意国际市场上绿色壁垒的发展动向，力求能够积极主动地通过制定具有开拓精神的创新政策和创新计划来实现其出口目标。

3. 对中小企业技术创新能力的影响

在技术创新活动中，在其他要素已经形成的情况下，中小企业技术创新的成功与否取决于企业技术创新能力的强弱。从技术创新过程来看，中小企业技术创新能力主要包括投入能力、研究开发能力、制造能力、营销能力和创新管理能力[300]。对于中小企业来说，整体技术创新能力不足，筹集资金和技术资源的能力差，抗风险能力弱是其进行技术创新的最大弊端。中小企业没有足够的资金投入就难以保证创新的持续进行。技术选择上的不当、缺乏购买技术硬件的资金或者缺乏应用该技术硬件的专业人才等原因也会导致中小企业技术创新过程的失败。另外比较薄弱的抗风险能力以及有限的商业化能力均可能导致中小企业技术成果产业化过程受到重重阻碍，导致整个技术创新的失败。新国际环境中的绿色壁垒促使中小企业下决心投入大量的人力、物力和财力进行技术创新，克服绿色壁垒，以便在成功后获取超额利润和竞争优势，而这种创新投入在取得技术创新成果后也在无形中加强了中小企业的技术创新能力，并为下次的技术创新奠定了基础。

4. 对中小企业技术创新激励的影响

技术创新激励包括产权激励、市场激励、政府激励和企业激励四种。在这里的创新激励主要指中小企业内部的激励，是高水平的努力实现组织目标的意愿而这种努力以能够满足个体的某些需要为条件，其中包含3个关键因素：努力、组织目标和需要。技术创新的激励是技术创新活动的启动、开展、强化的力量来源，创新速度的快慢、创新规模的大小、创新质量的高低主要由激励机制提供的动力大小决定。绿色壁垒导致中小企业出口受阻而产生经济损失，在理性的经济人假设前提下，自利性原则会使中小企业在将绿色壁垒所产生的损失与激励员工所产生的成本进行比较，并做出合理的抉择：当损失小于成本，中小企业可能会暂时不改变激励政策；若损失大于成本，那么中小企业会制定相应的激励政策，吸引中小企业外部的创新人才，调动中小企业员工的创新积极性，把员工的自利行为和中小企业利益有机地结合起来，从而保证中小企业从事创新的每一部门乃至每一个人都能按照激励设计者所希望达到的方向进行创新活动。同时，创新者通过参与创新所获得的收益又会刺激创新者更深入地参与到创新过程中，形成良性互动，推动创新不断地向前发展。

8.3.4 绿色壁垒对中小企业技术创新激励机制的关系模型

绿色壁垒对中小企业技术创新的激励机制是指中小企业在应对绿色壁垒的复杂过程中，绿色壁垒对来自于企业外部和内部的激励中小企业技术创新顺利进行的各种因素的影响，以及这些因素的互动关系的总和。本文构建了绿色壁垒对中小企业技术创新激励机制的关系模型，并进一步分析了技术创新内外部因素的相互作用关系。

1. 绿色壁垒对中小企业技术创新激励机制的关系模型

中小企业技术创新活动都是在一定的环境和条件下进行的。根据如上分析，本文建立绿色壁垒对中小企业技术创新激励机制的关系模型，如图8-2所示。把绿色壁垒对中小企业技术创新的激励路径分成两部分，一部分是绿色壁垒作为信息源反映和影响中小企业进行技术创新的外部环境要素。另一部分是绿色壁垒作为强制性技术标准激发和促进中小企业技术创新内部条件要素的产生与发展。外部环境要素包括国际市场的绿色需求、市场的技术进步、国际市场竞争和政府的支持政策；内部条件要素包括中小企业追求利润最大化的目标、企业家精神、技术创新能力和企业创新激励政策。外部环境要素是中小企业进行技术创新的条件，内部条件要素是中小企业进行技术创新的基础，外部环境要素只有通过激发、推动内部条件要素的产生和发展才能对技术创新起到激励作用。

2. 外部环境要素与内部条件要素、绿色壁垒及中小企业技术创新的相互作用关系

如图 8-2 所示，中小企业实施技术创新以应对绿色壁垒的外部环境要素与内部条件要素、绿色壁垒及中小企业技术创新之间存在着错综复杂的相互关系，主要表现在三个方面。

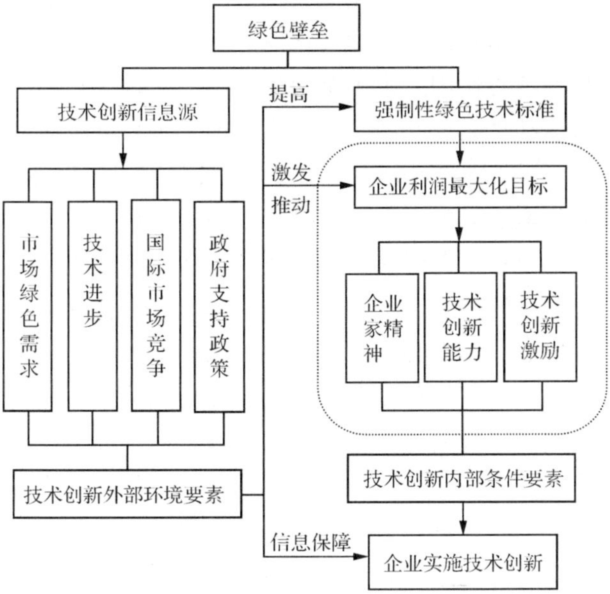

图 8-2　绿色壁垒对中小企业技术创新激励机制的关系模型

(1) 技术创新外部环境要素是内部条件要素转化的桥梁和催化剂

技术创新内部条件要素是中小企业能否进行创新的主观能力，它是自发产生于中小企业内部的对技术创新的内在需求，而这种潜在的需求是否能转化为现实的技术创新的动力源泉，则要看技术创新外部环境要素对内部条件要素的激发、推动作用。技术创新外部环境要素对内部条件要素的作用最先表现在其对中小企业利润最大化目标的作用上。首先，进口市场绿色需求的增加直接激发的就是中小企业对利润最大化目标的追求。同时巨大的市场需求以及预期利润会增强企业

家的创新精神和冒险精神，增加中小企业的研发投入强度，加强中小企业技术创新能力，改善中小企业创新产品结构。同时，中小企业要成功实施技术创新就必须保证员工高效的创新效率，即要建立合理的内部创新激励机制。其次国际市场的技术进步或新技术出现就表明社会对其存在需求，中小企业进行技术创新是有利可图的，可以实现其追求最大利润的目标。市场竞争只有在对中小企业的经济利益造成现实或潜在威胁的时候，才会迫使中小企业进行新产品或新工艺的创新，以期该项产品或工艺能为中小企业带来超额利润及竞争优势，实现最大化利润目标。政府的政策支持即政府对中小企业实施技术创新给予的外界辅助会直接变成中小企业实现利润目标的驱动力。最后，中小企业由于有了利润最大化的追求目标必会增强企业家精神，对中小企业创新产品结构、技术创新能力、创新激励机制等作出相应调整。可见，利润最大化及长期发展目标的实现是中小企业技术创新外部动力因素作用的接入口和转化器，它在中小企业应对绿色壁垒的技术创新实施活动中起到核心作用。中小企业如果不能实现其对利润最大化目标的追求，那么它的创新活动将无法开展下去，更不能实现长期发展的目标。

（2）技术创新外部环境要素是中小企业技术创新的信息保障

技术创新外部环境要素为中小企业技术创新提供信息保障，是中小企业得以进行技术创新的动力要素，它促使中小企业被动或主动地进行技术创新。技术创新的本质是技术和市场的有效结合[301]，中小企业在技术创新过程中，创新思想的产生、创新项目的确定等都必须对大量的相关信息如实际及潜在的市场需求、技术实现的可能性、市场竞争程度等进行收集和研究分析，并利用这些信息为中小企业技术创新提供信息依据。首先，技术创新的外部环境反映了当前国际上的技术水平及今后技术的发展趋势，为中小企业的技术创新指明方向，合理分配中小企业有限的创新资源。其次，中小企业由于自身条件限制，即使在技术研发方面获得了成功，在销售过程中仍会遇到很多问题，很难将技术创新成果大规模商业化[302]。外部环境要素有利于中小企业的技术创新更接近于市场，直接面向消费者，这对固定中小企业技术创新成果、提高中小企业技术创新商业化速度起着关键性作用，同时还减低了创新产品成本、减少库存，为中小企业技术创新产品顺利占领市场提供信息保障。

（3）技术创新外部环境的变化使绿色壁垒更加复杂化

绿色壁垒所反映的中小企业技术创新外部环境要素的变化，在促进技术创新内部条件转化，激励中小企业技术创新顺利进行的同时，也使其作为强制性绿色技术标准在形式、种类、内容上复杂化，形成更为严格的绿色壁垒。而更为严格的绿色壁垒在改变技术创新外部环境的同时，又会首先作用于中小企业的创新产品上，影响中小企业利润最大化目标的实现，进而影响中小企业技术创新的内在条件因素，这就形成了一个闭环，引起了新一轮的绿色壁垒对中小企业技术创新的激励效应。

8.4　绿色壁垒对中小企业技术创新的阻碍作用

绿色壁垒具有很强的刚性，只要中小企业的出口产品不符合进口国的技术要求，就不能进入该国市场。在较短的时间内，中小企业由于受到技术、信息、设备、资金和人员等要素的限制，不能及时进行技术创新，导致中小企业由于达不到出口国的新要求而被禁止出口，或失去出口竞争优势。另外由于绿色壁垒是一种动态的指令性法规，会随着技术的进步而不断发展、变化，而且发展的速度和周期会不断加快，变化成更为复杂的壁垒。其对中小企业技术创新具有阻碍作用。

1. 固化行业创新意识

中小企业为跨越绿色壁垒，就要追求合乎一定的技术标准和通过质量认证。由于中小企业受到质量认证标准化、达标论证方式的限制，缺少了中小企业根据市场变化进行产品改革和创新的意识，使得更新和变革跟不上形势的发展。这种对从标准化质量体系向特殊化、个性化标准质量体系的创新发展的忽视，以及对从达标论证式的标准质量向顾客满意的标准质量的发展的忽视，势必导致我国对外贸易的发展和经济的增长速度受到限制[303]。因为标准化机制本身除了具有规范的特点外，还有静止和保守的特点，ISO9000 质量管理体系认证标准亦然。由于标准的存在，人们在已经达标的前提下便会消减提高产品质量的积极性，从而阻碍质量和生产水平的提高。

2. 达不到质量管理的要求

市场竞争是激烈的，而在竞争中取胜的因素也不是唯一的，ISO9000 质量管理体系认证也不是万能的法宝，很多通过了质量认证的中小企业，其效益照样不好，创新后的产品质量也很差，这说明了质量认证在有效性方面的脆弱性。这一弊端的出现应从 ISO9000 质量管理体系认证标准本身寻找答案，ISO9000 质量管理体系认证仅仅提供了产品的技术标准，并没有直接与产品挂钩，而是把产品留给顾客和供方的合同去解决。因为标准不涉及产品的质量水平如何，所以拿到证书的产品质量差别悬殊，这主要视乎中小企业的质量管理能力和在进行质量认证过程中进行产品创新和工艺创新流程的管理能力而定。我国要进一步解决ISO9000质量管理体系认证标准的有效性问题，就应从标准本身的落实、执行出发，质量管理能力决定着ISO9000质量管理体系认证标准的有效执行，但ISO9000质量管理体系认证与全面质量管理的差距是显然的。

3. 加重中小企业负担

中小企业为了应对绿色壁垒达到一定的技术标准、通过质量认证，要付出更多的成本。例如，对质量认证反应强烈的一个突出问题是质量认证的收费标准高，加重了中小企业的负担。特别是对一些刚刚成立不久的中小企业，高额的质量认证费用无疑使得通过质量认证成为可望不可及的事情。对于想通过质量认证来提高自身创新能力（产品创新和工艺创新）的中小企业，高额的质量认证费用已经成为一个巨大的障碍。此外，中小企业通过质量认证的程序复杂，审批严格，增加了工厂审查环节和每年跟踪复审的部分，加之国家管制严格，对中小企业来说，通过质量认证的难度和企业的人力、物力、财力花费都相当的大，束缚了中小企业技术创新的进程[304]。

8.5 绿色壁垒影响中小企业技术创新的实证分析

以上从定性角度出发对绿色壁垒对中小企业技术创新的影响进行了研究，下面将从定量角度对此进行进一步的实证分析。从以上分析中得出绿色壁垒对中小企业技术创新的影响是各种直接和间接综合作用的结果，绿色壁垒对中小企业技术创新的直接作用表现在短期内对中小企业创新产品成本、产品出口数量等的影响，此时新的技术创新没有发生，因此绿色壁垒提高了中小企业的进入壁垒，阻碍了中小企业技术创新的发展。在长期内，中小企业出于对利润最大化目标的追求，会主动需求新技术以改变目前出口受阻的状况，因此，绿色壁垒对中小企业技术创新也有一定的促进作用。本章将以我国食品行业为例，分别建立计量模型考察绿色壁垒对技术创新的影响。

8.5.1 我国食品行业的背景

我国由于技术水平相对较低，农产品和食品在生产和加工的过程、方法、包装贮运、组成成分及性能等方面都存在许多不尽如人意的地方，因此我国农产品和食品出口受到绿色壁垒的影响越来越严重，主要表现以下几方面：

第一是严格的卫生检疫制度。欧盟从 1996 年 8 月起因我国冻鸡不符合欧盟卫生检疫标准而禁止进口。日本 1999 年 1 月新出的《家畜传染病预防实施细则》中规定我国等 9 个国家的猪牛羊肉及其制品要经过规定设备加热消毒处理后才可进口，这无疑要增加我国猪牛羊肉的出口成本。日本的《植物检疫法实施规则》使我国的大部分蔬菜和瓜果类产品出口日本遭到禁止。

第二是生产和加工技术标准。发达国家一般是通过立法手段，制定一些严格的强制性法规来要求出口产品的生产和加工技术标准。由于我国的生产和加工技术标准还达不到要求，我国的牛肉不能进入欧盟市场，猪肉、牛肉、龙眼、柑橘、苹果、香梨不能出口美国。

第三是农药及有毒物质残留量。农药及有毒物质残留量是我国农产品和食品受绿色壁垒影响比较严重的一项指标，涉及其出口的大部分农产品和食品。主要是因为发达国家把农药残留量定得很低，我国有时检测不到这个水平[305]。另外检测标准数量多，有一项不达标，就退货或原地封存销毁。

第四是包装和标签。出于对环境的保护，发达国家对商品包装材料的易处理性和可回收率有较高的要求和标准，而我国在这方面还难以达到要求。如 1998 年我国输美木质包装由于含有天牛而受到限制，随后加拿大、英国也迅速对我国木质包装进行限制[306]。

随着发达国家对农产品的技术标准越来越高，我国农产品出口受绿色壁垒的影响也越来越大。1980 年我国农产品出口额占总出口额的 17.22%，2005 年与 1980 年相比，我国农产品和食品出口额增长了 194.5%，但同期全国出口总额的增幅高达 4105.3%。农产品和食品的出口地位不断下降，1980 年占我国出口总额的 17.22%，2005 年降 4.45%。这其中当然有结构变迁的因素，但国外的 TBT 尤其是绿色壁垒对我国农产品和食品出口的影响也是十分关键的。

8.5.2　绿色壁垒与中小企业技术创新评价指标体系

1. 评价指标体系的选择原则

为全面客观反映被评价对象（绿色壁垒强度和技术创新水平）的真实面貌，确立评价指标时应坚持如下原则：

（1）整体性原则

评价指标体系要能反映被评价对象的整体水平，反映其在一个系统或集合的位置和优先程度。被评价的对象是一个由若干相关部分构成的整体，所以对其评价时，应把各种主要影响包括在内，不能厚此薄彼。要准确、客观地评价，必须从多角度、多方面进行综合评价，形成一个全面完整的评价体系。

（2）科学性原则

设计评价指标体系时，要有科学的理论作指导，使评价指标体系能够在基本概念和逻辑结构上严谨、合理，抓住评价对象的实质，并具有针对性。同时，评价指标体系是理论与实际相结合的产物，对客观实际抽象描述得越清楚、越简练、越符合实际，科学性就越强。另外，必须保证数据来源的准确性和处理方法的科学性，数据的取得应以客观存在的事实为基础，数据测定、处理必须标准、规范。

（3）客观性原则

保证评价指标体系的客观公正，保证数据来源的可靠性、准确性和评估方法的科学性，以能够客观地反映被评价对象的实际发展水平和相对发展程度。系统、准确地反映被评价对象，克服因人而异的主观因素的影响。为此，对各项评价指标的定义应尽可能明确，界定要清晰。

（4）可得性原则

即在充分利用现有统计指标的基础上进行指标体系的研究。指标体系同时也要考虑到统计指标获得的经济性和时效性，选择的指标尽量是现有统计指标能够反映的，或者是通过现有统计指标进行适当的运算就可得到的指标。

（5）可比性原则

所选指标的依据是能够进行横向与纵向比较。孤立地研究指标体系，甚至孤立地研究某一时点的指标，而不与其他相关的进行横向的、与自身其他发展阶段进行纵向的比较，就看不出自身存在的问题。因此，在设计指标体系时，应充分考虑目前全国指标体系方面的研究成果，尽可能地使指标体系具有横向和纵向上的可比性。不同行业中小企业在同一指标上的定义区间、数量化标准应相同，相互间可加、可比，或经换算后可加、可比。

2. 评价指标的确定

（1）绿色壁垒强度

由于各行业绿色壁垒实施情况的精确数据很难获得，进行实证分析存在着操作上的困难。但是，现有数据也允许我们运用间接的方法对此进行一定的估计。如前所述自我国加入WTO后，我国产品出口所面临的关税壁垒越来越多地被非关税壁垒所代替，由此我们有理由认为我国食品行业出口数额的增减幅度主要是由各国所设置绿色壁垒的严格程度决定的，食品出口数额忽然下降时可能是受到来自别国的环境标准的限制。所以本文采用食品行业进出口变化程度来表示绿色壁垒的强度。它的表达式是：

$$出口贸易额增减程度=\frac{期末食品出口贸易额-期初食品出口贸易额}{期初食品出口贸易额}\times 100\%$$

(2) 技术创新水平

考虑到技术创新既反映了科技人员投入、R&D 费用、专利申请数量等内容，又反映了产品附加值及新产品销售等内容，所以技术创新的评价指标不应该对单个因素进行评价，而应考虑多个因素的有机结合。本文中我们把对技术创新的评价指标用“技术创新水平测度”来描述。根据技术创新的定义并参照国内外已有的研究成果，在遵循评价指标确定原则的基础上，本文认为技术创新水平包括以下九个因素：科技人员投入强度 (X_1)、R&D 人员投入强度 (X_2)、R&D 经费投入强度 (X_3)、消化吸收经费比重 (X_4)、每万名职工拥有的发明专利数 (X_5)、有科技机构的中小企业比重 (X_6)、微电子设备比重 (X_7)、新产品开发项目比重 (X_8)、新产品销售收入比重 (X_9)。其中，科技人员投入强度、R&D 人员投入强度、R&D 经费投入强度和消化吸收经费比重代表了中小企业技术创新的投入能力；新产品开发项目比重、有科技机构的中小企业比重、微电子设备比重代表中小企业技术创新的实施能力；每万名职工拥有的发明专利数、新产品销售收入比重代表了中小企业技术创新的产出能力。依照上述表述，本文构建了绿色壁垒与技术创新的指标体系，如表 8-3 所示。

表 8-3　绿色壁垒强度和中小企业技术创新水平测度评价指标体系

	指标	计算公式
绿色壁垒强度	出口贸易额增减幅度	$\frac{期末贸易额-期初贸易额}{期初贸易额}\times 100\%$
中小企业技术创新水平	科技人员投入强度 (X_1)	$\frac{科技活动人员数}{从业人员总数}\times 100\%$
	研发人员投入强度 (X_2)	$\frac{科技机构人员总数}{从业人员数}\times 100\%$
	科技经费投入强度 (X_3)	$\frac{科技经费内部支出}{产品销售收入总额}\times 100\%$
	消化吸收经费比重 (X_4)	$\frac{消化吸收经费}{技术引进费用}\times 100\%$
	每万名职工拥有的发明专利数 (X_5)	$\frac{发明专利数}{职工总数（万人）}\times 100\%$
	有科技机构的中小企业比重 (X_6)	$\frac{有科技机构的企业数}{企业总数}\times 100\%$
	微电子设备比重 (X_7)	$\frac{微电子控制设备原值}{生产经营用设备原值}\times 100\%$
	新产品开发项目比重 (X_8)	$\frac{新产品开发项目数}{科技活动项目数}\times 100\%$
	新产品销售收入比重 (X_9)	$\frac{新产品销售收入总额}{销售收入总额}\times 100\%$

8.6 绿色壁垒与中小企业技术创新评价模型的建立

8.6.1 技术创新水平的测度

1. 评价指标权重的确定

要确定中小企业技术创新水平模型，首先要确定如表 8-3 中所示的各因素的权重。为了避免人为确定权重的主观性，本章拟采用主成分分析法来确定指标的权数分配。主成分分析法就是利用降维的思想从较多的指标中找出较少的几个综合的指标，而这些指标能较好地反映原来资料的信息。第一主成分是原来各变量的线性组合且具有最大的方差，主成分与原来变量的相关系数称作因子载荷，各主成分原有指标的载荷值和公因子方差值反映了它们对主成分所起作用的大小，为确定各指标的权重提供客观依据。

本文中技术创新的数据是从《中国技术统计年鉴》中的大中型工业企业及高技术产业科技活动统计资料中收集得出，统计了包括农副食品加工业、食品制造业和饮料制造业三大类在内的 1997～2006 年 10 年的数据，见表 8-4。

表 8-4 中小企业技术创新水平各项子指标数值

指标＼年份	1997	1998	1999	2000	2001	2002	2003	2004	2005	2006
X_1	1.97	2.06	2.64	2.60	2.68	2.74	2.75	2.37	2.50	2.79
X_2	0.81	0.85	0.80	1.15	1.25	1.16	1.24	0.99	1.14	1.22
X_3	0.74	0.75	0.79	0.81	0.84	0.82	0.78	0.82	0.88	0.91
X_4	1.10	3.63	4.25	3.87	1.80	2.75	1.73	5.32	4.94	5.38
X_5	5.61	5.28	5.56	6.68	8.25	8.18	5.86	8.92	8.88	9.56
X_6	19.29	18.93	20.25	18.30	17.16	16.30	20.48	18.83	19.43	18.85
X_7	4.76	5.14	7.17	7.27	6.19	6.23	6.43	7.02	8.04	8.90
X_8	70.00	70.74	70.30	62.94	64.35	59.63	55.94	71.39	66.56	59.70
X_9	4.95	4.50	6.17	5.28	4.45	4.88	4.54	5.42	4.91	6.49

资料来源：根据《中国技术统计年鉴》有关数据加工整理而成。

利用 SPSS13.0 统计软件，对 9 个原始指标进行主成分分析，输出结果如表 8-5所示。

表 8-5　KMO 和巴特利特球体检验

Kaiser-Meyer-Olkin Measure of Sampling Adequacy.		.553
Bartlett' s Test of Sphericity	Approx. Chi-Square	65.069
	df	36
	Sig.	.002

表 8-5 的检验结果显示：KMO 值为 0.553，该数据基本适合做因子分析。表中的巴特利特球体检验的 χ^2 统计值的显著性概率是 0.002，小于 1%，说明数据具有相关性，是适合做因子分析的。

原有变量的相关矩阵如表 8-6 所示。

表 8-6　原有变量的相关系数矩阵

Correlation	x_1	x_2	x_3	x_4	x_5	x_6	x_7	x_8	x_9
X_1	1.000	0.750	0.634	0.181	0.454	−0.187	0.663	−0.744	0.306
X_2	0.750	1.000	0.658	−0.007	0.605	−0.369	0.482	−0.830	−0.141
X_3	0.634	0.658	1.000	0.596	0.897	−0.237	0.874	−0.365	0.438
X_4	0.181	−0.007	0.596	1.000	0.519	0.138	0.761	0.221	0.647
X_5	0.454	0.605	0.897	0.519	1.000	−0.439	0.669	−0.238	0.277
X_6	−0.187	−0.369	−0.237	0.138	−0.439	1.000	0.123	0.191	0.243
X_7	0.663	0.482	0.874	0.761	0.669	0.123	1.000	−0.317	0.678
X_8	−0.744	−0.830	−0.365	0.221	−0.238	0.191	−0.317	1.000	0.060
X_9	0.306	−0.141	0.438	0.647	0.277	0.243	0.678	0.060	1.000

表 8-7 是总方差分解表，该表的 Component 表示因子序号，Total 为特征值，特征值的大小反映公因子的方差贡献。给出了对应于不同特征根的因子编号。Extraction Sums of Squared Loadings 列为根据特征值大于 1 的原则提取的 3 个因子的特征值、占方差百分数及其累加值。表中数字显示，所选的 3 个因子的特征根解释了总体方差的 89.187%，能比较全面地反映所有信息。

表 8-7 总方差分解主成分提取分析表

Component	Initial Eigenvalues			Extraction Sums of Squared Loadings		
	Total	% of Variance	Cumulative %	Total	% of Variance	Cumulative %
1	4.522	50.249	50.249	4.522	50.249	50.249
2	2.327	25.860	76.109	2.327	25.860	76.109
3	1.177	13.077	89.187	1.177	13.077	89.187
4	0.506	5.624	94.811			
5	0.220	2.440	97.250			
6	0.148	1.640	98.891			
7	0.060	0.663	99.553			
8	0.031	0.347	99.901			
9	0.009	0.099	100.000			

Extraction Method：Principal Component Analysis.

将表 8-8 中的数据除以主成分相对应的特征值开平方根，便得到 3 个主成分中每个指标的系数，利用 SPSS，可得到如表 8-9 所示的特征向量矩阵。其中公因子方差 H_i 反映了各原始指标的重要程度，其计算公式为：

$$H_i = P_{1i}^2 + P_{2i}^2 + P_{3i}^2 \tag{8-1}$$

将 H_i 分别归一化得到各因素的权重，其计算公式为：

$$a_i = \frac{H_i}{\sum_{i=1}^{9} H_i} \tag{8-2}$$

表 8-8 初始因子载荷矩阵

指标	Component		
	1	2	3
X_1	0.807	−0.291	0.347
X_2	0.750	−0.611	0.068
X_3	0.948	0.096	−0.178
X_4	0.562	0.728	−0.167
X_5	0.832	0.013	−0.476
X_6	−0.233	0.522	0.707
X_7	0.903	0.369	0.166
X_8	−0.552	0.656	−0.441
X_9	0.475	0.701	0.209

Extraction Method：Principal Component Analysis.

表 8-9　特征向量矩阵

指标	主成分 1 载荷 P_{1i}	主成分 2 载荷 P_{2i}	主成分 3 载荷 P_{3i}
X_1	0.379	−0.191	0.320
X_2	0.353	−0.401	0.063
X_3	0.446	0.063	−0.164
X_4	0.264	0.477	−0.154
X_5	0.391	0.009	−0.439
X_6	−0.110	0.342	0.652
X_7	0.425	0.242	0.153
X_8	−0.260	0.430	−0.406
X_9	0.223	0.460	0.193

所得权重结果如表 8-10 所示。

表 8-10　公因子方差及指标权重

原始指标 X_i	X_1	X_2	X_3	X_4	X_5	X_6	X_7	X_8	X_9
公因子方差 H_i	0.283	0.286	0.232	0.321	0.346	0.550	0.257	0.421	0.296
指标权重 a_i	0.095	0.096	0.077	0.107	0.116	0.184	0.086	0.141	0.099

2. 技术创新水平的计算

将我国食品行业 10 年的原始数据与各指标权重加权得出技术创新水平。其公式为：

$$C_j = \sum_{i=1}^{9} y_{ij} a_i \qquad i = 1,2,\cdots,6, \quad j = 1,2,\cdots,8 \qquad (8\text{-}3)$$

式中，C_j 表示食品行业技术创新水平，C_j 越大表示该行业的技术创新水平越高。

将表 8-1 中的数据代入式（8-3）中，可算出相应的定量化数值，即为食品行业 1997～2006 年每年的技术创新水平，如表 8-11 所示。

表 8-11　技术创新水平测算结果

年份	1997	1998	1999	2000	2001	2002	2003	2004	2005	2006
技术创新水平	15.38	15.65	14.33	14.97	15.77	15.08	15.94	16.63	16.08	16.80

8.6.2 回归分析

从前几节可知，绿色壁垒是影响中小企业技术创新的主要因素之一，令 Y 表示我国食品行业技术创新水平，X 表示绿色壁垒的实施严格程度，现假定 Y 与 X 之间具有一定的因果关系，表 8-12 给出了我国食品行业 1997～2006 年 10 年内的技术创新水平和绿色壁垒严格程度，并根据这些数据对其做回归分析。

表 8-12 我国食品行业技术创新水平及绿色壁垒严格程度的数据

年份	1997	1998	1999	2000	2001	2002	2003	2004	2005	2006
技术创新水平	15.38	15.65	14.33	14.97	15.77	15.08	15.94	16.63	16.08	16.80
绿色壁垒水平	9.35	−10.88	−3.84	19.35	4.12	18.05	30.87	17.09	38.62	36.21

资料来源：绿色壁垒水平来自于《中国统计年鉴 1996～2007》。

首先，对表 8-12 中的数据做散点图 8-3，可以看出我国食品行业在 1997～2006 年间的绿色壁垒严格程度与技术创新水平之间的关联程度不高。

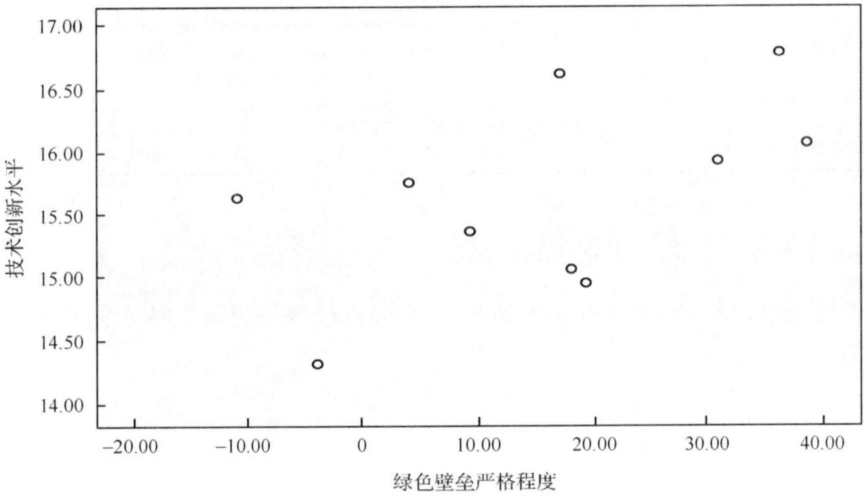

图 8-3 1997～2006 年绿色壁垒与中小企业技术创新关系的散点图

考虑到技术创新与绿色壁垒之间存在滞后期的问题，因此本文对 1996～2005 年的绿色壁垒严格程度与 1997～2006 年的技术创新水平做回归分析，如表 8-13所示，即对滞后一期的技术创新进行分析，从图 8-4 可以看出，绿色壁垒与中小企业技术创新之间存在比较明显的线性关系，因此我们可以对它们之间的关系进行一元线性回归分析。

表 8-13　滞后一期的我国食品行业技术创新水平及绿色壁垒严格程度的数据

年份	1997	1998	1999	2000	2001	2002	2003	2004	2005	2006
技术创新水平	15.38	15.65	14.33	14.97	15.77	15.08	15.94	16.63	16.08	16.80
年份	1996	1997	1998	1999	2000	2001	2002	2003	2004	2005
绿色壁垒水平	−0.59	9.35	−10.88	−3.84	19.35	4.12	18.05	30.87	17.09	38.62

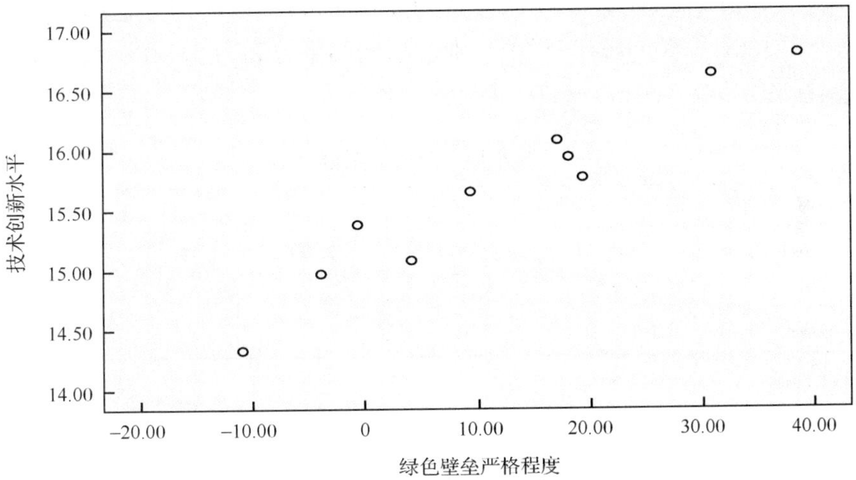

图 8-4　滞后一期的绿色壁垒严格程度与中小企业技术创新水平之间的散点图

设回归方程为

$$Y_i = a + bX_i \qquad i = 1,2,\cdots,10 \tag{8-4}$$

回归过程如下：把表 8-13 中的数据用 SPSS13.0 进行处理，得到结果如下：

（1）表 8-14 输出的是被引入或从回归方程中被剔除的各变量。这说明在对编号为 1 的模型进行线性回归时所采用的方法是全部引入法。

表 8-14　被引入或被剔除的变量分析表

Model	Variables Entered	Variables Removed	Method
1	绿色壁垒严格程度[a]	.	Enter

a. All requested variables entered.

Dependent Variable：技术创新水平。

（2）表 8-15 输出的是常用统计量。从这部分结果可以看出相关系数 $R = 0.968$，判断系数 $R^2 = 0.936$，调整后的判断系数 $R^2 = 0.928$，回归评估的标准差 $S = 0.20277$。这些表明样本回归方程的代表性很强。

表 8-15 常用统计量分析

Model	R	R Square	Adjusted R Square	Std. Error of the Estimate
1	.968[a]	.936	.928	.20277

a. Predictors：(Constant)，绿色壁垒严格程度。

(3) 表 8-16 是方差分析表。从该表中的统计结果可以看出：统计量 $F=117.671$，相伴概率 $P=0.000$，表示通过 F 检验，即该回归方程的回归效果显著。另外，Sum of Squares 一栏中分别表示回归平方和为 4.838、残差平方和为 0.329、总平方和为 5.167。df 为自由度。

表 8-16 方差分析表

Model		Sum of Squares	df	Mean Square	F	Sig.
1	Regression	4.838	1	4.838	117.671	.000[a]
	Residual	.329	8	.041		
	Total	5.167	9			

a. Predictors：(Constant)，绿色壁垒严格程度。

Dependent Variable：技术创新水平。

(4) 表 8-17 为回归系数分析。从表中可以看出估计值及其检验结果，常数项为 15.088，回归系数为 0.047，回归系数检验统计量 $t=10.848$，相伴概率 $p=0.000$。说明该回归系数通过 t 检验，该回归系数是显著。

表 8-17 回归系数分析表

Model		Unstandardized Coefficients		Standardized Coefficients	t	Sig.
		B	Std. Error	Beta		
1	(Constant)	15.088	.083		181.351	.000
	绿色壁垒严格程度	.047	.004	.968	10.848	.000

Dependent Variable：技术创新水平。

由此得到回归方程：

$$Y=15.088+0.047X \tag{8-5}$$

8.6.3 结果分析

在以上的实证中，采用我国 1997～2006 年 10 年的中小企业的有关数据，实证分析了绿色壁垒对我国中小企业技术创新的影响，根据验证结果，可以得出如下结论：

（1）绿色壁垒与非滞后的中小企业技术创新之间并没表现出规律性的变化，表明绿色壁垒对即期的中小企业技术创新影响不大。

（2）绿色壁垒与滞后一期的中小企业技术创新之间呈现出明显的正向关系，即当绿色壁垒较严格时，会推动下一年度的中小企业技术创新水平的提高。

8.7　案例分析

8.7.1　西兰花遭遇日本《肯定列表》

台州是我国西兰花之乡，是全国规模最大的冬春西兰花生产中心和重要的国际西兰花生产基地，本地及周边生产面积达 8 万余亩，出口到日本、韩国、加拿大、东南亚各国和我国香港、台湾地区，年保鲜出口 1 万多吨，出口创汇 800 多万美元。从 2002 年 1、2 月日本市场的农残风波，到日本对我国进口蔬菜实施“批批检疫的临时农残加严检疫”，日方提出农残检测项目达 24 项，再到 2004 年日方农残检测项目增加到 247 项。我国西兰花产业一直遭受着绿色壁垒的侵袭。2006 年 5 月起，日本正式施行《食品中残留农业化学品肯定列表制度最终草案》，该草案明确设定了进口食品、农产品中可能出现的 734 种农药、兽药和饲料添加剂的近 5 万个暂定标准，大幅抬高了进口农产品、食品的准入门槛。目前全球约有 700 种农药，即便是拥有先进设备和检测人员的日本横滨进口食品检疫检查中心也只有检测其中 200 种农药的能力。而且，即使只进行这 200 种农药的检测，也因化验数据收集和管理工作量大、设备和人手严重不足而影响工作进度。据日方承诺，他们要在 2007 年底才能把所有项目的检测方法公布出来。肯定列表制度规定每种食品、农产品涉及的残留限量标准平均为 200 项，有的甚至超过 400 项。专家称，按照肯定列表的标准，吃一棵菜要检测 200 个项目。因此到目前为止，日本的肯定列表制度被认为是最为严苛的检测标准[307]。残留控制和农药检测所发生的费用将使我国输日产品的成本大幅增加。日本作为我国农产品的第一大出口市场，肯定列表的实施已严重影响我国农产品对日本的出口。而《肯定列表》针对我国西兰花的农药残留指标高达 298 项之多，这意味着我国的西兰花出口受制极大，面临着更严格的绿色壁垒。日本是上盘西兰花的主要出口国，它能否在日本市场顺利过关，是衡量我国农产品能否抵制绿色壁垒的根本所在。

8.7.2　西兰花生产中小企业的应对措施

日本《肯定列表》制度实施后对西兰花出口存在着潜在的歧视性威胁，同时，全面检测或多品种检测费用高昂、需要较长时间，这都意味着西兰花出口面临更严格的绿色壁垒。浙江省质量技术监督局通报《肯定列表》制度之后，省标准化研究院多次到上盘西兰花产业合作社指导，市政府在上盘建立西兰花标准化园区，该镇有关领导多次到合作社调研，并召开了两个专题会议，一个是农药使用标准修改会，逐项研究《肯定列表》制度中涉及西兰花生产的农药残留限量标准，与当时使用的农药品种、限量相比较，发现差距，提出修改意见，与有关技术人员讨论调整农药使用品种和限量标准，制定了新的《上盘西兰花农药使用一览表》；第二个是召开各加工中小企业负责人、基地植保员、种植大户会议，会上大家认真分析了日本《肯定列表》制度发布的原因和对西兰花产业发展的影响程度，要求中小企业负责人统一管理，建立责任追溯制度；基地植保员负责实施，监督指导安全生产；种植大户做好模范，带动农户安全用药。

1. 加大宣传培训，做到家喻户晓

根据《肯定列表》制度，如何使新生产标准深入人心，强化宣传是基础。该镇在各村村务宣传橱窗或人员集中的地方，张贴新的西兰花安全生产标准，使农户看得到，学得开。同时，组织西兰花标准化生产宣传车到田间地头，让植保员和农户进行面对面交流，规范田间操作规程。《肯定列表》制度出台后，镇里还开展了多层次的技术培训班。5 月 24 日，该镇与省质量技术监督局和省农业厅联合举办了西兰花应对日本《肯定列表》制度专题研究成果推广会，上盘西兰花合作社作了应对日本《肯定列表》制度的典型发言。5 月 26 日，该镇又召开来自台州各地近千名加工户和合作社代表参加的西兰花发展大会，共同商讨如何迈过《肯定列表》制度，使《肯定列表》制度在农户心中产生初步印象。

2. 依靠科技，减少农药使用

西兰花的进一步发展应以气候资源比较优势为立足点，充分依靠科技进步，进一步研究和发展病虫综合防治，减少农药使用，培育安全品牌，确保跨越日本《肯定列表》。该镇建立了西兰花病虫测报点，利用现有的杀虫灯、性诱剂设施，详细记录每天诱捕的害虫数量，预测局部病虫发生情况。为应对日本《肯定列表》，加强病虫测报体系，在多个地块布点，以减少害虫发生的局部差异，专门开展植保技术培训班，编制更加完善、更具说服力、适合本地区的《西兰花病虫情报》，发放到农户手中，指导农户及时安全准确用药，增加用药效果，改变农民见虫打药的坏习惯，减少田间化学农药的使用量。为应对此次《肯定列表》制度，在原来推广应用杀虫灯、性诱剂的基础上，还将推广使用矿物油制剂“绿颖”，同时采用抗性品种，调整播种期、深耕轮作、人工杀灭虫等农业防治措施减少农业化学品的使用量。日本《肯定列表》制度正式实施，该镇已做好各方面的应对措施，上盘西兰花产业合作社理事长徐友兴充满信心地说：“我们严格按照标准生产，发展西兰花脱水、制作罐头等深加工，扩大东南亚、中东和欧洲出口市场。坚持‘质量第一、安全第一’的宗旨，西兰花产业一定能健康持续发展。”

3. 建立技术标准体系，应对日本“肯定列表”

标准是西兰花生产和品牌经营的技术依据，我国与日本的《肯定列表》相比，我国的农残标准存在着标准少、标准低、标准旧等特点，我国目前仅制定了 137 种农药的 477 项残留限量标准，98 种兽药 658 项残留限量标准，与日本《肯定列表》制度差距极大。而且，我国还有 391 种农药，155 种兽药没有残留检测方法标准，应尽快系统地制定农药、兽药残留量检测方法国家标准和行业标准。

为了采取有效措施应对日本《肯定列表》制度，浙江省标准化研究院和浙江省农业科学院质量标准研究所自 2005 年就开展了针对《肯定列表》制度的系列研究活动，以西兰花为重点产品完成了专题研究，并编制了浙江省地方标准《西兰花安全生产技术规范》。标准还收集了最新的日本、欧盟、美国、韩国等国家/地区的农药残留限量标准，期望能为浙江省西兰花安全生产提供指导和参考。标准规定了相关农产品安全生产的技术规范和要求，主要包括质量安全要求、基地选择和管理、生产技术管理、投入品管理、劳动保护、记录的保留和内容要求等，提高了保鲜西兰花产品出口的质量安全生产水平，统一了生产技术标准，扩大了出口数量。

2006 年自 11 月中旬开始出口以来，台州所有输日的保鲜西兰花全部经受住日方官方近 300 多项的农残项目检测，对日出口 1229 吨，同比增长 35.2%。台州西兰花的安全卫生质量得到了日本市场的认同，正日益成为全国出口保鲜西兰花的“领头雁”。

【本章小结】

本章首先对绿色壁垒影响中小企业技术创新的路径进行分析，认为：第一，绿色壁垒使得外部成本内部化，从而提高了产品的生产成本和产品价格。短期内会对中小企业技术创新产生消极影响。绿色壁垒强度越强，其消极影响也就越大。第二，在相当长的一段时间内，绿色壁垒通过刺激绿色技术创新，对成本的增加有很好的消解作用。绿色壁垒对绿色技术创新的发生有一定的积极推动作用，但这种作用有一定的时期效应，也就是说预期绿色技术创新会在绿色壁垒实施一段时间后发生。同时，技术创新的发生还受其他一些因素的影响。因此，长期而言，绿色壁垒将通过绿色技术创新对中小企业技术创新产生积极影响。第三，绿色壁垒会减少污染密集度高的产品的出口数量，使资源倾向于离开这些行业。因此，对于技术水平相对落后的发展中国家来说，绿色壁垒会改变他们的出口结构，降低污染密集度高的产品出口比重。第四，绿色壁垒通过影响技术创新产品的环境竞争力对中小企业技术创新产生积极影响。这种积极影响在某些销售领域（欠发达国家）可能无法凸现，但由于我国的产品主要销往发达国家，环境竞争力显得比较重要，环境规制的这一影响也就显得比较重要。而且在环境规制水平全球趋严的背景下，这一积极影响将逐步增大。接着，本章根据全面性原则、简要性原则、可行性原则和可比性原则，建立了绿色壁垒严格程度和中小企业技术创新水平的评价指标体系。在此基础上，利用主成分分析法对9个中小企业技术创新的相关指标进行分析，测算出中小企业技术创新的定量化数值，再对绿色壁垒严格程度和中小企业技术创新水平进行回归分析，测算出了TBT与我国中小企业技术创新的关系。本章认为绿色壁垒与中小企业技术创新之间的关系主要表现在两个方面：一方面，绿色壁垒的严格程度并不会对中小企业技术创新产生即时的影响，而是会对中小企业创新产品出口造成障碍，抑制技术创新活动的开展。另一方面，绿色壁垒会对滞后一期的中小企业技术创新有激励作用，对技术创新产出有着积极的影响。最后本文采用浙江台州西兰花遭遇日本《肯定列表》的案例更深一层地说明绿色壁垒对技术创新的影响。

第9章 信息技术壁垒及其对中小企业技术创新的影响研究

9.1 信息技术壁垒的内涵和特征

9.1.1 信息技术壁垒的内涵

信息技术壁垒是指与出口贸易有关的信息表述不接轨、不衔接、不符合进口国信息技术要求而造成的贸易壁垒，包括电子商务、标签制度、计量单位制、无纸贸易（EDI）、商品的标识、条形码等。简单地说，信息技术壁垒指信息技术的使用造成的贸易壁垒[308]，即产品进口国利用在信息技术上的优势，通过制定合格评定程序、信息技术应用标准和信息技术应用法规，对信息传递的手段提出要求，最终达到保护本国相关产业和企业的目的。

信息技术是电子贸易的基础，同时也是电子贸易的主导技术。由于信息传递标准的不一致或是信息技术发展的不均衡导致了产品进口国和出口国之间的贸易障碍，如因特网在各国的普及程度差异。信息技术的使用加速了国际贸易的全过程[309]。但是由于以电子商务为代表的高新技术规范和标准一般都是由发达国家制定并且控制的，发达国家在电子商务的应用程度上远远超过发展中国家，而发展中国家由于企业信息化程度低、信息基础设施落后和信息技术水平低等因素，在使用信息技术方面和技术研究开发方面受到了很大的影响，而我国在出口时因相关的政策法规不健全、传递途径不畅通、信息不透明、信息基础设施落后等问题导致了我国很多企业的信息技术程度特别低，在国际贸易中频频遭遇发达国家的信息技术壁垒。

随着信息技术的快速发展，中小企业利用技术创新跨越信息技术壁垒已经变得越来越重要，而发达国家利用自身在信息技术上的已有优势，与发展中国家之间的信息技术差距越来越大。如从 1992 年起欧洲和美国都已经作出决定将全面采用 EDI 办理海关业务，此外美国还要求到 1999 年要全部采用，不采用 EDI 方式的海关将推迟受理或者会不予办理。从信息技术壁垒的表现形式可以将信息技术壁垒分为三个方面，分别是信息技术的合格认证程序、信息技术标准和信息技术法规，关于信息技术的知识产权壁垒等相关方面都是由信息技术壁垒衍生而来的，属于信息技术壁垒的外延部分。而本文研究的主要是信息技术壁垒的内涵部分。

9.1.2 信息技术壁垒的特征

1. 长期性

信息技术更新速度比较快，标准不统一且名目繁多，多由发达国家的企业和组织掌握，最重要的是信息技术不易被发展中国家掌握，进而不能对发达国家实施对等的国际贸易报复。因而，一旦发达国家占据了信息技术的主导权，发达国家必将不断设置新的更隐蔽的且信息技术要求更高的信息技术壁垒，从而达到保护本国贸易的目的。

2. 争议性

由于信息技术壁垒介于不合理和合理之间，同时非常复杂和隐蔽，不同的国家和地区间要想达成统一的标准非常难，在实际运用时很难把握它的分寸，因此极易引起争议。到目前为止，世贸组织还没有用来弱化并且消除信息技术壁垒的机制和措施，对信息技术壁垒的研究仅仅处于初级阶段。随着南北经济不平衡的加剧，信息技术壁垒会逐渐凸显，有可能成为未来几年贸易争端的主要内容。

3. 隐蔽性

对于传统的国际贸易壁垒，无论是在价格规范还是数量限制上相对都较为透明，因此人们很容易掌握和应对。而信息技术壁垒涉及的多是高新技术的标准，它是以科学技术为基础的，且信息技术壁垒措施不断改变，这让信息技术落后的发展中国家难以察觉。

4. 双重性

信息技术为人们带来贸易过程中成本下降和方便快捷等一系列的优势，有其合理的一面，因为追求利润和降低产品成本是各国参与国际贸易的最终目的。世贸组织协议规定，只要成员国制定的措施不对其他成员国造成歧视以影响正常的国际贸易，便默认采取信息技术措施的合理性和必要性，所以信息技术壁垒也有其合法的一面。但是在实际运用中，某些国家在正常利用信息技术以外，单方面提高了信息技术标准，从而使得国际贸易的过程变得更为复杂，增加了出口企业的产品成本，实际上是产品进口国借提供便捷和降低成本之名来达到保护本国内部相关企业的目的，削弱那些信息技术水平落后和信息基础设施不完善的发展中国家的劳动力成本优势，这是信息技术壁垒不合理和不合法的一面。

9.2　信息技术壁垒对中小企业技术创新的积极影响

9.2.1　使交易更加的简单快捷和低成本

抛开传统的交易方式，利用简单快捷的电子通信技术交易，能够实现从洽谈到交易全部过程的电子化，从而大大提高了交易效率。在国际贸易中，电子商务要求用标准化的格式完成信息的交换。首先，必须将发票和订单等文件通过翻译器，使之标准化，这样文件才能够被计算机识别，然后通过通信网络发送到与贸易有关部门的计算机内或者是发送给贸易伙伴，最后就是完成对文件的接受和处理。因此，在使用电子数据交换技术进行国际贸易活动的时候，原则上在整个过程是不需要任何纸面文件的，从而为真正实现无纸贸易提供了可能性。

一些国家的海关曾明确表示，优先处理审批使用 EDI 的报关文件和进口许可证，对于使用纸质文件的则延迟办理。美国在 1999 年就开始要求海关全部使用 EDI，英国 90％的结关手续也都是使用 EDI，不使用的将不予办理入关手续，这就意味着不少国家将因此增加仓储、推迟交易和减少贸易机会等。新加坡是世界上第一个实现使用 EDI 全面管理国际贸易的国家，据新加坡专家介绍，过去至少三天以上的报关，采用 EDI 之后只要十几分钟就能自动保管，不仅节约了时间，提高了效率，而且大大减少了成本，最终增强了中小企业的竞争能力。

据有关资料显示，美国 EDI 用户每年以 100％的速度增长，美国前 500 家企业中有 65％的企业使用 EDI。瑞典政府已决定在网上进行至少 90％的公共采购，克林顿政府时期也已决定对联邦政府 70％的公共采购实施电子化，日本各行业在 1993 年 EDI 的使用率就已达到了 40％，韩国也投资了大量资金建立贸易网络，开展全国的 EDI 服务。正是由于发达国家对电子商务方面的需求才促成了电子商务技术的形成，发达国家已经有意识地试图联合起来控制世界的信息资源，一旦发达国家的这种联盟形成，信息技术壁垒发挥作用的时候就为期不远了。

9.2.2 指导中小企业的创新过程

信息技术壁垒在一定程度上体现了进口国对进口产品和技术水平的要求，信息技术壁垒中的合格评定程序包括：检验程序、实验和抽样、批准程序以及保证程序。在中小企业的技术创新过程中，特别是在中小企业工艺创新的过程中，保证了中小企业工艺创新的过程能够严格按照规定进行。进口国对进口产品设置信息技术壁垒的同时，也给中小企业指明了一条进行技术改进和产品改进的方向。这些要求在中小企业技术创新的过程中起到了约束和指导的作用，使得技术创新过程能够按照相关规定有条不紊地进行。一旦创新成功，不但可以满足进口国对产品或技术的要求，还能提高它们的综合实力，使它们总是跟踪到国际前沿技术。

9.2.3 推动技术法规的制定和实施

我国政府历来都十分重视国际标准化的工作，尤其是改革开放以后，我国标准化工作进入到了一个新的阶段。早在 80 年代末期，在国际上技术性贸易壁垒还刚刚露头的时候，我国政府就已经开始着手制定科技兴国的战略，并且于 1988 年颁布了《中华人民共和国标准化法》，后来又由国务院颁布了《中华人民共和国标准化实施条例》。

9.2.4 加速技术改进和产品的更新换代

近几十年来，我国积极吸引外资，不断引进国外先进设备和技术，努力提高出口产品的科技含量。据有关资料显示，我国利用外资的成效还是相当显著的，外商投资企业出口的产品近十年来增长了 40 多倍，出口额也有大幅上升。采取合理的技术标准，特别是采用国际上通用的标准，是调整和优化中小企业出口产品结构的重要手段。信息技术壁垒就是我国中小企业技术创新的信息源泉，同时也是促使我国中小企业技术创新的不懈动力。

信息技术壁垒是中小企业进行技术创新活动的一种外部推动力量，它是中小企业内部产品质量改进的动力，信息技术壁垒的实施要求中小企业必须以严格的态度采取各种改进产品的措施，从而提高中小企业的整体素质和中小企业创新产品在国际市场上的竞争能力。可见，信息技术壁垒推动了中小企业的技术创新和产品创新的发展。在信息技术壁垒日益严重的国际贸易中，各个国家都对生产工艺或产品做了一些硬性的规定，以要求出口的中小企业通过规范的方式表现出来，这些都为中小企业指明了工艺创新和产品创新的方向。质量认证之所以被社会所接受并认可，最重要的因素就是在认证过程中所表现出来的科学性和公正性，使其在社会上享有很高的声誉。认证机构必须按照统一的程序、标准和规范严格地开展工作，以其公正科学的形象来吸引客户。

9.3　信息技术壁垒对中小企业技术创新的消极影响

9.3.1　增加经营成本和市场风险

要精确地估计出各国由于采用不同的信息技术壁垒对国际贸易造成的影响非常困难，但信息技术壁垒明显增加了出口产品的成本却是不争的事实。据联合国的一个研究报告统计指出，海关相关活动及程序所需的成本占贸易总额的 7%～10%，若对这些程序进行简化，可以降低相当于贸易总额 1.75%～2.0%的成本。为达到进口国市场准入门槛，中小企业必须增加要素投入，包括引进专利和培训人才等多个方面，这样势必会增加中小企业的生产经营成本，从而降低出口产品在国际市场上的价格竞争力。尤其突出的是国内评估标准和商检部门的部分测试得不到进口商或进口国的认可，在产品出口过程中，进口商或进口国往往会要求企业取得国外认证机构的认证，而国外认证机构的认证费用相当昂贵，这对于我国许多的中小企业来说，更是可望而不可及的事情，所以对于想通过认证来提高自身创新能力的中小企业，高额的认证费用无疑会成为它们的一个巨大障碍[310]。

9.3.2　引发贸易争端

信息技术壁垒的合理目标是保障人类的健康安全和保障出口产品的质量等，但产品进口国设置信息技术壁垒的真正目的往往不止这些。信息技术壁垒在具体的实施过程中要符合透明性、统一性、合理性、发展中国家特殊、非歧视性国民待遇和影响最小六大原则，但在具体实行过程中往往也无法实现上述原则，实施信息技术壁垒客观上可能产生的效果是多方面的，有可能保护本国的相关产业，促进本国相关产业的发展。信息技术壁垒已经成为一国产业政策的一部分，发达国家实施信息技术壁垒的目标正在转向多个目标，最终扭曲甚至抵消出口国的产品比较优势。

欧洲和美国都已做出决定，从 1992 年开始全面采用电子数据交换来办理海关业务，如果不采用电子数据交换方式的，海关将会推迟手续受理。美国在 1999 年开始要求海关全部采用电子数据交换，否则就不予受理；这些很多技术对于广大的发展中国家的中小企业来说，有很多都是难以达到的，虽然世界贸易组织框架中规定不能给国际贸易造成一些不必要的障碍，但是在具体的实施中却往往无法实现，特别是一些发达国家，为了维护自身的利益，借安全或卫生之名，实际上就是为了保护本国的企业而滥用了技术壁垒，从而影响了贸易自由化的正常进行，扭曲了贸易的商品结构，最终导致了贸易纠纷。

9.3.3 提高市场准入门槛

发达国家具有明显的人力资源、资金和技术优势，新产品的开发和新技术的应用一般都是由发达国家开始的，因而新技术的规则也是由发达国家制定和控制的。Loader 和 Henson（1999）指出，一方面信息技术壁垒的实施使发展中国家承担更高的运营成本，因为高的技术标准还要涉及大量检验程序和检测设施等的投资，这对发展中国家来说要经历人力物力的挑战；另一方面就是发展中国家相对于发达国家生产设施水平较低，发展中国家的中小企业为了达到发达国家更高的技术标准，必须花费大量的资源和资金用于改善设备和培训员工上，这一次性的投入对于发展中国家的中小企业来说无疑构成了市场进入壁垒。如果发达国家实施的信息技术壁垒相对合理的话，发展中国家的中小企业通过技术创新能够跨越，则能促进中小企业的技术创新，如果信息技术壁垒制定的过于苛刻，出口方会因为技术水平等原因的限制而使出口的产品质量无法达到进口国的要求，从而会限制这些中小企业的发展，或者出口方在面对过高信息技术壁垒时不思进取，则出口型中小企业该产品的出口就有可能面临萎缩，甚至是消亡[311]。尤其是随着传统的关税和非关税壁垒的作用逐渐减弱，信息技术壁垒由于具有隐蔽性的特点，越来越受到很多发达国家的青睐，信息技术壁垒已经逐步成为国际贸易的主要障碍。发达国家在信息技术方面具有明显优势，因为很多信息技术都是产生于这些发达国家，因而信息技术标准也是由这些发达国家制定和控制的。对于很多发展中国家来说，信息设施落后，信息水平低，为了达到发达国家的高标准，发展中国家不得不投入大量的资金用于信息基础设施的建设，这一次性的大量资本的投入对于很多发展中国家来说无疑已经构成了市场准入壁垒[312]。

【本章小结】

本章研究了信息技术壁垒的内涵，以及其具有的长期性、争议性、隐蔽性和双重性的特点，并对信息技术壁垒对中小企业技术创新的积极、消极影响进行了深入分析。

第10章　社会责任贸易壁垒对中小企业技术创新的影响研究

社会责任贸易壁垒是指以劳动者劳动环境和生存权利为借口采取的贸易保护措施。社会责任壁垒由社会条款而来，社会条款并不是一个单独的法律文件，而是对国际公约中有关社会保障、劳动者待遇、劳工权利、劳动标准等方面规定的总称，它与公民权利和政治权利相辅相成。美国、欧洲等一些发达国家通过采用社会责任国际标准（Social Accountability 8000 International Standard，SA8000）来达到保障人权、维护社会道德责任的目的。由于这一标准增加了发展中国家的外贸出口的难度，提高了外贸出口的标准，形成了发展中国家出口贸易的一种新的贸易壁垒[313]。

10.1　社会责任贸易壁垒的主要内容

社会责任贸易壁垒最典型的代表是SA8000标准，SA8000是一个由经济权益促进委员会认可局（Councilon Economic Priorities Agency，CEPAA）制定和推动的，用于工商企业保护劳工基本权益等社会责任的通用管理体系标准。其主要内容包括九个要素。

（1）童工

公司不应使用或者支持使用童工，应与其他人员或利益团体采取必要的措施确保儿童和应受当地义务教育的青少年的教育，不得将其置于不安全或不健康的工作环境或条件下。

（2）强迫性劳动

公司不得使用或支持使用强迫性劳工，也不得要求员工在受雇起始时交纳押金或寄存身份证件。所谓强迫劳动包括监狱劳动、契约劳动、抵债劳动、奴役劳动。

（3）健康与安全

公司应具备避免各种工业与特定危害的知识，为员工提供健康、安全的工作环境，采取足够的措施最大限度地降低工作中的危害隐患，尽量防止意外或伤害发生；为所有员工提供安全卫生的生活环境，包括干净的浴室和宿舍、厕所、可饮用的水、卫生的食品存储设备等。

（4）结社自由和集体谈判权

公司应尊重员工组织、加入工会及集体谈判的权利。若权利受法律限制，公司仍应协助员工通过其他合法渠道获取独立、自由结社及谈判权利。公司不应歧视参加工会的员工，并确保工会与员工代表可在工作地点进行接触。

（5）歧视

公司不得因种族、社会等级、国籍、宗教、身体、残疾、性别、性取向、工会会员、政治归属或年龄等而对员工在聘用、报酬、培训机会、升迁、解职或退休等方面有歧视行为；公司不干涉员工行使信仰和风俗的权利和满足涉及种族、社会阶层、国籍、宗教、残疾、性别、性取向、工会会员和政治从属需要的权利；公司不能允许强迫性、虐待性或剥削性的性侵扰行为，包括姿态、语言和身体的接触。

（6）惩戒性措施

公司不得采取体罚、胁迫、侮辱等形式的惩戒行为。只能使用公开公平的以教育为目的的惩罚方式，如对违反厂规的工人用口头警告、书面警告、记过等方式，使工人认识自己的错误，纠正不良行为在惩罚的同时，为违规工人提供申诉渠道，让工人参与申诉。

（7）工作时间

公司应遵守使用法律及行业标准有关工作时间的规定，标准工作周不得经常超过48小时，同时，员工每7天至少有1天的休息时间。所有加班工作应支付额外津贴，任何情况下每个员工每周加班时间不得超过12小时，且所有加班必须是自愿的。

(8) 工资报酬

公司支付给员工的工资不应低于法律或行业的最低标准，并且必须足以满足员工的基本要求，以及提供一些可随意支配的收入，并以员工方便的形式如现金或支票支付；对工资的扣除不能是惩罚性的，并应保证定期向员工清楚详细地列明工资、待遇构成；应保证不采取纯劳务性质的合约安排或虚假的学徒工制度以规避有关法律所规定的对员工应尽的义务。

(9) 管理系统

高层管理阶层应根据本标准制定公开透明、各个层面都能了解并实施的符合社会责任与劳工条件的公司政策，并进行定期审核；委派专职的资深管理代表具体负责，同时让非管理阶层自选出代表与其沟通；建立并维持适当程序，证明所选择的供应商与分包商符合本标准的规定[314]。

10.2 SA8000标准的认证程序

目前，在社会责任壁垒方面颇为引人注目的标准是SA8000标准，为了使SA8000标准更制度化，有相关程序用以验证其实施情况。

这些程序对政策、管理评审、公司代表、计划与实施、对供应商分包商和分销商的监控、处理疑虑和采取纠正行动、对外沟通、核实渠道、档案记录等问题都做了详细的规定。①计划阶段，根据公司政策和客户要求制定公司目标以及实现目标的过程和措施。②实施阶段，根据计划，实施并有效地控制已经制定的过程和措施。③验证阶段，根据公司政策、目标和要求，监督监测过程和措施的运行，必要时采取补救和纠正行动。④改进阶段，根据公司目标要求，定期评审公司管理体系及运行，确保管理体系的持续适用性、充分性和有效性，以达到持续改进的目的。

通过论证的公司会获得证书，并有权在公司介绍手册和公司信函抬头处印上SGS-ICS论证标志和CEPAA标志。此外，它们还可得到SA8000证书的副本用于促销。在推行SA8000上，欧洲走在前列，美国紧随其后，欧美地区的采购商对该标准已相当熟悉。目前全球大的采购集团非常青睐有SA8000认证企业的产品，这迫使很多企业投入巨大人力、物力和财力去申请与维护这一认证体系，这无疑会大大增加成本。特别是发展中国家，劳工成本是其最大的比较优势，社会责任壁垒将大大削弱发展中国家在劳动力成本方面的比较优势[315]。

欧美等作为在劳工和企业社会责任标准方面呼声最高的发达国家获得认证的企业并不多，而我国、印度、巴西等发展中国家获得此项认证的企业占绝大多数比例。从获证企业的行业分布看，服装、纺织和玩具行业的企业位居前三位，占总量的 25.7%；此外，化妆品和家用器皿行业的企业也较多；劳动密集型行业占据优势。从获证企业的洲际分布看：亚洲最多，其次为欧洲、南美洲、北美洲和非洲[316]。从获证的国别分布看，我国最多。SA8000 自 2003 年下半年以来在我国获得突破性的发展，截至 2006 年 6 月 30 日，我国共有 129 家企业通过了 SA8000 有效认证。国内市场上已经掀起 SA8000 认证、咨询和培训的经营浪潮。到 2007 年 10 月，全球通过 SA8000 认证企业共 1500 家，其中我国企业占 180 家。目前，我国沿海地区已有近万家企业接受过众多世界跨国公司在劳工和社会责任方面的审核。

10.3　社会责任贸易壁垒的特征

近十几年来，随着关税和一般非关税贸易壁垒的不断削弱，社会责任贸易壁垒作为一种新型贸易壁垒措施，越来越多地被贸易保护主义者所利用，成为限制发展中国家劳动力密集型产品出口的有利工具。社会责任贸易壁垒在运用中具有以下特点：

1. 保护手段更加隐蔽

社会责任贸易壁垒在应用中，发达国家往往凭借一系列的国际公约对进口商施加压力，SA8000 标准提出了企业道德水准评定的必要性，但其提出的道德标准往往与发展中国家经济发展水平不相适应。在执行中，发达国家往往利用民间力量、公众舆论，以反“社会倾销”为借口，强制推行。对违背 SA8000 标准的企业及其产品采取征收附加税、限制或禁止进口等强制性贸易措施，从而提高了发展中国家出口企业的道德执行成本。从这一角度来说，SA8000 标准实现了一般性贸易壁垒向道德性壁垒的转变，保护性更加隐蔽。因此具有形式上的隐蔽性。

2. 保护范围更加宽泛

SA8000 标准的干预点从产品生产的最终环节延伸到产品生产的中间环节。目前一些大型全球采购集团纷纷在其生产供应链上进行 SA8000 标准认证，它们不仅自己制定社会责任守则，而且要求产品配套企业和合作企业遵守，从而将企业社会责任运动扩展到了生产制造基地。社会责任贸易壁垒主要影响发展中国家中的劳动密集型产业，这是发展中国家运用其在劳动力成本上的比较优势加入国际经济循环的主要领域，它不局限于某个特定的行业，因此波及的范围比传统非关税壁垒更广泛。

3. 程序简单

SA8000 与人们熟悉的 ISO14000、ISO9000 认证比较相似，但更强调企业的社会责任。与反倾销比较，由于 SA8000 机制名义上都以改善工人工作条件和环境为目的具有合理的成分，更易获得西方国家的认同，更容易取得证据，并且能很快获得裁定，比反倾销程序简单得多。

4. 走向市场化

SA8000 标准是应市场需求产生的一个供独立或第三方认证体系使用的社会责任标准，属自愿性的民间壁垒。然而，企业或国家如果受到制裁，不仅产品出口会受到影响，还会被塑造成忽视劳工权益、缺乏社会责任的形象，其品牌和国际声望都会受到误导，并会在相当长的一段时间内在消费者心目中造成消极的影响。因此，目前 SA8000 标准的认证虽然仅仅是自愿性的商业认证，但在企业社会责任运动盛行的背景下，企业要通过认证才能在国际竞争中获得成功。可以说 SA8000 是一种通过市场化运作实现的贸易保护措施[317]。

10.4 社会责任贸易壁垒对中小企业技术创新的影响

10.4.1 正面影响

在经济全球化快速发展的背景下，竞争优势的资源正在持续地发生变化，某一特定的标准正从获胜的标准转变成为限制性标准，成为中小企业能否存在的关键因素。传统的成本、质量、供货期、灵活性等要求已经成为最基本和最平常的标准，另外又提出了一些选择性的标准，如速度、一致性、创造性、多样性、安全性和社会责任等。工商界已经明确地将社会责任看作竞争优势的一种资源。SA8000 要求良好的社会责任管理，有助于提高中小企业的社会形象，帮助中小企业获得出口销售竞争优势，有效地吸引人才并使员工发挥出较高的绩效，从而提高生产率等，改善中小企业与公众、政府、民间组织的关系等，从而为中小企业技术创新提供良好的环境。在信息时代，中小企业的公众形象成为企业成败的一个关键因素，中小企业仅仅遵守道德标准还不够，还需要向公众展示“采取正确的方式做正确的事情”。对社会责任的关注，促使企业在追求生产效益的同时，也在环境保护与劳动保护上下功夫，从而赢得良好的声誉。SA8000 正是能够为中小企业这种公众形象提供证明，从而为中小企业技术创新活动开展提供有利环境[318]。

10.4.2　负面影响

SA8000 对我国劳动密集型出口企业提出了严峻挑战，而我国大部分中小企业均属于劳动密集型中小企业，这些生产规模相对较小，经营分散，主要分布在进入门槛低、技术含量不高、劳动密集型行业，其发展主要依托的是经营方式灵活、劳动力廉价等优势，生产装备、生产方式、产品技术含量都还处于较低水平，科研开发能力不足，缺乏自己的核心技术。从经营方式来看，他们较多的是采用粗放的经营模式，存在着高投入、高消耗、高污染、低产出的问题。在科技含量高、资金密度高、市场准入壁垒高、利润率高的行业中小企业数量较少，造成产品售价低廉、没有品牌价值、产品附加值低。中小企业为应对社会贸易责任壁垒就要更多地思考员工的生产效率如何，实现从产品开发设计阶段开始的全面成本管理，重新设计制造成本和改造生产经营流程，这势必会增加中小企业技术创新的成本。SA8000 要求中小企业不能以牺牲劳工利益为代价，依靠廉价劳动力获取产品竞争力，公司实现良好社会责任表现必然会挤占其他竞争因素的资源，对中小企业开展技术创新活动是非常不利的。

【本章小结】

本章阐述了社会责任贸易壁垒的主要内容：童工、强迫性劳动、健康与安全、结社自由和集体谈判权、歧视、惩戒性措施、工作时间、工资报酬和管理系统，并介绍了 SA8000 的认证程序，进而分析了社会责任贸易壁垒的特征及其对我国中小企业技术创新的影响。

第 11 章 TBT 对中小企业技术创新影响机理研究

机理研究不仅是人们理解事物的基础，也是事物本身运行的保障。TBT 影响中小企业技术创新的内在运行机理是复杂的，为了更好地研究 TBT 对我国中小企业技术创新的影响，有必要对其做出合理的解释和适当的概括。从根本上讲，TBT 主要从贸易和质量管制两个层面对中小企业技术创新产生影响，一方面，TBT 影响中小企业产品的出口，从而导致中小企业开展技术创新活动；另一方面，TBT 又对中小企业技术创新活动的开展有着重要的影响。

11.1 基于贸易的 TBT 对中小企业技术创新影响机理分析

基于贸易的 TBT 对中小企业技术创新的影响机理是为保护本国经济安全、限制境外品而形成的数量控制机制和价格控制机制。关税壁垒是一种价格控制机制，通过对进口品征收关税，使进口品的价格明显高于国际市场价格，从而削弱其在东道国市场上的竞争力。而配额制则是一种数量控制机制，通过改变配额指标，来调整产品的进口数量。配额指标一经确定，进口数量也就确定下来。TBT 与上面的不同就在于，它是通过建立技术规范、标准和合格评定程序来实现其贸易壁垒的，既有数量控制作用，也有价格控制作用。

发达国家通过 TBT 维持着在价值链高端的位置，压制发展中国家的技术创新推广和产业升级，其影响已从劳动密集型产品向高新技术产品延伸。我国出口的劳动密集型产品和一些高新技术产品大多是由中小企业生产的，同时中小企业还通过向大企业提供优质价廉的零部件和劳务来促进其出口。因此，随着对外开放程度的进一步加大，我国外向型中小企业由于技术水平的差异面临着更多 TBT 的限制和挑战，这些壁垒造成的影响在短期内无法消退。由于受到 TBT 的影响，中小企业技术创新产品面临着数量和价格的复合抑制作用。

11.1.1　数量作用

在中小企业遭遇的 TBT 之中，虽然其中一些的表现形式如技术标准是自愿的，但如果产品不按国际上通用的标准或是更高的标准生产，采购商不会订货，消费者也不会购买，这就是市场约束作用的结果。因此，为了迎合市场，中小企业技术创新的技术、信息、设备、资金和人员等要素都要重新进行配置，而过高、过严的技术要求在短期内会对中小企业技术创新活动造成一定的阻碍，这种壁垒首先限制了中小企业创新产品的出口数量。所以说，TBT 具有很强的刚性，只要创新产品不符合进口贸易国技术要求，几乎就不可能进入该国市场。如图 11-1所示，横坐标 Q 表示某行业中小企业生产的创新产品数量，纵坐标 P 表示行业创新产品的价格，S 曲线代表行业创新产品的国际市场供给曲线，D 曲线表示进口贸易国对行业创新产品的需求曲线。假设在 TBT 实施之前，国际市场上该行业创新产品的出口量和进口量均衡且数量为 Q_0，此时均衡价格为 P_0。当进口贸易国实施 TBT 时，中小企业受生产技术及原料、管理等因素的制约，生产成本提高，供给弹性变小，这时的供给曲线上移到 S_1，均衡价格则上升到 P_1，而贸易流量下降到 Q_1。由于多数中小企业很难在较短的时间内达到要求，供给曲线也可能是 S_2，供给弹性将更小，国际市场均衡价格进一步上升到 P_2，贸易流量则降至 Q_2[319]。可见，TBT 对我国中小企业创新产品具有出口数量的抑制作用。

11.1.2　价格作用

虽然 TBT 可能不直接对行业创新产品的市场准入设限，但会影响行业创新产品的出口成本，进而形成了对行业出口创新产品的价格抑制作用。在图 11-2 中，横坐标 Q 表示某行业中小企业生产的创新产品数量，纵坐标 P 表示行业创新产品价格或成本，AC 曲线表示该行业创新产品的单位平均成本。一般情况下生产过程存在规模经济，AC 曲线凸向原点 O 并严格递减，即产量越大单位行业

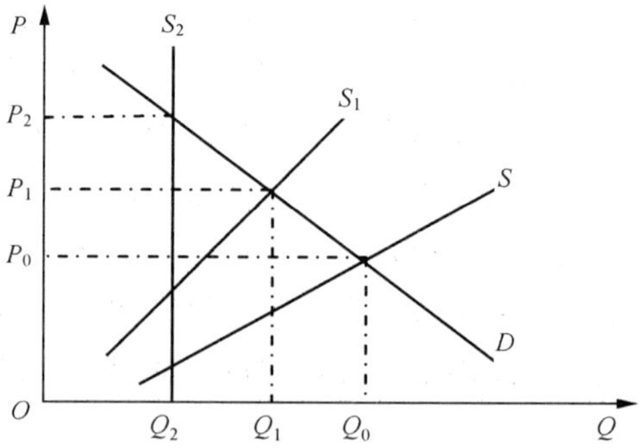

图 11-1 TBT 对创新产品出口数量的抑制作用

创新产品的成本越低。假设该行业创新产品的国际市场价格是 P_0，则在没有设置 TBT 的情况下，中小企业产量为 Q_1，出口到国际市场上单位创新产品的利润为 W，如图 11-2（a）所示。当进口贸易国的技术标准高于我国行业的标准，或者进口贸易国有意设置技术障碍时，中小企业势必要调整生产过程或支付额外的费用以使其行业创新产品符合进口贸易国技术要求，额外的代价即成本增量记为 ΔAC。

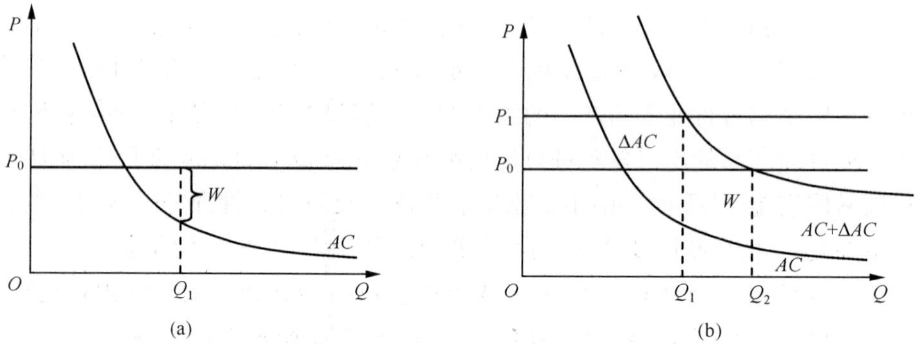

图 11-2 TBT 对创新产品出口价格的抑制作用

这些额外的代价包括：①信息费用。该行业为了应对 TBT，必须经常跟踪出口市场技术要求的动向，对新技术法规影响进行评估。繁复的技术标准、法规和合格评定程序并非普通人所能理解，有关资料需要翻译、印发，有关人员还要接受培训，这些信息费用也要由中小企业承担。②中小企业为满足技术要求，需要增加资本投入更新技术设计、改进生产工艺和引进新设备，还要改进中小企业内部的测试与检验程序并建立起新的质量管理体系[234]，这些都增加了创新产品的成本。③当行业出口创新产品需要接受国际技术标准和检测机构的检验、测试、认证和技术鉴定时，由于我国技术水平落后，大量的检测设备、检测方法和检测人员都只能从国外引进。只有经过进口国认可的检验机构评估检验合格后的产品才能出口，这部分检验费用必须由厂商自己承担，而检验费用往往十分昂贵，这些费用也增加了创新产品的成本。④各国推行各自的技术标准，行业创新产品进入不同国家，还必须取得相应的技术认证标志，庞大的鉴定、检测费用也增加了创新产品的成本。⑤随着技术的生命周期迅速缩短，技术标准的周期也相应缩短，技术标准制定和修订的数量随之增多，中小企业为了满足进口贸易国技术标准的要求，在研发、生产、检验等阶段成本不断增加，形成了中小企业技术创新的负担。

ΔAC 的存在使该行业创新产品的单位平均成本曲线 AC 的位置上移，如图 11-2（b）所示。在中小企业创新产品产量仍为 Q_1 的情况下，该行业创新产品在进口贸易国的售价至少需要从 P_0 提高到 P_1 才不至于产生亏损。跨越 TBT 是以提高成本为代价的，我国以往出口大多依靠的是低廉的成本，而价格的提高无疑会降低该行业创新产品的价格优势，从而失去了与进口贸易国同类产品的价格竞争机会，并使其销售利润下降。

11.1.3　复合作用

TBT 是动态的，必然随着科学技术的进步而不断发展、创新和更新换代，而且更新换代的速度和周期在不断地加快。随着行业创新产品达到技术要求的中小企业数量不断增加，TBT 的阻碍作用会逐渐失效，进口贸易国出于保护国内市场或是消费者的需要，就有可能进一步提高技术要求，达不到新要求的行业创新产品将会再次被禁止进口或失去出口竞争优势，数量抑制作用开始生效。中小企业为了保持出口优势就必须增加成本再次开始新一轮的产品或工艺创新，于是 TBT 就起到了对我国中小企业创新产品新一轮的价格抑制作用。如图 11-3（a）所示，横坐标表示某中小企业生产创新产品的数量，纵坐标表示技术要求，当技术要求为 T_0 时，只有达到或优于该技术水平的产品方可进入进口国，对应的行业创新产品的出口量为 Q_2；当进口国逐步把技术要求提高到 T_1 或 T_2 时，出口量随之减少为 Q_1 和 Q_0。在图 11-3（b）中，我国中小企业提高了技术水平，面对进口贸易国更高的技术要求 T_1 和 T_2，该中小企业出口创新产品的数量比图 11-3（a）明显地提高了很多，表明有更多的行业创新产品能顺利进入进口国市场[35]。但是这种跨越不是无代价的，改进后的产品具有相当高的成本。可见，TBT 的数量和价格抑制机理不是孤立的，而是共同对进口产品产生作用，同时在进口品进入的不同时期，这种机制的主要表现形态是可变的，呈现出由“数量抑制—价格抑制—数量抑制……”这一双重复合作用机理及其主要职能交替循环变化的过程。

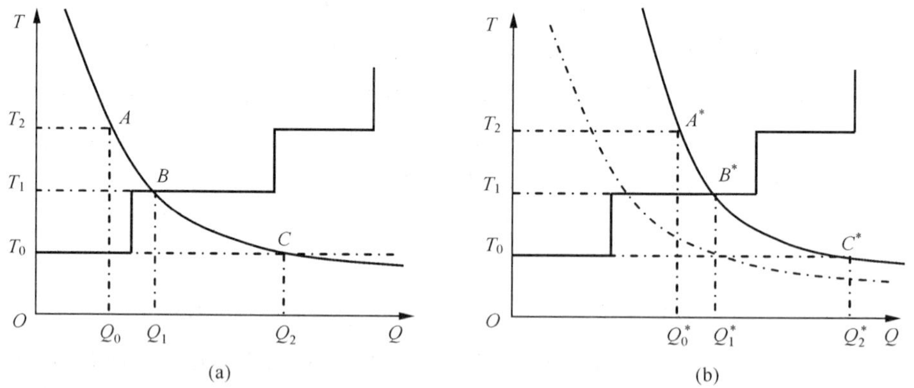

图 11-3 TBT 对创新产品出口复合的抑制作用

由此，发达国家的 TBT 设置和我国中小企业跨越壁垒的行动伴随着技术进步不断调整，在发达国家和我国行业之间循环进行着 TBT 的设置和跨越过程。从以上 TBT 对中小企业技术创新产品的影响机理可以看出，TBT 在不断地促使中小企业开展技术创新活动，而中小企业技术创新后的产品由于成本的增加，又受到价格上的抑制。然而，不管是数量上还是价格上的抑制，TBT 促使中小企业开展技术创新是不争的事实。

11.2 基于质量管制的 TBT 对中小企业技术创新影响机理分析

把 TBT 纳入保护性贸易政策的范围，有其合理之处，但不够全面。TBT 本质上属于进口国政府实施的产品质量管制措施，这类措施的管制对象是所有在进口国市场销售的同类产品[320]。因此，进口国实施产品质量管制对我国中小企业的影响是双重的：一方面，由于我国与发达国家产品之间存在着质量差距，使中小企业为了达到进口国的最低质量要求，被迫将更多资源投入创新活动，通过国外先进技术的扩散，我国中小企业将不断吸收并提高自己的技术水平，缩短差距达到要求；另一方面，在这种情况下成本必然增加，因此中小企业还要开展技术创新活动来降低成本，从而达到跨越 TBT 的目的。

11.2.1　基于产品质量差异策略的 Cournot 博弈分析

我国中小企业出口产品遭遇 TBT 的根本原因在于产品的弱质性。我国科技水平落后于发达国家，由此导致我国出口产品的技术含量低及质量水平不高。我国中小企业的从业人员主要来源于农村剩余劳动力和城镇新增劳动力，文化程度普遍偏低，缺乏工作所必需的技能训练，大大制约了中小企业技术水平和劳动生产率的提高。同时，我国相当多的行业技术装备落后，即使在改革开放后引进了许多生产技术装备，也是发达国家在进行产业结构调整时，淘汰下来的 20 世纪 80 年代，甚至六七十年代的生产设施，造成我国的产品质量实际水平落后于发达国家 10～20 年。而世界范围内产品质量的迅速提高和质量标准不断更新，使得我国的出口产品更易受到发达国家 TBT 的限制。虽然近年来高新技术产品出口得到较快增长，但在总出口中占的比重还很低，中小企业的出口产品以附加值低的劳动密集型产品和资本密集型产品占出口主导地位。另外，现在大多数发达国家的 TBT 是借环境保护之名行贸易壁垒之实。而我国相当部分的中小企业由于在生产过程和包装上缺乏环境保护意识，仍然停留在以消耗能源、资源，甚至不惜采取掠夺性、毁灭性经营模式来换取经济增长的阶段，这一方面对生态造成难以恢复的破坏；另一方面使得很多行业达不到绿色认证标准，出口受阻[321]。我国作为技术模仿和引进国，在技术更新速度上落后于发达国家，与发达国家实施的 TBT 之间有一定的差距，导致我国往往处于“被动买单”的地位[322]。

1. 模型关系及博弈模型

通过分析两个厂商在市场竞争中，高质量的产品是如何在市场销量、价格、利润等方面通过竞争取得优势，并逐步挤占低质量产品的市场份额，最后驱逐低质量产品的过程，说明技术创新在缩短质量差距中的重要作用。

(1) 产品质量无差异的双寡头古诺模型

在一般的古诺模型中，假设某一市场只有厂商 1 和厂商 2，他们生产完全可以相互替代的产品，具有相同的产品成本函数为 $c_i(q_i)=cq_i, i=1,2$，每个厂商的选择策略是同时选择产量，厂商 1 和厂商 2 的产量分别为 q_1、q_2，那么总产量为 $q=q_1+q_2$。

反需求函数为：$p_i(q_1+q_2)=\max\{a-b(q_1+q_2),0\} \qquad a,b>0$

利润函数为：

$$\pi_1=(p_1-c)q_1$$

$$\pi_2=(p_2-c)q_2$$

纳什均衡产量要求厂商在完全信息的条件下作出产量决策，纳什均衡产量、价格、利润分别为：

$$q_1^0 = q_2^0 = \frac{a-c}{3b}$$

$$p_1^0 = p_2^0 = \frac{a+2c}{3}$$

$$\pi_1^0 = \pi_2^0 = (p_1^0 - c)q_1^0 = \frac{(a-c)^2}{9b}$$

同理，当市场有 n 个厂商时，同样对每个厂商的利润最大化的纳什均衡有：

均衡产量为：$q_i^0 = \frac{a-c}{(n+1)b} \quad (i=1,2,\cdots,n)$

均衡市场价格为：$p_i^0 = \frac{a+nc}{n+1} \quad (i=1,2,\cdots,n)$

均衡利润为：$\pi_i^0 = \frac{(a-c)^2}{b(1+n)^2} \quad (i=1,2,\cdots,n)$

结论 1：当市场容许量不变，厂商越来越多的时候，市场总供给量在逐渐增加，且当 n 趋向无穷时，市场价格趋向于产品的边际成本价格，厂商的利润趋近于零，从而寡头垄断市场向完全竞争市场演变。

(2) 具有产品质量差异的双寡头古诺模型

如果两厂商的产品有替代性，并且有质量差异，那么，两厂商的产量和利润就会发生变化，本书考虑国内外的同行业的两厂商，生产两种具有质量差异但可以相互替代的产品，一种为国外厂商 1 生产，另一种国内厂商 2 生产，在厂商 1 所在国进行 Cournot 双寡头竞争，并且这两个企业垄断了该国的这两种产品市场。本书希望了解这种产品质量垂直差异是如何改变厂商之间的竞争优势，从而影响厂商的市场份额并促使厂商通过技术创新进行产品差异化竞争。假设产品质量是可以量化的，为此，令 λ 为上述两种产品质量差异水平系数，且 λ 与产品质量正相关，γ 为市场销量影响系数，在原先的 TBT 水平下，产品的质量水平与销量水平均为 1，则在新的质量水平下，$\lambda>1$，$\gamma>1$，δ 为产品成本差异系数，$0<\delta<1$ 时，也就是说，产品质量提高的同时，由于技术创新，产品工艺设计的改进同时也降低了边际成本。这时的反需求函数为：

$$P_1 = a\lambda - b\left(q_1 + \frac{q_2}{\gamma\lambda}\right) \tag{11-1}$$

$$P_2 = \frac{a}{\lambda} - b(\gamma\lambda q_1 + q_2) \tag{11-2}$$

$$c_1 = \delta c \qquad c_2 = c$$

式（11-1）和式（11-2）说明了在市场竞争的影响下高质量的产品价格会提高，提高的影响程度取决于产品的质量，低质量产品的价格会降低，降低的影响程度同样取决于产品的质量，因此，两厂家的利润函数为：

$$\pi_1 = a\lambda q_1 - bq_1\left(q_1 + \frac{q_2}{\gamma\lambda}\right) - \delta c q_1 \tag{11-3}$$

$$\pi_2 = a\frac{q_2}{\lambda} - bq_2(\gamma\lambda q_1 + q_2) - cq_2 \tag{11-4}$$

2. 博弈分析

对式（11-3）和式（11-4）分别对 q_1, q_2 求导数，由利润最大化一阶导数条件，可以得到两厂商的反应函数：

$$\frac{\partial \pi_2}{\partial q_2} = \frac{a}{\lambda} - b\gamma\lambda q_1 - 2bq_2 - c$$

$$q_1 = \frac{a\lambda - \delta\lambda c}{2b} - \frac{q_2}{2\gamma\lambda}$$

$$q_2 = \frac{\frac{a}{\lambda} - c}{2b} - \frac{\gamma\lambda}{2}q_1$$

可以得到纳什均衡产量：

$$q_1^* = \frac{a\left(2\lambda - \frac{1}{\lambda^2\gamma}\right) - c\left(2\delta\lambda - \frac{1}{\lambda\gamma}\right)}{3b} \tag{11-5}$$

$$q_2^* = \frac{a\left(\frac{2}{\lambda} - \gamma\lambda^2\right) - c(2 - \delta\gamma\lambda^2)}{3b} \tag{11-6}$$

将式（11-5）、式（11-6）与 $q_1^0 = q_2^0 = \frac{a-c}{3b}$ 相比可知，由于 $\lambda > 1, \gamma > 1$，所以

$$q_1^* = \frac{a\left(2\lambda - \frac{1}{\lambda^2\gamma}\right) - c\left(2\delta\lambda - \frac{1}{\lambda\gamma}\right)}{3b} > \frac{a\left(2\lambda - \frac{1}{\lambda\gamma}\right) - c2\delta\lambda + \frac{c}{\lambda\gamma}}{3b}$$

$$> \frac{a\left(2\lambda-\frac{1}{\lambda\gamma}\right)-c\left(2\lambda-\frac{1}{\lambda\gamma}\right)}{3b}=\frac{(a-c)\left(2\lambda-\frac{1}{\lambda\gamma}\right)}{3b}>\frac{(a-c)}{3b}$$

$$q_1^*=\frac{a\left(2\lambda-\frac{1}{\lambda^2\gamma}\right)-c\left(2\delta\lambda-\frac{1}{\lambda\gamma}\right)}{3b}>q_1^0=\frac{a-c}{3b}$$

$$q_2^*=\frac{a\left(\frac{2}{\lambda}-\gamma\lambda^2\right)-c(2-\delta\gamma\lambda^2)}{3b}<\frac{a\left(\frac{2}{\lambda}-\gamma\delta\lambda^2\right)-c+c(\delta\gamma\lambda^2-1)}{3b}$$

$$<\frac{a\left(\frac{2}{\lambda}-\gamma\delta\lambda^2\right)-c+a(\delta\gamma\lambda^2-1)}{3b}=\frac{a\left(\frac{2}{\lambda}-1\right)-c}{3b}$$

因为$\lambda>1$，所以$\frac{2}{\lambda}-1<1$。因此

$$q_2^*=\frac{a\left(\frac{2}{\lambda}-\gamma\lambda^2\right)-c(2-\delta\gamma\lambda^2)}{3b}<\frac{a\left(\frac{2}{\lambda}-1\right)-c}{3b}<q_2^0=\frac{a-c}{3b}$$

结论 2：当两产品存在质量差异时，质量高的产品的市场需求提高，质量低的产品市场需求下降了，也说明了当 TBT 导致提高产品的质量要求时，市场需求的增加会促使中小企业技术创新，提高产品的质量。

将式（11-5）、式（11-6）代入式（11-1）、式（11-2），得到均衡价格为：

$$P_1^*=a\lambda-\frac{a\left(\lambda+\frac{1}{\lambda^2\gamma}\right)-c\left(\lambda\delta+\frac{1}{\lambda\gamma}\right)}{3}$$

$$p_2^*=\frac{a}{\lambda}-\frac{a\left(\gamma\lambda^2+\frac{1}{\lambda}\right)-c(\gamma\lambda^2\delta+1)}{3}$$

由于

$$P_1^*=\frac{a\lambda+a\lambda-\frac{a}{\lambda^2\gamma}-c\left(\lambda\delta+\frac{1}{\lambda\gamma}\right)}{3}$$

$$>\frac{a\lambda+c\left(\lambda-\frac{1}{\lambda^2\gamma}+\lambda\delta+\frac{1}{\lambda\gamma}\right)}{3}$$

$$=\frac{a\lambda+c\left(1+\lambda-1-\frac{1}{\lambda^{2}\gamma}+\lambda\delta+\frac{1}{\lambda\gamma}\right)}{3}$$

$$=\frac{a\lambda+c(1+\lambda)+c\left(\lambda\delta+\frac{1}{\lambda\gamma}-1-\frac{1}{\lambda^{2}\gamma}\right)}{3}$$

$$=\frac{a\lambda+c(1+\lambda)+c(\lambda\delta-1)}{3}$$

因为 $\lambda>1$，所以 $a\lambda>a,\lambda+1>2$

因此，当 $\lambda\delta-1>0$。即 $\delta>\frac{1}{\lambda}$ 时

$$P_1^*=a\lambda-\frac{a\left(\lambda+\frac{1}{\lambda^2\gamma}\right)-c\left(\lambda\delta+\frac{1}{\lambda\gamma}\right)}{3}>p_1^0=\frac{a+2c}{3}$$

结论 3： 产品质量提高的同时，要进行产品工艺设计的改进，降低产品的边际成本，只有当边际成本也降低到 $1>\delta>\frac{1}{\lambda}$ 时，在市场竞争中，质量高的产品均衡时的价格将高于没有产品差异时的价格。

由于

$$p_2^*=\frac{a}{\lambda}-\frac{a\left(\gamma\lambda^2+\frac{1}{\lambda}\right)-c(\gamma\lambda^2\delta+1)}{3}$$

$$=\frac{\frac{a}{\lambda}+\frac{a}{\lambda}-a\gamma\lambda^2+c\gamma\lambda^2\delta+c}{3}$$

$$<\frac{\frac{a}{\lambda}+2c+a\left(\frac{1}{\lambda}-1\right)+a\gamma\lambda^2(\delta-1)}{3}$$

而

$$\frac{1}{\lambda}<1,\quad \frac{1}{\lambda}-1<0,\quad \delta-1<0$$

因此，

$$\frac{\frac{a}{\lambda}+2c+a\left(\frac{1}{\lambda}-1\right)+a\gamma\lambda^2(\delta-1)}{3}<\frac{a+2c}{3}$$

所以

$$p_2^* = \frac{a}{\lambda} - \frac{a\left(\gamma\lambda^2 + \dfrac{1}{\lambda}\right) - c(\gamma\lambda^2\delta + 1)}{3} < p_2^0 = \frac{a + 2c}{3}$$

由于产品质量高的产品的需求高于低质量的产品，产品质量低的产品需求降低的同时，价格也降低了。

$$\pi_1^* = (p_1^* - \delta c)q_1^*$$

因为

$$\delta < 1 \quad p_1^* > p_1^0 \quad q_1^* > q_1^0$$

所以

$$\pi_1^* > (p_1^0 - c)q_1^0 = \pi_1^0$$

即

$$\pi_1^* = a\lambda q_1^* - bq_1^*\left(q_1^* + \frac{q_2^*}{\gamma\lambda}\right) - \delta c q_1^* > \pi_1^0 = \frac{(a-c)^2}{9b}$$

又

$$\pi_2^* = (p_2^* - c)x_2^* \qquad p_2^* < p_2^0 \qquad q_2^* < q_2^0$$

所以

$$\pi_2^* < (p_2^0 - c)x_2^0 = \pi_2^0$$

即

$$\pi_2^* = a\frac{q_1^*}{\lambda} - bq_2^*(\gamma\lambda q_1^* + q_2^*) - cq_2^* < \pi_2^0 = \frac{(a-c)^2}{9b}$$

结论 4：由于产品质量的差异，产品质量高的厂商的利润会提高，产品质量低的厂商的利润会下降。

3. 博弈结果分析

通过以上分析，可以得到这样的结论：在市场经济中，若竞争是完全的，则唯一的均衡结果是价格等于边际成本与平均成本，厂商利润等于零。但是当制度、技术进步等因素对某些厂商的成本结构或产品种类产生影响时，价格便会偏离平均成本，使消费者剩余转移到这些厂商手中。同时，价格也会偏离另一些厂商的边际成本，使他们的资源转移到这些厂商手中。由于国外 TBT 的严格要求，我国与国外同类产品之间存在着质量差异，正是由于这种差异的存在，使得我国产品无论是在产量还是在价格方面都无法与之竞争，从而导致利润下降。对于技术性差距，中小企业可以通过开展技术创新来达到国外 TBT 的技术要求。对于非技术性的差距，中小企业通过工艺设计的改进创新使得产品的边际成本下降，就可以以低于别的厂商的边际成本的价格出售自己的产品，从而使产品更具优势。也就是说，通过技术创新可以使中小企业在市场销量、价格、利润方面获得比其他企业更有利的地位。因此，中小企业跨越 TBT 的关键在于通过技术创新应用新技术、新工艺，采用新的生产方式和经营管理模式，提高技术水平进而提高产品质量水平，降低生产成本，开发新的产品克服 TBT 的控制作用，使壁垒失效，这是突破 TBT 的根本出路[323]。

11.2.2　基于产品质量差异策略的 Bertrend 博弈分析

考虑在一国市场上存在两种相互竞争的不同质量的产品。一种为进口国中小企业 1 生产，另一种为国外中小企业 2 生产，由于技术水平不同，产品存在质量差异，进口国中小企业生产质量为 q_1 的高质量的产品和出口国中小企业生产质量为 q_2 的低质量产品，即该进口国中小企业产品具有垂直质量差异，由于消费者消费偏好不同，两种产品都在该国市场销售。假设关于产品的质量信息是完全公开的，因此，中小企业在了解竞争对手的质量水平及本企业的产品质量的基础上，即完全信息条件下，进行决策。建立一个两阶段的博弈模型，分析出口国中小企业在面对 TBT 条件下，通过采取质量差异策略应对 TBT 及对产品竞争的影响。

中小企业技术创新的投入是提高产品的质量水平，突破 TBT 的重要因素，直接影响了中小企业应对 TBT 的能力。设 θ 为该国消费者对产品质量的偏好参数，q 表示质量参数，厂商 1 和厂商 2 生产质量分别为高质量 q_1 和低质量 q_2 、价格分别为 p_1 和 p_2 的产品，用 $C_1 = aq_1^2$ 和 $C_2 = aq_2^2$ 分别表示其成本。TBT 是通过建立技术法规与标准、合格评定程序或卫生检疫措施，迫使出口国中小企业为适应进口国的技术法规与标准增加投资，从而增加分摊到单位产品的成本，降低在出口市场上的价格竞争力，由于 TBT 的提高，将使出口国中小企业 2 为产品付出额外的费用，根据 Spencer Henson1998 年的研究，这种成本的增加涉及两方面内容：一次性的初始成本与持续成本。设 λ 表示中小企业应对 TBT 而在信息收集、产品的检验、注册和认证方面的费用，反映厂商 2 由此在每生产一单位产品时必须额外付出的成本，就是由 TBT 产生的产品单位成本。设 $\lambda = \gamma(q_1 -$

q_2)，γ 为中小企业技术差异系数，反映了中小企业的技术创新及消化成本因素的能力。且 $0<\gamma<1$，与中小企业的技术创新能力成反比，γ 越大，中小企业为质量提高所投入的成本就越高，反之则越低。

假定 θ 均匀分布在 $[\theta_0,\theta_1]$ 区间，消费者根据其消费偏好购买产品质量为 q_1 或 q_2 的产品，则消费者的效用函数 U 为：

$$U_i=\begin{cases}\theta q_i-p_i\\0\end{cases}\qquad i=1,2$$

当两种产品具有相同效用时，$U_1=U_2$，即 $\theta' q_1-p_1=\theta' q_2-p_2$

所以无差异消费偏好为：

$$\theta=\frac{p_1-p_2}{q_1-q_2}$$

θ_0 表示消费者对购买低质量产品与不购买任何产品无差异的临界偏好参数

$$\theta_0 q_2-p_2=0$$

所以，$\theta_0=\dfrac{p_2}{q_2}$。

因此，市场对高质量和低质量产品的需求分别为：

$$D_1=\theta_1-\theta\qquad D_2=\theta-\theta_0$$

在不考虑固定成本的情况下，厂商 1 和厂商 2 的利润函数分别为：

$$\pi_1=(p_1-c_1)(\theta_1-\theta)\tag{11-7}$$

$$\pi_2=(p_2-c_2-\lambda)(\theta-\theta_0)\tag{11-8}$$

1. 突破 TBT 的质量差异策略的 bertrend 均衡分析

中小企业产品的质量选择和定价过程分为两个阶段：第一阶段是厂商 2 选择是否进行突破 TBT 的产品改进投入，决定产品的质量阶段；第二阶段是厂商选择价格竞争阶段。为了得到子博弈完美纳什均衡，采用逆向归纳法，首先进行价格竞争。

(1) 价格竞争

令

$$\frac{\partial\pi_1}{\partial p_1}=0$$

$$\frac{\partial \pi_2}{\partial p_2} = 0$$

$$\frac{\partial \pi_1}{\partial p_1} = (\theta_1 - \theta) - \left(\frac{p_1 - c_1}{q_1 - q_2}\right)$$

$$\frac{\partial \pi_2}{\partial p_2} = (\theta - \theta_0) - \left(\frac{p_2 - c_2 - \lambda}{q_1 - q_2}\right)$$

因此，可以得到均衡价格

$$p_1^* = \frac{2aq_1^2 + aq_2^2 + \lambda}{3} + \frac{(2\theta_1 - \theta_0)(q_1 - q_2)}{3} \tag{11-9}$$

$$p_2^* = \frac{aq_1^2 + 2aq_2^2 + 2\lambda}{3} + \frac{(\theta_1 - 2\theta_0)(q_1 - q_2)}{3} \tag{11-10}$$

结论 1：均衡时产品的价格提高了，说明了跨越 TBT，必须依据 TBT 的规定，改进产品质量，提高技术水平，无论是产品的质量、技术水平，这些都需要进行新的投资，由于质量提高后的产品具有比原来的产品高的成本，必然要求出口产品提高产品的销售价格，从而削弱了出口国中小企业的产品出口的比较优势，所以，此时的 TBT 则可以说是一种比较典型的价格控制机制 。

在该均衡价格下，中小企业产品的需求为：

$$\begin{aligned} D_1^* &= \theta_1 - \theta \\ &= \frac{(2\theta_1 - \theta_0)}{3} - \frac{c_1 - c_2 - \lambda}{3(q_1 - q_2)} \\ &= \frac{1}{3}\left(2\theta_1 - \theta_0 - a(q_1 + q_2) + \frac{\lambda}{q_1 - q_2}\right) \\ &= \frac{1}{3}(2\theta_1 - \theta_0 - a(q_1 + q_2) + \gamma) \end{aligned} \tag{11-11}$$

$$\begin{aligned} D_2^* &= \theta - \theta_0 \\ &= \frac{c_1 - c_2 - \lambda}{3(q_1 - q_2)} + \frac{(\theta_1 - 2\theta_0)}{3} \\ &= \frac{1}{3}\left(a(q_1 + q_2) + \theta_1 - 2\theta_0) - \frac{\lambda}{q_1 - q_2}\right) \\ &= \frac{1}{3}(a(q_1 + q_2) + \theta_1 - 2\theta_0 - \gamma) \end{aligned} \tag{11-12}$$

结论 2：TBT 的存在，由于进口国为符合 TBT 的要求而增加的单位产品费用，使得出口国中小企业 2 的低质量产品的市场需求下降，而进口国中小企业 1

的高质量产品市场需求增加，所以，TBT 对进口商品产生了明显的数量控制作用，也就是说 TBT 是一种比较典型的数量控制机制。

但
$$\frac{\partial D_1}{\partial q_1}<0 \qquad \frac{\partial D_2}{\partial q_2}>0$$

表明出口国中小企业的质量提高，消费者对进口国市场较高质量的产品需求下降，对出口国产品的需求提高。说明了当 TBT 导致提高产品的质量要求时，市场需求的增加会促使中小企业技术创新，提高产品的质量。

两个中小企业的均衡利润为：

$$\begin{aligned}\pi_1^* &= (p_1^* - c_1)D_1^* \\ &= \frac{1}{9}(q_1 - q_2)\left(2\theta_1 - \theta_0 - a(q_1 + q_2) + \frac{\lambda}{q_1 - q_2}\right)^2 \\ &= \frac{1}{9}(q_1 - q_2)(2\theta_1 - \theta_0 - a(q_1 + q_2) + \gamma)^2 \end{aligned} \tag{11-13}$$

$$\begin{aligned}\pi_2^* &= (p_2^* - c_2)D_2^* \\ &= \frac{1}{9}(q_1 - q_2)\left(a(q_1 + q_2) + \theta_1 - 2\theta_0 - \frac{\lambda}{q_1 - q_2}\right)^2 \\ &= \frac{1}{9}(q_1 - q_2)(a(q_1 + q_2) + \theta_1 - 2\theta_0 - \gamma)^2 \end{aligned} \tag{11-14}$$

结论 3：TBT 提高，中小企业为了达到技术法规与标准的要求而在产品检验、注册和认证等方面增加费用，从而导致出口国中小企业的利润下降，进口国高质量产品的利润相对提高。同时，TBT 对中小企业产品成本的影响程度取决于中小企业的质量差异系数 γ，中小企业创新能力越强，质量差异系数 γ 越小，TBT 对中小企业利润的影响就越小，这也说明了 TBT 从本质上说是国家间技术差距的具体表现。

所以，TBT 是以技术法规标准和繁琐的检验检疫制度为表现形式，其本质是通过它的数量控制机制和价格控制机制的复合机制对进口产品构成壁垒作用，从而达到贸易保护的目的。因此，中小企业跨越 TBT 的关键在于提高技术水平，进而提高产品水平，克服 TBT 的数量和价格复合控制的作用，使壁垒失效。

(2) 质量竞争：回到第一阶段的质量竞争

首先，考察产品质量的变化对利润的影响，

$$\frac{\partial \pi_1}{\partial q_2} = -\frac{1}{9}(2\theta_1 - \theta_0 - a(q_1 + q_2) + \gamma)(2\theta_1 - \theta_0 + \gamma - a(q_1 + q_2)$$

$$-2a(q_1-q_2)<0$$

$$\frac{\partial\pi_2}{\partial q_1}=\frac{1}{9}(a(q_1+q_2)+\theta_1-2\theta_0-\gamma)(a(q_1+q_2)+\theta_1-2\theta_0-\gamma+2a(q_1-q_2))>0$$

结论 4：可以看出，进口国高质量产品的中小企业的利润随着出口国低质量产品的质量提高的增加而减少，出口国低质量产品的中小企业的利润随着进口国高质量产品的质量提高的增加而增加。

又

$$\frac{\partial}{\partial q_2}\frac{\partial\pi_1}{\partial q_1}=\frac{\partial}{\partial q_1}\frac{\partial\pi_2}{\partial q_2}=\frac{2a^2}{9}(q_1-q_2)>0$$

说明了中小企业的边际利润会随竞争对手质量的提高而增加。

因为

$$\frac{\partial\pi_1}{\partial q_1}=\frac{1}{9}(2\theta_1-\theta_0-a(q_1+q_2)+\gamma)(2\theta_1-\theta_0-3aq_1+aq_2+\gamma)$$

$$\frac{\partial\pi_2}{\partial q_2}=\frac{1}{9}(a(q_1+q_2)+\theta_1-2\theta_0-\gamma)(2\theta_0-\theta_1+aq_1-3aq_2+\gamma)$$

令

$$\frac{\partial\pi_1}{\partial q_1}=0 \qquad \frac{\partial\pi_2}{\partial q_2}=0$$

可得

$$q_1=\frac{5\theta_1-\theta_0}{8a}+\frac{\gamma}{2a} \qquad q_2=\frac{5\theta_0-\theta_1}{8a}+\frac{\gamma}{2a}$$

均衡产量

$$D_1^*=\theta_1-\theta=\frac{1}{3}(2\theta_1-\theta_0-a(q_1+q_2)+\gamma)=\frac{1}{2}(\theta_1-\theta_0)$$

$$D_2^*=\theta-\theta_0=\frac{1}{3}(a(q_1+q_2)+\theta_1-2\theta_0-\gamma)=\frac{1}{2}(\theta_1-\theta_0)$$

两个中小企业的均衡利润为：

$$\begin{aligned}\pi_1^* &= (p_1^* - c_1)D_1^* \\ &= \frac{1}{9}(q_1 - q_2)(2\theta_1 - \theta_0 - a(q_1 + q_2) + \gamma)^2 \\ &= \frac{3}{16a}(\theta_1 - \theta_0)^3 \\ \pi_2^* &= (p_2^* - c_2)D_2^* \\ &= \frac{1}{9}(q_1 - q_2)(a(q_1 + q_2) + \theta_1 - 2\theta_0 - \gamma)^2 \\ &= \frac{3}{16a}(\theta_1 - \theta_0)^3\end{aligned}$$

结论 5：在均衡状态下，中小企业 1 和中小企业 2 的市场份额均为 $\frac{1}{2}(\theta_1 - \theta_0)$、利润均为 $\frac{3}{16a}(\theta_1 - \theta_0)^3$，

令 $\left(a(q_1 + q_2) + \theta_1 - 2\theta_0 - \frac{\lambda}{q_1 - q_2}\right) > 0$

则

$$\lambda_0 = a(q_1 + q_2)(q_1 - q_2) + (q_1 - q_2)(\theta_1 - 2\theta_0)$$

由式（11-14）可知，当 $\lambda > \lambda_0 = a(q_1 + q_2)(q_1 - q_2) + (q_1 - q_2)(\theta_1 - 2\theta_0)$ 时，中小企业应对 TBT 的成本小于 λ_0 时，选择突破 TBT 进入该国市场，否则出口国中小企业放弃该出口市场，而中小企业创新能力对降低企业产品成本有较大的影响。且只有当：$\gamma < \gamma_0 = a(q_1 + q_2) + (\theta_1 - 2\theta_0)$ 时，中小企业才具备突破 TBT 的能力。

2. 突破 TBT 的低质量产品进入策略的 Strkelberg 均衡分析

产品质量的提高是跨越 TBT 的手段，设 1 为进口国生产高质量产品的在位中小企业，2 为出口国生产低质量产品的潜在进入出口市场的中小企业。中小企业 2 采取低质量进入策略突破 TBT。第一阶段在位者中小企业 1 选择质量阶段。第二阶段潜在者中小企业 2 在观察到在位者质量选择的情况下决定以低质量策略选择进入，第三阶段进行价格竞争。在位中小企业和潜在中小企业的利润函数分别用式（11-13）和式（11-14）表示。

首先价格决策为式（11-11）、式（11-12）。

令 $\dfrac{\partial \pi_2}{\partial q_2}=0$，得到中小企业 2 的质量反应函数

$$q_2=\frac{2\theta_0-\theta_1}{3a}+\frac{q_1}{3}+\frac{r}{3a}$$

中小企业 1 知道中小企业 2 的这种质量选择，带入式（11-12）有

$$\begin{aligned}\pi_1^*&=\frac{1}{9}(q_1-q_2)(2\theta_1-\theta_0-a(q_1+q_2)+\gamma)^2\\&=\frac{1}{81}\left(2q_1-\frac{2\theta_0-\theta_1+\gamma}{a}\right)(7\theta_1-5\theta_0-4aq_1+2\gamma)^2\end{aligned}$$

中小企业 1 最大化其利润，有 $\dfrac{\partial \pi_1}{\partial q_1}=0$

则
$$q_1^*=\frac{\theta_1}{4a}+\frac{\theta_0}{4a}+\frac{r}{2a}$$

所以，中小企业 2 的质量选择：

$$q_2^*=\frac{2\theta_0-\theta_1}{3a}+\frac{1}{3}\left(\frac{\theta_1}{4a}+\frac{\theta_0}{4a}+\frac{r}{2a}\right)+\frac{r}{3a}=\frac{3\theta_0}{4a}-\frac{\theta_1}{4a}+\frac{r}{2a}$$

均衡价格

$$p_1^*=\frac{2aq_1^*+aq_2^*+\lambda}{3}+\frac{(2\theta_1-\theta_0)(q_1^*-q_2^*)}{3}$$
$$p_2^*=\frac{aq_1^*+2aq_2^*+2\lambda}{3}+\frac{(\theta_1-2\theta_0)(q_1^*-q_2^*)}{3}$$

均衡产量

$$\begin{aligned}D_1^*&=\theta_1-\theta\\&=\frac{1}{3}(2\theta_1-\theta_0-a(q_1+q_2)+\gamma)\\&=\frac{2}{3}(\theta_1-\theta_0)\end{aligned}\tag{11-15}$$

$$\begin{aligned}D_2^*&=\theta-\theta_0\\&=\frac{1}{3}(a(q_1+q_2)+\theta_1-2\theta_0-\gamma)\\&=\frac{1}{3}(\theta_1-\theta_0)\end{aligned}\tag{11-16}$$

均衡利润为

$$\pi_1^* = \frac{1}{9}(q_1 - q_2)(2\theta_1 - \theta_0 - a(q_1 + q_2) + \gamma)^2 = \frac{2}{9a}(\theta_1 - \theta_0)^3$$

设改进质量的投入是 k，则中小企业 2 的利润：

$$\pi_2^* = \frac{1}{9}(q_1 - q_2)(a(q_1 + q_2) + \theta_1 - 2\theta_0 - \gamma)^2 - k = \frac{1}{18a}(\theta_1 - \theta_0)^3 - k$$

结论 6：当出口国中小企业采取产品低质量策略进入发达国家市场时，进口国厂商 1 获得更多的市场份额及利润，当质量改进成本 $k > \frac{1}{18a}(\theta_1 - \theta_0)^3$ 时，中小企业将放弃进入市场。

3. TBT 条件下质量改进对消费者的影响分析

进口国社会总消费者剩余由低质量产品的消费者剩余和高质量产品的消费者剩余两部分组成。

$$U = \int_{\theta_0}^{\theta}(\theta q_2 - p_2)\mathrm{d}\theta + \int_{\theta}^{\theta_1}(\theta q_2 - p_2)\mathrm{d}\theta$$

$$= (\theta - \theta_0)\left(\frac{1}{2}q_2(\theta + \theta_0 - 2p_2)\right) + (\theta_1 - \theta)\left(\frac{1}{2}(q_1(\theta_1 + \theta) + 2p_1)\right)$$

而 $\frac{\mathrm{d}U}{\mathrm{d}q_2} > 0$。

结论 7：随着出口国厂商 2 的质量改进提高，进口国社会消费者的福利得到了提高。

发达国家和地区凭借在科技、管理、环保等方面的优势，通过设置技术法规、标准、合格评定程序等形成了 TBT，对市场准入设置了更为严格的条件，面对发达国家在国际贸易中越来越多地运用 TBT 的趋势，我国中小企业要加大技术创新的投资，降低产品成本，提高产品质量，创建自主品牌。只有当中小企业具有较强的技术创新能力，并通过技术创新，提高产品的质量与技术含量，才有可能通过技术创新提高产品的质量，降低单位产品成本抵消 TBT 带来的成本增加，从而提高出口国中小企业的利润。说明了 TBT 对进口国中小企业的保护和对出口国中小企业产品竞争力的影响，对于受 TBT 影响的中小企业来说，只有具有一定的技术创新能力，并进行产品创新和降低单位成本的工艺创新，才能提高产品的竞争能力，应对不断变化的 TBT。

11.2.3 中小企业技术创新改进过程分析

目前世界上的科研投入和技术成果主要集中在西方发达国家，发展中国家在技术创新上处于模仿和从属地位，其技术进步在很大程度上要依靠外国技术来源。技术扩散是一种创新在空间传播或转移的过程，一项创新由于它能够提高系统运行的效率和创造出更高的价值，节约劳动和资本，提高系统功能和质量而创造新的市场，便在创造者与其周围的空间里产生“位势差”。为了消除这种差异，一种平衡力量就会促使创新者向外扩散和传播。技术落差的存在使得处于技术落后地位的国家总要千方百计地获取先进国家的技术，以增强自身在市场竞争中的技术优势。

TBT 是知识的反映，而不仅仅是一些数据和信息的载体。技术法规、标准及合格评定程序本身通过对贸易商品的质地、纯度、规格、尺寸、营养价值、用途、产地证书、包装和标签等作出规定，能够迫使出口货物的发展中国家加快技术进步、技术改造步伐，提高本身的生产、加工水平。TBT 影响中小企业技术创新的过程就是技术扩散的过程，即 TBT 作为高位势的技术向低位势转移的过程。对于中小企业技术创新来说，TBT 既有阻碍作用，但更多的是促进作用，是对技术创新的一种倒逼作用，在创新的过程中充当着信息源的角色。作为中小企业技术创新的重要外部路径，TBT 不但可以在静态意义上提高我国的技术存量水平，削弱发达国家的技术垄断优势，而且可以在动态意义上促使我国作为技术引进方的技术创新能力的提高以及创新机制的形成，为破除技术垄断和赶超发达国家提供了某种可能性。在一定条件下，TBT 蕴含的技术信息带有体成为一个场源，在其周围激发出技术扩散场，源源不断地向周围扩散技术。当场源技术具有较高水平时，只要技术水平落后于场源技术的中小企业就会通过技术扩散受到场源技术的作用[324]。如图 11-4 所示。

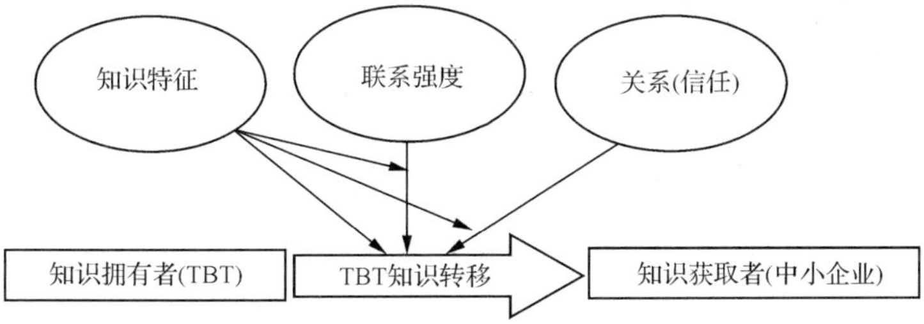

图 11-4 TBT 知识转移示意图

我国中小企业出口创新产品之所以被有关 TBT 挡在国际市场之外，最根本的原因还是大多数创新产品的弱质性，没有先进的技术标准，就不可能生产出优质的创新产品，采用国际技术标准和先进的国内外技术标准是中小企业及其技术创新发展的必然要求。国际标准和国内外先进标准是相关专家经过长期研究、试验、讨论的结果，是宝贵的技术资源，也是国内外公认的对产品质量和加工过程的基本要求。中小企业只有充分地了解并采用这些标准，才能使其行业创新产品在国内外市场上具有较好的竞争力，进而提高中小企业技术创新的积极性。中小企业应当在创新产品设计成型之前，广泛收集不断变化的进口贸易国相关技术标准的信息，根据自身的实际情况，对将要进行研发的新产品、新工艺具有怎样的国际竞争优势或劣势有初步的把握。然后根据自身的技术水平和创新产品特点，在合理使用国际标准和先进的国内外标准的基础上，确定本企业的创新产品标准、原材料标准、工艺标准、检验和试验方法标准、计量和测试仪器标准、包装标准材料定额技术标准等，并以这些标准来规范中小企业技术创新的每一个阶段，使中小企业研发的新产品、新工艺和新技术与国际标准具有兼容性，只有这样才能获得占领更广阔的国内外市场的通行证。具体过程如图 11-5 所示。

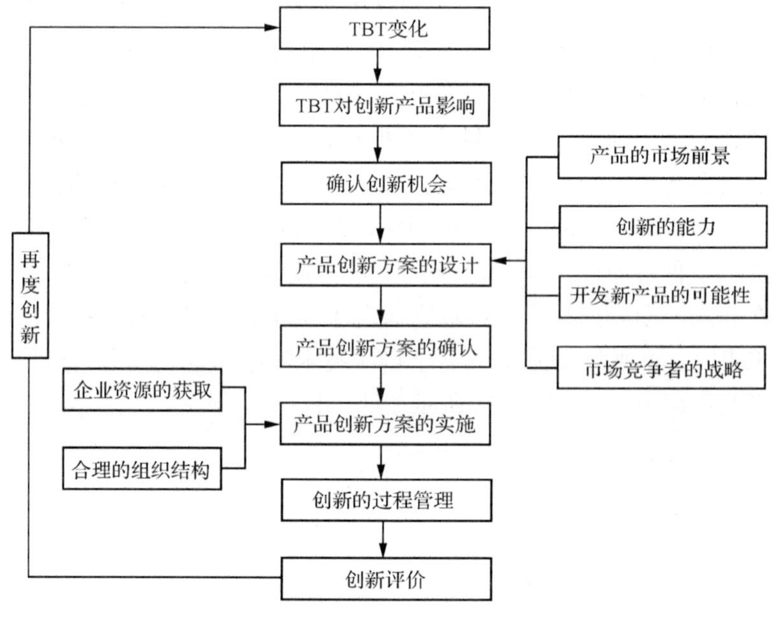

图 11-5　TBT 对中小企业技术创新改进过程的影响

【本章小结】

本章从贸易和质量管制两方面由表及里地揭示了 TBT 对中小企业技术创新的影响机理。贸易方面揭示了 TBT 影响中小企业技术创新产品的数量、价格以及复合抑制机理；质量管制方面通过博弈分析，揭示了 TBT 作为中小企业技术创新动力促进了中小企业技术创新的影响机理。TBT 本质上属于进口国政府实施的产品质量管制措施，本章通过对厂商基于产品质量差异竞争策略的研究，分析了生产高质量产品的厂商通过竞争在市场销售、价格、利润的优势地位，并逐步挤占低质量产品的市场份额，最后驱逐低质量产品的过程。质量差距的存在迫使中小企业将更多资源投入创新活动，通过国外先进技术的扩散，我国中小企业正在不断吸收并提高自己的质量水平。在提高质量的同时，为了让产品更具竞争力，中小企业还要开展技术创新活动来降低成本，从而达到跨越 TBT 的目的。

第12章 TBT与中小企业技术创新关联分析

由前章的定性分析可知，TBT与中小企业技术创新之间存在着一定的关联：TBT对中小企业技术创新产品出口的数量和质量产生影响，TBT内容的增加，势必会对中小企业产生一定的冲击作用，中小企业要想跨越TBT，主要途径是通过中小企业技术创新来实现。因此，本章通过确定TBT水平和中小企业技术创新能力指标体系的选择原则，设计了TBT水平和中小企业技术创新能力评价指标体系，并在此基础上进行二者之间的关联性分析，分析TBT水平对中小企业技术创新的影响程度。

12.1 TBT水平与中小企业技术创新能力的评价指标体系

12.1.1 评价指标体系的设计原则

为了使建立的TBT水平与中小企业技术创新能力评价指标体系更加具有科学性和实用性，在建立评价指标体系时应遵循一定的原则，使其更具规范性。评价指标体系的建立应遵循四个原则。

1. 全面性原则

TBT水平与中小企业技术创新能力评价指标体系应具有全面性。由于TBT和中小企业技术创新各自都是一个多层次、多结构、全方位的有机整体，因此指标的设置应尽可能地从不同的侧面反应TBT的不同方面以及技术创新的完整过程。

2. 简要性原则

TBT水平与中小企业技术创新能力评价指标体系要简明扼要，内容清晰，相对独立。如指标选择过多，则会给数据收集和实际分析带来困难，应以尽量少的指标，大体反映TBT水平与中小企业技术创新能力的内涵，做到既简要又实用。

3. 可行性原则

TBT水平与中小企业技术创新能力评价指标体系的纳入和选择应充分考虑其在微观层面是否具有相应广泛的统计记录，确保指标体系统计数据来源的顺畅。不仅要考虑其比较分析和综合评价的功能性，还要考虑其可靠的统计数据支持和简便易行的操作运行程序，既要保证评价成果的质量又要保证其可操作性强。

4. 可比性原则

TBT水平与中小企业技术创新能力评价指标体系应该具有横向可比性，即各中小企业之间能够进行比较才有意义。一套指标体系是对多个中小企业状况进行考察的，因此指标体系的设计应充分考虑到各中小企业间统计指标的差异，在具体指标选择上，必须是各中小企业共有的指标涵义，以保证指标的可比性。

12.1.2 评价指标体系的构建

TBT对中小企业技术创新影响的最初表现是在对中小企业技术创新产品的出口贸易上，用TBT对出口贸易的影响程度最能表现出TBT水平，而中小企业为满足TBT的要求而开展技术创新活动，就会产生各种费用，从而导致成本增加，因此，本书用TBT产生费用的水平来反映TBT的水平。另外，TBT表现形式众多，本书拟用TBT各种表现形式的重要程度来评定哪种表现形式对中小企业技术创新的影响更大。

构建我国中小企业技术创新能力评价指标体系的基本设计思路是：每一部分的指标设置应该既能反映出中小企业技术创新能力的影响和作用，又能体现出中小企业技术创新投入的力度和产出效果。①技术创新投入能力。评价中小企业技术创新能力的目的之一就是要从整体上把握其创新活动的状况，一定的技术创新投入是确保产品创新成功的基本要素。②技术创新实施能力。将研究开发成果转化为符合设计要求的可批量生产产品的能力，该能力是中小企业技术创新能力的重要组成部分，它直接决定了产品质量等方面的优劣，也即技术创新的可实施程度。③技术创新产出能力。产出能力突出显示了中小企业技术创新能力要素组合的效果，是中小企业技术创新过程的最终环节。该指标不但是以往技术创新测度框架的重要组成部分，而且是中小企业技术创新成功与否的重要标志。从整个技术创新过程来看，中小企业创新投入、创新实施、创新产出三者是相辅相承的，中小企业创新投入和创新实施直接作用于中小企业的产出能力。因此，要想全面而准确地反映出中小企业创新能力的强弱，不能缺少对中小企业创新产出能力的衡量，产出能力是对中小企业技术创新实现程度的检验。

因此，参照了国内外已有的研究成果及 TBT 对中小企业技术创新影响机理分析，根据以上指标体系的选择原则，并经多方讨论和反复筛选，本书具体选择了 18 个评价指标。指标体系结构如表 12-1 所示。

表 12-1　TBT 水平和中小企业技术创新能力评价指标体系

	层面	指标
TBT水平	TBT 对出口贸易影响的程度	受 TBT 影响的出口企业所占比率
		出口企业受国外 TBT 影响的直接损失额
	TBT 产生费用的水平	测试费用在销售价格中的比率
		检验费用在销售价格中的比率
		认证费用在销售价格中的比率
		出口企业新增成本额
	TBT 各种表现形式的重要程度	认为技术法规重要的出口企业所占比率
		认为技术标准重要的出口企业所占比率
		认为合格评定程序重要的出口企业所占比率
中小企业技术创新能力	技术创新投入能力	科技人员投入强度
		R&D 人员投入强度
		R&D 经费投入强度
		消化吸收经费比重
	技术创新实施能力	新产品开发项目比重
		有科技机构的企业比重
		微电子设备比重
	技术创新产出能力	每万名职工拥有的发明专利数
		新产品销售收入比重

12.1.3　评价指标的内涵

1. TBT 水平

以往很多研究都是将 TBT 视为一个定性变量，引入一个虚拟变量作为自变量来衡量 TBT 对出口的影响。然而，这样并不能充分体现 TBT 的各方面特性，本书从以下三个角度去考察 TBT 的水平：

(1) TBT 对出口贸易影响的程度

评价 TBT 水平，最重要的是看其对出口国贸易的影响程度，本书用受 TBT 影响的出口企业所占比率和出口企业受 TBT 影响的直接损失额来说明 TBT 对我国出口贸易的影响。

① 受 TBT 影响的出口企业所占比率。本书用受 TBT 影响的企业数/企业总数表示出口企业受国外 TBT 影响的比率，来说明出口企业受 TBT 影响的程度。其计算公式如下：

$$\text{受 TBT 影响的出口企业所占比率} = \frac{\text{受 TBT 影响的企业数}}{\text{企业总数}} \times 100\% \tag{12-1}$$

② 出口企业受 TBT 影响的直接损失额。出口企业遭遇 TBT 而导致的直接损失额主要包括产品被进口国海关扣留、销毁、拒绝进口（退货）、产品被降级降等所造成的损失金额，取消订单造成的损失金额，进口国新法律出台导致企业市场丧失的损失金额以及出口企业额外的费用损失。

(2) TBT 产生费用的水平

为满足进口国对产品的技术要求，我国出口企业不得不对产品进行测试、认证、注册、检验，或改进产品生产技术、更换产品包装及标签，或对产品进行其他处理，或办理其他手续。本书用以下四个指标来衡量 TBT 产生费用的水平。

① 测试费用在销售价格中的比率。产品生产出来之后，必须要满足贸易对象国的检验检测要求，才能进入其市场，为满足进口国对产品的技术要求，我国出口企业不得不对产品进行测试，而这一切使企业出口经营成本提高，并相应地发生利润损失。结果费时、费力，增加了出口难度和产品成本，削弱了产品的国际竞争力。因此，本书用测试费用/产品销售价格来说明测试费用增加的程度，从而衡量由 TBT 而产生的费用水平。其计算公式如下：

$$\text{测试费用在销售价格中的比率} = \frac{\text{测试费用}}{\text{产品销售价格}} \times 100\% \tag{12-2}$$

② 检验在销售价格中的比率。高灵敏度检验、检测技术的发展，给发达国家限制进口，设置 TBT 提供了快速准确的检测数据。高科技迅猛发展的一个必然结果是各个行业技术的提高，检验、检测技术也不例外，在科技飞速发展时代，新的检测手段和方法层出不穷，WTO 成员特别是发达成员国对进口产品的要求越来越苛刻、复杂，增加的检验项目越来越多。因此，本书用检验费用/产品销售价格来说明检验费用增加的程度。其计算公式如下：

$$\text{检验费用在销售价格中的比率} = \frac{\text{检验费用}}{\text{产品销售价格}} \times 100\% \tag{12-3}$$

③ 认证费用在销售价格中的比率。产品获得认证，才可以顺利地进入贸易对象国市场。而发达国家的认证要求颇高，而且很多国家对我国所出具的自行认证报告不予承认。因此，要取得这些国家和地区的认证就必须由国外认证机构认证，而国外认证机构的认证费用昂贵，直接增加了企业的交易成本，削弱了产品在国际市场上的竞争力。本书用认证费用/产品销售价格来说明 TBT 产生费用的水平。其计算公式如下：

$$\text{认证费用在销售价格中的比率} = \frac{\text{认证费用}}{\text{产品销售价格}} \times 100\% \tag{12-4}$$

④ 出口企业新增成本额。国外技术标准和法规经常变动，企业为适应新壁垒，要不断收集信息，甚至更改工艺流程，聘用新员工，由此而增加了企业的适应性成本。包装和标签壁垒迫使企业更换包装形式，除此之外还要重塑商誉。另外，企业还必须支付额外的广告费用，这些都是出口企业的新增成本。

(3) TBT 各种表现形式的重要程度

TBT 有多种表现形式，其中技术法规、技术标准和合格评定程序的表现最为突出。然而，在这三种表现形式中哪种表现形式更为重要，本书用以下三个指标进行评定。

① 认为技术法规重要的出口企业所占比率。技术法规以其具有的表面合理性、法定强制性和科学技术性等特点成为了国家之间进行贸易对抗的最有力武器，特别是其具有的强制性法律约束力更有可能给国际贸易带来极大的阻碍。本书通过认为技术法规重要的企业/企业总数来说明技术法规作为 TBT 的一种表现形式在发挥作用方面的重要程度。其计算公式如下：

$$\text{认为技术法规重要的出口企业所占比率} = \frac{\text{认为技术法规重要的企业数}}{\text{企业总数}} \times 100\% \tag{12-5}$$

② 认为技术标准重要的出口企业所占比率。技术标准从过去主要解决产品零部件的通用和互换问题，逐渐发展成为一个必须遵守的行业规定，从而成为发达国家维持在价值链高端位置、阻碍发展中国家对外贸易的有力武器。在调查的企业中认为技术标准重要的企业/企业总数能够充分说明技术标准在 TBT 各种形式中的重要程度。其计算公式如下：

$$\text{认为技术标准重要的出口企业所占比率} = \frac{\text{认为技术标准重要的企业数}}{\text{企业总数}} \times 100\% \tag{12-6}$$

③ 认为合格评定程序重要的出口企业所占比率。合格评定程序的目的在于积极推动各成员认证制度的相互认可。然而事实上，一些国家为达到限制进口的目的，就在合格评定程序上大做文章，比如收取高昂费用、制定繁琐程序，对他国的出口贸易进行限制。因此，用认为合格评定程序重要的企业/企业总数来说明此种 TBT 表现形式的重要程度。其计算公式如下：

$$\begin{aligned}&\text{认为合格评定程序重要的出口企业所占比率}\\&= \frac{\text{认为合格评定程序重要的企业数}}{\text{企业总数}} \times 100\%\end{aligned} \tag{12-7}$$

2. 中小企业技术创新能力

在国内外有关学者研究的基础上，针对本书的研究目的和我国中小企业的实际情况以及中小企业技术创新具有的不同特征，本书选取三个方面九个指标来衡量中小企业技术创新能力。

(1) 技术创新投入能力

技术创新资源投入能力是技术创新能力的重要部分，具体包括科技人员投入强度、R&D 人员投入强度、R&D 经费投入强度和消化吸收经费比重这四个指标。

① 科技人员投入强度。科技人员是科技活动的主要力量，其数量和素质是国际上衡量科技投入和科技实力的主要指标。用行业科技人员数/行业年平均从业人员总数来衡量行业科技人力资源拥有状况。其计算公式如下：

$$\text{科技人员投入强度} = \frac{\text{行业科技人员数}}{\text{行业平均从业人员总数}} \times 100\% \tag{12-8}$$

② R&D 人员投入强度。R&D 活动与技术创新密切相关，是技术创新的核

心环节。R&D投入促进技术创新的传导机制，可见R&D对技术创新具有种子效应和生长效应。可用R&D人员总数/从业人员数来衡量行业从事R&D工作的人力资本状况。其计算公式如下：

$$\text{R\&D人员投入强度}=\frac{\text{R\&D人员总数}}{\text{从业人数}}\times 100\% \tag{12-9}$$

③ R&D经费投入强度。R&D经费的投入强度是衡量中小企业技术创新资源投入能力的重要指标，本书用R&D经费支出总额占产品销售收入的比例来反映。其计算公式如下：

$$\text{R\&D经费投入强度}=\frac{\text{R\&D经费支出总额}}{\text{产品销售收入总额}}\times 100\% \tag{12-10}$$

④ 消化吸收经费比重。引进消化吸收再创新是企业技术进步的捷径。消化吸收经费/技术引进经费，用于衡量行业对引进技术消化吸收的重视程度和经费支持力度。其计算公式如下：

$$\text{消化吸收经费比重}=\frac{\text{消化吸收经费}}{\text{技术引进费用}}\times 100\% \tag{12-11}$$

（2）技术创新实施能力

技术创新过程能否顺利实施是中小企业技术创新活动能否取得成功的关键所在，对技术创新实施能力的衡量具体包括以下三个指标：

① 新产品开发项目比重。开发的新产品可以替代已经进入生命周期末期的现有产品，或者补充现有的产品组合以开发新的分割市场，对企业来说至关重要。新产品开发项目数/科技活动项目数，用于衡量行业新产品开发的能力和活跃程度。其计算公式如下：

$$\text{新产品开发项目比重}=\frac{\text{新产品开发项目数}}{\text{科技活动项目数}}\times 100\% \tag{12-12}$$

② 有科技机构的企业比重。科技机构是企业开展技术创新的重要支撑，本书用有科技机构企业数/同期行业企业总数来衡量科技活动开展的普遍程度和企业对技术创新的重视程度。其计算公式如下：

$$\text{有科技机构的企业比重}=\frac{\text{有科技机构企业数}}{\text{企业总数}}\times 100\% \tag{12-13}$$

③ 微电子设备比重。某行业报告期内所有样本企业的微电子控制设备原价

值与该行业所有样本企业同期生产经营用设备原价值的比重，用于衡量行业劳动手段的先进程度和设备更新状况[325]。其计算公式如下：

$$\text{微电子设备比重} = \frac{\text{微电子控制设备原价值}}{\text{生产经营用设备原价值}} \times 100\% \tag{12-14}$$

（3）技术创新产出能力

技术创新产出能力显示了企业技术创新能力要素组合的效果如何，是评价技术创新能力最现实的指标。本书只对专利产出和最终产出中的收益性产出进行研究。具体包括以下两个指标：

① 每万名职工拥有的发明专利数。获取专利就可以通过相关技术的垄断取得垄断利润，它是描述技术创新产出的指标之一。本书用拥有发明专利数/职工数（万人）衡量行业经批准授权的发明专利人均拥有量和知识产权创新能力。其计算公式如下：

$$\text{每万名职工拥有的发明专利数} = \frac{\text{发明专利数}}{\text{职工总数(万人)}} \times 100\% \tag{12-15}$$

② 新产品销售收入比重。新产品销售收入代表了所有技术创新投入要素或相关要素的最终产出。本书用新产品销售收入/产品销售总收入来衡量行业技术创新所创造的直接经济效应。其计算公式如下：

$$\text{新产品销售收入比重} = \frac{\text{新产品销售收入总额}}{\text{销售收入总额}} \times 100\% \tag{12-16}$$

12.2　TBT 与中小企业技术创新的灰色关联模型建立

12.2.1　灰色关联分析法的数学模型

灰色系统理论是 20 世纪 90 年代初由著名学者邓聚龙在灰箱概念基础上提出来的，是一种新的系统分析方法，用于解决灰色系统的随机性问题，研究灰色系统的建模、预测、控制、决策等方面的理论与方法。灰色系统理论以“部分信息已知，部分信息未知”的“小样本”、“贫信息”不确定性系统为研究对象，主要通过对“部分”已知信息的生成、开发，提取有价值的信息，实现对系统运行行为、演化规律的正确描述和有效监控。灰色关联分析的实质是对时间序列数据进行集合关系比较，目的是寻求系统中各要素间的主要关系，找出影响目标值的重要因素，分析和确定要素间的影响程度或要素对系统主行为的贡献程度。对于两个系统之间的因素，其随时间或不同对象而变化的关联性大小的量度，称为关联度。灰色关联分析弥补了采用数理统计方法作系统分析所导致的缺陷，它对样本量的多少和样本有无规律都不作要求，更不会出现量化结果与定性分析结果不符的情况[326]。灰色系统关联分析的具体计算分五个步骤。

1. 反映系统行为特征参考数列和影响系统行为比较数列的确定

反映系统行为特征的数据序列，称为参考数列。影响系统行为的因素组成的数据序列，称比较数列。

2. 参考数列和比较数列无量纲化处理

由于系统中各因素的物理意义不同，导致数据的量纲也不一定相同，不便于比较，或在比较时难以得到正确的结论。因此在进行灰色关联度分析时，一般都要进行无量纲化的数据处理。作关联度计算的数列的量纲最好是相同的，当量纲不同时，要化为无量纲。

$$X_i{}' = X_i / \overline{X_i} = (X_i{}'(1), X_i{}'(2), \cdots, X_i{}'(n)), 令\overline{X_i} = \frac{1}{n}\sum_{k=1}^{n} X_i(k) \tag{12-17}$$

其中，$i = 1,2,\cdots,m; k = 1,2,\cdots,n$。

3. 计算序列差

记

$$\Delta i(k) = |x'_{\circ}(k) - x'_i(k)|, \Delta i = (\Delta i(1), \Delta i(2), \cdots, \Delta i(n)) \tag{12-18}$$

其中，$i = 1,2,\cdots,m; k = 1,2,\cdots,n$。

4. 计算两级最大差与最小差

记

$$M = \max_i \max_k \Delta i(k), m = \min_i \min_i \Delta i(k) \tag{12-19}$$

其中，$i = 1,2,\cdots,m; k = 1,2,\cdots,n$。

5. 计算关联度系数

因为关联系数是比较数列与参考数列在各个时刻（即曲线中的各点）的关联程度值，所以它的数不止一个，而信息过于分散不便于进行整体性比较。因此有必要将各个时刻（即曲线中的各点）的关联系数集中为一个值，即求其平均值，作为比较数列与参考数列间关联程度的数量表示。

$$\gamma_i(k) = \frac{m + \xi M}{\Delta i(k) + \xi M} \tag{12-20}$$

其中，$i = 1,2,\cdots,m; k = 1,2,\cdots,n; \xi \in (0,1)$，取 $\xi = 0.5$。

最后，排列关联序并分析结果。通过关联度的大小排序可以看出比较数列与参考数列联系的紧密程度以及影响大小。

12.2.2　权重系数的确定

熵是一个用来度量信息的量，根据熵的思想可知人们在决策中获得信息的多少和质量，是决策的信度和效度的决定因素之一。因此，熵是进行决策过程的评价或案例效果评价的一个理想工具。不仅如此，熵还可以度量获取的数据所提供的有用信息量，从而能够确定该信息所占的权重。信息熵是对均衡度和无序度的度量。一个系统，熵值越大，各要素发展越均衡，系统越无序，当系统完全达到平衡时，熵达到极大值。信息熵完全建立在原始数据的基础上，客观性比较强。其计算步骤如下：

设 i 为第 i 个评价指标的序号，$i=1$，2，…，m；j 为被评价对象序号，$j=1$，2，…，n；X_{ij} 为第 j 个产业的第 i 指标的值。将以上指标无量纲化，并压缩在 [0，1] 区间内，得到 X'_{ij}：

$$X'_{ij} = \frac{X_{ij}}{\sum_{j=1}^{n} X_{ij}} \qquad 1 \leqslant i \leqslant m \tag{12-21}$$

将所得值代入下式计算各指标的熵值 X_i 为：

$$X_i = -k \sum_{j=1}^{n} X'_{ij} \ln X'_{ij} \qquad 1 \leqslant i \leqslant m \tag{12-22}$$

其中，调节系数 $k=\frac{1}{\ln n}>0$。第 i 项评价指标的差异系数 h_i 为：

$$h_i = 1 - x_i \qquad 1 \leqslant i \leqslant m \tag{12-23}$$

最后，求得第 i 项指标的权重系数 d_i 为：

$$d_i = \frac{h_i}{\sum_{i}^{n} h_i} \tag{12-24}$$

12.3 TBT 与中小企业技术创新灰色关联模型应用及结果分析

12.3.1 评价指标数值计算

依据 HS 编码将我国出口产品的生产企业划分为八大行业，如表 12-2 所示。

表 12-2 八大行业包括的产品

八大行业	包括的产品
1	包括 HS 编码 01～24 的产品，主要涉及农产品、动植物产品、食品等
2	包括 HS 编码 84、85、90～93 的产品，主要涉及机械设备类的产品
3	包括 HS 编码 25～38、72～83 的产品，主要涉及矿物产品、化学产品、金属及金属制品等
4	包括 HS 编码 50～67 的产品，主要涉及各种天然纤维、化学纤维、纺织品、服装、鞋、帽类产品等
5	包括 HS 编码 39～43 的产品，主要涉及塑料、橡胶、皮革、毛皮及其制品等
6	包括 HS 编码 71、94～97 的产品，主要涉及珠宝、贵金属及其制品、家具、灯具、玩具、游戏及运动用品、艺术品、收藏品、谷物、杂项制品等
7	包括 HS 编码 86～89 的产品，主要涉及车辆、船舶、航空器及其零部件等
8	包括 HS 编码 44～49、68～70 的产品，主要涉及木及木制品、纸浆及纸制品、印刷品、矿物材料制品、陶瓷产品、玻璃及其制品等

资料来源：《中国技术性贸易措施年度报告》，中华人民共和国商务部，2006。

表 12-3　TBT 水平评价指标数值表

	受 TBT 影响的企业所占比率	受 TBT 影响的直接损失额	测试费用在销售价格中的比率	检验费用在销售价格中的比率	认证费用在销售价格中的比率	出口企业新增成本额	认为技术法规重要的企业所占比率	认为标准重要的企业所占比率	认为合格评定程序重要的企业所占比率
1	42.0	14.6	2.2	2.5	2.1	14.3	65.0	17.5	17.5
2	21.7	13.2	2.2	1.7	1.9	14.9	44.8	32.8	22.4
3	26.2	20.0	2.1	2.0	2.3	37.2	41.2	33.8	25.0
4	21.5	5.5	1.3	1.3	1.9	7.8	39.4	35.2	25.4
5	22.4	21.4	3.1	1.6	1.4	3.3	46.7	30.0	23.3
6	23.6	13.0	2.4	2.5	3.7	11.5	51.2	34.9	14.0
7	25.0	0.5	2.9	1.2	2.7	2.3	34.6	23.1	42.3
8	25.0	11.9	2.0	4.4	3.4	8.8	38.5	42.3	19.2

	科技人员投入强度	R&D 人员投入强度	R&D 经费投入强度	消化吸收经费比重	微电子设备比重	有科技机构企业比重	新产品开发项目比重	每万名职工拥有的发明专利数	新产品销售收入比重
1	2.6	0.8	0.4	14.4	13.2	20.6	62.0	5.0	6.3
2	6.7	2.9	1.3	32.0	18.6	35.3	72.3	12.8	25.2
3	4.2	1.3	0.6	16.7	9.7	21.8	43.2	4.7	9.1
4	2.2	0.6	0.5	25.5	13.8	15.4	71.3	1.1	12.0
5	1.7	0.6	0.5	21.8	17.2	17.6	59.8	2.6	12.6
6	1.5	0.5	0.4	79.7	9.6	13.4	65.7	7.4	7.8
7	8.9	3.5	1.4	18.2	20.1	38.4	60.7	5.9	36.5
8	2.6	0.8	0.6	13.6	16.0	14.9	43.7	2.1	7.8

资料来源：由《中国技术性贸易措施年度报告》和《中国科技统计年鉴》整理得来。

八大行业原始数据采集《中国技术性贸易措施 2006 年度报告》和《中国科技统计年鉴 2006》整理而来，根据式（12-1）～式（12-7），本章将以上 TBT 水平的评价指标的数值进行整理。同时，根据式（12-8）～式（12-16），本书将以上中小企业技术创新能力的评价指标数值进行整理，得出评价指标的具体数值。如表 12-3 所示。

12.3.2 基于信息熵法与灰色关联分析法模型的应用

1. 初值化变换结果

无量纲化的方法常用的有初值化、均值化与区间相对值化。初值化是指所有数据均用第一个数据除，然后得到一个新的数列，这个新的数列即是不同时刻值相对于第一个时刻值的百分比。本书作初值化处理。

（1）将表 12-3 中 TBT 各指标初值化变换结果如下：

1.0000	1.0000	1.0000	1.0000	1.0000	1.0000	1.0000	1.0000	1.0000
0.5167	0.9041	1.0000	0.6800	0.9048	1.0420	0.6892	1.8743	1.2800
0.6238	1.3699	0.9546	0.8000	1.0952	2.6014	0.6339	1.9314	1.4286
0.5119	0.3767	0.5909	0.5200	0.9048	0.5455	0.6062	2.0114	1.4514
0.5333	1.4658	1.4091	0.6400	0.6667	0.2308	0.7185	1.7143	1.3314
0.5619	0.8904	1.0909	1.0000	1.7619	0.8042	0.7877	1.9943	0.8000
0.5952	0.0343	1.3182	0.4800	1.2857	0.1608	0.5323	1.3200	2.4171
0.5952	0.8151	0.9091	1.7600	1.6191	0.6154	0.5923	2.4171	1.0971

（2）将表 12-3 中中小企业技术创新各指标初值化变换结果如下：

1.0000	1.0000	1.0000	1.0000	1.0000	1.0000	1.0000	1.0000	1.0000
2.5769	3.6250	3.2500	2.2222	1.4091	1.7136	1.1661	2.5600	4.0000
1.6154	1.6250	1.5000	1.1597	0.7349	1.0583	0.6968	0.9400	1.4444
0.8462	0.7500	1.2500	1.7708	1.0455	0.7476	1.1500	0.2200	1.9048
0.6539	0.7500	1.2500	1.5139	1.3030	0.8544	0.9645	0.5200	2.0000
0.5769	0.6250	1.0000	5.5347	0.7273	0.6505	1.0597	1.4800	1.2381
3.4231	4.3750	3.5000	1.2639	1.5227	1.8641	0.9790	1.1800	5.7937
1.0000	1.0000	1.5000	0.9444	1.2121	0.7233	0.7048	0.4200	1.2381

2. 关联度分析

采用前述关联度计算公式（12-18）～式（12～20），计算出各个 TBT 水平指标和各个技术创新能力指标之间的关联系数，并列出关联矩阵。

（1）Y_1 与其他因子的绝对差值

X_1	0.000	2.060	0.992	0.334	0.121	0.015	2.828	0.405
X_2	0.000	1.673	0.246	0.469	0.812	0.314	3.389	0.185
X_3	0.000	1.577	0.661	0.255	0.755	0.514	2.105	0.091
X_4	0.000	1.897	0.816	0.326	0.014	0.423	2.943	0.760
X_5	0.000	1.672	0.520	0.059	0.013	1.185	2.137	0.619
X_6	0.000	1.535	0.986	0.301	0.423	0.227	3.262	0.385
X_7	0.000	1.888	0.982	0.240	0.065	0.211	2.891	0.408
X_8	0.000	0.703	0.316	1.165	1.060	1.417	2.103	1.417
X_9	0.000	1.297	0.187	0.605	0.678	0.223	1.006	0.097

最小差值 $\Delta\min=0.00000$，最大差值 $\Delta\max=3.38883$。

关联系数：

$G(1, 1)=0.75300$　　$G(1, 2)=0.73932$　　$G(1, 3)=0.74506$

$G(1, 4)=0.72917$　　$G(1, 5)=0.74882$　　$G(1, 6)=0.73061$

$G(1, 7)=0.75130$　　$G(1, 8)=0.66157$　　$G(1, 9)=0.79690$

关联序：$X_9>X_1>X_7>X_5>X_3>X_2>X_6>X_4>X_8$

（2）Y_2 与其他因子的绝对差值

X_1	0.000	3.108	1.001	0.238	0.217	0.063	3.780	0.405
X_2	0.000	2.721	0.255	0.373	0.716	0.265	4.341	0.185
X_3	0.000	2.625	0.671	0.159	0.659	0.466	3.057	0.091
X_4	0.000	2.945	0.825	0.230	0.110	0.375	3.8950	0.760
X_5	0.000	2.720	0.530	0.155	0.083	1.137	3.0893	0.619
X_6	0.000	2.583	0.976	0.205	0.519	0.179	4.2142	0.385
X_7	0.000	2.936	0.991	0.144	0.032	0.163	3.843	0.408
X_8	0.000	1.751	0.306	1.261	0.964	1.369	3.055	1.417
X_9	0.000	2.345	0.196	0.701	0.581	0.175	1.958	0.097

最小差值 Δmin＝0.00000，最大差值 Δmax＝4.34075。

关联系数：

G（2，1）＝0.76065　G（2，2）＝0.76120　G（2，3）＝0.76420

G（2，4）＝0.74449　G（2，5）＝0.74888　G（2，6）＝0.74753

G（2，7）＝0.77102　G（2，8）＝0.67351　G（2，9）＝0.79380

关联序：$X_9>X_7>X_3>X_2>X_1>X_5>X_6>X_4>X_8$

（3）Y_3 与其他因子的绝对差值

X_1	0.000	2.733	0.876	0.738	0.717	0.438	2.905	0.905
X_2	0.000	2.346	0.130	0.873	0.216	0.110	3.466	0.685
X_3	0.000	2.250	0.546	0.659	0.159	0.091	2.182	0.591
X_4	0.000	2.570	0.700	0.730	0.610	0.000	3.020	0.260
X_5	0.000	2.345	0.405	0.345	0.583	0.762	2.214	0.119
X_6	0.000	2.208	1.101	0.705	1.019	0.196	3.339	0.885
X_7	0.000	2.561	0.866	0.644	0.532	0.212	2.968	0.908
X_8	0.000	1.376	0.431	0.761	0.464	0.994	2.180	0.917
X_9	0.000	1.970	0.071	0.201	0.081	0.200	1.083	0.403

最小差值 Δmin＝0.00000，最大差值 Δmax＝3.46575。

关联系数：

G（3，1）＝0.66122　G（3，2）＝0.73747　G（3，3）＝0.74682

G（3，4）＝0.72405　G（3，5）＝0.73587　G（3，6）＝0.66174

G（3，7）＝0.68506　G（3，8）＝0.69672　G（3，9）＝0.82534

关联序：$X_9>X_3>X_2>X_5>X_4>X_8>X_7>X_6>X_1$

（4）Y_4 与其他因子的绝对差值

X_1	0.000	1.706	0.536	1.259	0.981	4.973	0.669	0.349
X_2	0.000	1.318	0.210	1.394	0.048	4.644	1.230	0.129
X_3	0.000	1.222	0.205	1.180	0.105	4.444	0.054	0.035
X_4	0.000	1.542	0.360	1.251	0.874	4.535	0.784	0.816
X_5	0.000	1.318	0.065	0.866	0.847	3.773	0.022	0.675
X_6	0.000	1.180	1.442	1.225	1.283	4.731	1.103	0.329
X_7	0.000	1.533	0.526	1.165	0.795	4.747	0.732	0.352
X_8	0.000	0.348	0.772	0.241	0.200	3.540	0.056	1.473
X_9	0.000	0.942	0.269	0.319	0.183	4.735	1.153	0.153

最小差值 $\Delta min=0.00000$，最大差值 $\Delta max=4.97282$。

关联系数：

$G(4,1)=0.72439$　　$G(4,2)=0.77071$　　$G(4,3)=0.81942$

$G(4,4)=0.72043$　　$G(4,5)=0.78638$　　$G(4,6)=0.69511$

$G(4,7)=0.73437$　　$G(4,8)=0.81201$　　$G(4,9)=0.80188$

关联序：$X_3>X_8>X_9>X_5>X_2>X_7>X_1>X_4>X_6$

（5）Y_5 与其他因子的绝对差值

X_1	0.000	0.892	0.111	0.534	0.770	0.165	0.928	0.617
X_2	0.000	0.505	0.635	0.669	0.163	0.163	1.489	0.397
X_3	0.000	0.409	0.220	0.455	0.106	0.364	0.205	0.303
X_4	0.000	0.729	0.065	0.526	0.663	0.273	1.043	0.548
X_5	0.000	0.504	0.360	0.141	0.636	1.035	0.237	0.407
X_6	0.000	0.367	1.867	0.500	1.072	0.077	1.362	0.597
X_7	0.000	0.720	0.101	0.439	0.585	0.060	0.990	0.620
X_8	0.000	0.465	1.197	0.966	0.411	1.267	0.203	1.205
X_9	0.000	0.129	0.694	0.406	0.028	0.073	0.894	0.115

最小差值 Δmin=0.00000，最大差值 Δmax=1.86655。

关联系数：

G（5，1）=0.69278　G（5，2）=0.70202　G（5，3）=0.79623

G（5，4）=0.69961　G（5，5）=0.72528　G（5，6）=0.63850

G（5，7）=0.72337　G（5，8）=0.62165　G（5，9）=0.80601

关联序：$X_9 > X_3 > X_5 > X_7 > X_2 > X_4 > X_1 > X_6 > X_8$

（6）Y_6 与其他因子的绝对差值

X_1	0.000	1.197	0.434	0.236	0.321	0.089	1.269	0.128
X_2	0.000	0.810	0.312	0.371	0.611	0.240	1.830	0.092
X_3	0.000	0.714	0.104	0.157	0.555	0.440	0.546	0.186
X_4	0.000	1.034	0.258	0.228	0.214	0.350	1.384	1.037
X_5	0.000	0.809	0.037	0.157	0.188	1.111	0.578	0.896
X_6	0.000	0.672	1.543	0.202	0.624	0.154	1.703	0.108
X_7	0.000	1.024	0.424	0.141	0.136	0.137	1.332	0.131
X_8	0.000	0.161	0.873	1.264	0.860	1.344	0.544	1.694
X_9	0.000	0.434	0.370	0.704	0.477	0.150	0.553	0.374

最小差值 Δmin=0.00000，最大差值 Δmax=1.82983。

关联系数：

G（6，1）=0.73183　G（6，2）=0.70274　G（6，3）=0.75861

G（6，4）=0.68134　G（6，5）=0.71807　G（6，6）=0.68284

G（6，7）=0.75541　G（6，8）=0.58507　G（6，9）=0.72569

关联序：$X_3 > X_7 > X_1 > X_9 > X_5 > X_2 > X_6 > X_4 > X_8$

（7）Y_7 与其他因子的绝对差值

X_1	0.000	0.650	0.073	0.638	0.431	0.498	0.384	0.110
X_2	0.000	0.262	0.673	0.773	0.501	0.169	0.945	0.110
X_3	0.000	0.166	0.258	0.559	0.445	0.031	0.339	0.204
X_4	0.000	0.486	0.103	0.630	0.325	0.060	0.499	1.055
X_5	0.000	0.261	0.399	0.245	0.298	0.702	0.307	0.914
X_6	0.000	0.124	1.905	0.605	0.734	0.256	0.818	0.090
X_7	0.000	0.477	0.063	0.544	0.246	0.272	0.447	0.113
X_8	0.000	0.708	1.235	0.861	0.750	0.935	0.341	1.712
X_9	0.000	0.114	0.732	0.301	0.367	0.260	1.438	0.392

最小差值 Δmin＝0.00000，最大差值 Δmax＝1.90462。

关联系数：

G（7，1）＝0.75960　G（7，2）＝0.72806　G（7，3）＝0.80991

G（7，4）＝0.74794　G（7，5）＝0.73610　G（7，6）＝0.70437

G（7，7）＝0.79855　G（7，8）＝0.58649　G（7，9）＝0.72906

关联序：$X_3 > X_7 > X_1 > X_4 > X_5 > X_9 > X_2 > X_6 > X_8$

（8）Y_8 与其他因子的绝对差值

X_1	0.000	2.043	0.316	0.292	0.013	0.918	0.585	0.175
X_2	0.000	1.656	0.430	0.157	0.946	0.590	1.146	0.395
X_3	0.000	1.560	0.015	0.371	0.889	0.389	0.138	0.489
X_4	0.000	1.880	0.140	0.300	0.120	0.480	0.700	1.340
X_5	0.000	1.655	0.155	0.685	0.147	0.282	0.106	1.199
X_6	0.000	1.518	1.661	0.326	0.289	0.676	1.019	0.195
X_7	0.000	1.871	0.306	0.386	0.199	0.692	0.648	0.172
X_8	0.000	0.686	0.991	1.791	1.194	0.514	0.140	1.997
X_9	0.000	1.280	0.489	1.231	0.811	0.680	1.237	0.677

最小差值 Δmin=0.00000，最大差值 Δmax=2.04333。

关联系数：

G（8，1）=0.73477　G（8，2）=0.66229　G（8，3）=0.74142

G（8，4）=0.70073　G（8，5）=0.73412　G（8，6）=0.65785

G（8，7）=0.71869　G（8，8）=0.60165　G（8，9）=0.59816

关联序：$X_3 > X_1 > X_5 > X_7 > X_4 > X_2 > X_6 > X_8 > X_9$

（9）Y_9 与其他因子的绝对差值

X_1	0.000	3.483	0.821	1.393	1.467	0.676	5.198	0.643
X_2	0.000	3.096	0.075	1.528	0.534	0.348	5.759	0.423
X_3	0.000	3.000	0.490	1.314	0.591	0.147	4.476	0.329
X_4	0.000	3.320	0.644	1.385	1.360	0.238	5.314	0.522
X_5	0.000	3.095	0.349	1.000	1.333	0.524	4.508	0.381
X_6	0.000	2.958	1.157	1.359	1.769	0.434	5.633	0.623
X_7	0.000	3.311	0.811	1.299	1.282	0.450	5.261	0.646
X_8	0.000	2.126	0.487	0.107	0.286	0.756	4.474	1.179
X_9	0.000	2.720	0.016	0.453	0.669	0.438	3.377	0.141

最小差值 Δmin=0.00000，最大差值 Δmax=5.75940。

关联系数：

G（9，1）=0.69390　G（9，2）=0.75638　G（9，3）=0.76265

G（9，4）=0.71972　G（9，5）=0.73983　G（9，6）=0.69187

G（9，7）=0.70776　G（9，8）=0.77473　G（9，9）=0.80824

关联序：$X_9 > X_8 > X_3 > X_2 > X_5 > X_4 > X_7 > X_1 > X_6$

（10）关联矩阵

0.753	0.739	0.745	0.729	0.749	0.731	0.751	0.662	0.797
0.761	0.761	0.764	0.744	0.749	0.748	0.771	0.673	0.794
0.661	0.737	0.747	0.724	0.736	0.662	0.685	0.697	0.825
0.724	0.771	0.819	0.720	0.786	0.695	0.734	0.812	0.802
0.693	0.702	0.796	0.700	0.725	0.639	0.723	0.622	0.806
0.732	0.703	0.759	0.681	0.718	0.683	0.755	0.585	0.726
0.760	0.728	0.810	0.748	0.736	0.704	0.799	0.586	0.729
0.735	0.662	0.741	0.701	0.734	0.658	0.719	0.602	0.598
0.694	0.756	0.763	0.720	0.740	0.692	0.708	0.775	0.808

3. 信息熵计算

通过式（12-21）～式（12～24）的计算可得权重为：$W=$（0.125，0.183，0.084，0.141，0.021，0.050，0.011，0.250，0.134）

4. 关联度及其排序

得出TBT与中小企业技术创新综合指标关联度及其排序，如表12-4所示。

表12-4　关联度及其排序

	指标1	指标2	指标3	指标4	指标5	指标6	指标7	指标8	指标9
关联度	0.727	0.726	0.762	0.718	0.745	0.694	0.732	0.682	0.746
排序	5	6	1	7	3	8	4	9	2

12.3.3　结果分析

1. 复杂的检测和检验手续是TBT的重要组成部分

关联度排第一的指标是检验费用均值在销售价格中的比率。一项产品是否符合技术法规、标准，需要通过实验的测试、检验机构的检验和证明，这笔费用通常由出口商支付。中小企业产品出口必须接受指定实验室的检测，耗费大量时间和金钱，更高水平的技术标准也要求更精确的检测技术与之相配套，这也意味着企业支付更高的检测费用，最终使进入市场的难度和贸易成本增加。所有企业都是以追求利润为目标的，因此，为了克服成本增加带来的劣势，中小企业就必须开展技术创新活动，进行技术创新资源投入，改进和引进技术设备，最终获得技术创新成果。

2. 技术法规对中小企业技术创新的影响较大

关联度排第二的指标是认为技术法规重要的企业比率。技术法规的本质是一种需要强制遵守的技术性文件，并以反映社会科学技术发展水平和要求的技术规范为主要内容，以其来对生产制造等活动进行规范。但更为重要的是，技术法规以保护国家安全、防止欺诈行为、保护人身健康安全、保护动植物的生命和健康、保护环境为目标，使得一国可以利用其掌握的科技能力有针对性或倾向性地设置 TBT，同时又使其贸易壁垒表面上具有正当的目的性，以阻碍他国产品进入其国内市场，实现贸易保护[327]。技术法规以 TBT 的形式出现在国际贸易中，使得一国制定的技术法规通过国家贸易媒介，成为对其他国家的相关主体发生作用的一种法律制度。与 TBT 的其他形式技术标准、合格评定程序等相比，技术法规的法律地位对市场准入具有较强的限制作用，也保证了技术法规成为构造国际贸易壁垒的一种有效可行的措施。由于我国中小企业更易受制度政策的影响，因此技术法规的设置对中小企业技术创新的影响程度较高。

3. TBT 促进中小企业技术创新成果的产出

TBT 涵盖了产品规格和生产工艺等多方面的信息，是以往研发所产生的科学技术成果和实践经验的积累，能够综合反映出技术发展的客观规律。这些成果与经验都是经过分析和比较的，是技术选择过程中基于当时条件而言最完美的选择，能够提供丰富的知识和技术信息；另外，TBT 也是根据消费者对产品功能和质量需求转化而来的定性描述、定量表达，TBT 的制定者们把这些要求一环环向下传递、转化，固化在产品实体上，使之能够准确地进行实施、考核和验证，从而指导设计和生产。可以看出，TBT 能够充分体现出消费者对于产品的功能需求。因此，基于 TBT 的中小企业技术创新更有针对性和有效性，不仅能够跨越 TBT，还能得到更多的符合消费者需要的技术创新成果的产出。

【本章小结】

本章首先根据全面性原则、简要性原则、可行性原则和可比性原则，建立了 TBT 水平和中小企业技术创新能力的评价指标体系。TBT 水平的评价指标包括：受 TBT 影响的比率、受 TBT 直接损失的比率、测试费用均值在销售价格中的比率、检验费用均值在销售价格中的比率、认证费用在销售价格中的比率、新增成本占新增成本总额的比率、认为技术法规重要的企业比率、认为标准重要的企业比率和认为合格评定程序重要的企业比率。中小企业技术创新能力评价指标包括：科技人员投入强度、R&D 人员投入强度、R&D 经费投入强度、消化吸收经费比重、微电子设备比重、有科技机构的企业比重、新产品开发项目比重、每万名职工拥有的发明专利数和新产品销售收入比重。在此基础上，建立了基于信息熵法与灰色关联法的模型，测算出了 TBT 与我国中小企业技术创新的关联度，并进行排序。本章认为 TBT 与中小企业技术创新之间的关系可以体现在两个方面：一方面，TBT 名目繁多、要求苛刻，会对中小企业创新产品出口造成障碍，抑制技术创新活动的开展；另一方面，TBT 对中小企业技术创新也有促进作用，对技术创新产出有着积极的影响，即技术发展的前导性作用和在国际市场中的规范性作用能够指导中小企业技术创新的方向、规范其过程，为技术创新扩散提供平台，提高中小企业技术创新的效率。

第13章　TBT对中小企业技术创新影响结构模型研究

从第11章的TBT对中小企业技术创新的影响机理和第12章的TBT与中小企业技术创新关联关系的分析中，可以看出技术水平达不到进口国标准、成本增加是中小企业技术创新受挫于TBT的重要原因。TBT对中小企业技术创新的影响即在于由于存在质量差距，中小企业必须进行技术创新以提高水平，缩短质量差距、达到要求，这种情况下成本又增加，因此中小企业还要进行技术创新来降低成本。因此，根据前面所做的分析，为更加全面和直观地揭示TBT影响中小企业技术创新的过程，有必要通过对前面的逻辑分析进行整理和归纳，构建一种模型对这种复杂的逻辑关系加以表述。

13.1　结构模型前提条件

对一个复杂的系统做出模型化表达是将复杂问题简单化的科学处理方式之一。但是，任何一种模型都不是无条件的，也不是在任何条件下都适用的。事实上，所有模型的运行都是在一定约束条件下进行的，模型失去了条件约束，也就失去了它的科学成分。为使TBT影响中小企业技术创新模型的逻辑关系更加清晰，根据前面对TBT和中小企业技术创新各相关方面论述内容的筛选和梳理，本书将 TBT 对中小企业技术创新影响模型构建的前提条件做出了界定。

13.1.1　TBT 的特殊性

本书认为 TBT 的客观维度和经济性维度反映了 TBT 自然属性的内生维度，而政治经济维度则是反映其社会属性的外生维度，自然属性和社会属性有机耦合在一起构成了 TBT 的复合统一体。

1. TBT 的客观维度

TBT 和其他传统非关税壁垒的主要区别在于其具有技术性。随着知识的积累、科技的发展和人们环保意识的不断提高，TBT 总是处于不断变化发展之中，具有明显的动态性。具体表现为，贸易商品的技术法规、技术标准不断地提高和进步，越是发达的国家，人们的环保意识越强，TBT 的标准也越高。可想而知，发达国家和发展中国家之间 TBT 的差异更多地表现为垂直特征，而非水平特征。换言之，技术水平的差距决定了设置 TBT 水平的“南北”差异。发达国家处于技术创新国的领先地位，控制了 85%以上的科技成果，反映这些科技成果的技术标准当然也就被发达国家垄断，发达国家因此处于标准设定者的主动地位。贸易国之间技术水平的差距是导致 TBT 的客观原因。这种客观维度体现了 TBT 的自然性，具有市场内生的贸易保护功能。

2. TBT 的经济维度

TBT 作为新兴的贸易保护手段，往往利用对贸易商品的各种形式和措施提出过高的要求，且常常变动，使出口国家的产品难以符合这些技术要求，造成妨碍贸易正常进行的严重后果。TBT 具有很强的刚性，只要贸易产品不符合进口国设置的技术性要求就不可能进入该国市场，这种限制性对发展中国家出口贸易的影响尤为明显。实际上，只要国家间存在着技术性措施差异，这种差异就会导致跨境供应成本增加，生产企业为满足进口国的技术要求而增加技术创新成本，又导致竞争力相对于进口国企业下降。经济维度的基本功能体现为内生的贸易保护或超贸易保护机制。

3. TBT 的政治经济维度

当前的世界经济发展是需求导向型的，国内需求份额（市场份额）的萎缩或丧失，意味着国内该产业市场出现失衡，导致该国供应商利益集团的福利损失。该利益集团则通过政治机制施加影响，以表达对贸易政策的需求。同时，该国产业消费利益集团也通过政治机制施加影响，表达自己反对贸易政策干预的愿望。政府作为公共利益代表，权衡双方利益得失，结果就是贸易干预政策安排，由于

TBT本身具有良好的客观维度借口和经济维度效果，此时TBT就上升到政治经济的层面上。一些国家针对特定出口国的特定产品采用TBT加以限制，以达到阻碍出口的目的。政治经济维度是其客观维度升华至外生层面（政治层面）的结果，具有超贸易保护的功能[328]。

TBT的客观维度和经济维度是其政治经济维度的前提和基础，政治经济维度是客观维度升华的结果，而无论是客观维度、经济维度还是政治经济维度，其根本目标都是为了进行贸易保护，且这种贸易保护必须依赖经济维度才能够达到相应的贸易保护预期，这三个维度有机耦合于TBT这个统一体中。

13.1.2 TBT的科学性

TBT是以WTO多边贸易协议为依据，为了实现正当目标而采取的必要措施，因而具有一定的合法性；另外，TBT也是满足人类发展需求以及国家掌控经济的有用工具，因而具有合理性。经济技术水平相对较高的一方似乎有充分理由实行较为严格的技术措施，对其他国家的进口构成事实上的贸易限制。虽然各国间TBT的差异可能会构成贸易壁垒，但适当的TBT也能够迫使发展中国家加快技术进步、技术改造步伐，提高本身的生产加工水平，体现出其有利性的一面。国外对我国中小企业出口实施TBT大体可分以下三类情况：第一类，国外的TBT的要求是合理的，我国中小企业具有达到该要求的生产技术；第二类，国外要求合理，但我国大多数企业目前还不具备这样的生产水平；第三类，国外实施的措施不合理，有歧视性，或违反了TBT协议的相关规定。根据2003年科技部中国科技促进发展研究中心与中国企业联合会共同对天津、山东、江苏三省市260家出口企业的调查显示，我国81%的出口企业曾经遇到国外TBT，认为TBT不合理的企业占被调查企业总数的18.7%，而34.7%和25.9%的企业是由于不了解国外技术标准和未达到国外产品标准而造成损失。实践中，使我国出口企业受损的大多数TBT是属于上述前两类。因此，本书所指的TBT某种意义上说是一种合理的TBT，即研究的是TBT在第一类和第二类情况下对中小企业技术创新的影响。如果TBT的设立初衷仅仅是为了限制我国中小企业的进口量，技术要求苛刻，构成了无法逾越的屏障，则这种TBT恐怕只有负效应，我国中小企业产品无法进入该国市场，也就不在本书的研究范围内了。

13.1.3 中小企业的技术创新能力

在新的宏观环境和社会背景下，与大企业相比，中小企业在技术创新方面却表现出得天独厚的优势。中小企业以其灵活的经营机制与大企业相比在技术创新方面更具优势，不仅在数量上占有相当大的份额，而且其创新的水平和影响也并不亚于大企业。

1. 技术创新高度灵活

由于中小企业具有小型性的特点，因而其管理机构较大企业简单得多。因此，中小企业决策层更为精干，不会遇到大企业官僚体制所带来的问题，在许多技术创新决策上，体现出更多的灵活性和更强的信息反馈能力。

2. 与大学和科研机构的合作更为密切

由于大学与科研机构具有得天独厚的 R&D 优势，不同规模的企业都表现出与其合作的兴趣，但从一些统计资料来看，在与大学和科研单位的合作中，中小企业比大企业表现得更为密切。在有大学和科研机构参与的 R&D 活动中，中小企业的 R&D 支出回报率高达 44%，而大企业仅 30%。很显然，与大企业相比，中小企业在合作中往往能获得较大的帮助和较高的回报。

3. 更富有企业家的创新精神

相对于大企业而言，中小企业不得不面临更为严酷的市场竞争，狭窄的生存空间使中小企业的成长与企业领导层的决策息息相关。大企业可以分散风险，承受得了失败，因而相对保守；而对中小企业来说，要成功和壮大只能敢于承担风险。因此，企业家的创新精神在中小企业体现得尤为突出。

4. 较为有效的内部创新激励机制

大企业对研究人员的最好奖励往往是把他们调到管理层，承担重要的管理工作；而中小企业是把技术创新作为竞争战略的核心。因此，能够较好地兼顾精神鼓励和物质激励，更多地注重激励的力量和效果，并更善于发挥研究人员的潜质。在参与创新的决策、创新目标的认同、创新报酬的取得等方面，中小企业明显比大企业占优势。

因此，本书假定研究的中小企业具有一定的技术能力，能够根据所遭遇到的 TBT 情况进行技术创新活动。如果我国中小企业都不堪一击，稍遇技术限制而出口减少就走向破产的边缘，那么它们也等不到正效应的发挥就已悄然离开市场，也就没有研究的必要了。

13.2　结构模型建立

基于以上两章的分析，可以看出 TBT 之所以能够对中小企业技术创新活动产生影响，是因为 TBT 可以影响到中小企业技术创新过程制度环境、技术环境、贸易环境等方面的不确定性，从而改变了中小企业技术创新的资源配置，并通过这种改变来影响技术创新的速度、方向和规模。同时，TBT 作为一种非排他性的公共物品，我国中小企业可以利用知识溢出效应，将资金直接投入到应用研究中，通过技术创新手段获取最新的 R&D 知识。TBT 作为知识和管理经验的载体，对中小企业技术创新资源投入和过程管理都有着重要的作用。确切地讲，TBT 的影响在于增加了中小企业技术创新的约束条件，使创新行为在新的约束条件下重新达至新的均衡。TBT 作为一国保护性贸易政策和一种先进知识的载体，对中小企业技术创新外部环境和中小企业技术创新系统有着重要的影响。TBT 对中小企业技术创新外部环境的影响包括对外部科学技术环境和外部市场环境的影响；对中小企业技术创新系统的影响包括对中小企业技术创新投入资源和创新过程的影响。为了形象地表征出 TBT 对中小企业技术创新产生的影响，本书构建了 TBT 对中小企业技术创新的影响结构模型，如图 13-1 所示。

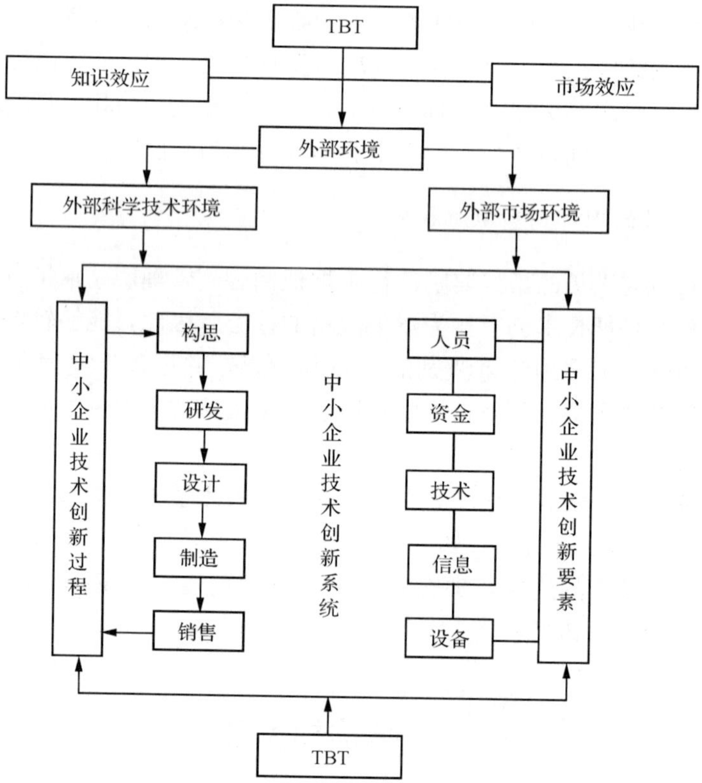

图 13-1　TBT 对中小企业技术创新影响的结构模型

13.3　结构模型解析

13.3.1　市场效应解析

TBT 的市场效应分为两种：一种是对市场的引领和指导作用，另一种是对市场的挤压和阻碍作用。通过市场作用，TBT 市场效应对中小企业技术创新的影响主要分为以下两种：一是市场需求的拉力作用。随着科技的发展，提高技术的精度要求在越来越多的领域得以实现，人们追求高质量、高精度的偏好永远是递增的，其结果便是国际贸易中所交易的产品的技术密集度不断攀升。同时，人们环保、安全和保健意识空前提高，各国尤其是发达国家对环保要求越来越严格，环保标准相对较低的发展中国家的产品往往被拒之于发达国家的国门之外。这些都是非常明确的市场需求，能够帮助中小企业确认需求和进行产品的改进，以此来刺激中小企业进行技术创新以实现商业和经济成功。二是市场竞争的推力作用。市场竞争迫使中小企业不断进行技术创新，使中小企业有了进行技术创新的必要性。中小企业在出口过程中遭遇 TBT，经济利益受到损害，就会潜心钻研受阻的原因，也就会将 TBT 的这种市场导向性引入到技术创新过程中，成为技术创新的出发点和立足点。TBT 对中小企业技术创新的市场需求和市场竞争都有着重要的作用，进而影响着中小企业技术创新的进程以及资源的分配。

13.3.2　知识效应解析

TBT 是世界各国互相协调的产物，反映了国际上已经普遍达到的、比较先进的科学技术和生产水平。技术环境是指一个企业所在国家或地区的技术水平、技术政策、创新能力以及技术发展趋势等。通常中小企业自身的技术水平会受到所在国家或地区的技术水平的影响，技术政策会推动中小企业技术水平的提高。一些国家通过技术法规、标准和合格评定程序等手段实施 TBT，那些具有合理目的并且是建立在科学评价基础上的 TBT，对我国科学技术发展来说，也有着一定的积极影响，促使中小企业通过技术创新努力改进自身存在的问题，积极适应对方的合理要求。

另外，TBT 是先进技术水平的集中体现。只有依据高水平的产品标准去组织生产和监控质量，才能制造出高质量的产品，甚至创造出知名的品牌。同时，生产工艺水平直接代表着生产效率。落后的生产工艺标准不可能制造出高质量、低消耗和高产出的产品，按照高规格的标准严格要求工艺过程是中小企业技术创新的最佳选择。因此，TBT 对于中小企业技术创新而言，是公开的、高标准的技术知识，是中小企业技术创新的知识源泉。

13.3.3 TBT 对中小企业技术创新外部环境影响的结构模型解析

由图 13-1 可知，TBT 对中小企业技术创新的外部环境产生影响，进而作用于中小企业技术创新。下面将对 TBT 对中小企业技术创新影响结构模型中 TBT 对中小企业技术创新外部环境作详细阐述，即 TBT 对中小企业技术创新外部环境的影响包括对外部市场环境和外部科学技术环境的影响。

1. 对中小企业技术创新外部市场环境的影响

（1）刺激中小企业技术创新的市场需求

市场是中小企业技术创新得以实现的最终场所，而市场需求则是中小企业技术创新活动的动力源泉，是中小企业技术创新活动的基本起点。这里的市场需求是从广义角度讲的，它既包括消费者对产品和服务在价格、质量、效用、数量上的需求，又包括中小企业生产发展上的需求。这些市场需求随着经济和社会发展不断地变化，当变化达到一定程度，形成一定规模时，将直接影响中小企业产品的销售和收入水平，也为中小企业提供了新的市场机会和构思思路，并引导中小企业以此为导向开展技术创新活动，从而形成对中小企业技术创新活动的拉动和激励。随着科学技术的不断发展，国内外消费者对商品的质量、卫生和安全要求也越来越严格，对环境的要求也不断提高，并且高技术含量的测试和检验检疫技术的不断发展，也给一些国家利用 TBT 进行国际贸易限制甚至贸易歧视提供更精确的数据。同时，绿色需求及其形成的巨大绿色市场将成为中小企业进行绿色技术创新的强大外在动力[329]。调查表明，有 89%的美国公民对其购买产品的环境影响十分关心，大约有 78%的人愿为购买绿色产品多支付 5%的费用。绿色需求正逐渐成为世界范围内普遍存在并且不断增长的需求热点，这必然推动绿色市场的不断成长。技术创新的动力来源于市场的拉动和用户的需求。由 TBT 引发的技术创新源应该是产品用户，因为 TBT 一般都是进口国（即产品用户）提出来的。如 TBT 对中小企业技术创新影响结构模型中所示，TBT 对中小企业技术创新市场需求产生影响进而作用到了中小企业技术创新系统上。TBT 所引起的技术标准与法规、合格认证等市场需求的变化为中小企业提供创新思路和创新机会，这是市场需求拉动中小企业创新的初始和表现形式，市场需求诱发中小企业制定创新战略，激发中小企业创新的内在动力，这是市场需求拉动中小企业创新的根本途径。充分发挥 TBT 引发的市场机制对中小企业技术创新的推动作用，是加快中小企业技术创新步伐的基础。

(2) 加重中小企业技术创新的市场竞争压力

在激烈的国际贸易竞争中，为阻碍他国产品进口，许多国家都制定了名目繁多的技术标准和法规、合格评定程序、绿色壁垒等，既有生产标准，也有试验、检验方法标准和安全卫生标准；既有工业品标准，也有农产品标准。我国产品出口目的地主要为美国、欧盟、日本等一些发达国家和地区，并且进出口额呈逐年递增之势[330]。如表 13-1 所示。

表 13-1　2007 年我国对主要国家和地区的进出口情况

出口情况 / 国家和地区	货物出口额/亿美元	比上年增长/%	货物进口额/亿美元	比上年增长/%
欧盟	2452	29.2	1110	22.4
美国	2327	14.4	694	17.2
中国香港	1844	18.8	128	18.9
日本	1021	11.4	1340	15.8
东盟	942	32.1	1084	15.8
韩国	561	26.1	1038	15.6
俄罗斯	285	79.9	197	12.1
印度	240	64.7	146	42.4
中国台湾	235	13.1	1010	16.0

资料来源：中华人民共和国国家统计局，中华人民共和国 2007 年国民经济和社会发展统计公报，2008/2/28。

美国、日本、欧盟等发达国家凭借自身强大的经济实力和高度发达的科技水平，制定比国际标准更为苛刻的技术要求，还经常根据国内经济政策灵活地进行改变，提高进口产品的技术水平，使众多中小企业难以应对。目前，我国出口遇到的 TBT 主要覆盖了农产品和食品（包括肉类及其制品、水产品、茶叶、蜂蜜等）、纺织品和服装、钢铁、轻工产品（包括玩具、鞋类、皮革制品、打火机等）以及机电产品等多个传统出口产业领域，涉及美国、日本、英国、法国、德国、意大利等多个国家和地区。受影响较大的行业分别是机电、农食产品、化矿、塑料皮革和纺织鞋帽，分别占直接损失总额的 24.20%、23.77%、23.76%、9.30%和 7.72%。TBT 对我国出口企业影响较大的国家和地区排在前五位的是欧盟、美国、日本、俄罗斯和东盟，分别占直接损失总额的 43.59%、23.67%、19.07%、5.34%和 2.96%[331]。

竞争是市场经济的主要调节机制之一，竞争规律与价值规律一样，都是市场经济的客观规律。如果把市场需求称为中小企业技术创新的原始动力要素，那么市场竞争则是中小企业技术创新的续进动力要素。如 TBT 对中小企业技术创新影响结构模型中所示，TBT 对中小企业市场竞争造成影响，进而作用到中小企业技术创新系统。国外 TBT 的压力迫使中小企业快速收集情报资料，准确及时掌握市场信息，为技术开发作好前期准备。在无情的挑战和裁决面前，中小企业不得不关心市场信息，关心自己产品的质量处于什么水平，产品品种、规格是否符合用户的需求，价格是否合理等。通过对这些情报资料的收集和信息的掌握，中小企业就能做到知己知彼，以此来确定技术开发的方向、任务和要求。为跨越国外 TBT，为自己的产品打开销路，占领市场，提高市场占有率，中小企业就必须采用先进的科学技术，改进设备和生产工艺，提高劳动生产率，节约费用支出，降低产品成本。同时中小企业也要更新思路，挖掘潜力，不断使产品更新换代，增加花色品种，提高产品质量，尽可能使生产符合市场的需要。如果市场竞争不足，中小企业就会失去市场压力，造成技术创新进展缓慢甚至停滞不前。无情的市场竞争迫使人们产生了强烈的危机感、紧迫感，进而变压力为动力，在应对 TBT 的实践中树立起新的观念[332]。同时，中小企业也会想方设法通过各种措施来提高员工的素质，特别是员工的科技素质。员工也会自觉自愿地学技术、学文化，提高文化知识和操作水平，以适应市场竞争的需要。这为中小企业进行更有效的技术开发提供了人才保证。

2. 对中小企业技术创新外部科学技术环境的影响

(1) 出口贸易便利了各国技术信息的传递

开放经济下，任何一个国家的研究开发活动都会为世界知识存量做出贡献，而世界知识存量的积累速度将快于当研究群体相互隔绝时的本地知识存量的积累速度。知识积累速度越快意味着各国产品开发成本下降的速度越快，于是各国引入新产品种类的速度也会加快。国际贸易的发展增加了我国中小企业与外国企业交流的机会，有利于我国中小企业追踪有关技术知识的最新动态，刺激国内中小企业的技术创新活动。国际交流渠道的开放，使得信息在各国之间传递更为迅速，如 TBT 对中小企业技术创新影响结构模型中所示，TBT 对中小企业技术创新外部科学技术环境产生影响，因而会在一定程度上提高我国中小企业技术创新的速度。

(2) 我国遭遇 TBT 为中小企业提供了技术模仿的机会

存在模仿活动的国际贸易不但有利于加快先进技术向我国的扩散，促进我国的技术进步，而且模仿与创新之间的正向反馈关系，也有助于提高我国中小企业的长期创新率。根据技术间断均衡理论，新技术产生于技术非连续状态，经过技术之间的激烈竞争后产生主导设计范式，并随后进入渐进变革阶段，直至一个新的技术非连续状态出现为止。TBT 作为成熟使用的技术，为我国中小企业技术创新提供了模仿的机会。如 TBT 对中小企业技术创新影响结构模型中所示，TBT 通过对中小企业技术创新外部科学技术环境的作用，进而影响到中小企业技术创新系统。中小企业为应对 TBT 就要从掌握成熟技术生产能力，到产品设计能力，最终形成基础研发能力。

(3) 促使我国相关体系不断发展

随着 TBT 对我国出口贸易影响越来越严重，我国受到影响的技术标准、技术法规、合格评定程序等都有着巨大的压力，势必会在短期内有着迅猛的发展。我国虽然加入了 WTO，但在国际技术标准席位上还处于借用和参加的角色，国际技术标准话语权受到限制。截至 2005 年年底，ISO 共制定国际标准 14941 项，其中 95%由发达国家制定，我国占 32 项，仅为 0.21%，IEC 共制定国际标准 5296 项，其中 96%由发达国家制定，我国占 15 项，仅为 0.28%，我国现阶段技术标准还存在总体水平偏低、采标率低、标龄过长等问题，我国的国家标准中约有 50%低于国际和国外先进标准，工业标准约有 70%～80%低于国际和国外先进标准。与发达国家相比，我国质量认证体系的发展也明显滞后，美国现有 55 种认证体系、日本有 25 种认证体系、欧盟内部已有 9 种统一的认证体系，而我国尚未形成统一的认证体系[333]。为了应对国外 TBT 的阻碍，我国势必会不断完善技术标准、法规体系和认证体系，外部科学技术环境的改变将促使中小企业在开展技术创新时，不断跟踪 TBT 的变化，收集技术法规、技术标准的变化，这对于进一步解决我国出口产品系列技术标准滞后、实现产品技术创新跨越国外 TBT 有着积极的作用。

13.3.4　TBT 对中小企业技术创新系统影响的结构模型解析

由图 13-1 可知，TBT 对中小企业技术创新的要素投入和过程产生影响。TBT 作为中小企业技术创新信息源提供的信息具有技术细节详细、信息量大、信息新、信息内容独特等特点，为中小企业技术创新提供了大量的技术信息和市场信息。下面将对 TBT 对中小企业技术创新影响结构模型中，TBT 对中小企业技术创新系统的影响作详细阐述，即 TBT 对中小企业技术创新要素投入和技术创新过程的影响。

1. 对中小企业技术创新要素投入的影响

中小企业的技术创新活动可以看作是一个投入产出过程，如 TBT 对中小企业技术创新影响结构模型中所示，中小企业技术创新投入要素包括：人员、资金、技术、信息和设备。TBT 对中小企业技术创新要素投入有着正负两方面的影响。

(1) 对中小企业技术创新要素投入的正面影响

TBT 作为科学技术成果和实践经验的总结，它提供的知识存量为中小企业进行技术创新活动奠定了技术基础。同时，TBT 也是以市场为基础的，反映了市场的需求功能，传达消费者功能需求的信息。

① 对人员投入要素的影响。中小企业技术创新的关键因素是“人”，它代表了中小企业的知识结构、技能和决策能力。从技术创新过程看，人员要素贯穿着技术创新活动的整个过程，中小企业技术创新必须拥有高素质的创新人员。技术标准、法规和合格评定程序等不但为中小企业的创新人员提供了技术知识上的储备和技术水平优劣的评价指标，而且也要求中小企业的创新人员和技术标准化人员要相互沟通、相互合作。技术标准化人员要介入新产品、新工艺研发的过程，通过对新产品、新工艺进行严格的验证、评审和确认，不断发现新产品、新工艺可能存在的缺陷，以利于创新人员及时对新产品、新工艺做进一步改进。另外，技术人员通过解读技术标准、法规和合格评定程序等文件，能够更加清楚消费者对产品的功能需求[334]。中小企业将人员投入到与企业相关的技术标准的调查、研究中，就能够更加透彻地理解技术标准、法规和合格评定程序等的深层次内容和市场需求的意图，为创新人员提供技术创新的专业性标准化依据，使技术标准、法规和合格评定程序等在创新产品结构设计、材料选用、精度确定等方面发挥作用，以充分满足市场的功能要求。

② 对资金投入要素的影响。资金是中小企业成长的血液，是从事技术创新活动的必备条件。中小企业技术创新投入的资金直接决定了技术创新的规模和强度，并成为影响中小企业技术创新成败的关键因素之一。技术标准、法规和合格评定程序等是技术创新成果的长期积累，是对新技术未来发展方向的高度总结，承载着丰富的技术和知识，为中小企业技术创新指明了资金投入的方向，坚定了中小企业资金投入的信心。同时，技术标准、法规和合格评定程序等为中小企业技术创新明确了资金投向市场的功能需求目标，使资金的投入能够在短期内产生效果，形成先发制人的优势，在一定程度上规避了资金投入风险。

③ 对技术投入要素的影响。技术是中小企业技术创新的根本手段，技术创

新过程就是技术变化及其实现的过程，技术变化对创新率有着正效应。通常成为标准、法规和合格评定程序等的技术都是相应行业内先进的、规则的和完备的技术，是固定下来的、相对静止的技术，是以往技术发展的积累，并在相应的技术领域内推广和普遍应用的。因此，技术标准、法规和合格评定程序等提供的知识存量能够指导中小企业选择适合自身情况的技术进行研发，并引进相应的专利、版权等，促使新技术不断取代旧技术，为中小企业技术创新提供更高的技术平台。同时，技术标准、法规和合格评定程序等产生的根本动力是市场的功能需求，它把市场需求公开化、统一化，中小企业可以直接向技术标准、法规和合格评定程序等寻求技术开发的方向和路径，使自己的技术创新活动与市场需求相一致，创新产品才能够更好地适应市场的需要。

④ 对信息投入要素的影响。在信息化时代，信息是一种非常重要的资源。中小企业在技术创新过程中要面临着技术、市场、顾客需求、政策环境等多方面不确定因素的影响，对这些重要影响因素的信息掌握程度直接决定了中小企业技术创新活动能否顺利开展甚至成败。技术标准、法规和合格评定程序等蕴含了大量有用的信息：一方面，技术标准、法规和合格评定程序等涵盖了大量与产品规格、工艺流程、检查、称重以及度量等相关的信息，为中小企业产品创新和工艺创新提供了必要的技术信息，减少技术创新的不确定性；另一方面，技术标准、法规和合格评定程序等把市场的功能要求固化在产品的实体上，中小企业通过技术标准、法规和合格评定程序等能够分析出市场中消费者真实的需要，从而获得准确的市场信息，用技术标准、法规的规范要求进行产品的研发直至生产，可以保证创新产品能够被市场所接受，从而大大地降低技术创新的风险。

⑤ 对设备投入要素的影响。设备是中小企业技术创新实现的物质基础，一项新的构思和发明要达到产业化和商业化规模生产的要求，很大程度上取决于中小企业设备的整体水平。在中小企业技术创新的过程中，必须注重对现有生产设备的掌握及更新改造，充分发挥中小企业设备的作用。技术标准、法规和合格评定程序等对零部件的通用性、产品的质量和工艺的兼容性的统一要求，直接作用在生产设备、检验设备的性能和规格上，加速了中小企业生产设备、检验设备的标准化，降低了生产、销售阶段的不合格品率[198]。同时，技术标准、法规和合格评定程序等反映了市场上生产设备、检验设备性能的先进程度，推动中小企业以市场上普遍适用的生产设备、检验设备的技术参数指标来控制和衡量中小企业的生产过程，为实现技术创新提供物质上的有力保障。

(2) 对中小企业技术创新投入要素的负面影响

为了应对国外 TBT 的限制，中小企业要不断地开展技术创新活动，但 TBT

对中小企业技术创新的人员、资金、技术和信息投入要素有着负面的影响。

① 对人员的影响。人才缺乏是制约中小企业技术创新的关键，也是中小企业不能成为技术创新主体的主要原因。大多数中小企业管理者没有专门地、系统地学习过经营管理，加之分配激励机制不健全及社会认识偏差等原因，中小企业难以吸引或留住技术创新所需要的人才。而中小企业为应对 TBT，需要进行了解信息、设备引进、重新设计等多项活动。人才的缺乏和素质低下，必然会限制中小企业技术创新活动的开展。

② 对资金的影响。中小企业为应对 TBT 而开展技术创新活动，必然导致大量资金的投入，而资金匮乏一直是困扰我国中小企业的难题之一。中小企业技术创新投入的资金无论是自筹还是贷款等其他渠道获得的，都直接决定了技术创新的规模和强度，并成为影响中小企业技术创新成败的关键因素之一。中小企业为了应对 TBT 而调整生产过程，并支付额外的费用以使产品符合进口贸易国技术要求，投入费用的增加势必会使中小企业资金运转更加困难，对中小企业技术创新开展更为不利。另外，由于遭遇 TBT，中小企业声誉和形象受损，要想获得政府资金的投入也更加困难了。

③ 对技术的影响。技术是中小企业技术创新的根本手段，技术创新是在中小企业现有技术基础上形成和发展的，中小企业整体技术水平直接制约着技术创新的水平。为应对 TBT，中小企业就要通过技术引进、技术改造来弥补自身在技术创新方面的劣势和不足，实现后发优势。这对于一些技术落后或实力不强的中小企业来说，受自身条件所限，是很难完成技术引进并消化吸收创新的。

④ 对信息的影响。在知识经济时代，信息是一种非常重要的资源。因为中小企业在技术创新过程中面临竞争对手、技术、市场、顾客需求、政策环境等不确定因素的影响。而中小企业在出口时因信息基础设施落后，信息技术水平低，对于与 TBT 相关的技术、市场、政策法规等方面的信息获取不及时或不准确，都会严重阻碍中小企业技术创新进程。

2. 对中小企业技术创新过程的影响

技术创新是一个完整的行为过程，如 TBT 对中小企业技术创新影响结构模型中所示，中小企业技术创新过程分为构思、研发、设计、制造和销售等主要环节。TBT 在一定程度上代表着一定的质量水平，反映了国际上先进的科技水平，是推动经济增长和技术创新的经济基础设施的必要组成部分。下面简单分析 TBT 对中小企业技术创新过程各个环节的影响。

（1）对中小企业技术创新构思阶段的影响

中小企业技术创新过程始于构思的形成，它直接影响到中小企业技术方案的选择和资源的配置，进而影响到中小企业能否获得竞争优势。在构思阶段，中小企业需要通过市场调查，了解消费者的需要和期望，发现市场和技术机会，形成技术创新的构思，这是一个搜集信息和激发创造性思维的过程。技术标准、法规和合格评定程序等正是产生成功创新构思的重要源泉之一，这是由于：第一，技术标准、法规和合格评定程序等的制定、审核、认证等过程是由公共机构组织开展的，具有公开性和透明性，中小企业技术创新构思能够比较便利地获取相关的有用信息[335]。第二，高科技时代的标准化是“前导型”的标准化，往往是标准先行，技术标准的制定和技术发展的速度是一致的，甚至有时超越了技术创新本身的发展水平。因此，中小企业可以在较高的平台上进行创新构思。第三，技术标准、法规和合格评定程序等还是一种市场信号信息，表达出市场中消费者对产品的要求。中小企业在进行技术创新之前，通过解读相关技术标准文件，能够了解到进口贸易国消费者对创新产品的要求，从而形成有效的构思，技术创新就有了努力的目标和前进的方向。

（2）对中小企业技术创新研发阶段的影响

研发在中小企业技术创新过程中担负着创造新技术、获取新技术、解决技术难题、开发新产品和新工艺以及产品与工艺改进等任务，是中小企业技术创新过程中的重中之重，是风险最大的一个阶段，也是一个需要多个部门密切配合，实施计划不断调整、修正的动态过程。而技术标准、法规和合格评定程序等中有关技术的要求和研发的方法反映了技术的现状，与新产品、新工艺的研发密切相关，为研发这一动态过程提供了大量的信息，降低了研发的风险。研发阶段的特征是新产品或新工艺的不熟悉性及其对创造性的要求，技术标准、法规和合格评定程序等能够在这两方面给予帮助。第一，技术标准、法规和合格评定程序等在成为中小企业出口贸易壁垒的同时，也为中小企业研发活动提供了参考的范本，使中小企业研发的方向、路径更为明朗化。第二，技术标准、法规和合格评定程序等一般都是先进技术和经验的总结，它可以使中小企业站在“巨人的肩膀”上，在现有技术的基础上减少重复劳动，进行更深层次的研发、创新或改良新的产品或工艺，达到创造性的要求[336]。

（3）对中小企业技术创新设计阶段的影响

设计就是通过利用新原理、新技术、新材料、新构思、新造型，设计出完整的技术规范、技术许可、工作蓝图和材料订单的过程，它能够生成可行的具有一定社会价值和创造性的设计方案。技术标准对产品的制作工艺、性能、安全性、适应性、时间性、检测方法等都有具体规定，中小企业可以以此为根据对不同方案进行比较、改造、组合，筛选出最佳的技术方案，确定新产品的可靠性、质量目标和市场定位，抑制不符合技术标准的活动发生，从而化解技术上的风险，得到满意的创新效果。市场是衡量中小企业生产能否满足社会需求的标尺，只有满足市场需求的创新才是有价值的创新。而技术标准、法规和合格评定程序等提供了寻找、研究和判断市场机会的信息，可以使创新产品在概念设计、方案设计以及工艺设计阶段，根据市场需求的变化及时解决创新产品设计过程中的关键问题，从而使中小企业能够按照技术标准、法规和合格评定程序的要求确定新产品、新工艺的标准，生产出能够适销对路的创新产品。

(4) 对中小企业技术创新制造阶段的影响

中小企业技术创新是一个变革过程，特别是在制造阶段，各种因素错综复杂，都可能会对总体创新效果产生影响，因此对中小企业技术创新制造阶段进行有效规范就显得十分必要。技术标准是一种包含技术指导方针的书面协议，不仅对产品的最终形式有技术性的要求，确保材料、产品和服务都符合它们的要求，而且对产品整个制造工艺、加工过程也提出了技术性的要求，这些标准将工艺中的行为和工艺的描述都标准化了，为一致的、重复的测试和处理提供了方法。制造部门应用技术标准将制造过程进行优化和稳定，保证了质量目标的达成，使中小企业技术创新形成良性的发展态势。另外，严格的标准化可以保证制造过程中产品的互换性和通用性、制造工艺的兼容性，保证制造的顺利进行，从而促使中小企业在制造过程中提高创新产品的合格率，杜绝不必要的原材料浪费，减少制造过程的不确定性，降低库存成本与生产成本。

(5) 对中小企业技术创新销售阶段的影响

创新产品的销售对固定中小企业技术创新成果起着关键性作用。然而中小企业由于自身条件限制，即使在技术研发方面获得了成功，在销售过程中仍会遇到很多问题，很难将技术创新成果大规模商业化。技术标准、法规和合格评定程序等具有公开性、统一性、科学性，它所提供的关于产品和工艺的编码化信息，有助于降低厂商之间、厂商和消费者之间的信息成本，在中小企业与进口贸易国政府和消费者交换技术信息时，能够解决创新产品市场信息不对称所带来的问题，使创新产品能够得到广泛认同。即使不采用强制性手段，标准化的创新产品和技术也更容易在相关的技术领域中推广使用，并能够被市场广泛接受，从而降低了中小企业技术创新的市场风险，减少中小企业进入国际市场的阻力，为进行技术创新的中小企业带来可观的经济效益。另外，每一项技术标准的产生和标准化活动的开展都是由市场需求来决定的，反映了市场的发展趋势。技术标准、法规和合格评定程序等很大程度上可以增强消费者的消费信心，使达到技术标准的创新产品能够迅速地占领市场[337]。

【本章小结】

本章建立了 TBT 对中小企业技术创新的影响结构模型，并对模型做了详细解释。分别描述了 TBT 对中小企业技术创新的外部和内部影响：TBT 对中小企业技术创新外部市场环境和科学技术环境的影响，即 TBT 对中小企业技术创新活动的贸易环境和技术环境等方面产生影响，从而改变了中小企业技术创新的资源配置，并通过这种改变影响了技术创新的速度、方向和规模。同时，TBT 作为中小企业技术创新的动力和信息源，对中小企业技术创新的技术、信息、设备、资金和人员资源投入产生正负两方面影响，为构思、研发、设计、制造和销售各个阶段顺利开展提供了丰富的信息和指导。

第14章　应对TBT中小企业技术创新支持体系研究

近年来，我国中小企业相当数量的传统优势产品频频遭遇国外TBT，出口纷纷受阻，有的甚至退出了市场。中小企业要想突破TBT的阻碍，不仅要保证产品质量，还要改进和控制整个生产程序，以使创新产品满足国外的技术法规和标准要求，充分发挥TBT对中小企业技术创新影响的正效应。然而，中小企业自身力量有限，在应对TBT方面有很多不足，需要政府、行业协会等的支持，因此构筑、规范和完善应对TBT的中小企业技术创新支持体系具有重要意义。

14.1　应对TBT的中小企业技术创新支持体系构建的背景分析

14.1.1　应对TBT的中小企业技术创新劣势分析

近年来，我国中小企业发展迅速，并在国民经济中发挥着日益重要的作用，但仍面临许多困难和挑战。由于经济体制运行的惯性和摩擦，以及中小企业自身发展中存在的问题，影响中小企业的创新意愿和创新能力，因而中小企业技术创新跨越TBT时存在着一系列问题和障碍。这些劣势主要表现在五个方面。

1. 人才缺乏

人才缺乏是中小企业提高技术创新能力的主要障碍。受传统体制和制度的影响，我国科技力量的分布不合理，2/3 以上的科技人员在企业之外，剩余部分也主要分布于少数大企业和大企业集团中，绝大部分中小企业都存在着科技人才短缺问题。据统计，我国大企业每百名职工中拥有大专以上学历的人员为 10.46 人，乡及乡以上中小企业仅有 2.96 人，相当于大企业平均水平的 28%，许多中小企业甚至没有具有专业技术职称的科技人员。现有科技人员只能从事简单的技术指导，缺乏技术创新能力和产品创新能力。同时，由于传统就业观念的影响以及缺乏必要的社会保障机制，中小企业对创新人才的吸引力远不如大企业，现有科技人员流失也日益严重，这就造成了中小企业技术创新人才的极度匮乏[338]。此外，中小企业其他技术力量也相当薄弱，这也是造成中小企业技术创新能力不强的重要因素。而人才恰恰是中小企业应对 TBT 的重要因素之一，人才素质偏低或是缺乏都直接影响了中小企业能否进行技术创新跨越 TBT。

2. 资金不足

在技术创新活动中，R&D 活动处于最基本的核心位置，R&D 经费是衡量科技经费的主要指标。而我国中小企业 R&D 经费投入的自我积累能力很弱，很多中小企业根本没有 R&D 经费投入，有 R&D 经费投入的也往往不足其销售收入的 1%，而且大部分中小企业创新经费仅限于技术人员培训。在对外融资方面，企业往往采取两种方式，一种是利用银行贷款的间接融资方式，另一种是发行股票、债券的直接融资方式。我国股票市场、债券市场可以说基本上是为国有大企业服务的，中小企业要想通过资本市场融通资金难度较大。因此，普遍采用间接融资方式。但由于中小企业规模小、资信差、抵押难，银行出于降低信贷风险、节约贷款成本等因素的考虑，不愿过多向其提供贷款，这就形成了中小企业既得不到银行的支持，又无法直接融资的局面，造成中小企业技术创新和技术改造经费投入的严重不足。中小企业应对 TBT，面对成本的增加更加需要资金的投入，而资金的不足严重影响技术创新活动的开展，应对和跨越 TBT 就更无从谈起了。

3. 创新意识淡薄

由于市场的整体规范化程度不高，市场秩序混乱，创新企业效益不明显等因素的作用，使中小企业缺少技术创新的市场压力。在相关的企业技术创新的动力调查中，排第一位的因素是同业竞争，其次是市场需求，三是市场上出现的新技术。企业技术创新的动力主要来自同业竞争，说明中小企业技术创新是被动型的，不是积极主动地进行技术创新。一些中小企业在面对 TBT 时，首先考虑的不是如何进行技术创新活动来跨越 TBT，而是放弃该市场，开发新的市场。

4. 创新激励机制匮乏

中小企业作为技术创新的主体之一，由于受计划经济的惯性推动，无论从外部还是内部都缺乏对技术创新的有效激励。从中小企业内部看，制度再造缓慢，产权界定模糊，法人治理存在严重问题，中小企业经营者急功近利思想严重，热衷于寻求政府帮助、优惠政策和银行贷款来增加资金投入扩大生产规模，不愿着力向内挖潜、改造和创新，使许多中小企业长期处于高速低效运行状态之中。有效创新激励机制的缺乏使中小企业难以从战略高度重视技术创新，缺乏技术创新的紧迫感和自觉性。在遭遇 TBT 时，由于缺乏有效的创新激励机制，中小企业缺乏技术创新的动力，不得不选择放弃该国市场。

5. 中介服务薄弱

中小企业是市场竞争中的弱势群体，特别是在从事技术创新活动中，表现出缺乏足够的资金、专业人才和创新意识等诸多劣势。因此，中小企业限于自身条件，技术创新更有赖于与外界的合作和支持。目前，国家已经建立中小企业技术创新服务中心 40 余家、各级生产力促进中心 1000 多家、各级科技企业孵化器 500 余家、国家大学科技园 43 家、各级留学生创业园 110 多家、中小企业信用担保机构 1200 余家，试图为中小企业技术创新提供支持和载体。但这些机构的硬件设施和服务支持还比较薄弱，经营水平差距很大，难以为中小企业技术创新应对 TBT 提供全方位的优质服务。

14.1.2 应对 TBT 的中小企业技术创新优势分析

随着我国经济市场化、全球化的进程以及产业结构的调整、升级、优化，我国中小企业的技术创新能力不断提高。中小企业成为国家经济增长的一支重要力量，对于促进经济发展具有不可替代的作用，中外经济发展实践表明，中小企业技术创新已成为许多国家经济增长的重要支撑，是国家技术创新系统的重要组成部分。研究表明，中小企业在技术创新方面具有举足轻重的地位和作用，在技术创新方面扮演着重要的角色，其作用可能远远超出一般人的预料，特别是一大批科技型中小企业已成为我国技术创新和发展高科技产业的重要力量，具备了以技术创新应对 TBT 的能力，中小企业的技术创新不仅在数量上占有相当的份额，而且，其水平和影响也不亚于大企业，许多被认为是现代最重要的工业创新和发明都是由中小企业创造的。同时中小企业也具有一些大企业无法比拟的优势。中小企业由于具备机制的灵活性、生产的专业化以及面临着比大企业更大的市场竞争压力，因此在遭受 TBT 时，以技术创新应对 TBT 具有更强的动机和更大的优势。主要表现在两方面。

1. 经营灵活

中小企业的产权结构简单清晰，企业家有明确的利益激励和强烈的创新倾向，把创新作为竞争战略的核心，在 TBT 的巨大竞争压力下更易于选择创新机会以获取生存和发展。另外，中小企业规模较小且企业组织层次少，上下级关系近，内部成员沟通顺畅，有利于减少内部信息损失，从事 R&D 活动的效率较高。中小企业的管理结构简单宽松，对创新更易于接受，组织和决策灵活高效，使其能够及时了解并适应市场需求，从而 R&D 活动的市场导向较强。“船小好调头”，正是由于规模小，中小企业在经营上的灵活性特点也体现出来。由于中小企业组织结构相对简单，官僚主义作风较轻，在制定和执行 R&D 决策过程中比较迅速，在应对 TBT 方面，在创新效率和创新时间上都明显优越于大企业。

2. 技术上的后发优势

中小企业技术创新的转换成本较小，相应的创新障碍也较小，创新的灵活性较大。在技术开发方面，中小企业可以根据 TBT 的要求，充分研究和观察产品的技术趋势、产品生产企业的创新活动，选择有发展前景的技术作为技术创新的获取目标，避免大量技术探索中的失误。虽然反向工程中依然要进行一定程度的研究活动，但比起正向的技术开发就大大降低了风险，从而保证中小企业研发投资具有高度的方向性和针对性[339]。中小企业在借鉴发达国家已有的技术和经验的基础上，更能够节省发展时间，减少风险，少走弯路，从而获得更快、更有效率的发展机会和跳跃式赶超的条件。

14.2　应对 TBT 的中小企业技术创新支持体系的运行模式

现阶段，我国应当学习和借鉴发达国家支持中小企业技术创新应对 TBT 的成功经验，结合我国实际情况，建设以政府为领导，社会化服务机构和行业协会为核心，为中小企业技术创新创造良好的外部环境，同时也为技术创新过程提供融资服务、信息咨询服务、技术服务、人才培训等服务措施。本书构建的应对TBT的中小企业技术创新支持体系框架如图14-1所示。

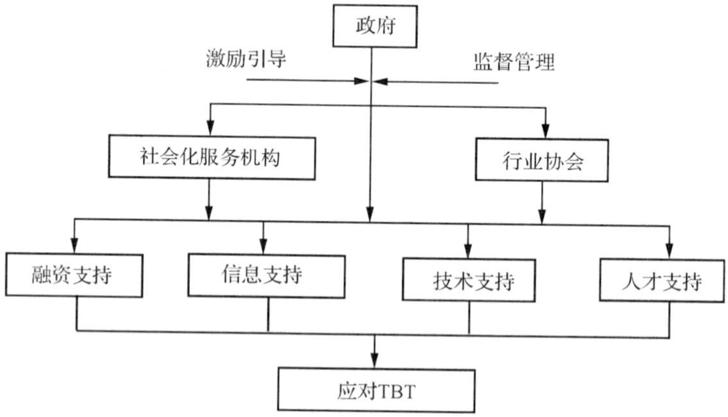

图14-1　应对TBT的中小企业技术创新支持体系框架

我国应对TBT的中小企业技术创新支持体系是由政府、社会化服务机构和行业协会共同组成的。随着工业化和科技水平的发展，中小企业技术创新遭遇到诸多日益复杂的社会问题，传统的政府职能已无法解决。因此政府职能面临着从直接管理向间接管理、从管理型转向服务型、实现“小政府、大社会”，把公共服务让位于社会的发展趋势。虽然政府提供的服务是公益性的，但其对中小企业的服务能力是有限的，所提供的服务仅仅是中小企业服务市场的一小部分，而中小企业技术创新应对TBT对服务的需求是无限的，因此，社会化服务机构和行业协会应当是中小企业技术创新应对TBT服务的主要提供者。但必须注意到，政府对社会化服务机构和行业协会的主导和推动作用不容忽视，政府自上而下的推动是社会化服务机构和行业协会在体系内发挥作用的重要途径。

纵观发达国家应对TBT的中小企业技术创新支持体系的建设过程，从中不难发现，在国外成功的模式中，政府都起到了积极而重要的推动作用。英、美等国让服务市场这只看不见的手发挥作用，政府运用行政手段对市场进行规范和管制，解决市场机制难以解决的问题；法国等欧洲国家通过政府的各部门对中小企业提供帮助与支持，各民间服务机构提供一些补充服务，填补政府服务的一些不完善之处；日本等东南亚国家则以中央政府为主导，地方政府为基础，民间社会团体为补充。首先是在中央政府或地方政府的各个部门设立为中小企业提供帮助的机构，然后又在民间也成立相似的机构，提供同样的服务内容。我国中小企业技术创新应对 TBT 是一个复杂的系统工程，根据全国工商联对上海 1535 家民营企业技术创新活动的调研结果可以看出，影响中小企业技术创新外部环境的因素很多，其中主要包括创新政策扶持、公平的市场竞争环境、知识产权保护环境、创新的市场风险、成果产业化难易程度、创新的服务平台、创新的社会氛围和同类技术创新信息等，但在这些外部环境因素中对中小企业技术创新应对 TBT 的影响程度是不尽相同的。因此，可以吸收国外各种模式的优点，结合我国的具体国情，选取适当的应对 TBT 中小企业技术创新支持体系的运行模式。

我国应对 TBT 中小企业技术创新有效的支持体系运行模式主要包括外部环境的“推式”运行模式、政府机构管理模式、社会化服务机构管理模式和行业协会管理模式等。其中，“推式”运行模式是指作为服务主体的社会化服务机构和行业协会在政府的推动下，积极地创造良好的外部环境为中小企业技术创新服务，帮助其跨越 TBT。

14.3　应对 TBT 的中小企业技术创新支持体系的管理机制

为确保我国应对 TBT 的中小企业技术创新支持体系的功能和效率，政府、社会化服务机构和行业协会在为我国中小企业技术创新提供服务方面都应当形成有效的管理机制。应对 TBT 的中小企业技术创新支持体系必须建立政府部门、社会化服务机构、行业协会三方互动合作体系。上述三方分工明确，通力合作，形成良性互动、相辅相成的关系体，共同推进 TBT 整体应对机制体系的运转和发展。

14.3.1　政府机构管理机制

政府机构如质量技术监督局和外经贸局等相关部门应当负责 TBT 整体应对机制的架构设计、方案规划，负责整个运作体系的资金筹措和人员管理的组织协调。

1. 评估潜在风险

从技术的角度看，TBT 往往是以高科技含量的技术标准为基础，很多技术标准甚至还具有不确定性，而且涉及面也很广，很难全面顾及。单个企业受自身技术水平的限制和自身利益的局限，没有能力也很难从全局的角度就新标准是否符合技术发展轨迹做出正确的判断。因此，政府应当对影响较大的新标准、新法规，详尽分析评估其对我国的潜在风险并提出初步对策。

2. 激励引导

政府作为制度设计者，其任务一方面是激发中小企业应对 TBT 内生成长动力，满足其公共需求或准公共需求，为其提供信息咨询服务，解决中小企业融资难的问题，保护中小企业的知识产权成果；另一方面是不断建立和完善有利于社会化服务机构和行业协会发展的制度环境，推动其发展，并引导它们朝着有利于中小企业应对 TBT 进行技术开发、科技成果转化的方向发展，这是政府在应对 TBT 的中小企业技术创新支持体系中的重点任务。

3. 监督管理

为确保应对 TBT 的中小企业技术创新支持体系的有效运行，政府必须对其进行严格的监督管理。主要包括：①建立合理的考核机制。对服务机构的业务绩效（接受服务的企业数量和满意度等）、自身建设（组织建设、硬件设施等）、服务能力（管理者的决策能力、团队的凝聚力、适应能力等）进行考核。②建立淘汰制度。根据考核评估的结果，对未达标的机构允许其在规定的时期内进行自我改造，改造后达到要求的机构可以继续挂牌保留，对改造后仍未达到要求的，则建议其退出。通过淘汰制度，促进服务机构提高自身能力，为中小企业技术创新应对 TBT 提供更多的优质服务。

4. 制定针对 TBT 措施

从利益最大化角度衡量，只有政府才能站在全局的角度，根据消费者利益、国家利益和生产者利益权重的不同，选择正确的策略谋求社会利益的最大化。在应对国外 TBT 的问题上，国家既要消除来自国外的不公平竞争行为，为本国产业的健康发展创造良好的环境，又有义务为本国消费者和用户提供良好的社会福利。如果这方面没有国家的积极行为，国家的整体利益就要受到损害。政府所采取的措施包括：①收集进口国技术法规、标准的变动信息。建立数据库，进行分类管理。②参照国内产业现有情况对新法规进行初步的风险评估。③对影响较大的新标准、新法规，吸纳各行业技术专家、市场专家和法律专家组成临时专家组，详尽分析评估其对我国相关产业的潜在风险并提出初步对策。④及时向出口中小企业发布预警信息。⑤调查并收集中小企业对新法规的意见，对新法规提出评议。⑥受理国内中小企业对国外 TBT 的申诉并进行调查。调查的结果作为政府采取进一步措施的依据。⑦进行国外技术法规和标准的咨询和培训服务。⑧为国内质量技术标准体系的构建提供参考。⑨支持中小企业开展技术创新活动跨越 TBT[340]。

14.3.2　社会化服务机构管理机制

与政府相比，社会化服务机构更专业、更了解中小企业技术创新应对 TBT 的特点、不足和需求；与中小企业相比，社会化服务机构更全面了解和熟悉政府有关技术创新的法律、法规和相关政策，对技术、市场的发展把握能力较强。因此，作为中小企业与政府以及大学、科研机构进行沟通和协调的桥梁，社会化服务机构能够整合资源为中小企业技术创新应对 TBT 提供社会化服务。这种服务具有很强的复杂性，获取收入的难度也很大。在目前的条件下，大多数社会化服务机构尚不能借此获得稳定可靠的收入。所以，政府给予其一定的支持是必要的，但为了提高社会化服务机构的效能，必须实行企业化运作，引入市场竞争性的运作模式，鼓励社会化服务机构在市场上获得合法收入，通过市场调节为中小企业技术创新提供服务[341]。在内部管理上，全套引进企业的管理制度，实行经济核算，要像企业一样进行市场开拓，深入中小企业调研、分析诊断其应对 TBT 技术创新各方面的需求，为不同行业、不同规模和不同发展阶段的中小企业应对 TBT 推荐最优化、最佳成效价格比的技术创新方案，减少中小企业技术创新的失误。同时也要采取有效的激励措施，以吸引和留住高水平人才。

14.3.3　行业协会管理机制

行业协会在应对 TBT 中具有政府与单个中小企业无法替代的优势。在 WTO 体系中政府的职能受到严格的约束，许多过去由政府承担的管理和产业扶持职能应转由行业协会等中介组织来履行，否则政府行为将被视为设置贸易壁垒、歧视行为或行业保护，受到其他国家的控告或者贸易报复。从中小企业方面看，由于单个或数个中小企业力量有限，在收集 TBT 信息、应诉成本费用、应对壁垒所需要的专业人才等方面均处于劣势，难以形成对外交涉力度，无法在应对 TBT 中发挥重要作用。而行业协会作为非政府性组织却可以避免上述问题，行业协会这一组织形式已成为 WTO 成员国普遍利用与大力发展的组织形式，也成为解决 TBT 争端中的有利协调者。

1. 贸易标准和法规的参与和制定者

一般而言，WTO 体制下国际贸易法规和标准往往通过两个渠道来制定，即政府和民间。政府参与制定和修改的通常是原则性框架协议，而具体的技术标准和规范主要通过非政府组织如行业协会的直接参与和制定。因此，行业协会在国际贸易法律和标准规范的制定和修改中扮演着举足轻重的角色。

(1) 通过政府间接参与贸易规则的制定

在发达国家，政府参与贸易谈判的议题和立场往往受本国大企业集团和行业协会的左右。如美国和欧盟农场主利益向来是双方在 GATT 谈判中冲突的原因，而成立于 1984 年由 8 个行业协会组成、代表美国 GNP 5%以上的 1600 多家公司的美国国际知识产权联盟，也曾促使了美国在乌拉圭回合谈判中就 TRIPS 的议题采纳和谈判立场采取强硬立场。我国行业协会作为企业联合体可以利用自身的影响力通过政府间接参与贸易规则的制定[342]。

(2) 直接参与贸易规则和标准规范的制定

为了确保在技术和标准方面的绝对优势，西方各国纷纷在法律上规定了行业协会等非政府组织在技术法规和技术标准化活动中的重要地位。发达国家行业协会不仅可以根据市场动向和中小企业的反应向政府提出进一步改变 TBT 的建议，负责制定和修改技术法规、标准等措施，对产品和服务进行检测和认证，而且在 TBT 的实施过程中行业协会的影响同样贯穿始终。因此，我国的市场准入、市场行为与各种生产、流通的技术标准不能全部由政府独立承担，应当注重发挥可以代表广大中小企业利益和要求的行业协会在这方面的特殊功能与重要作用。

2. TBT 预警系统的信息传导枢纽

在逐步建立 TBT 的预警机制中，对绝大多数产品而言，进出口监控的主体应该是行业协会，行业协会作为上通下达的枢纽，起着重要的作用。

(1) TBT 预警信息的收集

行业协会一般可以利用本国贸易管理部门对相关产品进出口情况的跟踪和政府、行业驻外经商机构对当地市场和相关产业的信息反馈，及时全面掌握整个行业的进出口信息，特别是当某一产品在短期内集中进入某一市场时的预警信息。这样，当行业协会能全面了解自身状况，又充分掌握进口的发展和变化时，既可以有效避免出口产品遭受反倾销、反补贴和保障措施，又可以及时主动申请政府对国内产业的救济和保障。

(2) TBT 预警信息的传导和处理

在产业保障的进出口预警机制中，尤其是在政府和行业协会收到进口方对我方产品发起反倾销、反补贴和保障措施调查或修改有关技术法规和标准的通知后，行业协会可以及时了解对方调查或修改的进展情况和披露的各种信息，使我国中小企业及时提出抗辩意见和对策措施，并反馈给我国政府[343]。

3. 中小企业利益的代言人

行业协会是中小企业的联合体，始终代表着中小企业的利益，要充分发挥中小企业利益代言人的职能，积极维护中小企业的利益。

（1）组织

市场经济环境要求企业作为单个的决策主体而存在，然而单个中小企业的力量是有限的，往往无法有效地解决在应对 TBT 的技术创新过程中出现的问题和困难，而中小企业间的互相合作、技术联盟能帮助多个中小企业取得利益最大化。在这种情况下，行业协会组织就应当组织各中小企业自愿缴费加入。为了维护自身的存在，各行业协会等民间服务机构必须为中小企业技术创新应对 TBT 提供有效的服务，否则中小企业家有权退出而重新组建新的行业协会。

（2）沟通

行业协会作为中小企业与政府之间沟通的桥梁，一方面，要通过发表意见、提出建议、协商对话等途径和方式将中小企业技术创新应对 TBT 的需要反映给政府，使政策决策朝着有利于中小企业技术创新应对 TBT 的方向发展。另一方面，将政府的有关信息和措施传达给中小企业，使支持中小企业技术创新应对 TBT 的措施落实到位。

14.4　应对 TBT 的中小企业技术创新支持体系的构建

对中小企业而言，进行国际贸易不仅是为了开拓国际市场，而且更应该成为提高自身竞争力的重要手段。根据中小企业的国际竞争力理论，应对 TBT 的中小企业技术创新支持体系应当提供多种支持措施。

14.4.1　技术标准体系

应对 TBT 的技术标准体系应包括三个层次：上层的国家标准战略，关系国家的经济、贸易安全，起指导全局的作用，其主体为政府；中间的行业标准战略，既要协助政府指导企业参与标准竞争，又要反映企业需求，维护行业利益，起承上启下的作用，其主体是标准行业协会；底层的中小企业标准战略，其主体是广大的中小企业，是市场竞争的直接参与者，起排头兵的作用。

1．中小企业的主体作用

实施技术标准战略是市场经济的要求和中小企业自身发展的需要，也是应对TBT的重要措施。企业是市场经济的主体，是基本的市场单元，因而也是对市场变化反应最敏感的组织。在中小企业的全部生产、销售、管理过程中都时刻接触标准，是标准的最终用户。因此，为使标准能准确地反映中小企业的技术水平、管理水平和生产水平，就要求中小企业不仅应该参与各级标准的制定与修订过程，而且应该成为技术标准研发工作的主体[344]。

2．行业协会的桥梁作用

行业协会的桥梁作用是市场经济的客观要求。行业协会的作用是根据西方发达国家技术标准设置情况以及行业发展的要求，为中小企业和政府提供双向服务，维护行业内的正常竞争秩序，保护业内大多数中小企业的利益，促进行业技术水平的进步与发展，向政府反映中小企业呼声，影响和协助政府出台本行业的相关政策[345]。

3．政府的主导作用

技术标准工作的发展、改革必须依法进行，一定要建立健全完备的技术标准体系。①修订《中华人民共和国标准化法》，通过对标准化工作顶层法律的修订，为5～10年总体的战略目标和任务的实现提供强有力的法律保证。②规划和建立技术标准体系。从顶层对技术标准体系进行设计，使体系内部达到完善、协调和配套，同有关法律协调一致。③对标准化法与相关的法律、法规之间不协调的问题提出解决方案。标准化管理机构的主要工作应转向宏观管理，制定标准化政策，出台相应的法律法规。在这个前提下，实施以市场为主导、中小企业为主体的战略方针使得我国在标准研究、制定、修订过程以及实施中，能够真正地与国际接轨，达到透明、公正，适应市场和消费者的需要[346]。

14.4.2 TBT预警体系

从本质上讲，TBT预警体系实际上是一种信息机制，是信息需求、信息加工、信息风险评估、信息传递和信息处理在TBT预警方面发挥作用的过程。

1．预警信息需求分析

信息需求的确定是整个预警过程的起点，它是进行信息采集的依据。在明确用户对 TBT 信息需求后就可以有针对性地进行相应信息的收集，对需求合理准确的界定能使预警系统更加有效地运行，增加预警情报的准确性。根据需求主体的不同，可以将 TBT 预警信息需求的分析分为三类：中小企业需求、行业需求、政府需求。其中以企业需求与行业需求为主，政府需求作为补充。应指出的是，对于 TBT 需求信息的调研应当实现长期化、系统化。只有这样，才能及时追踪各主体的需求变化、优化需求分析过程，从而提高 TBT 预警系统的可靠性。此外，由于信息需求有显性和隐性之分，使得信息需求主体自身无法全面地表达其信息需求，因此，调研者应认真做好准备工作，最大限度地引导、发掘各个主体的隐性需求。

2. 预警信息加工

预警信息加工是将收集到的 TBT 信息，按照预警系统的目的和要求，进行鉴别和筛选，剔除虚假、过时、无用的信息，使 TBT 信息条理化、规范化、准确化，进而形成专门的 TBT 信息库，为下一步进行预警信息风险评估作好准备。信息加工一般包括鉴别、筛选、排序、初步激活四个步骤。

（1）鉴别

有必要对已收集信息进行鉴别，把那些多余的、不可靠的、虚假的、伪造的信息鉴别出来。在 TBT 的具体操作中，可以采用核对法、逻辑法、佐证法等方法进行 TBT 信息的鉴别。

（2）筛选

筛选解决的是信息的适用性问题，有些 TBT 信息虽然是真实的，但对预警系统没有意义，就必须删除。而那些基本真实，但还比较模糊的信息，如果对评估有用，则必须予以保留，以待进一步验证和充实。

（3）排序

TBT 信息经过筛选后，接下来就是要对其进行归类整理，即将信息按照某一特征分出等级、层次系统来。在 TBT 的实践中，可以采用分类法或主题法进行信息排序整理。

（4）激活

预警信息经过排序整理后，还需要对其进行开发、分析和转化，实现信息的激活，最终实现对信息的利用。这里的初步激活主要是对预警信息的种类和性质提出初步性的评价意见，为下一步风险评估做好准备。

3. 预警信息风险评估

预警信息的风险评估是预警信息管理中最为关键的一个环节，评估的结果直接关系到随后采取的措施，不同的措施将产生不同的后果。

（1）定性部分

主要是建立专家系统，根据收集整理的预警信息，建立阶梯层次结构和判断矩阵，各专家依据自身的知识和经验，填写专家问卷。再根据专家问卷确定相关限值，计算各因素权重，通过汇总得出专家评估指数，从而判定风险等级。

（2）定量评估方法

采用量化的处理方法，一般通过一系列的评估指标来实现。评估指标的选择可以是关键性指标的形式，也可以采用体系化形式。体系化的形式就是建立一套评估指标体系，指标体系建立后，就可以根据已收集的信息，对各指标项进行估计赋值，再计算各指标权重，相乘后将其加总便可得到最后的预警风险评估值。根据专家提出的修改建议对报告进行相应修改后形成正式的《TBT 预警信息专题报告》。

4. 预警信息传递

在《TBT 预警信息专题报告》形成后，应在第一时间将报告递交政府主管部门予以审阅。对于中小企业，可采取政府主管部门先通知地方性行业协会或地方政府相关部门，再到一般企业的模式。除了上述几种传递途径外，还应注重运用大众传播媒介和网络媒体，扩大传递的范围与效果。需要强调的是，设立专门的 TBT 信息咨询服务网，将形成各种各样的信息产品[347]。

5. 预警信息处理

预警信息的处理是指在对 TBT 信息进行具体研究的基础上提出相应的应对措施，帮助中小企业跨越 TBT 障碍。按照处理主体的不同，可以将其分为三个层面：政府的宏观层面、行业协会的中观层面以及企业的微观层面。

（1）政府的宏观层面

政府主管部门在收到《TBT 预警信息专题报告》后，对于警情严重的，应立即发出警告，并动用必要手段进行协调。

（2）行业协会的中观层面

对于警情严重的，行业协会应立即召集有关专家，提出全行业合力规避的应急措施；警情一般的，在组织研究应对措施后，及时向中小企业发布指导性应对意见；警情轻微的，可以参考其他国家做法，提出与国际标准接轨的意见措施，以作长远发展。

（3）企业的微观层面

对于警情严重的，中小企业应迅速反应，深入、全面地了解具体情况，在积极应对的同时努力寻求援助；警情一般的，中小企业应积极组织力量开展研究、技术攻关或重新组织生产，并尽量采用国际新标准；警情轻微的，中小企业应从根本上提升产品质量，申请相关的国际认证[348]。

14.4.3　社会化服务支持体系

1. 信息咨询服务

信息是中小企业在竞争中的神经，然而信息的复杂性使其掌握起来往往很困难，而中小企业在主要技术信息的获取上明显处于不利地位。特别是应对 TBT 时，中小企业更加迫切地需要了解国际市场的相关信息。

（1）信息服务

应对 TBT 的中小企业技术创新支持体系应当为中小企业技术创新提供相关信息：①为中小企业提供政策、法律、金融、管理、TBT 等方面的信息；②以中小企业技术创新应对 TBT 需求为主，在网上为中小企业寻求所需要的科技成果和资金信息，进而进行技术、资本对接。

（2）咨询服务

中小企业经营管理者和创新人才在技术创新应对 TBT 过程中经常由于自身素质的限制，即使获得了相应的信息也无法做出适当的决策，从而制约了中小企业技术创新活动的开展，而通过接受应对 TBT 的中小企业技术创新支持体系的咨询服务就可以有效地解决上述弊端。其主要服务项目包括：①在技术创新原始信息的基础上，利用庞大的客观知识系统，生成详尽的、最优的技术创新计划，使中小企业能够应对 TBT 不断变化的要求。②对中小企业为应对 TBT 寻找科技成果的风险、市场风险进行分析咨询，对成果访问、转化情况实时统计和动态分析。③为中小企业技术创新产品提供市场开拓策划，帮助中小企业建立起产品销售渠道。④为中小企业提供 TBT 咨询服务，指导和帮助中小企业熟悉和运用 TBT 有关规则，降低技术创新可能遇到的风险。⑤提供法律咨询，避免新产品拟使用的设计、技术、外观包装等与已申报的专利冲突。

2. 技术服务

中小企业为应对 TBT 在研发新产品、工业试验、设备检验以及生产工艺研究和改进方面，建立自己的技术管理和研发体系的难度很大，其技术来源要依靠社会力量的帮助。

(1) 技术研发服务

应对 TBT 的中小企业技术创新支持体系应为其提供如下服务：①在中小企业产品或技术的研发阶段，根据中小企业的生产能力，组织大学、科研机构以及具备一定技术实力的大企业技术中心与中小企业共同进行新产品、新技术的研发；②把各种社会资源整合起来共同搭建共性技术研发平台，在重点技术领域方面实现突破，中小企业在共性技术这个平台上可以进行后续的研发和生产，最终形成中小企业专有的产品和工艺。

(2) 人才培训

中小企业创新人才的素质、知识结构很大程度上影响着中小企业技术创新应对 TBT 的成败。由于中小企业通常不具备大企业那样较完善的教育培训中心及培训制度，因此，应对 TBT 的中小企业技术创新支持体系应形成人才培训机制：①公共技术培训中心专门为中小企业培训各类人才特别是创新人才，提高创新人才的业务水平和素质，为中小企业技术创新建立高素质的、稳定的创新队伍；②大学、科研机构利用自身优势，以市场需求为导向开办中小企业研修所等培训机构，对中小企业创新人才、管理人才进行培训，更新他们的知识结构，使他们具有敏锐的观察力、准确的判断力和学习能力，提高他们的技术创新能力和管理创新能力。③政府出台相关的优惠政策，促动中小企业经营者对其创新人才进行定期或不定期培训，或是针对自身的发展特点，举办各种类型的培训班，加强高素质复合型创新人才的培养，努力提高中小企业创新人才的素质。

14.4.4 财政支持体系

1. 运用财政政策推动中小企业的技术创新

由于中小企业技术创新应对 TBT 过程中存在很大的风险，包括由技术的发展方向、速度、最终结果的不确定性而产生的技术风险、产品的可行性与市场需求不一致、竞争对手所采取的反应措施而产生的市场风险以及中小企业自身运营管理不善引致创新失败而产生的管理风险等。因此，中小企业为应对 TBT 开展技术创新活动往往难以筹到所需的资金，政府财政有必要采取引导型、鼓励型等财政政策措施对其给予支持。

(1) 给予适度的财政补贴政策

我国政府应在不违背 WTO《补贴与反补贴措施协议》的前提下，对中小企业技术创新给予适度的财政补贴，并使之符合不可诉补贴的要求，减少其融资成本，为其营造一个良好的研发环境，跨越 TBT。

① 投资引导型补贴政策。作为政府政策工具，投资引导型财政补贴向中小企业技术创新适当倾斜，能够体现出政府的支持方向，可以起到重要的导向作用。具体来说，该补贴政策能够吸引大量的私人和民间资本投入到中小企业中来，在充分发挥财政支持的引导功能的基础上，加强中小企业对技术创新的重视程度，使中小企业向知识型企业的方向发展，最终形成一批具有自主知识产权、高技术含量、高附加值产品的中小企业，进而提高中小企业应对 TBT 的能力。

② 技术引导型补贴政策。政府可以根据各地区的资源状况、技术状况以及发展方向等具体情况，在创新领域中选择一批具有代表性的中小企业，对其技术 R&D 环节实施技术引导型补贴政策。同时，政府的相关部门对中小企业为应对 TBT 承担的 R&D 项目还要负责组织实施、监督、验收和指导，并视项目的具体进展情况拨付、增减补助资金。在此过程中，主要是由政府财政出资采用入股等形式联合大学、科研机构和中小企业组成产学研联合体，充分发挥各方在技术、创新人才和资金等方面的优势，提高科技成果的转化率，通过技术进步影响一大批中小企业，使其跨越 TBT 的技术能力得到提高。

③ 信息服务型补贴政策。信息缺乏是中小企业应对 TBT 在技术创新过程中经常会遇到的一个障碍。由于中小企业受经费、设备等条件的限制，无法及时获得尽可能多的信息，在应对 TBT 时困难重重。因此，政府可以通过信息服务型补贴政策，为中小企业支付一定比例的咨询费用，帮助中小企业改进必要的信息设备，或者建立中小企业共享信息系统，一方面使中小企业能够获得 TBT 方面的信息，另一方面使其技术创新活动得以顺利地开展。

（2）设立各种财政计划和财政基金

在市场经济中，市场对中小企业技术创新的调节作用存在着明显的缺陷，特别是对中小企业所开展的基础 R&D、公益性 R&D、长远目标的 R&D 活动的调节存在严重不足，从而使中小企业技术创新处于不平等的竞争状态，无法建立长远的创新规划和目标。在这种情况下，通过各种财政计划和财政基金为中小企业技术创新活动提供支持已成为各国促进中小企业技术创新和增长持续创新能力的主要手段之一。为了更好地激励和支持中小企业技术创新，增强自主创新能力，我国政府应借鉴发达国家和典型发展中国家（地区）成功经验，在不违背相关 WTO 规则的基础上，制定相关的专项财政计划，对中小企业技术创新的可行性研究、R&D 活动、商业化等各阶段给予有力的支持，充分发挥财政基金支持的政府导向功能和资金杠杆作用，引导更多的资金投向中小企业的技术创新。

2. 建立健全多层次的中小企业信用担保体系

中小企业融资难的重要原因之一就是其信用问题。一般来说，中小企业的财务实力较弱，资信等级较低，金融机构在向中小企业贷款时，对财产抵押条件和保证人的资格要求非常严格，而中小企业通常无法提供财产作为担保，也无法获得第三方的担保，这使得中小企业不易从银行等金融机构获得必要的资金，从而使其应对 TBT 的技术创新活动受到严重阻碍。我国政府应借鉴发达国家和典型发展中国家（地区）的成功经验，由其财政出全资或部分出资建立信用担保机构，一方面对中小企业的商业贷款提供担保，规定当贷款到期无法偿还时，由担保机构弥补贷款者的部分损失；另一方面建立健全一个多层次的信用担保体系，通过提高中小企业的贷款担保能力，降低金融机构对中小企业贷款的经营风险，为中小企业技术创新应对 TBT 提供资金支持。

14.4.5 税收支持体系

1. 中小企业 R&D 活动的税收优惠支持

WTO《补贴与反补贴措施协议》允许各成员方政府以税收减免的方式支持企业的 R&D 活动。因此，我国政府可以在不违反或虽然有所违反但不至引起被其他成员方起诉的前提下，进一步加大对中小企业 R&D 活动的税收优惠力度和优惠政策的覆盖面。主要包括以下几个方面：①由于《补贴与反补贴措施协议》对基础研究的补贴不予限制，因而我国政府可以通过对真正从事 R&D 活动，不以赢利为目的，并且获得的收入只严格用于 R&D 活动的科研机构免征各项税收来促使其研制更多新技术；②政府对产业基础研究和产业应用开发活动给予税收优惠，只要产品出口国认为这样的优惠是不超过合法成本的 75%和 50%的补贴就可不被认为是可起诉补贴。因此，我国政府应该将商业性 R&D 活动税收优惠措施作为支持中小企业技术创新税收政策的一个重要环节。采取支持中小企业 R&D 活动的税收优惠措施，不但能使中小企业在引进技术、R&D、开发新产品、开发新工艺、开发新技术时获得一定的税收减免，而且能够减轻中小企业的各种不合理的税费负担，从而使中小企业技术创新应对 TBT 的积极性得到有效保证。

2. 中小企业技术创新融资的税收优惠支持

一直以来中小企业技术创新资金缺乏是难以解决的问题之一，对融资活动进行税收优惠支持能够使技术创新活动更好地开展。

（1）对中小企业技术创新进行投资的税收优惠措施

具体优惠措施包括：①投资抵免政策，对于中小企业，不论是用分配利润再投资还是新增投资，投资额的一定比例可以直接从应纳企业所得税额中扣除，当期不能扣除完毕的允许用以后年度的应纳所得税抵扣，这不但能够鼓励中小企业将所获利润用于技术创新的再投资，而且可以促进中小企业自身资本积累，为中小企业技术创新提供必要的资金；②对技术能力较高且属于国家产业政策鼓励发展的中小企业，可缩短其固定资产的折旧期限，实行加速折旧制度和特别折旧制度，并允许不扣除残值计提折旧，该优惠措施既可以加速技术设备的更新换代，又能够降低当期的应税额，从而减少税款；③投资准备金的税前扣除，对于中小企业提取的投资减值准备，允许按当期投资准备，从而使政府与中小企业共同承担投资技术创新的风险。

（2）中小企业信用担保体系的税收优惠措施

中小企业信用担保体系为中小企业融资提供了保障条件。因此，在所构建的应对 TBT 中小企业技术创新税收支持体系中，政府应充分发挥税收优惠政策对中小企业信用担保体系的支持作用，对地方性非赢利性的中小企业信用担保和再担保机构，可以给予 5～10 年的免征营业税的税收优惠政策。总之，对中小企业信用担保体系给予一定的税收优惠措施，不但能有效地促进中小企业信用担保体系自身的发展，而且为中小企业技术创新应对 TBT 提供了一条有力的融资担保途径。

（3）科技风险投资的税收优惠措施

近年来，我国对科技风险投资的税收优惠的支持力度在不断加大，为中小企业技术创新融资提供了更多的机会。主要措施包括：①进一步降低科技型中小企业的所得税税率，由一般所实行的投产后两年上缴 15%的所得税向零税率过渡，可以发挥其高技术产业化助推器和加速器的功能；②对风险投资从科技型中小企业所获得的股权转让中的增值部分给予必要的税收优惠措施，鼓励个人和民间组织参与风险投资；③对风险投资家的劳务报酬所得及资本所得，在提高起征点的同时减半征收个人所得税；④对来华开展风险投资的专家，其附加减除费用予以增加，税率予以减半。在此基础上，应进一步加大对风险投资的税收优惠支持力度，使更多的中小企业从中受益。同时，促使风险投资更多地向中小企业 R&D 阶段、新产品开发阶段倾斜，以此有效促进中小企业自主创新能力的提高。总之，对科技风险投资实施税收优惠措施，能够有效地促进投资的良性循环，使大部分的中小企业技术创新活动得以顺利地进行。

3. 中小企业人力资源开发的税收优惠支持

科学技术是第一生产力，但人才是生产力的最重要决定因素。因此，中小企业在开展技术创新时，应把用好创新人才、提高创新人才素质、调动创新人才的积极性作为出发点，制定相应的税收优惠政策，激励中小企业进行人力资源开发，即通过税收优惠政策为中小企业技术创新提供优秀的人力资源。

(1) 通过税收优惠机制鼓励创新人才向中小企业流动

在激烈的人才竞争中，与外资企业、内资大企业相比，中小企业无论是工资待遇、社会保障，还是工作环境均没有优势，引进和留住创新人才十分困难，这对中小企业技术创新活动必然造成极为不利的影响。因此，我国政府应通过税收优惠手段为技术、管理等方面的创新人才来中小企业服务创造可行性。具体措施包括：在中小企业所得税方面，提高中小企业计税工资标准；允许中小企业以高于一般企业的比例提取职工教育经费，并在税前列支；对有突出贡献的创新人才给予的奖励在税前列支。

(2) 通过税收优惠机制鼓励中小企业进行员工培训

只有拥有合格的优秀人才，中小企业才可能在应对 TBT 中立于不败之地。对于中小企业而言，由于其相对弱势的地位及其相对有限的资源，从人才市场上很难吸引到足够的高素质人才来满足自身发展的需要，因而对员工进行培训自然就成为提高员工素质、发挥人力资源作用、提升中小企业竞争力的一条重要途径。然而，目前我国中小企业员工培训状况并不乐观，出现了投入不足及培训机构不专业等问题，严重影响了培训应发挥的作用。因此，我国政府有必要通过税收优惠机制来鼓励中小企业进行员工培训，为中小企业技术创新应对 TBT 提供高质量的创新人才。

14.4.6 金融支持体系

融资难、贷款难、担保难、结算难等问题一定程度上制约了中小企业技术创新活动的开展，因此，应对 TBT 的中小企业技术创新支持体系应当帮助其提高自身信用能力和综合素质使之能够争取到更多的贷款，对其财务管理给予帮助，并拓宽融资渠道。

1. 信用中介服务

信用是市场经济的重要基础，规范有序的市场经济需要建立有效调动社会资源和规范交易行为的信用制度。信用中介服务为中小企业提供信用征集、信用调查、信用评价、信用咨询等服务，不仅能有效地解决信息不对称的问题，为创新主体进行正确决策提供参考依据，同时还能够充分挖掘中小企业信用价值，提高中小企业信用度，降低银行信用调查成本，使信用等级高的中小企业脱颖而出，使中小企业应对 TBT 开展技术创新活动获得更多的融资机会。

2. 风险投资中介服务

风险投资是中小企业技术创新直接融资的重要渠道之一，而风险投资公司对大部分的中小企业缺乏必要的了解，使得一些具有发展潜力的技术创新项目很难找到投资者。针对这种情况，风险投资中介机构可以通过设计、创立和运用各种金融、投资工具和手段，为风险投资公司与中小企业之间的合作进行沟通和联络，使中小企业技术创新应对 TBT 活动获得风险投资的注入。

【本章小结】

本章首先分析了中小企业技术创新应对 TBT 的模式：模仿创新模式、二次创新模式，以及中小企业技术创新应对 TBT 的优势和劣势为避免中小企业技术创新的劣势、发挥其优势，有针对性地构建了应对 TBT 的中小企业技术创新支持体系，使之为中小企业技术创新提供良好的服务平台。确定体系的运行模式，即构建以政府为领导，社会化服务机构和行业协会为核心的支持体系，从而为中小企业技术创新创造良好的外部环境，帮助其跨越 TBT。又分别从政府机构、社会化服务机构和行业协会三个方面阐述了应对 TBT 的中小企业技术创新支持体系的管理模式。最后，提出了该支持体系的服务内容，包括技术标准体系、TBT 预警体系、中小企业技术创新社会化服务体系、中小企业技术创新财政支持体系、中小企业技术创新税收支持体系和中小企业技术创新金融支持体系。

第15章 案例研究

15.1 温州打火机行业应对 TBT 的案例研究

15.1.1 温州打火机行业背景介绍

根据市场调研，世界上每年的打火机需求量为 150 亿只，其中我国需求量为 50 亿只，其他国家 100 亿只。目前我国打火机产量在 100 亿只左右，年销售额 70 亿元人民币，约占世界打火机生产量的 70%。2003～2005 年，我国分别出口打火机 52.02 亿只、58.86 亿只和 65.88 亿只，出口金额分别为 2.68 亿美元、2.82 亿美元和 4.44 亿美元，我国出口量占全球其他打火机市场的 60%左右。我国已成为世界打火机制造王国，并打破了日本、韩国等国家垄断世界打火机市场几十年的局面，迫使其 90%以上的打火机生产企业关闭，纷纷转向与温州、慈溪、余姚的打火机企业进行合作，进行贴牌生产。

温州打火机起步于 20 世纪 80 年代中期，以“批量大、价格低、对市场反应快”的特色，迅速赢得市场，成为世界上最大的打火机生产基地。那时，温州打火机生产多以手工制造、仿国外产品为主。由于价格低廉，款式多样，很快畅销于我国、日本、韩国及欧美国家。到 20 世纪 80 年代末，温州打火机厂商已颇具规模，发展到 500 多家，温州的信河街也成了世界有名的“打火机配件一条街”。

20 世纪 90 年代初，打火机已成为温州市的支柱产业之一，全市当时共有打火机生产企业500余家。以后迅速发展，达到年产销金属外壳打火机约5亿只，占我国市场95%份额，出口总量占全国的80%，占世界金属外壳打火机市场份额70%，可谓风光无限。温州打火机凭借的是廉价的劳动力成本和迅捷的仿造工艺。当时，日本产金属外壳打火机的市场售价约30～40美元，而温州产打火机仅售1美元。1992年，3000个家庭作坊仿佛在一夜之间诞生，上亿只打火机涌出国门。然而，就在温州打火机行业步入鼎盛之时，长期以来低质低价、盲目发展、无序竞争的矛盾也逐步出现。温州打火机行业遭受到两次"黄牌"警告。1992年底，温州打火机制造企业多达3000余家，由于温州打火机质量问题没有得到根本解决，加上大量的生产和无序竞争，终于在一年后，引发了温州打火机企业的第一次大洗牌。许多劣质产品企业纷纷倒闭，只有少数管理有方和产品质量较高的打火机生产企业得以继续发展。1994年，美国首先对打火机生产销售实行CR法案，由此，温州打火机被全部逐出美国市场。两次"黄牌"警告已提醒我国打火机制造企业：技术和质量是市场的根本。然而由于处于规模效益较好的时期，大多数温州打火机企业并没有真正意识到这一点。20世纪90年代中后期，一批注重质量的企业上规模，抓工艺，打品牌，带着过硬的产品整体出击，在更高平台上再次"鲸吞"国际市场。

目前，温州拥有打火机规模生产企业300多家，年产金属外壳打火机4.3亿只，其中80%的产品打入国际市场。温州已成为世界最大的打火机生产基地。温州打火机行业的崛起和发展，迫使日本和韩国80%以上的打火机生产企业或关门歇业，或转而向温州购买打火机，或定牌生产，使日本和韩国从世界最大的两个打火机输出国变成最大的进口国[349]。

温州打火机生产厂家基本上属于外向型企业，国际市场环境的变化对企业利润的影响极为敏感。然而，像欧盟这些主要出口国政府在其生产厂商要求下设置TBT，加上打火机企业自身存在的一系列问题，很容易使其面临极为尴尬的局面[350]。

15.1.2 欧盟CR法案

欧盟CR（Child Resistance，即儿童安全）法案是由欧盟卫生和消费者总司授权，欧洲标准化委员会制定的。主要内容是要求在打火机上加装防止儿童开启装置，以提高打火机安全性能。

CR标准最早始于美国。1993年，美国消费者保护委员会发表的一项调查报告表明，美国市场销售的打火机95%为一次性打火机，而每年都发生儿童玩这类打火机引发火灾和儿童死亡事故，造成数千万美元的损失。因此，该委员会建议制定标准，要求一次性气体打火机加装 CR 装置。经过数年讨论，由于从技术参数上无法准确定义一次性打火机，而按当时的生产水平，绝大部分一次性打火机的价格均低于两美元，因此在 1993 年 7 月美国颁布的 CR 标准中，要求出厂价低于两美元的打火机加装 CR 装置。其后，澳大利亚、加拿大、新西兰等国也比照美国规定制定了本国的 CR 标准。由于该标准仅针对气体打火机，而作为 CR 标准的主要推动者——美国最大的打火机生产商 ZIPPO 公司只生产液体燃料打火机，因此该标准也意在打击充斥当时美国打火机市场的廉价日、韩气体打火机，保护美国国内生产商的利益[351]。

1998 年，欧盟方面称，ENISO9994 打火机安全标准未涵盖儿童玩打火机这类“错误使用”问题。并且在当时的欧洲，与打火机使用相关的严重事故、造成重大损失的火灾以及受伤和死亡人数正随着打火机的销售数量增加而上升。鉴于此，欧盟方面认为有必要提高安全标准。经授权，欧洲标准化委员会拟确定新的打火机安全标准，其中包括 CR 标准。经过近 4 年的讨论，欧盟 CR 标准基本照搬了美国打火机 CR 标准，规定单价（出厂价或海关报价）低于两欧元的打火机须安装防止 5 周岁以下儿童开启的安全锁，且有关型号的打火机还须通过欧盟有关部门的实验认证。欧盟的欧洲标准化委员会 2002 年 6 月订立了 EN13869 标准，名为“儿童安全打火机安全要求及测试方法”，即 CR 法案，该法案要求打火机必须符合 ISO9994：2005《打火机安全标准》，同时必须安装防止儿童开启装置，通过儿童测试小组的测试，证明不易被儿童成功打火。我国商务部、质检总局和相关打火机企业几经交涉，欧盟通用产品安全指令委员会在 2003 年 12 月决定暂不执行 CR 法规。但 2006 年 2 月 9 日，欧盟再次通过了 CR 法案，并于 2007 年 3 月 11 日予以强制推行。所有玩具型打火机被禁止进入欧洲市场，将可充气打火机（即所谓的豪华和半豪华打火机）除外，要求所有打火机必须安装防止儿童开启装置，对打火机的安全质量提出了强制性要求[352]。

15.1.3 欧盟 CR 法案对温州打火机行业技术创新的影响分析

1. 欧盟 CR 法案对温州打火机行业技术创新的影响机理

（1）基于贸易的欧盟 CR 法案对温州打火机行业技术创新产品的影响机理

下面将应用欧盟 CR 法案对温州打火机行业出口的影响情况，以及对温州打火机行业技术创新受到的影响进行说明。

① 数量作用机理实证分析。

欧盟 CR 法案要求向欧盟市场出口的一次性打火机必须加装防止儿童开启装

置，温州打火机不按要求进行设计和生产，欧盟采购商就不会订货，从而会对温州打火机出口欧盟的数量造成影响。同时，根据 CR 法案，类似卡通人物、玩具、枪、手表等形状的打火机，已经确定被列入禁售范畴。2006 年 10 月欧盟宣布，在 2007 年 3 月 11 日起实施 CR 法案，这就导致了近 3000 个品种的温州打火机停产。受 CR 影响，来自欧盟的订单急剧减少。2006 年 1～11 月份，温州出口欧盟打火机共 1820 批、2585.4 万美元，与 2005 年同期相比批次下降 7.98%、金额下降了 6.05%。由于欧盟 CR 法案的实施，温州打火机行业受生产技术及原料、管理等因素的制约，生产成本提高，供给弹性变小。2007 年第 1 季度即欧盟 CR 法案实施的当季度，温州打火机出口欧盟 530 万美元，同比下降了 30.1%。将上述数据在坐标系中描点，如图 15-1 所示，证明了图 15-1TBT 对中小企业技术创新产品数量作用机理成立。

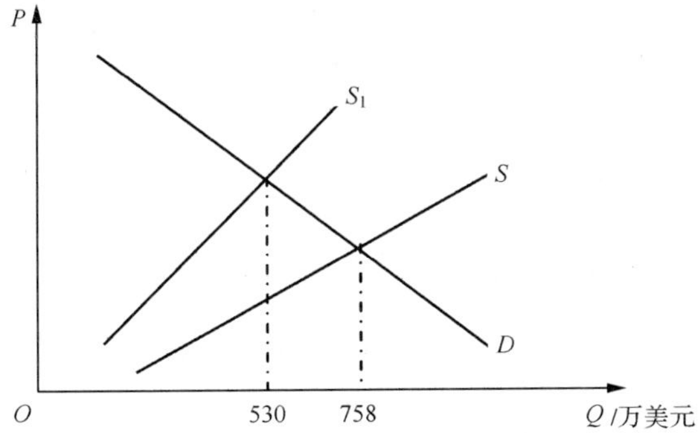

图 15-1 欧盟 CR 法案对温州打火机出口数量的抑制作用

温州打火机出口企业以中小规模为主，抗风险能力不强。在距离 CR 法案正式实施还有 1 个多月的时候，就有成批出口欧盟的温州打火机产品被拒绝进关。温州某公司出口至英国的 62300 个打火机价值 2.2 万美元，因违反欧盟 CR 法案，英国当地政府不允许其在英国伦敦市区销售，并且不允许当废物处理，也不允许转运至欧盟其他国家，无奈之下只能退运回我国。2008 年以来打火机企业经营难度加大，企业出口效益普遍下滑，直接导致了行业内出现减产、停产甚至倒闭现象，出口企业数明显减少。2008 上半年，温州市有打火机出口实绩的企业数为 45 家，比 2007 年全年减少 25%。现实情况与 TBT 对中小企业技术创新产品数量作用机理也相符。

② 价格作用机理实证分析。

企业利润为 $\pi = Q * p - C(Q)$，（其中 Q 为产量，p 为产品单价，C 为产品成本）在产量 Q 不变的情况下，企业利润的提高有两条途径：一是提高价格，二是降低成本。而温州打火机成本降低受到三个因素的制约：第一，由于打火机属于劳动密集型产品，固定资产的投入少，难以形成明显的规模经济效应，产品的单位平均成本难以随着规模的扩大而有较大的降低。第二，目前，温州打火机的生产大多数仍依赖于手工制作，而劳务价格的上升使得打火机的单位价格也不断上升。第三，尽管温州打火机总成本较低，但都没有安装 CR 法案中所要求的“安全锁”，而几种成熟安全锁的技术都已被外国公司申请了专利，温州企业没有时间和精力去研究、开发安全锁技术，如果要借用国外技术的话，要支付大笔专利使用费，从而又提高了生产成本。因此，降低成本对温州打火机行业来说难度很大，价格提高成了众多企业不得已的选择。2008 年上半年温州出口打火机 8031 万个，同比减少 3.07%，但出口货值 4893 万美元，同比增长 20.02%，出口打火机平均价格 0.58 美元/个，同比上升 22.37%。出口打火机出现了“量减价增”的现象。通过将数值在坐标系中描点，如图 15-2 所示，证明了图 15-2 TBT 对中小企业技术创新产品价格作用机理成立。

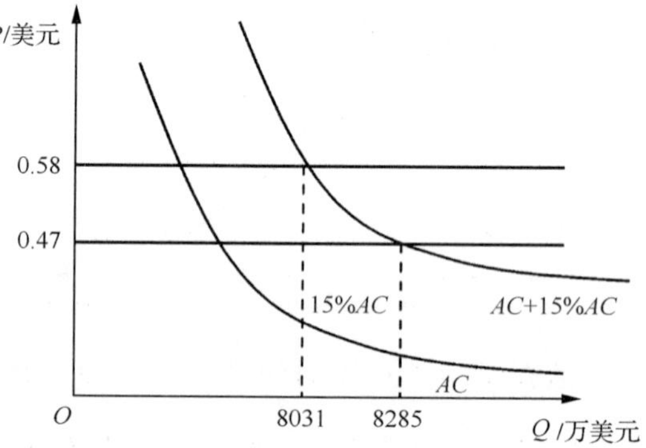

图 15-2　CR 法案对温州打火机出口价格的抑制作用

CR 法案对温州打火机企业的影响在于：第一，CR 检测费用高，一款打火机的检测费多达两三万美元。第二，检测周期长，CR 检测少则 3 个月，多则半年，对企业的生产和经营影响较大。第三，CR 专利多掌握在欧盟和美国的生产商中，我国企业开发新的安全锁存在专利障碍。国内企业生产符合其标准的打火机，每只成本就得提高 15%～20%。打火机生产标准的提升，以及产品成本的上涨，使温州打火机出口企业面临双重挤压。对大多数温州打火机生产商来讲，都会大大提高出口成本。2008 年以来，受人民币升值、石油等原材料和劳动力成本大幅上升以及出口退税下调等因素影响，温州打火机出口成本大幅上扬，迫使出口企业通过上调打火机出口价格来弥补亏损，导致上半年打火机出口价格明显上扬。这些情况也与 TBT 对中小企业技术创新产品价格作用机理相符。

（2）基于质量管制的欧盟 CR 法案对温州打火机行业技术创新的影响机理

下面将通过分析在欧盟实施 CR 法案前后，温州打火机行业在市场销量、价格和利润等方面的变化，说明技术创新在缩短质量差距中的重要作用。

① 基于产品质量差异的博弈分析。

温州打火机行业以产品价格低廉在欧盟市场上占有较大的份额。1997～2000 年分别向欧盟国家出口 1293 万美元、1785 万美元、2271 万美元、2442 万美元。从历年的数据看，对欧盟出口已经从高速增长期过渡到稳步增长期，市场规模基本形成。从 2001 年欧盟开始准备 CR 法案实施之后，温州打火机行业对欧盟出口出现了先跌而后回升的过程。欧盟 CR 法案正式实施日期是 2007 年 3 月 11 日，但事实上，欧盟 CR 法案的影响早就显现了。从 2006 年开始，温州打火机企业接到的欧盟订单就骤然下降了 30%左右。2007 年在 2006 年的基础上，温州打火机行业出口不断下跌。如表 15-1 所示[353]。2007 年一季度，温州打火机出口欧盟 530 万美元，下降 30.1%，其中，1 月份出口 291 万美元，下降了 15.93%，2 月份出口 220 万美元，与上年同期相比略有回升 16.86%，而 3 月份出口仅为 20 万美元，下降达 91.28%之巨，4 月份时，出口量回升到 198 万美元。如图 15-3 所示。

表 15-1　温州出口打火机出口欧盟同期情况

出口情况 / 时间	批次	数量/万	金额/万
2006 年 1～4 月份	765	1383.35	934.47
2007 年 1～4 月份	447	895.33	729.07
对比	−41.5%	−35.27%	−21.98%

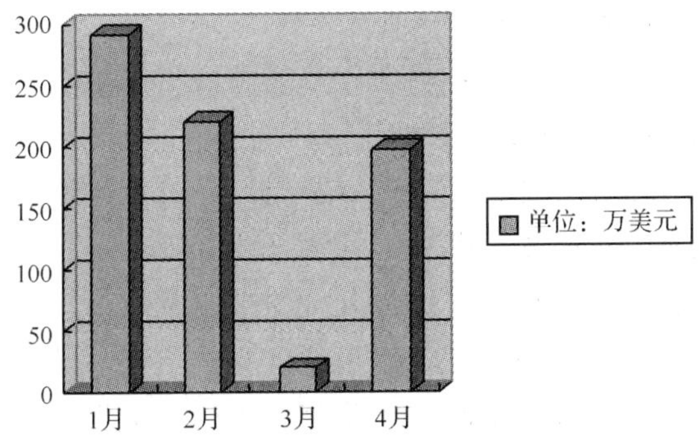

图 15-3　2007 年 1～4 月份温州打火机出口欧盟情况

根据产品质量无差异的双寡头古诺模型，即在未实施 CR 法案的情况下，产品的质量水平与销量水平均为 1，则在实施 CR 法案之后，温州打火机行业进行技术创新，欧盟市场的需求也在不断增加，有 $\lambda>1$，$\gamma>1$，即有下式成立，由此验证了博弈模型的有效性。

$$q^{*}=\frac{a\left(2\lambda-\dfrac{1}{\lambda^{2}\gamma}\right)-c\left(2\delta\lambda-\dfrac{1}{\lambda\gamma}\right)}{3b}>q^{0}=\frac{a-c}{3b}$$

$$P^{*}=\frac{a\lambda+a\lambda-\dfrac{a}{\lambda^{2}\gamma}-c\left(\lambda\delta+\dfrac{1}{\lambda\gamma}\right)}{3}>p^{0}=\frac{a+2c}{3}$$

CR 法案的正式实施，抬高了打火机市场准入门槛，一度制约了温州打火机对欧盟出口。而后，温州市打火机企业自主研发了符合 CR 法案要求的专利技术，从而有效地突破了欧盟 CR 法案壁垒。根据温州出入境检验检疫局的数据显示，2007 年6～9月，温州打火机出口的批次分别是 273 批、311 批、330 批和 369 批，平均每月以 10%左右的速度回升，其中对欧盟出口从 3 月份的 52 批逐渐回升到 9 月份的 150 批，基本恢复到 2006 年同期水平。2008 年以来，温州对欧盟打火机出口保持快速增长。1 月份，温州打火机出口货值达 890.76 万美元，同比增长 10.91%，比前一个月增长 42.99%，其中出口欧盟 340.49 万美元，比前一个月增长 73.56%，打火机出口止跌回升态势明显。打火机的平均价格每个 0.58 美元，同比上升 22%。2008 年上半年对欧盟出口打火机 3692 万个，出口货值 1725.3 万美元，同比分别增长 21.12%和 45.4%。这表明温州打火机正从 CR 法案不利影响中“突围”，开始大量重返欧盟市场。温州打火机行业出口之所以能止跌反弹，主要是由于打火机企业积极开拓多元化市场，改进工艺；加强自主研发，突破 CR 法案的阻碍，从而使对欧盟出口销量增加。温州打火机行业经受住了严峻考验后，优胜劣汰，有望进入新一轮的发展。

② 温州打火机行业技术创新改进过程。

全球经济一体化进程在加速，因此各种国际标准层出不穷。而我国中小企业技术水平与欧美发达国家有很大差距，我国的出口产品质量，尤其是产品的安全质量、环保指标不符合国际标准。欧洲几大主要打火机生产商为 CR 法案已精心准备了 5 年，在这 5 年中，他们把所有可能的打火机保险装置都申请了专利，留给我国打火机生产厂家的技术空间非常狭窄。我国在世界打火机市场中占有很大的份额，但专利申请量仅为 66 件，只有美国申请量的 1/8。而在我国所有打火机专利申请中，外资企业或个人的专利申请量为 14%、温州地区的企业或个人为21%、国内其他地方的企业或个人为65%。特别应引起重视的是，在温州打火机三种专利申请量百分比中，外观专利近77%、新型专利近23%，发明专利几乎为零。温州打火机经常有一些产品因质量问题不符合进口国要求而被索赔或返回，相当一部分打火机企业舍得花大钱、花人力去做品牌的推广，但对于产品的标准化问题却比较轻视。温州打火机产品普遍存在科技含量不高，产品本身的质量、性能乃至外观的竞争力都不如国外同类产品的情况。此外由于各国经济的发展、教育程度的提高，在一定程度上转变了人们原有只注重效用的观念，消费者开始更多地关注起产品外形的美观与否等。尽管市场上温州打火机的种类很丰富，但外包装却非常单一，且价格昂贵，无法引起消费者的注意。由此看来，打火机行业一直采用的以低质低价策略赢得市场份额的做法在当前的市场背景下是行不通的，必须进行产品的升级。温州打火机行业要跨越CR法案的阻碍，就必须要熟悉欧盟CR法案的内涵，广泛收集信息，把握发展趋势。既要广泛接触国外客户及厂商收集信息，又要带领贸易和技术人员走访主要客户，参观世界著名的打火机公司，了解世界先进设备研发、使用状况以及管理理念、相关技术标准等。按照CR法案落实生产研发工作。同时，还需要借鉴其他国家的成功经验，嫁接优势技术，聘请世界著名打火机公司的专家，对打火机CR装置设计进行指导，研究带有防儿童开启CR装置的打火机。

（3）欧盟CR法案对温州打火机行业技术创新影响的效应分析

① 影响的正效应。

由于CR法案的要求，2006年温州检验检疫部门开展专项整治以来，出口打火机生产企业经过重新洗牌，从原来的105家降至61家，企业的生产条件、管理结构逐步完善，质量明显提升。同时，温州打火机企业开发产品也由低端向中高端方向发展，部分生产企业和高校科研单位联合研制开发新产品，使产品质量、附加值不断得到提高。中小企业不断进行技术创新，并在不影响安全和外观的前提下使用金属原材料的替代品以降低金属原材料涨价带来的负面影响。温州打火机出口已经逐渐向优势企业靠拢，其中80%的出口量集中在10余家出口打火机生产企业手中，增强了温州打火机行业整体的优势和竞争力。

② 影响的负效应。

由于温州打火机的物美价廉，因而在欧洲占据了绝对的市场份额。但按照欧盟新的安全标准，温州打火机要么退出欧洲的市场，要么达到欧洲的标准。选择前者，温州打火机企业出口将急剧萎缩，许多打火机制造商面临破产，温州当地与打火机相关的企业也会遭受重创。选择后者，增加安全设施，也会带来一系列问题：CR装置的专利技术掌握在欧、美、日等国生产商手中，而开发新的CR

装置难度大，也需要一定的时间。而且无论是自行开发CR装置，还是向国外生产商购买专利技术，都将提高温州打火机的成本，削弱温州产品的价格优势，温州的低价打火机也将逐步被迫退出市场。温州打火机一向以薄利多销的策略来占领市场，基本忽略了产品本身的质量和性能的提高，导致产品的安全性不高，使用周期短。同时，由于美、欧纷纷制定CR法案，各国打火机出口势必转向没有类似强制要求的市场，这将加剧我国产品在第三国市场的竞争，我国企业长期以来的压价竞销、恶性竞争行为又易使我国遭受反倾销和贸易保护措施的限制。温州目前已有相当一部分企业关停或并转，直接导致了出口量的下降。

③ 影响的综合效应。

根据以上正负效应的比较，温州打火机行业虽然面对CR法案遭受重创，但是从长远来看，CR法案的影响还是利大于弊。经过CR法案的洗牌效应，一些规模小、产品技术含量低、质量差的企业被淘汰出局，一些有实力能够跨越CR法案的企业在逆境中生存下来。消失的主要是一些不合格企业，表明温州出口的打火机开始由原先的低端朝着中高端方向发展。这些中小企业更具活力和实力，在进行技术创新活动的基础上，企业的整体实力得到了很大的提高，并且挤占了原有一些企业的市场份额，从而使真正的强者在更大的市场领域中占领先机。

2. 欧盟CR法案对温州打火机行业技术创新的影响模型

根据第11章的研究，TBT对中小企业技术创新影响的结构模型可以表述为对中小企业技术创新内部、外部两种影响方式。对外部的影响包括对外部科学技术环境和对外部市场环境的影响，对内部的影响包括对中小企业技术创新投入资源和创新过程的影响。以下将结合欧盟CR法案对温州打火机行业技术创新的影响，对结构模型进行详尽的阐述。

(1) 欧盟CR法案对温州打火机行业技术创新外部环境的影响

下面将根据欧盟CR法案对温州打火机行业遭受到的外部贸易和科学技术环境的影响，对温州打火机行业技术创新受到的影响进行说明。

① 温州打火机行业面临巨大的市场压力。

温州是我国打火机最大的生产基地之一，年产打火机6亿只，主要出口欧盟市场。从2006年下半年开始，温州打火机企业接到的欧盟订单就骤然下降了30%左右。CR法案对国内企业的影响在于：一是CR检测费用高，一款打火机的检测费多达两三万美元；二是检测周期长，CR检测少则3个月，多则半年，对中小企业的生产和经营影响较大；三是CR专利多掌握在欧盟和美国的生产商手中，我国企业开发新的安全锁存在专利障碍。此外，由于欧盟不加区分地禁止所有新奇打火机进入欧盟市场，我国生产仿型打火机的企业受到严重影响，仅温州就有近3000个新奇打火机品种濒临停产。受CR法案影响最大的是一些抗风险能力弱的中小打火机生产企业。温州目前300家左右的打火机企业中，能够正常运作的不到50%。以欧盟为出口市场的中小打火机企业大多处于停产或半停产状态，部分生产商无奈之下开始转产生产其他产品，对温州打火机行业技术创新造成了巨大的压力。

② 打火机市场需求庞大。

目前全球有几十亿人消费打火机产品，仅次于拉链产品的消费规模，并且该产品投资少，生产周期短，成本低，适宜在打火机的高、中、低各个档次批量生产。在提倡保护生态环境的今天，越来越多的消费者希望选择更加环保、精巧、健康、安全的产品，该类产品具有广阔的发展前景。因此，对于温州打火机行业技术创新来说，在承受巨大压力的同时，也潜伏着巨大的商机以待挖掘。

③ 对温州打火机行业技术创新科学技术环境的影响。

CR法案的主要内容有两点：一是全面禁止玩具型打火机进入欧洲市场，防止吸引儿童玩耍；二是2欧元以下的打火机必须加装保险锁，防止儿童开启。而欧盟打火机市场的状况是，温州产的打火机售价全部在2欧元以下，欧洲及日本、韩国等生产的，没有在2欧元以下的。显然，CR法案主要针对的是我国温州的打火机。该法案得以通过并施行，则温州的打火机面临着退出市场和根据要求安装保险锁的选择。而安装保险锁将直接导致成本的提高。安装保险锁必须首先购买欧洲人的专利，否则将构成侵权，因为打火机锁的十几个专利都是欧洲人所拥有。即使不侵权，装锁后由于使用不方便，消费者也难以接受，低价打火机将逐步在市场上被淘汰。温州打火机行业中小企业主要有两个选择：一种就是给打火机装上安全装置，另一种是在短时间内通过技术创新，攻破防爆防燃技术，在产品档次提升上加大投入力度，以此确保在欧盟市场上的竞争优势。更重要的是要不断进行技术创新、拥有自己的知识产权和知名品牌。总而言之，温州打火机行业要想在竞争日益激烈的国际市场占据优势，只有技术不断创新才是跨越CR法案的根本出路。

(2) 欧盟CR法案对温州打火机行业技术创新内部环境的影响

下面对欧盟CR法案对温州打火机行业技术创新的投入和技术创新过程进行说明。

① 对温州打火机行业技术创新投入的影响。

温州打火机行业为了跨越欧盟设置的CR法案壁垒，正规的企业都投入很高的人力、物力进行儿童锁的研发。从2002年起，温州打火机行业就加大了新产品研究和开发投入，营造良好创新环境，注重研究和开发具有自主知识产权的新产品，现在平均每天有 3 款打火机问世，打火机款式已超过 1 万种，温州打火机行业新产品设计已进入成熟阶段。一批上规模企业采用 CAD（计算机辅助设计系统）和 CAM（计算辅助制造系统）等软件系统，设计研制周期时间缩短。温州厂家开发一个新产品从实样、开模、生产到投放市场只需 15 天，而国外同类生产厂家则需要 90 天左右。全行业研发新产品多达 1000 多只。行业内每家生产企业都有数十个以上品种，全行业共有 1.5 万多个品种，适应不同区域、不同市场、不同消费者的需求，从而占领世界市场。

② 对温州打火机行业技术创新过程的影响。

温州打火机行业中小企业提高产品质量的途径：第一，引进先进的生产设备、改进生产工艺。如东方打火机厂有限公司引进国外先进设备，解决打火机漏气的关键问题；大虎打火机厂投入巨资，购置新模具和超声波焊接设备，并参照日本高档防风打火机的技术资料和标准，引进生产和检测设备，突破技术难关。第二，通过定牌生产，掌握世界名牌打火机的生产工艺和技术，同时进行技术嫁接和创新，提高自身的加工水准。第三，通过国际质量认证。2002 年，有 10 家企业通过 ISO9000 质量管理体系认证，累计达到 35 家；250 家产品出口企业通过国家商检部门对出口打火机的法定检验，各项条件均符合国家局登记细则要求。通过检验，不但保证了产品质量，也成为进入国际市场的通行证。温州有 30 多家打火机企业先后通过了德国 CE 质量认证、ISO9002 国际质量体系认证。

15.1.4 温州打火机行业技术创新应对欧盟 CR 法案的措施

为帮助温州打火机行业渡过难关，我国政府、行业协会等做了大量的工作，支持温州打火机行业技术创新，来跨越欧盟 CR 法案的阻碍。从 CR 法案的颁布到实施以来，由商务部牵头，温州政府、检验检疫机构、行业协会和出口企业协助配合，形成政府、检验检疫机构、中小企业和行业协会协调工作的联动机制，实践证明，该机制对提高温州打火机行业应诉的积极性、改变以往不利的应诉结果、促进打火机行业技术创新发挥了重要作用。

1. 企业应对措施

(1) 加快了产品创新和企业结构的调整

技术创新是企业整体素质提高的关键，只有解决好企业的技术依托和技术支撑，改变产品档次低下的局面，才能提高企业的竞争力。温州打火机厂商吸取了欧盟CR法案事件的教训，加快开发自己的专利技术，提高产品的科技含量，逐步建立起了自己的技术优势，注重企业可持续发展方面的工作。同时也加快了产品结构的调整，优化企业内部结构，规范内部管理制度，推进生产要素的优化组合，引导企业利用加入WTO的良机，提升产品质量，对传统的打火机产品进行改造和升级。目前，温州有100多家企业新建或正筹建新厂房，通过引进先进生产设备和人才，准备在保持价廉的基础上，实现品质的飞跃。

(2) 实施品牌战略

温州打火机企业除了生产低档的一次性打火机外，仍有一部分企业是生产中高档产品的。但这些产品的生产厂商品牌意识比较淡薄，没有“品牌是产品生命力”的概念，不注重品牌的创立与竞争。他们缺乏现代的市场营销理念，固守“酒香不怕巷子深”的传统，忽视对产品的广告宣传与促销，使产品难以得到消费者的广泛认可，无法形成品牌优势。此外，一些产品虽有一定的社会认可度，但产品的生产商缺乏保护意识，不注重自身品牌的保护，导致市场上假冒伪劣产品充斥，极大地损害了名优品牌的信誉度。这也是造成温州打火机名优品牌少的一个重要因素。品牌是生产要素的龙头，要赢得市场就必须开创品牌。品牌代表着企业产品的市场地位，企业制定市场竞争策略，应当以创名牌为核心内容。浙江大虎打火机有限公司的虎（tiger）牌打火机、温州东方轻工实业有限公司的tungfong打火机被认定为中国名牌产品，温州市恒星打火机有限公司的STAR品牌被认定为中国驰名商标。温州东方打火机厂也正在筹建一个集科研、生产与销售为一体的现代化工业园区，在创立名优品牌的同时，也加强对名优品牌的保护[354]。温州打火机企业在一些国家设置了总代理、专卖店等，并将进一步打开国际销售网，占领更多的市场，决心打造出世界一流品牌。

(3) 引进和培养相关人才

在建立品牌竞争优势的同时，温州打火机企业也十分注重对人才的引进和企业员工的培训。在企业内部积极组织管理人员接受管理专业知识培训，完善各项管理制度；加快对生产人员在科技知识方面的培养和具体操作能力的提高；同时转变传统观念，树立现代的市场营销理念，为开创名优品牌打下基础、作好铺垫。在对外贸易方面，面临欧盟复杂的政治经济背景，温州打火机行业中小企业也引进了懂得相关国际贸易惯例和WTO规则的高素质外贸人才。

(4) 健全企业管理制度

加入WTO后，由于对国际贸易惯例和WTO规则不熟悉，与国际市场逐步接轨后，温州打火机企业和经营者都面临着新的矛盾与挑战。就企业内部而言，温州的企业以家族企业居多，存在着管理体制上的弊端。如约束、激励制度不健全；企业经营者在作决策时往往带有随意性，忽视对周边国家产品市场环境的调查与研究，使得其生产的产品与市场需求脱节等。此外，尽管我国已加入WTO，但企业中上至经营者，下至普通员工，许多人对国际贸易惯例和WTO的有关规则一知半解，而且在企业内部懂外语、懂技术的高素质人才凤毛麟角，致使企业的出口贸易不得不依赖于某些外贸代理商或一些中介机构，其中较高的代理费等又会提高销售成本。这些对温州打火机厂这样的外向型企业而言无疑是致命伤。目前，温州打火机行业也非常注重引进多方位的人才，建立现代合理的企业管理制度，从而对技术创新过程能够进行合理的安排使其顺利开展。

2. 行业协会应对措施

（1）在协调功能的发挥方面

温州打火机行业协会成员的表现可圈可点。该协会在了解欧盟CR法案酝酿时，就迅速地组织行业的力量，统一联合会成员的想法，有所侧重地对相关议员进行游说，提出对自己有利的议案，这使其向立法机关、行政机关提出的反倾销调查，很快就获得了积极回应。由于利益相关方的努力，CR法案中不利于中方生产者的条款得到了修改。但在一个月之内就统一所有成员意志并搜集资料，是要花费大量时间和精力的，从中可见打火机行业协会协调功能的完善和行业协会在会员企业中的威信。2001年10月16日，温州打火机协会拟订出事件报告，请求国家质量监督检验检疫总局向欧盟说明情况并予以抵制。2002年3月21日，温州打火机协会组织了三人抗辩团作为我国“民间第一团”与欧盟进行平等对话。欧盟认同中方意见，认为CR法案草案存在不合理的地方。在协会组织下，温州的各个打火机企业召开了通气会并达成共识，要大胆地利用WTO的争端机制继续与欧盟交涉，不能再像当年美国出台CR法案时那样忍气吞声。后由几家大企业牵头，利用CR法案正式执行前一年半的缓冲期，加紧突破技术障碍并吸取CR法案的教训，随时关注目标市场所在国的法律法规、技术标准变化，以此为导向科学地组织生产。此次事件被人们看作是在国家的经济预警制度还不完善的情况下，民间协会组织充分发挥自身功能的一次成功案例。温州打火机协会在有关法律和应对专家的指导下，共聘律师、联合应诉。16家企业无偿集资200多万元巨资，聘请国际间有关精通WTO事务的律师积极应诉。在应对工作中，他们在认真分析和甄别的基础上，一方面对欧方保护儿童和提高产品质量的愿望表示支持，另一方面以我方检测数据为依据回击外方歪曲事实。同时，他们始终根据WTO规则赋予我国的权利，有步骤地开展应对工作，两次赴欧游说均明确指出CR法案与WTO规则不符之处，通过有理、有利、有节的交涉，迫使欧方不得不接受中方大多数的建议。温州打火机协会这些举措，开启了我国应诉国际贸易壁垒的先河[323]。行业协会挑头和自我建立预警机制的做法，为我国中小企业应对 TBT 提供了有益的借鉴。

(2) 在信息功能方面

打火机行业协会对欧盟和我国打火机行业的相关信息掌握非常全面，比如 CR 法案的提出、酝酿和实施。CR 法案阻挠我国打火机不成，迅速提出了反倾销调查申请。最后由于我国企业和温州打火机行业协会的积极应对迫使联合会撤回其调查申请。在应诉过程中，行业协会也与欧洲打火机进口商协会建立“民间联盟接口”，双方互动，从而形成了信息预警机制。这些都充分说明了打火机行业协会在获取信息、对其所获取的信息进行整合、利用信息进行决策和调整的速度和准确性、专业性等方面都非常有效。

3. 政府应对措施

(1) 建立打火机实验室

按欧盟规定，打火机要通过 CR 标准，必须进入西方国家的专门实验室检测。每种打火机检测费用为 2 万～3 万美元，检测时间为 3～6 个月。为此，中欧有关方面一直致力于实验室资质能力的磋商。2001 年 9 月，温州出入境检验检疫局派员参加中欧双方打火机磋商工作会议，介绍温州打火机实验室的检测能力和水平，并力邀欧委会官员来华考察我国出口打火机生产企业和检测实验室。2001 年 10 月下旬，欧盟官员来华进行技术考核，肯定了中方实验室，并初步认可其检测水平和检测能力。温州出入境检验检疫局打火机实验室成立于 2004 年 3 月。经多年发展，现已成为拥有 30 多台（套）各类测试设备和多名高级工程技术人员、能进行全项目检测的区域中心实验室。并在 2005 年 3 月通过了我国合格评定国家认可委员会的评审，所有检测标准全部得到了合格评定国家认可委员会的认可。此次实验室获得认可，使温州打火机在家门口就能获得进入欧盟“身份证”，同时使 CR、ISO9994 检测标准的检测费用降低近 10 倍，从样品寄送到证书出具的周期则缩短至一个月，从而使新产品研发速度加快，企业生产成本降低，大大提升温州打火机的国际竞争力[352]。2007 年 5 月 14 日，该实验室获得了欧盟消保总司认可，成为全国首家欧盟认可的打火机实验室。

(2) 科技攻关

温州市积极组织应对 CR 法规的技术难题攻关，已组织实施温州东方轻工实业有限公司的“打火机 CR 安全装置的研制及产业化”、浙江大虎打火机有限公司的“打火机安全锁技术开发”、温州山度仪器有限公司的“智能数字式打火机点火装置按压力测试仪”等省级应对 CR 法案的攻关项目，已申请发明专利 1 项，实用新型专利 12 项。这批项目的实施，破解了部分 CR 安全锁技术，提升了温州中小企业应对 CR 法规的能力。

(3) 发挥行业协会等社团组织作用

近年来，在应对 CR 法案的过程中，行业协会等起到了举足轻重的作用。其中，政府有关主管部门与行业协会的沟通机制显得十分必要。我国政府充分发挥了温州打火机行业协会等组织的“桥梁”作用，并引导了行业协会加强自身建设及业务培训，帮助温州打火机行业协会履行好服务职能，提高温州打火机行业中小企业应对欧盟 CR 法案的能力和水平。

15.2　我国家电行业应对 TBT 的案例研究

15.2.1　我国家电行业背景介绍

改革开放以来，我国经济实现了持续快速增长，行业结构不断优化，综合竞争力不断增强，家用行业也得到了快速发展，2004 年全国家电行业规模以上企业销售 3145.69 亿元，比上年增长 30.13%，利税总额累计 156.1 亿元，比上年增长 8.8%。我国已经发展成为世界主要家用电器的主要制造中心之一，世界各国在我国的家用电器采购量大幅度增加。

家电行业总数中近九成是中小企业，其产值和销售量约占行业总量 30%～40%，吸纳就业人数约占行业总人数 40%以上，小家电行业更是基本上以中小企业为主体，因此可以说，中小企业是家电行业的重要组成部分。近年来，家电行业发展状况较好，形成了以大企业为龙头、中小企业跟进的基本态势。中小企业开拓国际市场的积极性很高，但是，2008 年下半年以来，受国际金融危机影响，家电业市场形势严峻，中小企业生产经营面临的困难明显增多，特别是以出口为主的企业更为困难。由于受到国外繁多的 TBT 等多方面不利因素的影响，一些中小企业对于国际市场了解少，对客户把握能力弱，抗风险能力差，家电产品的出口出现了明显回落。2008 年我国部分家电出口情况如表 15-2 所示。

表 15-2　2008 年我国部分家电产品出口量

产品名称	出口量/万台	同比增长/%
压缩式冰箱	1614	0.4
洗衣机	1468	9.5

续表

产品名称	出口量/万台	同比增长/%
空调	31948553	−0.2
冷冻箱	569	−17.5
微波炉	4855	−5.7
冰箱压缩机	1151	−5.1
空调压缩机	1410	−1.0
电风扇	10600	−21.7
咖啡机和电茶壶	12227	2.6
食品加工处理机、榨汁机	14300	4.5
电气空间加热器	6710	8.1

2009 年，根据国家统计局、中国轻工业联合会的统计数据显示，我国家电行业进出口逐渐回升，累计出口额 313.24 亿美元，同比下降 13.27%，累计进口总额 28.04 亿美元，同比下降 12.08%。我国家电行业进出口降幅从 2009 年 5 月份以来呈持续收窄态势，2009 年全年降幅比上半年收窄了 7.55 个百分点。2009 年下半年以来，各大类产品出口降幅均有所收窄。其中，2009 年，家用电冰箱累计出口量同比下降 4.86%，降幅比上半年收窄了 7.81 个百分点；家用洗衣机累计出口量同比下降 6.12%，降幅比上半年收窄了 14.15 个百分点；家用空调累计出口量同比下降 25.61%，降幅比上半年收窄了 8.19 个百分点；家用电热水器累计出口量同比下降 29.38%，降幅比上半年收窄了 13.76 个百分点。

15.2.2　欧盟 RoHS 指令

欧盟议会和欧盟理事会于 2003 年 1 月通过了《关于在电子电气设备中限制使用某些有害物质指令》（The Restriction of the use of certain Hazardous substances in Electronical and Electronic Equipment，简称 RoHS 指令），也称 2002/95/EC 指令，2005 年欧盟又以 2005/618/EC 决议的形式对 2002/95/EC 进行了补充，明确规定了六种有害物质的最大限量值。铅（Pb）、汞（Hg）、六价铬（Cr^{6+}）、多溴联苯（PBB）、多溴二苯醚（PBDE）的最大允许含量为 0.1%（1000ppm），镉（Cd）为 0.01%（100ppm）。

RoHS 指令涉及的产品范围十分广泛，几乎涵盖了所有电子、电器、玩具、医疗、通信、安防信息等产品，它不仅包括整机产品，而且包括生产整机所使用的零部件、原材料及包装件，关系到整个生产链。产品不进行 RoHS 认证，就会给生产商造成难以估量的损害，产品将无人问津，痛失市场，即使产品侥幸进入对方市场，一经查出，将遭遇高额罚款甚至刑拘，从而有可能导致整个企业关门倒闭。

15.2.3 对家电行业技术创新的影响分析

1. 对技术创新的消极影响

（1）成本上涨

中小企业应对 RoHS 指令需要以下几个方面的支出：材料定性、定量分析；替代产品的开发、试用和检测；替代产品技术引进；生产设备的改造或重建；整机产品性能重新考核和认证；对员工的环保教育；系列化绿色环保产品开发、生产和市场调查分析及广告宣传等。特别是在替代产品的研发生产方面，由于不同的产品使用的材料不同，不同的企业生产的同一类产品，由于设计、工艺和用材料的不同，替代的材料种类和替代的数量也不完全相同，反映在不同产品上的替代成本肯定会各不相同。例如：吸尘器主要使用的材料是塑料，塑料中的阻燃剂替代导致产品成本增加的比例较大，约在 8%～10%。而空调器主要材料是铜、冷轧板等金属材料，因此替代材料成本上升所占比例大约在 3%～4%。据专业人士推算，实行 RoHS 指令后，用新材料、新工艺替代旧材料、旧工艺所生产的产品成本要提高约 10%左右。

（2）出口量减少

我国家电出口产品整体上还处于低端市场，在美国和欧盟市场上没有占据主要份额，面临着来自东欧和其他国家的竞争。RoHS 指令生效后，尽管我国家电产品可以通过改变出口方向，减轻国内家电产品过剩的压力，但由于欧盟是我国家电产品最大的海外市场，市场准入门槛的提高，导致世界家电产品中低端市场的过剩，从而国际市场价格下降，受世界价格的影响，我国出口量也出现下降。2004～2008 年是我国家电出口快速增长时期，但空调、冰箱、冷柜、微波炉、电风扇对欧出口额占出口总额的比例都在 2006 年出现下降或低点，不同程度地受到 RoHS 指令的影响。影响的大小一方面取决于欧洲市场在产品出口中所占的地位，另一方面也取决于中小企业对于环保指令的应对措施和情况。虽然部分产品在 2006 年对欧洲的出口量出现了一定的下滑或者增速放缓，但随后均出现了反弹。这表明我国家电企业通过产品研发、替代品的开发和完善管理制度等措施，已经成功渡过了 RoHS 指令影响期。

2. 对技术创新进程的积极影响

RoHS 指令的目的是为了减少有害物质对环境和人类健康的破坏，如果我国家电企业进行技术创新所采取的措施及时得当，完全可以适应环保指令的要求，并可借机实现产品升级、技术提升和管理能力增强。这样不但不会影响我国家电产品在市场上的竞争力，反而会提高我国家电产品在国际市场的占有率。

（1）成功企业案例分析 1

该案例企业是我国知名电器制造商之一，2008 年该企业已经具备年产 500 万台家用冰箱、冷柜及深冷冰箱的生产能力。出口产品销往欧洲、美洲、中东、东南亚和非洲等地。2008 年该企业出口到欧洲的冰箱接近其冰箱出口总量的一半。该企业从 2000 年开始对环保指令进行跟踪，2004 年前后开始着手进行应对工作。RoHS 指令实施之后，该企业通过开展技术创新活动，产品品种更加多样化，产品线更加完整，竞争力大大提高，出口量也明显增长。

该企业建立了企业 HSF 有毒有害物质控制体系，将产品设计、采购、仓储、生产、运送等串联起来，每个环节都建立专门的控制管理程序。在产品设计与开发过程中就开始进行了有害物质控制，研究与有害物质控制相关的法律法规，系统制定并及时修订各项技术规范，如《企业危害环境物品的管理》、《产品绿色设计指南》等。另外，在产品制造过程中加强了有毒有害物质控制。生产前对冰箱或冷柜进行评审，确认零部件中有害物质的控制情况。建立 HSF 冰箱指定生产线，防止 HSF 零部件错用。

（2）成功企业案例分析 2

该案例企业是一家专业生产冰箱、冷柜和饮水机用压缩机的企业，该企业几乎全部产品均是出口到欧洲市场，2008 年对欧洲出口量达 267 万台。RoHS 指令生效后，该企业产品出口遭遇强大的 TBT，出口风险陡增。如果不能满足 RoHS 指令要求，便会失去欧洲市场，也面临失去出口冰箱国内客户的风险。

该企业进行了技术攻关。与供应商合作，通过工艺改进来突破 RoHS 指令技术壁垒，研究出替代压缩机外壳油漆的水性涂料。另外，加强了检测和监管。每年请第三方权威机构对零部件和原材料进行检测，并配备 X 荧光光谱仪，对材料进行 6 种有害物质定性分析。并与第三方权威检测机构进行合作，取得其在 RoHS 相关技术、检测方法、材料替代、检测设备和豁免条款方面的更新信息，及时给公司相关工程技术人员培训和指导[355]。

15.2.4 家电行业应对的措施

1. 企业应对措施

（1）建立企业 RoHS 物质清单

中小企业要对国内外的环保法规和指令进行跟踪，了解其变化动态和相关要求，在此基础上对产品进行分解，建立中小企业产品所涉及零部件和原辅料中有毒有害物质含量的清单。

(2) 替代品开发

通过分析，确定哪些零部件和原辅料中有毒有害物质超标，进而确定中小企业替代品开发技术研究的方向，通过生产工艺的改变，实现镀锌环保替代材料、环保阻燃塑料和新型环保增塑剂等工艺替代。

(3) 管理规章标准化

中小企业应建立相关的管理规章，明确相关部门和人员的责权，规定相关的操作流程和操作指南。规章主要包括：材料管理、供应链管理、制造管理、质量控制等。

(4) 重视培训工作

培训工作包括对企业员工的培训和对供应商的培训。对企业员工的培训包括企业的宣传媒体和当面培训等方式，使员工了解 RoHS 的概念和 6 种有毒有害物质在企业产品中的情况。对供应商的培训要使供应商了解制造商在这方面的要求，促进供应商提高对有毒有害物质的控制能力。

(5) 建立合作检测实验室

与国际知名的 RoHS 检测公司合作，建立合作实验室，以便获得专业的电子电器产品检测服务，确保中小企业产品的安全性。购买相关测试设备，将物资进货环节有毒有害物质检验和日常抽检相结合，确保各个环节都不会引入 RoHS 超标物。

2. 行业协会应对措施

首先，跟踪收集 RoHS 的现状和未来的发展趋势，建立动态的相对完备的信息数据库。其次，认真研究 RoHS 情况，提供破解方案。最后，中小企业和家电行业协会还应该及时发布关于 RoHS 变动的新动向。

3. 政府应对措施

2006 年，我国政府颁布了“中国版 RoHS 指令”，即《电子信息产品污染控制管理办法》，它具有一定的强制性，并且对进口到我国的产品同样适用，避免了国际上不符合欧盟 RoHS 指令的高污染产品涌向我国。另外，部分国内中小企业原本选择回避欧盟 RoHS 指令，准备专攻国内市场，《电子信息产品污染控制管理办法》也打消了他们的“侥幸心理”，迫使其在管理和技术方面采取一系列改进措施[356]。另一方面，政府也充分发挥起行业规范和规划作用，积极参与国际标准化组织的各种标准制定工作，加强家电产品标准的沟通与交流，争取更多的发言权，为我国标准被国际社会接纳而努力。

15.3 我国化工行业应对TBT的案例研究

15.3.1 我国化工行业背景介绍

据有关资料统计，我国化工企业95%以上是中小企业，而且化工企业大多数都属于劳动密集型企业，企业产品的附加值和利润都相对较低。我国从事化学原料和制造业的人数和产值在近30个制造业中名列前茅，而成本费用利润率却位于第18位，工业增加值率列第22位。我国化工产业与世界化工产业差距甚大，目前国内现状是化工产品结构不合理，主要以低档产品为主，生产的化工产品中危险化学品量大、面广，没有形成产业链发展格局，市场竞争力差，不适应经济可持续发展要求。近年来国外一些大型化工企业相继进入我国市场，这使得我国中小化工企业在市场竞争中处于十分不利的地位。

欧盟一直是我国重要的贸易伙伴。据海关统计资料显示，2004年欧盟与我国的化学品贸易总量为2719万吨，总金额达到29.9亿美元。2005年我国出口到欧盟的化工产品品种达964个，出口额达82.3亿美元。2006年出口到欧盟的化工产品品种达980个，出口额达到90亿美元[357]。

15.3.2 化工行业面临的TBT现状

2007年6月欧盟《关于化学品注册、评估、许可和限制的法规》（简称REACH指令）开始生效。REACH指令是一个涉及化学品生产、贸易、使用安全的综合性法规，根据该法规，欧盟委员会将建立统一的化学品监控管理体系，并于2012年前完成所有相关化学品的管理。与近年来欧盟实施的各种指令相比，REACH指令的影响范围更广，它将欧盟市场上约3万种化学产品及其下游的纺织、轻工、制药等产品分别纳入注册、评估、许可3个管理监控系统，实行包括生产、销售在内的整个周期的监管，实行化学品安全信息的知识产权管理，未纳入该管理系统的产品不能在欧盟市场上销售。该法令的主要内容有：

注册（registration）。当生产或进口的化学品每年超过1吨时，生产者或进口商应当向ECA提交注册申请，如果申请注册的生产厂家或进口商的化学品年生产量或进口量超过10吨时，对申请注册的所有物质还应当进行化学品安全评价并编制化学品安全报告。对于比较危险的物质，生产者必须提交比较安全的替代物的替代计划，当没有替代物存在时，生产者必须提交研发替代品的研究计划。

评估（evaluation）。管理部门将审阅在注册登记中收集的测试方案，以决定是否对该化学物质进行进一步的测试，并评估注册登记申请人所提供的信息是否符合相关的要求（技术档案评估）。对于选定的化学物质，如果怀疑会对人体或环境存在危机，评估部门便会要求业界提供该化学物质更多相关信息。评估可引导更多关于限制或授权过程中的决定/行动。

授权（authorization）。对于引起极大关注的物质，如致癌物质、诱导基因突变的物质或对生殖有害的物质，具有持久性、生物蓄积性和毒性的物质，以及对人类健康和环境具有相当严重和不可逆效应的物质，它的使用和上市销售必须得到欧盟委员会批准。只有当这种物质的使用对人类健康和环境的风险能够被适当控制时，才可以获得批准。如果注册申请人不能证明风险被适当控制，却可以证明其使用带来的社会经济效益将远远超过其对人类健康和环境的风险，而且目前没有适当的替代品或替代技术时，这种物质的使用也有可能获得批准。

限制（restriction）。如果欧盟委员会认为某种物质或其配置品的制造、投放市场或使用导致对人类健康和环境的风险不能被充分控制，将限制其在欧盟境内生产或进口[358]。

15.3.3 对化工行业技术创新的影响分析

1. 对技术创新的消极影响

REACH 指令实施后，化学物质、制剂或含有化学物质的物品必须向新成立的欧洲化学品管理局注册，取得技术文件，才准许进入市场。如属进口商品，则必须由进口商完成注册手续。按照欧盟拟定的实施时间表，年产量或进口量在 1000 吨以上的化学物质，应在今后 3 年内完成注册；年产量或进口量在 100～1000 吨的化学物质，于 6 年内完成注册；年产量或进口量在 1～100 吨的化学物质于 11 年内完成注册，未能按期注册的产品不能在欧盟市场上销售。按 REACH 法规的要求所有物质的检测和注册的费用均要由出口企业承担。据测算，要获得注册，一种化学物质的基本注册、评估费用约 11.6 万美元，新物质更高达 78.5 万美元。有关数据显示我国每年将要为出口到欧盟的产品负担 5 亿～10 亿美元高昂的检测费用。这将直接致使我国企业化工产品成本上升，产品因缺乏价格竞争而被排斥的可能性加大。同时还有一些化工企业因负担不起巨额的检测费用而不得不放弃欧盟市场[359]。以上这些会导致我国化工产品的出口额下降，化工生产总值下降，一批化工及相关专业人员失业。专家预计将会有近一半产品的国际市场优势将逐渐丧失，我国中小化工企业在国际贸易中的竞争能力将被大大削弱，对于中小企业技术创新而言无疑是雪上加霜。

2. 对技术创新的积极影响

欧盟REACH法规也为我国中小化工企业提供了宝贵的契机。REACH法令从保护人类健康和环境安全出发，对化学品的研发、生产、销售、使用、废物处理等各个环节，都作出了严格的规定，提出了更高的要求，这也是未来市场的大势所趋，为我国化工行业的中小企业研发指明了方向。按照国家有关产业政策开展产业结构调整，淘汰那些生产规模小、技术水平低、出口不规范的生产企业，淘汰污染严重的产品，严格控制技术含量低的生产装置的重复建设，加快淘汰高消耗、高能耗的落后工艺和技术促进产业技术升级、产业结构调整。我国中小企业在欧盟市场受阻，势必迫使我国化学品生产企业加快产业结构和产品结构的调整，采用国际生产标准，提高产品质量和改进工艺，因而REACH法令的实施对我国中小企业技术创新的开展有一定的积极意义。

15.3.4 化工行业应对的措施

1. 企业应对措施

我国化学品及下游产业要努力采用国际先进标准组织生产，不断跟踪各国技术限制法规、技术标准和实物水平，采用高新技术和清洁生产工艺，调整我国企业产品的质量指标，适应国内外市场不断提升的需求。同时，要积极主动研发和使用环保新材料、新技术，在生产工艺和产品质量上提高档次。与出口客户和材料供应商合作，加强产品设计、新材料替代、新增成本的分担等方面的协作，为REACH法规实施作好应对工作。

2. 行业协会应对措施

首先，要建立本行业监测机制，及时跟踪和评估欧盟REACH法规对本行业的影响，组织和帮助企业采取应对措施。其次，组成服务联盟，站在全局的高度把握行业动态，为中小企业提供充分的信息服务和培训服务，发挥组织者的作用，必要时邀请欧盟专家、法律人士和政府官员向企业介绍这一新政策，提供书面指导文件和安全评价范例说明，让中小企业了解其实质内容。介绍REACH法规内容和本行业应对措施，提高企业应对意识，向企业传递REACH最新动态和具体实施细则。再次，指导和帮助中小企业进行注册，协调中小企业间联合注册。同时，还要积极向政府有关部门提出应对 REACH 法规的建议[360]。

3. 政府应对措施

首先，加快国内相关立法。欧盟 REACH 法令对化学品管理立法提出了严峻的挑战，我国要对已施行的《危险化学品登记管理办法》和《新化学物质环境管理办法》进行补充和修订，尽快建立一套与国际接轨的法律体系和标准体系，制定我国的化学品战略，为我国化工行业中小企业技术创新提供支持。其次，加大投资力度，强化检测技术手段，尽快提高我国化学品检测技术水平，争取与欧盟相关检测机构合作，互相承认检测数据，降低企业检测费用。另外，政府要加大宣传 REACH 法令的力度，指导国内中小企业应对。政府部门还应针对我国中小型出口企业的实际情况，考虑制定援助措施，帮助中小出口企业减轻负担，促进对欧盟的出口业务。

【本章小结】

本章运用欧盟 CR 法案对温州打火机行业技术创新影响的案例，对本书前面的理论研究部分进行实证研究。通过大量翔实的数据，验证了欧盟 CR 法案对温州打火机行业技术创新产品的影响符合 TBT 的数量和价格机理，并从质量管制的角度验证了质量提高是突破 CR 法案的重要途径。同时，根据 CR 法案对温州打火机技术创新外部市场和科学技术环境、以及内部资源投入和过程的影响，证明了 TBT 对中小企业技术创新影响结构模型的有效性。阐述了在应对 CR 法案时，温州打火机企业、温州打火机行业协会、政府部门分别采取的措施。企业层面加快了产品创新和企业结构的调整、实施品牌战略、引进和培养相关人才、健全企业管理制度。温州打火机行业协会在与欧盟相关组织的协调、以及及时准确提供信息方面发挥了重要的作用。政府层面的应对措施则包括建立温州出入境检验检疫局打火机实验室、积极组织应对项目攻关破除 CR 技术难题、重视和发挥行业协会等社团组织的作用。同时，研究了欧盟 RoHS 指令对我国家电行业、欧盟 REACH 指令对我国化工业影响的案例。

第16章 中小企业层面应对TBT的策略研究

16.1 中小企业技术创新应对TBT策略的进化博弈分析

应对TBT是一项系统工作，它融科技、经济、政治于一体。企业技术创新战略就是关于这一系统工程的全方位的选择与筹划。从微观上看要与企业自身的科技与经济水平所处的竞争环境相适应，不同类型的企业，实力不同所选择的创新战略也应不同。中小企业的特殊性决定了中小企业技术创新策略选择的重要性，中小企业选择恰当的技术创新战略对于技术创新水平的提高以及正确应对TBT都具有十分重要的意义，尤其是在当前TBT日趋严重的情况下，中小企业选择正确的技术创新策略与模式，对于促进国内中小企业发展，积极主动突破TBT，以此来参与国际竞争，步入全球经济一体化都有着重要意义。下面根据进化博弈的原理，探讨影响中小企业技术创新战略选择的因素及技术创新市场进化演变趋势。

中小企业在应对TBT中有自主创新和模仿创新两种策略选择的资本投入，经过长期的动态调整，总是选择满足中小企业资本期望收益最大化的投入。

假设在市场上有生产同类产品的中小企业相互竞争，没有别的中小企业的进入和退出，每个中小企业有两种技术创新选择，即自主创新和模仿创新，自主创新和模仿创新的投入资本和收益和风险各不相同，由于自主创新投资大，风险大，在时间 t 时刻，每个中小企业自主决定自主创新和模仿创新，考虑生产该产品的行业群体中各中小企业随机进行两种创新的投资，在该行业中比例为 x 的中小企业采取自主创新投资，$1-x$ 比例的中小企业采取模仿创新的投资，外部对中小企业技术创新的政策支持环境为 S_t ，假设 S_t 服从两点分布，且是独立分布的，也就是说 $S_t=1$ 表示对中小企业技术创新应对 TBT 的支持政策较完善，我们称之为宏观政策好。$S_t=0$ 表示对中小企业技术创新应对 TBT 的支持政策不够，我们称之为宏观政策差。并且有 $P_{(S_t=1)}=\lambda$ ，$P_{(S_t=0)}=1-\lambda$ 。中小企业只有模仿创新能力是不能进行自主创新的，中小企业自主创新成功必须进行充足的资本投入，中小企业自主创新成功的概率为 p，$r_z(s_t)$ 为中小企业自主创新项目的预期收益率，则自主创新的实际收益 $R_z(s_t)$ 是预期收益率 $r_z(s_t)$ 、行业自主创新投资的比例 x 、以及随机扰动变量 ε 的函数，即：$R_z(s_t)=f(r_z(s_t),x)+\varepsilon$ 。其中 ε 反映了市场各种因素的变动对实际收益的影响，ε 服从：$\left[\frac{1}{2}r_z(s_t),-\frac{1}{2}r_z(s_t)\right]$ 上的均匀分布，$f(r_z(s_t),x)$ 应满足 $f(r_z(s_t),0)=r_z(s_t)$ 、$f(r_z(s_t),1)<r_z(s_t)$ ，且自主创新的实际收益 $R_z(s_t)$ 是预期收益率函数 $r_z(s_t)$ 的增函数，行业自主创新投资的比例 x 的减函数，即进行行业自主创新的中小企业比例越大，中小企业个体自主创新成功后的收益会下降，用 τ 表示自主创新中小企业比例 x 的增加 1%导致中小企业个体自主创新成功后收益下降的百分比，则自主创新成功的收益可以记为 $R_z(s_t)=r_z(s_t)(1-\tau x)+\varepsilon$ 且 $0<\tau<1$ ，那么自主创新成功的实际收益 $R_z(s_t)$ 为：

$$R_z(s_t)=r_z(s_t)(1-\tau x)+\varepsilon$$

则项目自主创新成功的期望收益为：

$$\bar{R}(s_t)=r(s_t)(1-\tau x)$$

令项目自主创新失败的收益为 $-\gamma_z$ 。

假设自主创新比例 x 的变化对模仿创新成功后的收益没有影响，在进行一定规模的投入后，模仿创新总是可以成功的，中小企业模仿创新投资成功的收益为 $R_m(s_t)$ 。我们可以得到 t 时刻中小企业进行自主创新和模仿创新策略选择的得益矩阵，如表 16-1 所示。

因此，我们可以得到中小企业自主创新和模仿创新的期望收益为：

$$
\begin{aligned}
U_1 &= p(\lambda \times \bar{R}_z(1) + (1-\lambda) \times \bar{R}_z(0)) - (1-p) \times \gamma_z \\
&= p \times \lambda \times r_z(1)(1-\tau x) + p \times (1-\lambda) \times r_z(0)(1-\tau x) - (1-p) \times \gamma_z
\end{aligned}
$$

$$
U_2 = \lambda \times R_m(1) + (1-\lambda) \times R_m(0)
$$

中小企业个体在 t 时刻进行自主创新投入的期望收益为

$$
\bar{U} = X \times U_1 + (1-X)U_2
$$

表 16-1　中小企业个体自主创新和模仿创新战略选择的得益矩阵

<table>
<tr><td colspan="3" rowspan="3">外部对中小企业技术创新的支持环境为 S_t</td><td colspan="3">中小企业 2</td></tr>
<tr><td colspan="2">自主创新行业比例 x</td><td>模仿创新行业比例 $1-x$</td></tr>
<tr><td>以概率 P_t 自主创新成功</td><td>以概率 $1-P_t$ 自主创新失败</td><td>模仿创新成功</td></tr>
<tr><td rowspan="3">企业 1</td><td rowspan="2">自主创新行业比例 x</td><td>以概率 P_t 自主创新成功</td><td>$\bar{R}_z(s_t)$
$\bar{R}_z(s_t)$</td><td>$\bar{R}_z(s_t)$
$-\gamma_z$</td><td>$\bar{R}_z(s_t)$
$R_m(s_t)$</td></tr>
<tr><td>以概率 $1-P_t$ 自主创新失败</td><td>$-\gamma_z$
$\bar{R}_z(s_t)$</td><td>$-\gamma_z$
$-\gamma_z$</td><td>$-\gamma_z$
$R_m(s_t)$</td></tr>
<tr><td>模仿创新行业比例 $1-x$</td><td>模仿创新成功</td><td>$R_m(s_t)$
$\bar{R}_z(s_t)$</td><td>$R_m(s_t)$
$-\gamma_z$</td><td>$R_m(s_t)$
$R_m(s_t)$</td></tr>
</table>

根据上述中小企业个体的得益矩阵，进行自主创新的动态变化速度用下面的模仿者动态方程描述，并通过模仿者动态方程分析中小企业个体的创新行为对市场结构的影响。

$\frac{\partial X}{\partial t}$ 反映了进行自主创新的中小企业比例随时间的变化率。

$$
\begin{aligned}
\frac{\mathrm{d}x}{\mathrm{d}t} &= x(U_1 - \bar{U}) \\
&= x(1-x)[p(1-\tau x)(\lambda r_z(1) - (1-\lambda) r_z(0)) - \gamma_z(1-p) \\
&\quad - (\lambda \times R_m(1) + (1-\lambda) \times R_m(0))]
\end{aligned}
$$

在均衡状态，x^* 与时间无关，剔除 0 和 1 的角点解：$X_1^* = 0$　$X_2^* = 1$ 可以得到纳什均衡点：

$$
X_3^* = (1 - \frac{\gamma_z(1-p) + (\lambda \times R_m(1) + (1-\lambda) \times R_m(0)}{p(\lambda r_z(1) - (1-\lambda) r_z(0))})/\tau
$$

令 $F(x)=\frac{\mathrm{d}x}{\mathrm{d}t}$，可以得到：$F'(x_3^*)<0$

则该点 X_3^* 为进化稳定点（ESS），如图 16-1 所示。

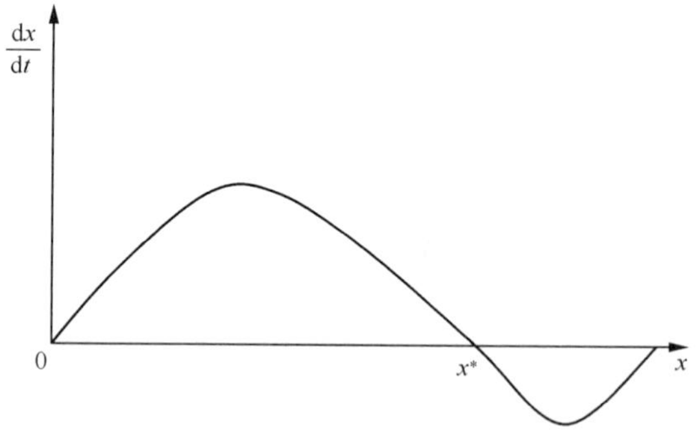

图 16-1　技术创新策略博弈复制动态相位图

$$X_3^* = \left(1-\frac{\gamma_z(1-p)+(\lambda\times R_m(1)+(1-\lambda)\times R_m(0))}{p(\lambda r_z(1)-(1-\lambda)r_z(0))}\right)/\tau$$

且有 $\frac{\mathrm{d}x}{\mathrm{d}\lambda}>0$。

可以看出，外部政策因素 λ 对中小企业选择自主创新的影响较大，中小企业技术创新的政策支持环境越好，λ 越大，中小企业选择自主创新的比例越大。并且中小企业创新投资成功的概率 p、自主创新项目的预期收益 $r(1,S_t)$ 增加，中小企业选择自主创新投资的均衡比例增加。中小企业进行创新投资失败的收益率 γ_z 增加时，中小企业选择创新投资的均衡概率将减少，当中小企业自主创新投资比率增加所导致的自主创新的实际成功概率的降低程度 τ 增加时，中小企业创新投资的均衡概率将降低。

我们知道，TBT 突破的根本途径取决于中小企业的技术能力，从上述的博弈分析中可以得知，技术创新能力的高低影响着中小企业跨越 TBT 的速度快慢，进而影响着中小企业跨越 TBT 后的收益。中小企业技术创新能力是中小企业技术能力的具体体现，面对高收益与高风险并存的创新投资，中小企业技术创新的进化稳定均衡策略的形成不但取决于中小企业自身的因素，而且依赖于其外部政策环境的支持、竞争对手的竞争策略的选择。一方面，中小企业要根据自身的实际情况，在自主创新和模仿创新策略中做出正确的选择，使中小企业的创新效用最大化；另一方面，技术创新投资具有正的外部性，政府应该建立中小企业技术创新支持机制，在金融、财政、信息等方面对中小企业进行扶持，提高中小企业自主创新的成功率，突破 TBT。上述进化博弈分析表明，在一定的条件下，市场将有一定比例的中小企业进行自主创新，一定比例的中小企业进行模仿创新，市场将演化为一种稳定的状态。在中小企业技术创新市场上，多大的自主创新与模仿创新的比例是合适的，需要针对市场创新风险、创新成本进行具体的分析。技术创新风险大小将影响中小企业自主创新比例，如果自主技术创新市场的风险过大，市场将演化到无自主技术创新的状态，政府在调节自主创新与模仿创新的比例方面应该有所作为，通过采取宏观政策的措施进行调控，使技术创新市场结构合理化，更好地应对 TBT。

16.2　应对 TBT 的中小企业技术创新模式分析

对于中小企业来讲，选择适当的技术创新模式实现技术创新，提高产品的科技含量，对于跨越 TBT 至关重要。因此，中小企业应认真分析 TBT 的要求，根据自身条件通过技术引进，学习先进技术，累积技术知识与技术开发能力，从模仿创新到进行非核心技术的改进与创新，再到核心技术的改进。当具备相应的自主创新条件时，则可以采取自主创新战略，实现技术的根本性突破，从而在根本上解决和突破发达国家的 TBT。

16.2.1　模仿创新模式

技术的模仿创新是一种十分普遍的创新行为。一项成功的创新总要引来许多模仿者，而模仿者的成果又会被其他模仿者进一步模仿，使得新产品与新工艺不断得到改进。通过不同企业间的模仿创新，创新成果被迅速扩散。因此，模仿创新在数量上较自主创新要多得多。成功的技术引进再创新可以使企业在较短时间内提高技术水平和自主创新的能力。模仿创新具有低投入、低风险、市场适应性强的特点，是企业在壁垒降低竞争初期普遍采取的方式。我国大部分中小企业在资金实力、科研力量和技术人才等方面都存在着明显的弱势，所以就要结合自身技术创新的有利和不利因素，进行合理定位，扬长避短，选择适宜的技术创新路径。对技术开发能力弱、起步较晚的中小企业，通过分析 TBT，进行技术引进、消化吸收到模仿创新的模式实现技术的模仿、跟随是非常有效的策略，如图 16-2所示。

16.2.2　二次创新模式

简单的模仿和引进技术只会不断增加对技术先进企业的依赖，最终进入“落

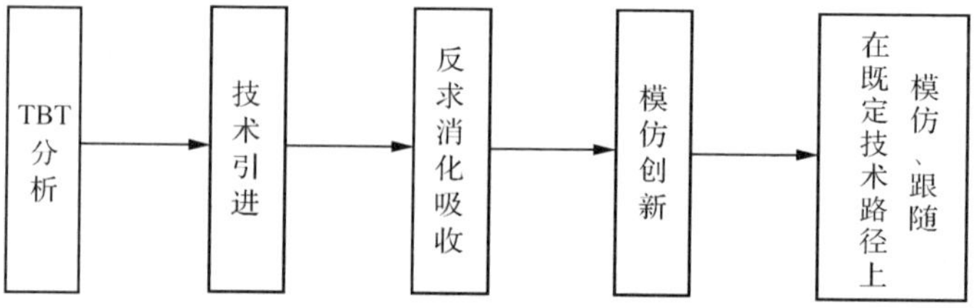

图 16-2　应对 TBT 的技术引进的模仿创新模式

后—引进—模仿”的恶性循环之中。二次创新是在技术引进基础上进行的，受囿于已有的技术范式，并沿既定技术轨迹而发展的技术创新。它不是简单地等同于模仿创新，而是包括模仿创新，又高于模仿创新。在 TBT 变动后的初期，随着贸易壁垒向新型壁垒变化，知识产权壁垒和率先创新者的 TBT 就阻碍了模仿行为。此时，中小企业可以通过有选择、有步骤地引进技术，并通过反求工程，在消化、吸收之后，实施技术的二次开发创新，从而进行自主开发和控制关键技术。日本的索尼公司是全球著名的电视机生产厂家，但电视机的最早开发和生产厂家却是美国无线电公司。虽然电视机方面的技术专利给美国无线电公司带来了巨额财富，但由于其没有对电视机技术进行进一步创新，而逐渐丧失了领先地位。相反，当时仅是一家小企业的索尼公司却在学习和掌握了电视机的生产技术后，结合消费者的需要和市场的变化，不断地进行二次技术创新，逐渐取得了领先的优势，并最终发展成为一个大型跨国公司。

1. 非核心技术的二次创新模式

通过非核心技术的改进，针对该产品的核心技术与专利，中小企业可以在产品的“外围专利技术”上进行突破，是一种突破 TBT 较为有效的策略，即根据 TBT 的要求在开发产品的外观及实用型专利，对产品的功能、结构、工艺等进行增强或替换，向产品相关的上游、下游市场进行拓展，进行工艺改进、产品性能的完善，从而增强产品的市场竞争力[361]，如图 16-3 所示。

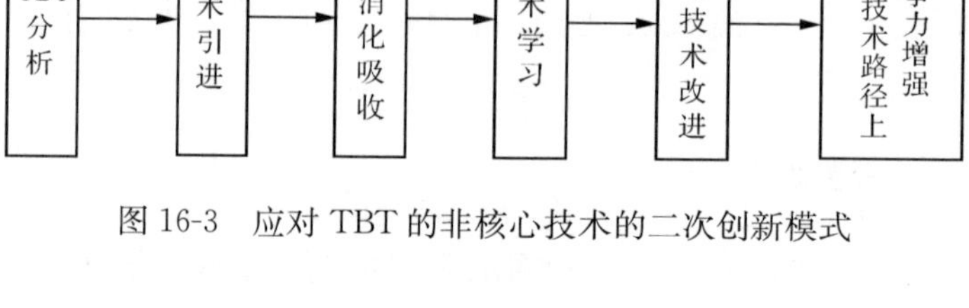

图 16-3　应对 TBT 的非核心技术的二次创新模式

2. 核心技术的二次创新模式

由于技术的外溢性，模仿创新及非核心技术的改进并不能使企业长久保持市场竞争优势，掌握产品的核心技术才能保持中小企业的市场竞争力，是中小企业在该技术路径上保持长期领先地位的唯一保证。中小企业在对 TBT 进行分析的基础上，通过进一步的技术学习、技术的积累、非核心技术的改进、到核心技术的掌握，就可以进行核心技术的改进。只有掌握了核心技术，才能对核心技术进行改进，掌握核心技术需要中小企业不断加大 R&D 投入，持续不断地在该领域进行技术学习，开发出创新产品，才能在既定的技术路径上技术领先，如图 16-4所示。

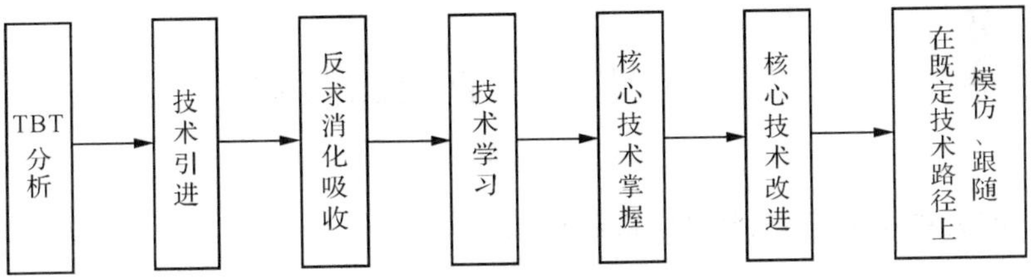

图 16-4　应对 TBT 的核心技术的二次创新模式

16.2.3　自主创新模式

实现自主创新的技术跨越是基于自身的技术积累与技术创新能力，实现技术跨越，是突破 TBT 的根本途径，它不仅可能改变消费需求，改变市场竞争力的对比，还有可能改写和塑造新的行业标准，创建新的“游戏”规则，从而主导市场。自主跨越源于技术轨道的不连续性，并在此基础上获得因技术轨道的不连续性而带来的机会。实施自主跨越需要具备足够的技术基础与技术创新能力。技术创新能力包括辨别市场机会能力、R&D 能力、生产能力与新产品的营销能力等。当中小企业在技术路径上有较多的技术积累并且具备技术创新能力时，就应当果断地实施技术跨越战略[362]。中小企业技术创新跨越的前提是技术积累，不存在没有任何技术积累下的一蹴而就的技术跨越。相对于传统产业技术而言，新兴产业技术发展比较快，新技术机会窗口相对较多，技术的传承性和对原有技术的依赖性相对较弱，则更容易采取自主创新的方式实施技术跨越。当落后者经过技术预见后，确定在未来某一时间赶上或超过领先者技术能力的目标时，若落后者具有足够的资源能力达成目标，则可直接研发未来时间下的技术或产品，即直接路径进行跨越。若初始时条件不够充足，则可以以技术快速积累和迅速进步为主旨，以各种策略组合的旋进路径（不同的路径都可以达到自主创新能力）实施跨越，并通过自主创新实现对领先者的技术追赶甚至跨越，如图 16-5 所示。

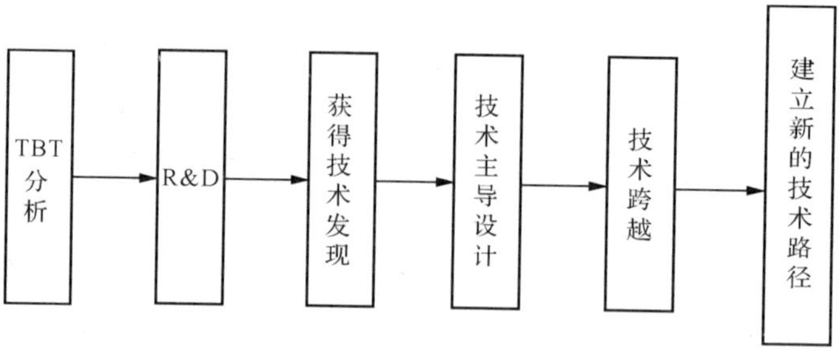

图 16-5　应对 TBT 的自主创新的技术跨越模式

16.3　中小企业层面策略

16.3.1　加大中小企业技术创新资源投入

1. 信息资源获得

随着信息化的不断发展，能否完整、准确获取相关信息已成为中小企业克服 TBT 的关键条件。与发达国家相比，我国中小企业的信息化进程不够快，对信息网络的利用程度低，直接制约中小企业技术创新应对 TBT 活动的开展。中小企业技术创新跨越 TBT 前提是需要预见和了解技术发展的未来趋势。技术创新的本质是一个信息过程，信息是技术创新的基础和成功的保证。信息贯穿于中小企业技术创新应对 TBT 的全过程，主要包括产品法规、标准的信息、产品技术发展的信息、贸易壁垒国产品市场需求的信息、相关人才的信息、资本的信息、管理技术信息、国家产业政策的信息等。中小企业不仅要通过主动搜寻、处理加工和分析研究贸易伙伴的 TBT 措施情况，及时掌握信息，根据相关的信息作出正确的决策，还需要通过促进创新信息在中小企业内部的有效流动来获得技术创新的成功。

2. 知识与技术能力提高

技术进步和 TBT 的提高都是一个动态的过程，对于一个国家的整体技术水平而言，只有技术进步的速度快于 TBT 提高的速度才能有效地跨越 TBT。因此，对于中小企业来讲，不仅要加快对引进技术的吸收，还要加快对技术的应用，在跨越 TBT 的过程中提高技术能力。中小企业首先应该结合本行业本产品的实际，紧跟国际先进技术的发展方向，不断提高自身整体技术实力，争取早日达到目标 TBT 所要求的技术法规与标准，获得其认证。中小企业可以采取多种灵活的方式，一方面可以“买进”或者引进先进的生产设备、检测设备，或者直接购买国外的专利、技术的使用权，另一方面，还可以利用合资、合作、技术交流的方式引进先进技术。在中小企业引进外部技术后，需要有一种内部的能力去消化和吸收外部的知识和技术，不断地发现、选择、学习、运用、改进新技术的能力，是中小企业技术创新跨越 TBT 的重要途径。

3. 人才引进和培训

中小企业的任何行为都需要有充足的人力资源作为保证，人才既是中小企业开展技术创新活动的核心力量，也是标准化建设的人力基础。中小企业从跟踪国内外先进技术标准，到逐步地解读、研究、应用以及参与各种国内外技术标准化的合作制定，都需要一批熟悉国际技术标准、外语好又拥有过硬技术背景的复合型标准化人才，只有发挥中小企业有限人才的积极性与创造性，才能更好地促进中小企业的生存与发展。因此，要重视中小企业自身人力资源开发，吸引和培养高水平的管理人员和技术标准人才并对他们进行有效的激励，为他们提供充分施展才能的机会，更加有效地采用先进的技术标准促进技术创新活动的开展。中小企业应当做好以下三个方面工作：①重视人才、尊重人才，建立和健全技术标准专业人才的引进机制，为中小企业技术创新活动和标准化工作提供优秀的专门人才；②建立健全科学的内部培训制度，重视对熟悉技术标准壁垒专门人才的培养，建立一支高质量、国际化的技术标准梯次人才队伍；③建立有吸引力的薪酬模式和晋升机制，鼓励创新人员的知识、技能要素参与分配，提高他们参与技术创新活动和标准化工作的积极性。

4. 资本投入

资本投入是进行中小企业技术创新的前提和基础，没有必要的资金投入，应对 TBT 的技术创新活动就无法开展起来。筹措技术创新资金，对于促进中小企业技术创新发展，有着重大意义。为此，中小企业要在进一步完善自身“造血”功能，积极积累技术投入资金的同时，把目光更多地从政府投资、银行贷款等传统融资方式转移到吸引技术入股、吸收民间投资、吸引社会风险机构投资、上市发行股票、发行债券等更符合市场经济运作规律的融资方式上来。逐步形成以政府投入为引导、中小企业投入为主体、银行贷款为支撑、社会集资和引进外资为补充的多元参与的投资体系。

16.3.2　实施中小企业技术创新标准化战略

中小企业只有充分地了解并采用国际和国外的先进标准，才能使其创新产品在国内外市场上具有较好的竞争力，进而提高中小企业技术创新的积极性，使中小企业创新产品突破 TBT 的阻碍。

1. 中小企业技术创新过程的标准化

为达到 TBT 的要求，使中小企业技术创新产品达到相关技术和质量要求，中小企业技术创新各个阶段都要进行标准化。

（1）产品开发阶段

搜集与新产品相关的国内外先进的标准情报资料，并对 TBT 进行必要的深入分析研究，努力提高标准水平。标准情报资料包括：国内外技术法规、技术标准；市场上同类产品的检验方法和手段、产品质量性能指标；与本行业相关的产品国内外发展动态；质量认证与许可等。及时跟踪国际上相关标准，了解国际市场对产品质量性能指标的需求，对于本中小企业产品能否跨入国际市场是必不可少的重要环节[363]。

（2）产品设计试制和试验阶段

这一阶段应充分考虑继承现有产品在结构、功能、精度、材料等方面的技术成果，避免设计过程中的重复劳动，缩短设计开发周期。同时，通过标准化手段，对同类产品的品种、规格进行选优，合理分档，使其形成系列，达到产品结构设计的系列化、通用化、组合化。零部件设计是产品设计的组成部分，为了保证零部件的简化并提高制造质量、降低能耗，应最大限度地采用标准件、通用件，提高零部件在同一种产品或不同产品之间的通用互换性，从而提高产品设计和制造质量。

（3）产品样机鉴定阶段

产品主管标准化人员应对提交鉴定的图样和技术文件再次进行标准化审查，对新产品进行标准化经济效果分析，编写新产品样机（小批）鉴定标准化审查报告，并参加新产品样机（小批）鉴定会，代表中小企业标准化部门发表新产品样机（小批）标准化审查意见，并听取与会人员的鉴定意见，改进标准化工作。

（4）新产品投入小批量生产和试用阶段

这一阶段应做好样机（小批）鉴定时对标准化意见的改进落实；收集标准贯彻情况和存在的问题，拟订改进措施；组织制定原材料、辅料标准、工艺、工装、半成品质量标准、包装标准及试验方法和检验规则等标准；促进工装标准化系数的提高。若采用国际标准或国外先进标准，应邀请省有关主管标准、检验等部门参加，在审定中小企业产品标准的同时，对其进行采标评审工作。然后，按规定办理中小企业产品标准备案和采标登记注册手续。

（5）新产品提交投产技术鉴定阶段

这一阶段中小企业标准化部门要做好如下工作：组织审查原材料、辅料标准、工艺工装标准、半成品标准、包装标准、试验方法和检验规则等标准；对提交新产品投产鉴定的图样和工艺文件的正确性、完整性与统一性进行标准化审查；编写《新产品标准化审查报告》。产品主管标准化人员参加新产品投产技术鉴定会，代表中小企业标准化部门发表新产品标准化审查意见并听取鉴定意见。

（6）新产品投入批量生产和现场安装试运行阶段

中小企业标准化部门应监督相关部门严格按企业标准体系要求，按图样、按工艺、按标准操作，并会同其他相关部门对生产、安装、试运行过程中的各项技术标准的贯彻进行监督和检查，并做好相关记录。

（7）新产品售后服务阶段

中小企业标准化部门及其他相关部门应识别用户需求和期望，了解用户的要求，持续改进相关技术标准，以获得竞争优势，并以有效和高效的方式去实现[364]。

2. 根据中小企业标准体系建设的需要调整资源配置

中小企业要充分认识标准化工作在技术创新过程中发挥的基础性作用，要设置专门的标准化管理部门，配备既熟悉标准化工作又了解中小企业技术创新特点的专门人员，并辅以充足的经费投入。中小企业要在技术创新战略的指导下，使中小企业标准体系成为技术创新体系的重要组成部分，使标准化活动与技术开发决策、研究开发人员的培训、专利技术管理有机地融合。同时，中小企业要利用信息化提升标准化工作水平和标准体系的运行效率，建立标准化信息服务系统，实施计算机辅助管理[365]。

3. 用标准化理念完善中小企业技术创新文化

对于中小企业而言，标准化蕴含的“持续改进”的理念应纳入到中小企业文化当中，成为中小企业核心理念的重要内容。中小企业应从战略层面树立类似联想“精准求实”的标准化思想和经营理念，使之成为中小企业的核心价值观。需要特别强调的是，高层管理者应在中小企业内积极推广这一理念，并用以指导包括技术创新在内的经营管理活动。通过进入企业文化成为核心价值观，指导中小企业经营的过程，“持续改进”的标准化理念在中小企业得以有效贯彻，从而推动包括技术创新在内的经营运行各环节提高效率。

16.3.3 加强中小企业技术创新过程管理

中小企业要想应对 TBT，就要在技术创新之前对国外 TBT 进行认真研究，并根据相应的市场和技术需要，不断破译该技术，提高产品质量和技术含量，并提高技术创新能力，从而使生产出的产品和改进的工艺达到 TBT 的要求。这是一个要求全面质量管理的过程，如图 16-6 所示。流程管理是一种以规范化的构造端到端的卓越业务流程为中心，以持续的提高组织业务绩效为目的的系统化方法。这种创新体制关注流程是否增值，形成的是一套“认识流程、建立流程、优化流程、E 化流程、运作流程”的体系，并在此基础上，开始一个“再认识流程”的新循环，同时，也有着流程描述与流程改进等的一系列方法、技术与工具。日益增多的中小企业通过流程管理的建立和完善，促进了工艺创新的进行。

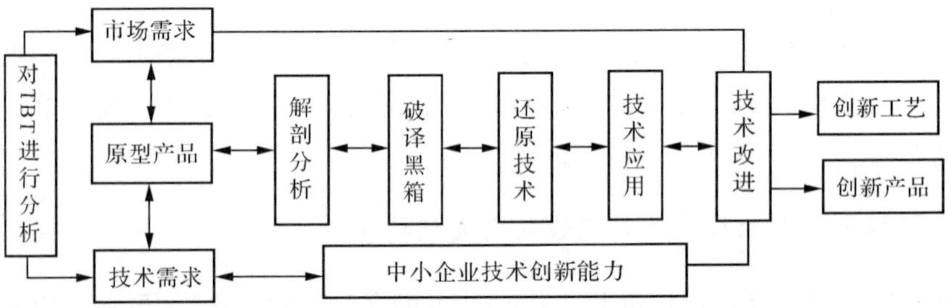

图 16-6 应对 TBT 中小企业技术创新过程

ISO9000 质量管理体系将流程作为管理对象，流程的有效形式是提高流程效率的基础，ISO9000 质量管理体系提供了建立管理框架的一些最终要求，中小企业可以根据这些基本的质量标准建立起具有丰富方法、工具和技术支持下的流程管理，采用流程管理方法来满足 ISO9000 质量管理体系对建立、保持和改进质量管理体系的要求，也可以利用 ISO9000 质量管理体系认证定期审核，尤其是第三方审核的要求巩固流程管理的成果。随着中小企业采用质量认证标准和企业由人治到法治，规范管理，落实责任的改革，建立对中小企业业务发展至关重要的标准、规范的流程管理体系，势必将帮助中小企业走向规范、创新之路。满足质量认证标准，建立的流程将会按照最简洁、最直接的方式运作。像华为、中兴通讯、海尔、中国电信这些企业，全都通过 TL9000 等质量体系认证，建立起了最优流程管理，进一步提高了效率，实现了管理创新。通俗来讲，这些做法就是把“大企业做小，做灵活”，可以帮助中小企业解决在日常运作和创新过程中发现的一些问题。并且 ISO9000 质量管理体系的过程提倡全员参与，ISO9000 质量管理体系可以改变一些人为的、随意性的规定，使中小企业管理合理化、制度化，起到穿针引线的作用。

16.3.4　强化以技术创新为核心的市场营销管理

中小企业要在市场上树立良好的形象，形成独特的产品和服务特色，实行强有力和具有吸引力的销售策略，最根本的依然是如何满足市场不断增长的需要和应对 TBT 的变化，要应对这一挑战，需要中小企业用新的思路，大胆创立全新的企业市场模式。市场是技术创新的起点和终点，既是创新的主要源泉，也是创新成果的必然归属。建立面向市场的技术创新机制，首先是新产品要面向市场，市场是客观存在，又在不断发展变化的，只有深入分析和把握市场，根据市场需求确定研究开发方向，才有可能使新产品实现市场价值，产生经济效益。

一个企业仅有技术的先进并不能保证技术创新一定成功，技术创新最终的成功关键在于新技术能否被市场接受，也就是说，技术能否产业化、商业化。在创新一开始就应有明确的市场需求，并对市场需求有清楚的认识和了解，对创新项目可能带来的效益有一定的估计，把技术与市场有机地结合起来，加强产品的品牌和质量是其中的两个最重要的因素，即采取差异化策略。所谓的差异化策略是通过产品开发，提高产品质量。然而，实证研究表明，缺乏对市场的认识，对市场的应变能力差，是我国中小企业创新的突出风险。

TBT 的不断变化，加快了从传统市场营销到现代市场营销的历史性转变：即从生产者为中心转变为以消费者为中心，从价格竞争转变为非价格的服务竞争、质量竞争、品牌竞争，从单纯追求中小企业利润转变为兼顾造福于环境。中小企业与此相适应的整体营销、服务营销、形象营销、绿色营销、网络营销等现代营销观念和方式层出不穷[113]。因此，中小企业要提高营销工作的整体性、系统性、创新性的认识，加强营销管理，包括销售策略、网络、服务、广告等。注重营销与产品技术创新的联系，适应市场，开拓市场，进行营销组合、提高中小企业应对 TBT 的综合竞争能力。建立健全营销组织机构，完善营销网络，提高营销队伍素质；注重市场创新，营销机制创新，营销手段创新，应市场需求变化和信息时代发展的要求，科学地做好营销策划，找准中小企业的市场定位，降低经营风险等。

16.3.5 倡导绿色创新

目前中小企业对绿色工艺及绿色生产观念比较淡薄，中小企业要树立绿色意识，在选择产品和技术的时候，应考虑尽量减少商品不利于环境保护的因素。在把商品及劳务推向市场供消费者选择的过程中，要尽量设法降低污染。中小企业要对市场现有产品进行调查研究和细致剖析，寻找开发绿色产品。中小企业对现有产品的绿色创新应做到：产品的设计与开发要注意增加再生资源开发和利用，减少非再生资源开发和利用，设计节省原材料和能源易回收利用的产品和清洁产品，包括满足人类健康、安全的低污染或无污染的产品。对于不得不污染环境的产业，也要确定在环境净化容量以内的排污量。在制造绿色产品时要注意：尽量少用或不用有害材料，采用易于回收的低污染的材料；对产生的废物加强处理，减少排污量。中小企业的经营应同时兼顾经济效益与环境效益，使中小企业与环境和谐发展[366]。

【本章小结】

本章进行了中小企业技术创新应对TBT策略的进化博弈分析，通过结果分析可知，技术创新能力的高低影响着中小企业跨越TBT的速度快慢，进而影响着中小企业跨越TBT后的收益。中小企业技术创新能力是中小企业技术能力的具体体现，面对高收益与高风险并存的创新投资，中小企业技术创新的进化稳定均衡策略的形成不但取决于中小企业自身的因素，而且依赖于其外部政策环境的支持、竞争对手的竞争策略的选择。对中小企业而言，应当加强技术创新资源投入、实施技术创新标准化战略、加强技术创新过程管理、强化以技术创新为核心的市场营销管理和倡导绿色创新。

第17章　协会层面应对TBT的策略研究

行业协会作为企业的自律管理组织，拥有众多的企业会员，熟悉行业特点，同时又与政府保持着密切联系，可以在应对TBT的过程中承担许多必需但难以由政府和企业直接承担的事务，很好地发挥自身独特的作用。在应对国外TBT的过程中，行业协会与政府都应发挥应有的作用，且应该通力合作，如联合提供国外TBT动态信息、国内外相关产业发展动态信息、相关产品进出口状况，以及当国内中小企业遭遇国外TBT时，收集积极应对所需要的抗辩、申诉、举证标准和法规、认证的各种信息等，依据WTO框架内的规则积极与发达国家进行谈判维护我国中小企业的利益。

17.1　协会与政府合作应对TBT策略的博弈分析

TBT一般都是由该国的相关组织、立法机构制定的。我国中小企业和政府应当认真研究并熟悉掌握TBT协议的相关内容，用好其中针对发展中国家成员国的“优惠待遇”规定。当TBT是合理的、非歧视性的，只是由于技术差距而产生的，我国中小企业只能通过自身努力达到壁垒所要求的标准；当TBT是不合理的、歧视性的，政府和行业协会就应当依据WTO框架内的一些规则，积极与发达国家进行谈判，维护我国中小企业的利益。如果是法规这样强制性的规则，政府适合出面，如果是标准这样自愿性的、行业性的，则由行业协会出面比较适当。但不管什么情况，政府和行业应该加强合作。

发达国家对我国某行业产品采取非强制性的歧视性壁垒，行业协会面对国外的这种非强制性的歧视性壁垒有两种策略选择，积极应诉和消极应诉。积极应诉是指行业协会采取一切可能对应诉有利的行动，如积极联合国内成员企业、与国外进出口商协会沟通、搜寻应诉所需要的各种信息等；消极应诉则采取听之任之的态度。我国政府面对歧视性的贸易壁垒也有两种策略选择，选择与行业协会合作策略与不合作策略，合作指积极提供相关信息、配合行业协会组建团交涉等，不合作则采取听之任之的态度。

1. 静态博弈过程

对于行业协会与政府的博弈关系，双方的得益矩阵见表 17-1。对于歧视性的贸易壁垒，按“WTO”规则，应诉成功的可能性很大，行业协会采取积极应诉，政府采取全力合作，则得益结果为 $(a,b),(a>0,b>0)$ 这是最好的结果。如果行业协会采取积极应诉，而政府采取不合作态度，则得益结果为 $(-a,0)$，行业协会由于缺乏政府的全力合作，应诉成功的可能性大大降低，收益为 $-a$，而政府由于对行业协会应诉未做出任何努力，收益为 0。如果行业协会采取消极应诉，政府采取全力合作的态度，双方得益为 $(0,-b)$，政府积极应对但由于缺乏行业协会合作，成功概率减小，收益为 $-b$，行业协会由于未参与应诉，没做出努力其得益为 0。如果行业协会采取消极应诉策略，政府不合作双方的得益为 (0，0)，在这个博弈矩阵中，从只博弈一次的静态博弈来看，存在两个纳什均衡点，(a,b) 和 (0，0)，政府和行业协会应努力争取具有帕累托效应的纳什均衡 (a,b)，即合作是对双方有利的策略。为中小企业技术创新应对 TBT 创造良好的外部条件。见表 17-1。

表 17-1　行业协会与政府的博弈得益矩阵

行业协会	政府	
	合作	不合作
积极应诉	a,b	$-a,0$
消极应诉	$0,-b$	$0,0$

在一次博弈的情况下，有可能存在不利的均衡结果（0，0）出现，显然双方的博弈关系具有长期性，可以看成是重复博弈，如果是重复博弈，设贴现系数为 δ 且 $0<\delta<1$。

则行业协会积极应诉得益的现值为

$$U_h = \sum_{n=1}^{\infty} \delta^{n-1} a = \frac{a}{1-\delta}$$

政府合作得益的现值为

$$U_g = \sum_{n=1}^{\infty} \delta^{n-1} b = \frac{b}{1-\delta}$$

显然，$U_h > 0$、$Ug > 0$，(a,b) 是双方必然选择的结果，因此，双方的合作是可信的。

2. 动态博弈过程

外国政府及非政府机构首先考虑是否设置歧视性的 TBT，对此，行业协会与我国政府首先进行是否进行通力合作的决策，从上面可以看出，合作是行业与政府的必然选择，当选择合作时，行业协会有积极应诉和消极应诉两种。设行业协会在和政府合作情况下积极应诉成功的概率为 p，双方得益为 $(-R_1, R_2)$ 失败的概率为 $1-p$，双方得益为 $(R_2, -R_1)$，应诉成本为 c，双方均应承担应诉成本，所以，行业协会选择积极应诉的期望得益为 $p(R_1+R_2)-R_1$，外国政府及非政府机构的期望得益为 $R_2 - p(R_1 + R_2)$，行业协会选择不应诉时双方得益为 $(r_1, -r_2)$，显然，$R_1 < r_1$，$p(R_1 + R_2) - R_1 > r_2$，所以，行业协会在政府合作的情况下，积极应诉。同理，可以分析在行业协会与政府不合作情况下的行业选择积极应诉成功的概率为 q，失败的概率为 $1-q$，双方的期望得益取决于达成协议的概率 p、q 大小，显然，在行业协会与政府合作的情况下，应该有 $p > q$，也就是在政府合作的情况下抗辩成功的概率大于政府不合作情况下的抗辩成功的概率，由于 $p > q$，因此，该动态博弈的子博弈纳什均衡为：如果外国政府或非政府机构采取歧视性的贸易壁垒 → 我国政府与行业协会应采取合作应对的策略 → 行业协会积极应诉 → 外国政府或非政府机构取消歧视性贸易壁垒。见图 17-1。

行业协会与政府的通力合作会加大应要应诉成功的概率，实现双赢的结果，在应对 TBT 方面，行业协会是连接中小企业和政府的中间环节，能有效弥补政府失灵和市场失灵情况下的空白。行业协会是政府和中小企业之间的桥梁，在两者之间进行信息的沟通和传递。在应对 TBT 和反倾销、组织中小企业应诉方面，行业协会也起着重要的作用。行业组织可以根据本行业的市场和发展情况，适时代表中小企业向政府提出政策建议，游说政府采取适当的贸易保护措施，有关的调查机关也需要听取有关行业协会的意见，尤其对涉及行业上下游利益的问

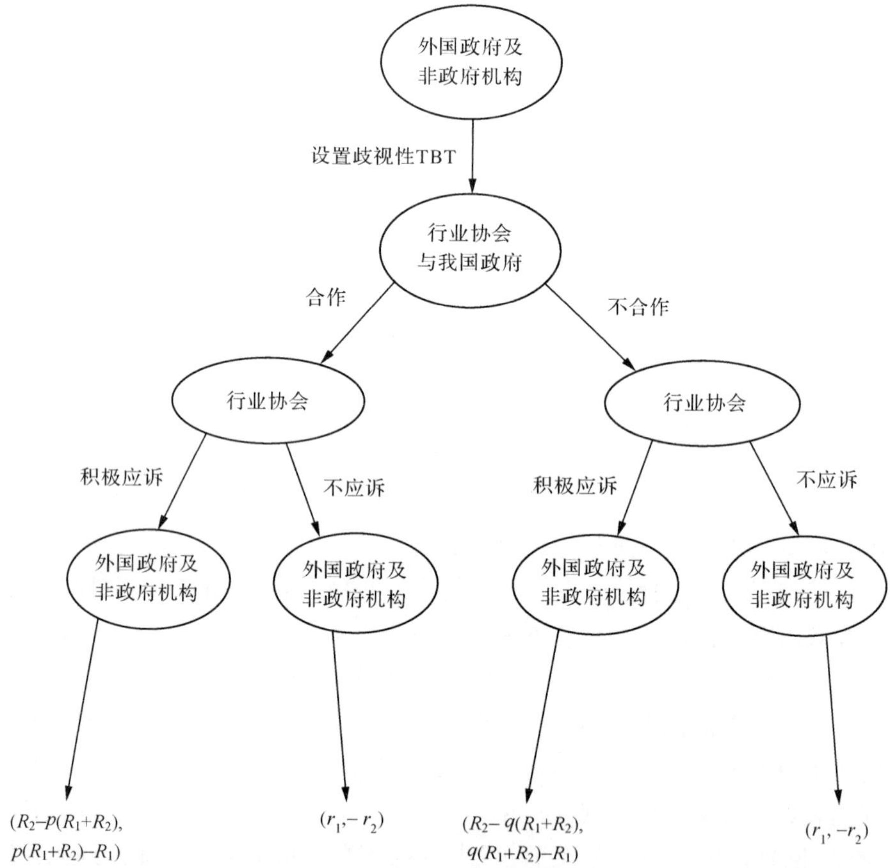

图 17-1　我国政府及行业协会合作与外国政府及非政府机构的博弈

题，行业协会更应代表本行业或者中小企业的利益，提供有利于本行业的政策建议或实施办法。在应对 TBT 的实践中，要与政府合作对歧视性的贸易壁垒坚决积极应对，大量的案例表明，行业协会与政府全力合作应对 TBT 是符合国家与中小企业利益的。

设置贸易 TBT 的主要是发达国家，发展中国家的贸易利益通常成为其牺牲品，因而贸易 TBT 有其歧视性的一面。它的实施超越了发展中国家经济、技术发展的现实，对各类不同技术水平国家的产品规定同样的市场准入条件，这是很不公平的。国外许多贸易或投资管理措施很少不加分析就可以认定其为歧视的，往往在合理的理由下包含着不合理的内容。他们或依据 WTO 的规定或某一个国际规则，或依据科学研究成果，这些标准过于复杂，且经常进行调整，有时还会违背国民待遇原则，制定内外有别的双重标准，使很多发展中国家难以符合这些规定，而进口国很容易行使自由裁量权以实施贸易制裁。如果我们不能对我们的立场或要求提供合理的依据，国外是不可能对其措施进行修改或调整的[367]。尽管我们的行业协会等中介组织结构或功能还不完善，存在许多问题，但在近年来应对国外贸易壁垒的实践中，我国许多行业协会等中介组织开始注意倚重技术或法律专业人员的力量，在技术和法律层面对国外的措施进行科学性和合法性的评估。例如，欧盟的打火机 CR 标准，其制定此标准的目的是为了防止儿童受到打火机的伤害，提高对儿童的保护。但其以打火机的价格作为受管辖产品的分类标准，就没有科学依据。为了阻止欧盟打火机 CR 标准的实施，机电商会等一些中介组织提出了合理、可行的技术建议，最终使欧盟承认其标准本身具有缺陷，暂缓实施。因此，对不合理的 TBT，政府和行业协会应当进行联合为了中小企业的利益和 TBT 设置国进行谈判，如果是具有强制性的法规，政府适合出面，如果是标准这样的自愿性的、行业性的，则由行业协会出面就比较适当。

行业协会与政府是否积极合作应诉取决于两个因素，即政府职能转变的进程以及行业协会在突破 TBT 中发挥作用的大小。因此，在应对国外 TBT 时，行业协会发挥着特殊的双重作用：一方面可以协调、组织中小企业应诉，发挥中介作用；另一方面可以作为应对主体参与应对国外的 TBT。行业协会代表中小企业作为应对 TBT 的申诉人，以游说的形式阐述自己的正当理由是当今世界各国通行的做法，在发达国家非常普遍。随着我国经济的发展，中小企业实力得到极大提高，作为中小企业代表机构的行业协会等中介组织开展活动的经费也得到补充，已完全有能力走出国门，向国外政府有关部门和标准制定机构陈述我国中小企业和产业的意见。行业协会等中介组织作为非政府组织，开展游说工作更为灵活，更易直接清晰地表明态度，阐述理由，可有力地支持政府层面的工作，提高交涉效果。2001 年，食土商会曾就欧盟禁止进口我国动物源性产品进口一事组团远赴欧盟进行游说。2002 年，温州烟具工业协会曾随商务部交涉团赴欧盟游说打火机 CR 标准等。我国应该借鉴西方国家“小政府大行业协会”经验，重视发挥行业协会在应对 TBT 中的作用。

17.2　行业协会与中小企业应对策略的博弈分析

在新的国际经济竞争环境下，技术标准与技术法规以及质量认证作为 TBT 的重要组成部分，发挥着越来越重要的作用，在我国企业尤其是中小企业中积极推广国际化标准及国际质量认证是应对 TBT 的有效手段。国际标准反映了国际上先进的科学技术水平，代表着一定的质量水准，得到各国的认同，成为国家之间的协调标准和处理贸易纠纷的重要基础，采用国际标准成为国际贸易中的重要条件，不仅能给本国技术、经济的发展带来巨大的经济利益，使生产更加便利，也更容易了解市场需求，打破 TBT[368]。质量认证是产品质量的保证，是产品进入发达国家突破壁垒的通行证。从长远看，推广和使用国际标准，通过质量认证是减少国际贸易摩擦，突破 TBT，扩大商品出口的根本途径。

我国作为世贸组织成员之一，采用国际标准不仅是我们应尽的义务，而且也有利于提高我国的技术和管理水平，有利于突破他国的 TBT，有利于我们参与国际化生产分工和全球贸易竞争。行业协会在支持中小企业应对 TBT 的过程中，可以发挥重要的作用。中小企业在技术创新应对 TBT 过程中需要对有关的 TBT 的信息及产品的技术标准的采用与产品的合格认证方面付出努力，行业协会可以在 TBT 的信息收集方面和标准制定、实施与合格认证方面为中小企业提供帮助。为了考察行业协会与中小企业在这两方面的努力程度及相互影响程度，可以建立如下的博弈模型。

设 x_1 为行业协会在 TBT 信息收集上的努力程度，

x_2 为行业协会在技术标准、产品质量认证上的努力程度，

y_1 为中小企业在 TBT 信息收集、技术标准采用上的努力程度，

y_2 为中小企业在技术标准、产品质量认证上的努力程度。

由 Cobb-Douglas 生产函数形式来反映行业与中小企业在这两方面的努力程度的效用函数。

有
$$\pi_1 = (h_1 + x_1 + y_1)^{\alpha_1}(b_1 + x_2 + y_2)^{\beta_1} \tag{17-1}$$
$$\pi_2 = (h_2 + y_1 + x_1)^{\alpha_2}(b_2 + y_2 + x_2)^{\beta_2} \tag{17-2}$$

h_i、$b_i(i = 1,2)$ 分别为行业和中小企业原先在 TBT 信息收集、技术标准、产品质量认证上的努力程度。

参数 α_i、$\beta_i(i = 1,2)$ 为弹性系数，且 $\alpha_i + \beta_i < 1(i = 1,2)$，$\alpha_1 > \alpha_2$

令 $$U_1 = \ln\pi_1 = \alpha_1\ln(h_1 + x_1 + y_1) + \beta_1\ln(b_1 + x_2 + y_2)$$

约束条件为： $$x_1 + x_2 = M$$

$$U_2 = \ln\pi_2 = \alpha_2\ln(h_2 + y_1 + x_1) + \beta_2\ln(b_2 + y_2 + x_2)$$

约束条件为： $$y_1 + y_2 = N$$

对上两式求极大值。

构造拉格朗日函数： $L_1 = u_1 + \lambda(x_1 + x_2 - M)$

$$L_2 = u_2 + \lambda(y_1 + y_2 - N)$$

求方程：

$$\frac{\partial L_1}{\partial x_1} = 0 \qquad 即 \frac{\alpha_1}{h_1 + x_1 + y_1} + \lambda = 0$$

$$\frac{\partial L_1}{\partial x_2} = 0 \qquad \frac{\beta_1}{b_1 + x_2 + y_2} + \lambda = 0$$

$$\frac{\partial L_1}{\partial \lambda} = 0 \qquad x_1 + x_2 - M = 0$$

$$\frac{\partial L_2}{\partial y_1} = 0 \qquad \frac{\alpha_2}{h_2 + y_1 + x_1} + \lambda = 0$$

$$\frac{\partial L_2}{\partial y_2} = 0 \qquad \frac{\beta_2}{b_2 + y_2 + x_2} + \lambda = 0$$

$$\frac{\partial L_1}{\partial \lambda} = 0 \qquad y_1 + y_2 - N = 0$$

解上式得到：

$$x_1 = \frac{\alpha_1(N+M)}{\alpha_1+\beta_1} + \frac{\alpha_1 b_1 - h_1\beta_1}{\alpha_1+\beta_1} - y_1$$

$$x_2 = \frac{\beta_1(M-N)}{\alpha_1+\beta_1} - \frac{\alpha_1 b_1 - \beta_1 h_1}{\alpha_1+\beta_1} + y_2$$

$$y_1 = \frac{\alpha_2(M+N)}{\alpha_2+\beta_2} + \frac{\alpha_2 b_2 - \beta_2 h_2}{\alpha_2+\beta_2} - x_1$$

$$y_2 = \frac{\beta_2(N-M)}{\alpha_2+\beta_2} - \frac{\alpha_2 b_2 - \beta_2 h_2}{\alpha_2+\beta_2} + x_2$$

下面进行纳什均衡分析。

令

$$k_1 = \frac{\alpha_1(N+M)}{\alpha_1+\beta_1} + \frac{\alpha_1 b_1 - h_1\beta_1}{\alpha_1+\beta_1}$$

$$k_2 = \frac{\alpha_2(M+N)}{\alpha_2+\beta_2} + \frac{\alpha_2 b_2 - \beta_2 h_2}{\alpha_2+\beta_2}$$

(1) 设 $M > k_1$

则行业协会的最优反应函数为

$$x_1 = \begin{cases} \dfrac{\alpha_1(N+M)}{\alpha_1+\beta_1} + \dfrac{\alpha_1 b_1 - h_1\beta_1}{\alpha_1+\beta_1} - y_1 & 0 \leqslant y_1 < k_1 \\ 0 & y_1 > k_1 \end{cases}$$

中小企业的最优反应函数为

$$y_1 = \begin{cases} \dfrac{\alpha_2(M+N)}{\alpha_2+\beta_2} + \dfrac{\alpha_2 b_2 - \beta_2 h_2}{\alpha_2+\beta_2} - x_1 & 0 \leqslant x_1 < k_2 \\ 0 & k_2 \leqslant x_1 \leqslant M \end{cases}$$

所以两条反应函数曲线交于 k_1 点，纳什均衡为：

$$y_1^* = 0 \quad x_1^* = \frac{\alpha_1(N+M)}{\alpha_1+\beta_1} + \frac{\alpha_1 b_1 - h_1\beta_1}{\alpha_1+\beta_1}$$

$$y_2^* = N \quad x_2^* = M - \left(\frac{\alpha_1(N+M)}{\alpha_1+\beta_1} + \frac{\alpha_1 b_1 - h_1\beta_1}{\alpha_1+\beta_1}\right)$$

结论 1：中小企业首先将全部努力投入在技术标准、产品质量认证上面，行业协会优先努力在行业 TBT 信息的收集、提供上投入，然后在技术标准、产品质量认证上投入。如图 17-2 所示。

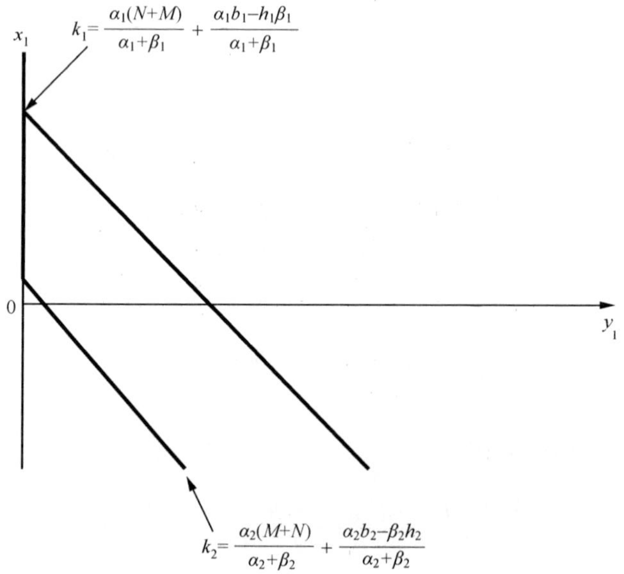

图 17-2　行业协会与中小企业努力水平的纳什均衡

(2) $k_2 < M < k_1$

即

$$M < \frac{\alpha_1(N+M)}{\alpha_1+\beta_1} + \frac{\alpha_1 b_1 - h_1\beta_1}{\alpha_1+\beta_1} - y_1$$

所以

$$y_1 < \frac{\alpha_1 b_1 - h_1\beta_1}{\alpha_1+\beta_1} + \frac{\alpha_1 N - M\beta_1}{\alpha_1+\beta_1}$$

令

$$p=\frac{\alpha_1 b_1-h_1\beta_1}{\alpha_1+\beta_1}+\frac{\alpha_1 N-M\beta_1}{\alpha_1+\beta_1}$$

则行业协会的最优反应函数为

$$x_1=\begin{cases}M & 0\leqslant y_1<p\\ \dfrac{\alpha_1(N+M)}{\alpha_1+\beta_1}+\dfrac{\alpha_1 b_1-h_1\beta_1}{\alpha_1+\beta_1}-y_1 & p<y_1<k_1\\ 0 & y_1>k_1\end{cases}$$

中小企业的最优反应函数为

$$y_1=\begin{cases}\dfrac{\alpha_2(M+N)}{\alpha_2+\beta_2}+\dfrac{\alpha_2 b_2-\beta_2 h_2}{\alpha_2+\beta_2}-x_1 & 0\leqslant x_1<k_2\\ 0 & k_2\leqslant x_1\leqslant M\end{cases}$$

即曲线交于 k_1 点，纳什均衡为

$$y_1^*=0\qquad x_1^*=M$$
$$y_2^*=N\qquad x_2^*=0$$

结论 2：中小企业将全部努力用在标准、产品质量认证上，行业协会将优先在行业 TBT 信息收集上努力，见图 17-3。

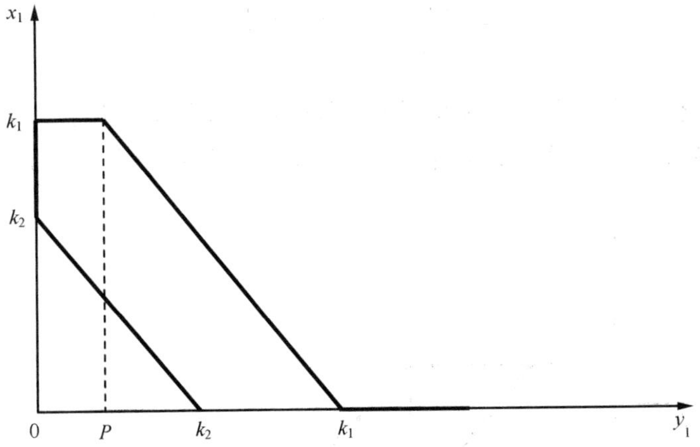

图 17-3　行业协会与中小企业努力水平的纳什均衡

$$M<k_2$$

即
$$M<\frac{\alpha_1(N+M)}{\alpha_1+\beta_1}+\frac{\alpha_1 b_1-h_1\beta_1}{\alpha_1+\beta_1}-y_1$$

所以 $$y_1 < \frac{\alpha_1 b_1 - h_1\beta_1}{\alpha_1 + \beta_1} + \frac{\alpha_1 N - M\beta_1}{\alpha_1 + \beta_1}$$

令 $$p = \frac{\alpha_1 b_1 - h_1\beta_1}{\alpha_1 + \beta_1} + \frac{\alpha_1 N - M\beta_1}{\alpha_1 + \beta_1}$$

则行业协会的最优反应函数为

$$x_1 = \begin{cases} M & 0 \leqslant y_1 < p \\ \dfrac{\alpha_1 (N+M)}{\alpha_1 + \beta_1} + \dfrac{\alpha_1 b_1 - h_1\beta_1}{\alpha_1 + \beta_1} - y_1 & p < y_1 < k_1 \\ 0 & k_1 < y_1 < N \end{cases}$$

中小企业的最优反应函数为

$$y_1 = \frac{\alpha_2 (M+N)}{\alpha_2 + \beta_2} + \frac{\alpha_2 b_2 - \beta_2 h_2}{\alpha_2 + \beta_2} - x_1 \qquad 0 \leqslant x_1 < k_2$$

即曲线交于 k_1 点，纳什均衡为：

$$x_1^* = M$$

$$y_1^* = \frac{\alpha_2 (M+N)}{\alpha_2 + \beta_2} + \frac{\alpha_2 b_2 - \beta_2 h_2}{\alpha_2 + \beta_2} - M$$

$$x_2^* = 0$$

$$y_2^* = \frac{\beta_2 (N-M)}{\alpha_2 + \beta_2} - \frac{\alpha_2 b_2 - \beta_2 h_2}{\alpha_2 + \beta_2}$$

结论 3：行业协会全部投入在行业 TBT 信息收集上，但投入努力程度不够。中小企业首先在行业 TBT 信息收集上投入，然后在标准、产品质量认证上投入，见图 17-4。

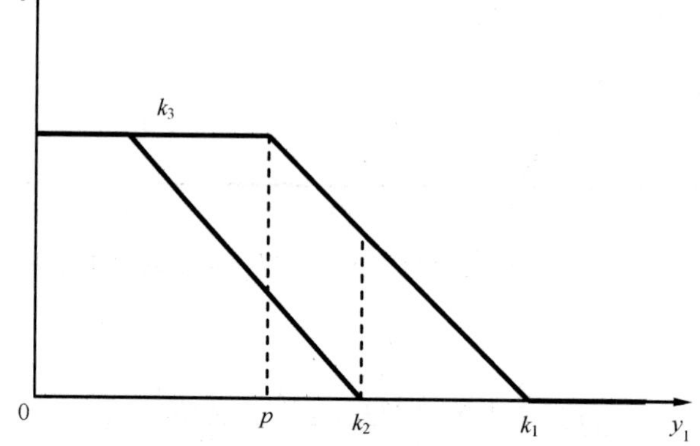

图 17-4 行业协会与中小企业努力水平的纳什均衡

中小企业作为 TBT 的利益相关者，理应成为应对 TBT 的主体，中小企业主体作用的有效发挥，需要政府、行业协会的组织协调以及帮助。行业协会作为中小企业的代言人，是中小企业的自治组织和中小企业利益的代表，是代表中小企业与贸易壁垒设置方进行市场谈判的主体，在应对发达国家的 TBT 方面，行业协会等非政府组织的地位日益突出，发挥着越来越重要的作用。从上面的博弈分析可以看出，为了更好地应对 TBT，需要行业协会与中小企业的共同努力，发挥两方面的积极性。

行业协会在信息掌握方面具有优势，掌握着一般中小企业无法了解的各种行业的技术发展与 TBT 的动态，是行业的信息中心。由于中小企业获取国外信息的渠道有限，因此，行业协会是他们信息的重要来源。一般说来行业协会可以通过发行内部刊物，举办各种培训和国际性研讨交流会，方便中小企业了解有关技术发展与 TBT 实施的信息，通过组织和参与收集、整理、分析、交流国内外行业市场状况和经营管理、经济技术信息，及时掌握本行业的国际市场信息、需求、资源与市场份额分配、技术水平、当地政策法规、民族文化等，为中小企业提供及时、准确的 TBT 信息。

行业协会在引导企业采用国际标准、组织制定有自身特色的行业技术标准、将我国的技术标准纳入国际标准方面都能发挥重要的作用，这方面的工作重点是建立和国际接轨的标准，在积极引导企业推广采用国际标准的同时，行业协会还要组织制定有自身特色的行业技术标准，尤其在我国具有传统优势、技术领先的行业领域，要制定出我国自己的行业标准并争取使之成为国际标准。行业协会应鼓励中小企业参与各种国际标准化组织活动，把我国的一些意见和要求充分反映到国际标准中去，为我国产品顺利进入国际市场创造条件。通过直接参与国际标准的制定，可以及时了解国际上相关产业发展的最新动向，有利于将我国的技术标准纳入国际标准。

要通过技术创新突破 TBT，中小企业必须要达到 TBT 的技术标准与技术规范的要求，这需要中小企业和行业协会的共同努力，加大资金投入，这是实现贸易壁垒突破的前提。一方面，中小企业必须首先加大研发的投入，加强对国外先进技术的学习和引进，改进本企业的技术水平，从而提高本国的技术标准，与国际技术标准相兼容；另一方面，行业协会应为中小企业推行各种产品质量、环境认证提供方便，并给予技术、信息等各方面必要的支持，积极引导业内中小企业参与国际认证，达到质量认证要求，争取国际市场通行证，打破目标国的 TBT，为中小企业在国际竞争中求得生存和发展创造必要的外部条件。

17.3　行业协会层面策略

17.3.1　加强与国际标准化机构的交流

我国行业协会应学习和借鉴发达国家参与国际标准制定方面的经验，积极地与欧盟、美、日等发达国家和国际标准化机构进行交流，鼓励、组织国内中小企业参与到国际标准化组织技术标准的制定和修订工作中去，使我国在国际标准的制定中变被动接受为主动出击，使国际标准的制定和出台朝着有利于我国中小企业的方面转化，并力争把我国在国际上处于领先地位的技术标准纳入到国际标准中去，以此保证国际标准能够充分体现我国的利益，使中小企业创新产品和生产工艺更具国际竞争力。这样也有利于构筑和加强我国的非关税贸易壁垒，合理保护国内产业，瓦解或绕过进口贸易国的壁垒，以保证我国中小企业在国际贸易中占据有利的位置。我国还要进一步加大采用国际标准的力度，逐步消除技术标准上的差异，为中小企业技术创新活动指明方向和目标，使其在更高的平台上开展创新活动，为中小企业争取市场主动权。在国外，往往都是各专业性行业协会作为中小企业的代表，向政府提出建议或者自己制定本行业的技术标准，通过苛刻、复杂的行业标准形成 TBT，限制国外产品进入本国市场。我国的行业协会应该借鉴欧、美、日等发达国家建立技术性贸易保护体系的经验，积极争取参与国家标准的制定工作，为中小企业争取主动权。行业协会争取在参与标准制定时不仅要考虑促进技术进步，还应当考虑如何才能保护自己，对国内技术较成熟的产品制定一些高的技术标准，或“人无我有”的标准，既保证国内中小企业能够顺利达到技术标准，又能有效限制国外同类产品的进入，在不违背 WTO 国民待遇原则和非歧视原则的基础上保护我国弱势产业的发展[369]。政府的法规受制于 WTO 规则，缺乏灵活性，对市场的迅速变化反应相对滞后，行业协会可以根据实际情况不断调整标准，有针对性地根据对我国市场冲击大的外国企业产品重点设立标准，或利用标准提出贸易立案，减缓市场冲击。

17.3.2　完善与国外相关组织的谈判机制

贸易谈判是政府之间的谈判，但行业不同、产品不同，政府可以承诺的条件及向对方提出的要求可能是完全不同的。在这方面，行业协会应从扩大出口与保护行业安全、中小企业合法权益的角度出发，积极配合政府参与谈判。同时，行业协会应在外方起诉时积极组织中小企业应对，以减少损失，必要时由行业协会出面按各个中小企业所占的出口份额统一筹集资金，代表行业整体进行应诉。这不仅能在很大程度上解决单个中小企业资金筹集渠道与利益分配问题，同时还能有效调动中小企业的积极性和参与能动性。与国外相比，我国的技术标准开放程度较弱，这就需要由中小企业行业协会作为中小企业利益的代言人，积极充当中小企业对外交流与沟通的联络者和组织者，加强与政府及国内外本行业或跨行业的沟通和交流。首先，中小企业在开拓国外市场时，行业协会应及时向政府和有关部门反映出口中遇到的 TBT 问题，争取得到政府的帮助和支持。其次，行业协会应更多地组织联络中小企业进行对外技术考察、开展国际学术会议和多边技术标准合作研究。另外，行业协会还要积极主动地与进口贸易国技术标准化组织建立起对话联系，使进口贸易国有关组织进一步地了解我国面临的困难和现状，能够在 WTO 框架下积极开展双边或多边的公平贸易，尽可能地减少 TBT 中有关条款对我国中小企业出口创新产品的影响，以此降低对我国中小企业创新产品出口贸易的损害程度。

17.3.3　建立应对 TBT 的行业预警机制

一般来说，中小企业应当作为应对国外 TBT 的主体，但单靠中小企业的力量毕竟有限，因此，为了维护国家利益、行业利益和中小企业利益，行业协会应该密切注视国际市场动态，正确预见事态发展，逐步建立产品生产、消费、价格变化的 TBT 预警系统，对可能发生的贸易争端提前预警并及时制定对策。作为会员中小企业的代表，行业协会对国外的贸易管理措施非常敏感，在收集和反映贸易或投资壁垒信息方面有着得天独厚的优势和资源。而由行业综合获得的信息，特别是经核实分析后提出的有关建议，则具有全面性和代表性，集中地反映了全行业的感受。一方面行业协会可以抢先制定和发布各自行业的市场、技术准入和从业标准，对国外商品、资本、劳务的进入提前设置限制和障碍，从而实现无须政府出面而照样能够保护国内市场和产业的目标，行业协会的作用代替了政府的某些职能，并且做了政府想做而不能做的事情，成为不违背 WTO 规则的市场屏障。另一方面，可通过各行业协会、主管部门、重点省市制定有关行业出口产品的最低限价，并通过公布信息、提供咨询服务，及时引导出口中小企业调节出口数量与价格，并建立重要产品的进口数量、价格监测系统，尽可能将隐患消除在境内，争取产业保护工作的主动权。对重点敏感出口产品要做好出口价格、出口国家和地区的监测工作，针对容易发生问题的环节，要运用科学的手段强化监管制约，采取海关审价和预核签章等办法，遏制低价竞销行为。另外，发现有竞价销售，扰乱出口秩序的情况要坚决制止，对个别中小企业的恶性竞争，建立必要的惩罚制度，以保障出口秩序的正常化[370]。

17.3.4 健全和完善各行业的技术标准体系

作为同行业众多中小企业的代表，中小企业行业协会比政府有关部门更具有制定行业规定、技术标准的优势，因为他们更了解本行业中小企业的技术、资金和人力资源等情况，更熟悉相关市场的实际情况。因此，为适应行业快速发展和前瞻性技术的需要，由行业协会组织开展技术标准的研究和制定工作有很大的发展空间。在制定国家标准和行业标准条件还不成熟的情况下，行业协会可以推出机制灵活的协会指导性技术文件，使之尽快在全行业内推广应用，规范行业内部中小企业的研发、生产和竞争行为，起到引领中小企业开发新技术的作用，并在这些技术文件最终成熟以后可以上升为国家和行业的技术标准。这样做既可以使制定的国家技术标准更加符合相关市场的实际情况，又可以在制定技术标准时节省时间，抢占先机。如果技术标准被吸收到国家或国际标准中去，中小企业就能够在行业或国际上处于领先地位，而其他企业需要投入资金进行技术更新才能达到技术标准的要求，这就为中小企业赢得了一定的竞争优势和进行新一轮创新的有利时机。

17.3.5 促进中小企业技术创新

1. 积极引导中小企业参与国际标准化活动

国际标准特别是ISO、IEC、ITU三大组织所制定的标准，是世界各国协调的产物，它反映了国际上普遍达到的先进科技水平，代表着一定的质量水准，得到各国的认同，成为国际级别上的协调标准和处理贸易纠纷的重要基础，采用国际标准成为国际贸易中的主要条件。WTO明确规定技术法则、标准、合格评定程序的制定，都应以国际标准机构制定的相应国际标准、导则或建议为基础。因此，在中小企业制定产品质量标准过程中，各行业协会应积极引导中小企业采用国际标准，促使国内各种行业标准和地方标准与国际标准接轨。认真研究和积极推广采用国际标准，能够及时了解国际先进技术，提供技术改造的方向和目标，推动相关技术的进步，从而达到提高商品质量目的。从长远来看，这是突破TBT的根本途径。在积极引导中小企业推广采用国际标准的同时，行业协会还要组织制定有自身特色的行业技术标准，尤其在我国具有传统优势、技术领先的行业领域，要制定出我国自己的行业标准并争取使之成为国际标准。行业协会还应鼓励中小企业参与各种国际标准化组织活动，把我国的一些意见和要求充分反映到国际标准中去，为我国产品顺利进入国际市场创造条件。通过直接参与国际标准的制订与修订，可以及时了解国际上相关产业发展的最新动向，有利于将我国的技术标准纳入国际标准[336]。

2. 帮助中小企业加强国际认证工作

国际环境质量管理体系是国际标准化组织为保护全球环境、促进世界经济持续发展，针对全球工业企业、商业部门、非赢利性团体和其他用户而制定的系列环境管理国际标准。它旨在帮助企业对从产品设计到产品消亡的全过程中每个产生污染的环节进行控制，实现资源的合理利用，减少人类活动对环境的影响。一些发达国家已经开始将 ISO14000 体系认证作为贸易的条件之一，没有通过认证的产品可能被拒之门外。因此，行业协会应大力宣传、积极引导业内中小企业参与国际认证，尤其是 ISO14000 体系认证为产品争取通往国际市场的通行证。行业协会应为中小企业推行 ISO14000 体系认证提供方便，并给予技术、信息等各方面必要的支持，为中小企业在国际竞争中求得生存和发展创造必要的外部条件。

3. 为中小企业技术创新提供及时和准确的信息

跟踪国外 TBT 变化动向，使中小企业及时掌握国外市场贸易壁垒信息，为中小企业应对 TBT 分析各主要贸易伙伴的有关技术标准、技术法规与合格评定程序，并通过建立相关信息中心和咨询服务机构，通过定期发表报告、鉴定，或发行刊物、报纸，或举办报告会等方式，有针对性地将信息传递给中小企业，帮助中小企业提出具体对策，积极应对 TBT。同时行业协会还应及时向政府主管部门通报我国中小企业在国外遭遇的 TBT 状况，争取政府的协助和支持。

17.3.6　建立健全中小企业行业内技术联盟

技术的自主研发不仅需要大量的资金和相关的人才、技术，更需要企业强大的市场影响力，这个过程不仅成本高，而且需要承担巨大的风险，而单个中小企业技术创新能力还很薄弱。因此，行业协会应当充分发挥作用，利用自身优势协调本行业上下游中小企业结成技术联盟，整合行业内部的创新资源进行技术研发，特别是对共性技术的研发。首先，行业协会应当利用我国政府增强本国中小企业在世界竞争中的地位和节约社会成本的原则，赢得政府对技术联盟的支持。其次，行业协会应当促使联盟内部成员之间通过技术协调互补形成竞争合力，在保证创新产品兼容性的基础上完成行业技术的研发和应用。再次，行业协会应当在合作中小企业内部率先建立起规模化的技术形成机制，使基于联盟的行业技术标准在市场竞争中赢得领先优势，联盟的事实标准也可以对消费者的预期产生巨大的影响，从而为中小企业技术创新成果进入和占领市场赢得主动权。

17.3.7　完善行业协会职能

随着我国外贸经营权的下放，规范经营秩序成为外贸工作的重中之重。因此，要充分发挥进出口商会的服务协调职能，加强行业自律，推动中小企业自我约束机制的建立。

1. 进一步加强行业协会的服务职能

首先，各行业协会要向本行业内的中小企业大力宣传 TBT 的相关知识，使中小企业从思想上重视 TBT。其次，行业协会要与政府的 TBT 信息咨询机构加强联系，及时将与本行业相关的重要信息传递给中小企业，有实力的行业协会还可以直接在与本行业有频繁贸易往来的国家设立信息收集中心，加大 TBT 信息的收集力度。第三，行业协会应协调好本行业内中小企业与上下游中小企业之间的关系，使原材料供货企业、加工企业、出口承运企业等多种经营主体之间形成合力，加强对产品质量的全程控制[371]。第四，当本行业内的中小企业遭遇到国外不合理的 TBT 时，行业协会应当通过各种渠道将贸易纠纷提交给政府有关机构解决，积极维护中小企业的合法利益。

2. 进一步加强行业协会的监督职能

首先，督促本行业内的中小企业有步骤、分批次地进行各种权威性的国内及国际质量认证。其次，建立一套合理完善的行业激励机制。对本行业内达到环保标准、产品质量高的中小企业进行奖励，如进行融资担保、在与外商有合作项目时优先推荐等。我国中小企业和产品要想根本性地解决国外贸易限制问题，关键还在于中小企业，要通过自身努力，增加科技投入，更新生产设备和技术，提高产品质量，从而提高竞争力。行业协会可帮助会员中小企业找差距、出主意，使中小企业未雨绸缪。

【本章小结】

通过对协会与政府合作应对 TBT 策略的博弈分析，认为行业协会与政府是否积极合作应诉取决于两个因素，即政府职能转变的进程以及行业协会在突破 TBT 中发挥作用的大小。因此，在应对国外 TBT 时，行业协会发挥着特殊的双重作用。另外，通过对行业协会与中小企业应对策略的博弈分析认为：第一，中小企业首先将全部努力投入在符合技术标准、产品质量认证上面，行业协会优先将努力在行业 TBT 信息的收集和提供上投入，然后在技术标准制定和认证推广上投入。第二，中小企业将全部努力用在符合技术标准、产品质量认证上，行业协会将优先在行业 TBT 信息收集上努力。第三，行业协会将全部努力投入在行业 TBT 信息收集上，但投入努力程度不够。中小企业首先在行业 TBT 信息收集上投入，然后在符合技术标准、产品质量认证上投入。由此可见，对行业协会而言，应当加强与国际标准化机构的交流、与国外相关组织进行谈判、建立应对 TBT 的行业预警机制、健全和完善各行业的技术标准体系、促进中小企业技术创新、建立健全中小企业行业内技术联盟以及完善行业协会职能。

第18章　政府层面应对TBT的策略研究

18.1　双边政府支持技术创新的博弈分析

当今世界各国都十分重视中小企业在对外经济发展中的重要作用，我国中小企业的产品能否突破TBT，不仅关系到我国中小企业的国际化进程，也关系到我国整体经济在国际市场上的竞争力。突破TBT从微观层面讲需要中小企业提高产品自身的质量，达到国外产品技术标准的要求，相对企业而言，政府在宏观层面上更具优势，而且涉及行政管理、国家战略及相应政策制定等问题。因此，仅仅依靠中小企业自身的努力是不够的，政府首先应该转变观念，积极为中小企业服务，这就需要政府出面建立完善的TBT预警体系、及时收集国外TBT情报、引导和帮助国内中小企业提高自身的技术服务和管理水平，突破TBT不断开拓国际市场，扩大出口贸易，同时加强与国外政府及相关贸易组织的沟通联系，必要时出台相关政策以抗衡国外不合理TBT对我国出口的不利影响，并能够通过制订相应的政策或法规，引导中小企业进行技术创新和产品结构调整以应对TBT。

国家间的技术水平决定了TBT，中小企业的技术创新能力是突破TBT的首要因素，技术创新能造成一定时期的中小企业的竞争优势、产品优势、质量优势、成本优势、市场优势和垄断地位，表现为一定时期的产品国际竞争优势，突破TBT的能力，政府对中小企业技术创新的扶持是中小企业技术创新重要的外部因素。可以把政府对中小企业技术创新的财政、税收、金融等扶持政策作为主观因素，把TBT的预警信息系统建设、标准法规、质量合格认证等体系完善程度作为政府对支持中小企业技术创新的客观因素。

下面运用博弈论的原理采用多维博弈的分析方法对两国政府支持中小企业技术创新的努力水平程度进行分析。

假设 λ_{i1} 为一国政府 $i(i=1,2)$ 在主观因素的努力水平，λ_{i2} 为一国政府 $i(i=1,2)$ 在客观因素的努力水平，所以政府 $i(i=1,2)$ 在主观因素与客观因素的策略空间为 $\lambda_{i1}\times\lambda_{i2}$，当政府在主观因素与客观因素的努力水平不同时，体现在政府 $i(i=1,2)$ 的总效用，政府应该选择一个策略向量使得本国政府的总效用最大。一国政府的总效用函数可以设为 $U_i((\lambda_{11},\lambda_{12}),(\lambda_{21},\lambda_{22}))$。

令
$$U_1=\left(A_1+\frac{\lambda_{11}}{1+\lambda_{21}}\right)^{\alpha}\left(B_1+\frac{\lambda_{12}}{1+\lambda_{22}}\right)^{\beta} \tag{18-1}$$
$$U_2=\left(A_2+\frac{\lambda_{21}}{1+\lambda_{11}}\right)^{\alpha}\left(B_2+\frac{\lambda_{22}}{1+\lambda_{12}}\right)^{\beta} \tag{18-2}$$

且约束条件为：$\lambda_{11}+\lambda_{12}=k_1,\lambda_{21}+\lambda_{22}=k_2$

k_1,k_2 为政府 $i(i=1,2)$ 在中小企业技术创新的努力总水平。α,β 分别为政府在主观因素和客观因素的努力水平对总效用的敏感系数，显然，主观因素对企业的技术创新比客观因素更为重要，因此，可以假设 α 大于 β。A_1,A_2,B_1,B_2 分别为政府 $i(i=1,2)$ 在主观因素和客观因素前阶段的努力水平。

显然有 $\frac{\partial U_1}{\partial\lambda_{11}}>0,\frac{\partial U_1}{\partial\lambda_{12}}>0,\frac{\partial U_1}{\partial\lambda_{21}}<0,\frac{\partial U_1}{\partial\lambda_{22}}<0,\frac{\partial U_2}{\partial\lambda_{21}}>0,\frac{\partial U_2}{\partial\lambda_{22}}>0,\frac{\partial U_2}{\partial\lambda_{11}}<0,$ $\frac{\partial U_2}{\partial\lambda_{12}}<0$。

对式（18-1）和式（18-2）取对数：

$$\ln U_1=\alpha\ln\left(A_1+\frac{\lambda_{11}}{1+\lambda_{21}}\right)+\beta\ln\left(B_1+\frac{\lambda_{12}}{1+\lambda_{22}}\right)$$
$$\ln U_2=\alpha\ln\left(A_2+\frac{\lambda_{21}}{1+\lambda_{11}}\right)+\beta\ln\left(B_2+\frac{\lambda_{22}}{1+\lambda_{12}}\right)$$

令
$$u_1=\ln U_1\qquad u_2=\ln U_2$$

所以
$$u_1=\alpha\ln\left(A_1+\frac{\lambda_{11}}{1+\lambda_{21}}\right)+\beta\ln\left(B_1+\frac{\lambda_{12}}{1+\lambda_{22}}\right) \tag{18-3}$$
$$u_2=\alpha\ln\left(A_2+\frac{\lambda_{21}}{1+\lambda_{11}}\right)+\beta\ln\left(B_2+\frac{\lambda_{22}}{1+\lambda_{12}}\right) \tag{18-4}$$

约束条件为：$\lambda_{11}+\lambda_{12}\leqslant k_1,\lambda_{21}+\lambda_{22}\leqslant k_2$

因为 $U_1=e^{u1},U_2=e^{u2}$ 是严格递增函数，只需求得

$$u_1=\ln U_1 \qquad u_2=\ln U_2$$

最大化的均衡解，同样使的 U_1,U_2 最大化。

构造拉格朗日函数：$L_1=u_1-\lambda(k_1-\lambda_{11}-\lambda_{12})$

$$L_2=u_2-\lambda(k_2-\lambda_{21}-\lambda_{22})$$

令
$$\frac{\partial L_1}{\partial \lambda_{11}}=0$$

即
$$\lambda-\frac{\alpha}{\left(A_1+\dfrac{\lambda_{11}}{1+\lambda_{21}}\right)(1+\lambda_{21})}=0$$

$$\frac{\partial L_1}{\partial \lambda_{12}}=0$$

即
$$\lambda-\frac{\beta}{\left(B_1+\dfrac{\lambda_{12}}{1+\lambda_{22}}\right)(1+\lambda_{22})}=0$$

$$\frac{\partial L_2}{\partial \lambda_{21}}=0$$

即
$$\lambda-\frac{\alpha}{\left(A_2+\dfrac{\lambda_{21}}{1+\lambda_{11}}\right)(1+\lambda_{11})}=0$$

$$\frac{\partial L_2}{\partial \lambda_{22}}=0$$

即
$$\lambda-\frac{\beta}{\left(B_2+\dfrac{\lambda_{22}}{1+\lambda_{12}}\right)(1+\lambda_{12})}=0$$

$$\frac{\partial L_1}{\partial \lambda}=0 \qquad k_1-\lambda_{11}-\lambda_{12}=0$$

$$\frac{\partial L_2}{\partial \lambda}=0 \qquad k_2-\lambda_{21}-\lambda_{22}=0$$

整理可得

$$\beta\lambda_{11}-\alpha\lambda_{12}+A_1\beta\lambda_{21}-\alpha B_1\lambda_{22}=\alpha B_1-A_1\beta \tag{18-5}$$

$$A_2\beta\lambda_{11}-\alpha B_2\lambda_{12}+\beta\lambda_{21}-\alpha\lambda_{22}=\alpha B_2-A_2\beta \tag{18-6}$$

$$\lambda_{11}+\lambda_{12}=k_1$$

$$\lambda_{21}+\lambda_{22}=k_2$$

将式（18-3）、式（18-4）代入式（18-5）、式（18-6）并整理得：

$$(\alpha+\beta)\lambda_{11}-(A_1\beta+\alpha B_1)\lambda_{22}=\alpha B_1+\alpha k_1-A_1\beta-A_1\beta k_2 \tag{18-7}$$

$$(A_2\beta+\alpha B_2)\lambda_{11}-(\alpha+\beta)\lambda_{22}=\alpha B_2+\alpha B_2 k_1-A_2\beta-\beta k_2 \tag{18-8}$$

将 $\lambda_{12}=k_1-\lambda_{11}$　$\lambda_{22}=k_2-\lambda_{21}$ 代入式（18-7）、式（18-8），

令

$$m=\alpha B_1-A_1\beta+\alpha k_1+\alpha B_1 k_2$$

$$n=\alpha B_2-A_2\beta+\alpha B_2 k_1+\alpha k_2$$

所以，两国政府在主观因素和客观因素的努力水平分别是：

$$\lambda_{11}=\frac{n(A_1\beta+\alpha B_1)-m(\alpha+\beta)}{(A_2\beta+\alpha B_2)(A_1\beta+\alpha B_1)-(\alpha+\beta)^2}$$

$$\lambda_{12}=k_1-\frac{n(A_1\beta+\alpha B_1)-m(\alpha+\beta)}{(A_2\beta+\alpha B_2)(A_1\beta+\alpha B_1)-(\alpha+\beta)^2}$$

$$\lambda_{21}=\frac{m(A_2\beta+\alpha B_2)-n(\alpha+\beta)}{(A_2\beta+\alpha B_2)(A_1\beta+\alpha B_1)-(\alpha+\beta)^2}$$

$$\lambda_{22}=k_2-\frac{m(A_2\beta+\alpha B_2)-n(\alpha+\beta)}{(A_2\beta+\alpha B_2)(A_1\beta+\alpha B_1)-(\alpha+\beta)^2}$$

可以看出，政府间对中小企业技术创新支持的努力水平具有策略的相互依存的特征，一国技术水平的提高，必然带来 TBT 的变化，技术落后必然会使得一国的总效用下降。在经济全球化的大环境下，技术创新对于各国提升在全球市场上的竞争力和保持经济的可持续发展至关重要，也是突破 TBT 的必然选择。跨越 TBT，必须充分重视自身技术创新能力的提高。因此，如果本国的中小企业技术攻关实力较弱，政府应给予及时的支持，引导中小企业在技术创新中发挥重要作用，做出巨大贡献。目前各国政府纷纷采取措施鼓励和扶持中小企业的发展及其技术创新活动，以促进本国经济的发展。因此，我国政府应该借鉴发达国家对中小企业技术创新的扶持政策，积极推动中小企业技术创新，有效提高我国中小企业的市场竞争力，实现 TBT 的跨越，推动中小企业健康、稳定、快速发展。在对中小企业技术创新的支持上，政府应该出台对中小企业技术创新的财政、税收、金融等扶持政策，加快进行 TBT 的预警信息系统建设、完善标准法规、质量合格认证体系，在各国间 TBT 日趋加剧的情况下，选择一个最优的扶持中小企业技术创新的努力水平策略向量，使本国的总效用最大化。

18.2 政府层面策略

在中小企业应对TBT以及技术创新活动中，离不开政府的支持与推动，政府在宏观上的引导、政策上的推动以及组织服务对技术创新起着重要的作用。政府要依据国家经济和社会发展的需要，同时考虑我国科技的现实水平，为应对国外TBT，对中小企业技术创新提出整体战略和实施的方针原则及重大措施，引导中小企业技术创新的方向。

18.2.1 加强与贸易伙伴国谈判

我国政府应当依据WTO有关规则加大对外谈判磋商力度，加强与有关国家的合作，同歧视性的或违规的TBT进行针锋相对的斗争，营造有利的贸易环境，促进中小企业技术创新。

1. 充分利用WTO赋予我们的权利

评议WTO成员国的技术法规是加入世贸后我们的权利，应充分利用这个权利，时刻关注WTO成员国TBT的新动向，在风险评估的基础上，积极参与评议，以避免和减少损失。

2. 抓住有利时机提出意见和建议

各国和地区在制定决策时都有一定的程序和过程，需要花费一定的时间，熟悉欧盟决策过程的人士都知道，欧盟在出台涉及众多生产商、销售商和使用者的法规政策时十分慎重，整个决策过程至少要一两年，而且信息都对外公开。我国政府应该充分利用这段时间及时提出我们的意见，维护自身的利益。

3. 给国外政府施加影响

限制进口的TBT必然也影响到了当地进口商的利益，政府可以通过当地进口商或当地行业协会了解新标准的真正目的，了解当地厂商、协会及政府的动态，及时做出反应，甚至利用这一力量游说他们的政府。

4. 实现区域内贸易的自由化

自由贸易协定（Free Trade Agreement，FTA）是近年来非常盛行的消除贸易壁垒、实现局部贸易自由化的方式。它与 WTO 多边框架下的谈判相比，具有障碍少、见效快的特点。我国应更积极地利用这种方式，寻求与周边国家和主要贸易伙伴达成协定，为自己争取更好的贸易环境[372]。

18.2.2　建立以政府部门为核心的 TBT 信息提供机制

我国大多数中小企业应对 TBT 最大的困难是信息不灵、信息渠道不畅、得不到有针对性的咨询服务等。中小企业由于自身规模所限不具备动态跟踪进口国技术标准变更的技术能力，这样中小企业很难像大企业或垄断、寡头等企业一样，采取适当的行动来应对 TBT。同时，动态跟踪 TBT 信息本身是非常明显的沉淀成本投入，而追踪后的信息扩散和外溢边际成本非常微小，信息的收集和使用具有明显的规模经济特征。由中小企业个体来收集信息需要支付较大固定成本，从而增大中小企业应对 TBT 的成本投入，但收益却限于中小企业所在的产业技术特征和现有规模状况；同时很难在信息获得后防止外溢，这对于中小企业从成本-收益分析出发而做出决策就具有极为负面的影响。中小企业缺乏主动通过各种有效渠道去获取与本身产品生产有关的市场准入条件（包括产品生产适用的国内外法律法规、标准等要求）的强烈意识。

政府在贸易信息的搜寻、整合、扩散等方面和其他主体相比，具有不可比拟的作用。因此，从政府的角度来说，应组织专门的人力、物力研究对外贸易 TBT 体系，进一步完善我国的 TBT 信息服务体系，及时跟踪、收集、分析、整理国外尤其是我国主要贸易对象国的技术标准、法规和合格评定程序及它们的变动情况，按照国别、行业类别等分门别类地把搜集到的信息进一步加工整理，建立各种专门的 TBT 数据库，通过 TBT 信息咨询机构，主要完成技术法规、标准和合格评定程序的通报以及向中小企业免费提供信息服务的工作[373]。特别要发挥驻外经商机构、经贸研究机构优势，定期收集、整理、发布国外 TBT 的最新动态，研究主要贸易对象 TBT 对我国出口贸易的影响，及时采取积极防御措施，打破壁垒，扩大出口。并且，政府还应积极推进网络设施建设，使信息能够以更快的速度传播、扩散，使中小企业对国外的现行技术标准、环保标准、产品认证、政策法规有着全面和正确的了解，从而使中小企业做出正确合理的应对策略。

18.2.3　实施支持中小企业技术创新的绿色战略

重视环境保护，重视消费者保护，实现可持续发展已是大势所趋，要想保持我国出口稳定、可持续发展，就必须顺应这一形势。绿色经济是 21 世纪经济发展的重点，绿色产品、绿色消费成为国际市场的主流。对此，我国应当实施经济绿色战略，以积极的绿色财政政策配之以绿色金融的实施，给予绿色产业以优惠政策，促进中小企业技术创新的绿色化成长。通过加大对绿色产业的资金投放，促使其走技术进步、保护生态环境与合理开发利用资源的可持续发展道路。简而言之，就是通过政策导向，促使企业把开发绿色产品作为优化出口产品结构，扩大国际市场份额的重要举措，从源头做起，保证加工原材料的质量，切实从生产环节、加工环节及储运环节提高出口产品质量，努力增加其附加值，坚持走“以质取胜”和“名牌战略”道路，实现出口贸易的可持续发展。

加强绿色财政的支持，对绿色产业实施倾斜的财税政策，其着力点在于：①税收上给予优惠。在一定时期内，对中小企业绿色技术创新可以减征或免征增值税，对中小企业新开发的绿色产品也可以缓征所得税。②财政补贴。通过财政补贴，对中小企业技术创新的过程，特别是因新产品的研发而出现的暂时亏损，或新产品为打入国际市场而出现的暂时亏损予以财政补贴。③政府采购。要加大政府采购中绿色产品的比重，通过政府采购产生的乘数效应拉动绿色产业的发展。④加速折旧。通过特别折旧方法，对中小企业技术创新的技术装备实行加速折旧，促进其现代化技术水平的不断提高。⑤建立绿色技术创新发展基金。其资金来源可以通过财政拨款，也可充分发挥“第二财政”的作用，利用彩票市场，发行专项彩票，所筹资金用于补充绿色产业发展基金。绿色产业发展基金的运作原则是，专款专用，定向运行，以此促进中小企业绿色技术创新的开展[374]。

18.2.4 完善技术标准体系

1. 积极参与国际标准的制定

欧盟、美国和日本等一些发达国家提出的有关技术方面的诉讼案件为发展中国家的35倍，表明了发展中国家在国际标准的制定、利用等方面处于被动地位。我国作为发展中国家的代表，也应该由原来的服从于标准，开始转变为致力于制定标准，充分保护自己的研究成果、创新成果。从长远看，我们不能满足于被动地采用国际标准，而应积极参加国际标准化活动。要积极创造条件，设法冲破美国、欧洲、日本等发达国家把持国际标准制定的垄断局面，提高我国标准在国际舞台上的地位，使我国更多的标准为国际标准采纳。因此，在继续采用国际标准的同时，积极参与和承担ISO秘书处的工作，组织更多的标准化专家参与国际标准的制定工作，力争把我国的标准化意图和标准充分反映到国际标准中去，特别是争取把具有我国国情特点的文化、传统工艺品、名品等方面的标准纳入国际标准[375]。将我国在国际上处于领先地位的科研成果及重大的技术变化及时转变为技术标准，并推荐指定为国际标准，在国际贸易中采用，使其得到更大的发展，为我国中小企业技术创新产品顺利进入市场创造条件。

2. 加强各国政府标准制定的国际合作

我国政府应学习和借鉴发达国家参与国际标准制定方面的经验，积极地与欧盟、美、日等发达国家和国际标准化机构进行交流，鼓励、组织国内中小企业参与到国际标准化组织技术标准的制定和修订工作中去，使我国在国际标准的制定中变被动接受为主动出击，使国际标准的制订和出台朝着有利于我国中小企业的方面转化，并力争把我国在国际上处于领先地位的技术标准纳入到国际标准中去，以此保证国际标准能够充分体现我国的利益，使中小企业创新产品和生产工艺更具国际竞争力。这样也有利于构筑和加强我国的非关税贸易壁垒，合理保护国内产业，瓦解或绕过进口贸易国的壁垒[376]，以保证我国中小企业在国际贸易中占据有利的位置。我国还要进一步加大采用国际标准的力度，逐步消除技术标准上的差异，为中小企业技术创新活动指明方向和目标，使其在更高的平台上开展创新活动。

3. 将强制性标准向技术法规转化

目前我国技术法规在一定范围、一定层次上事实存在着，但它的职能长期以来一直由我国的强制性标准及相关的标准化法律规范替代。技术法规与标准在制定目的、程序、内容、应用等方面有着本质的区别，因此，有必要改造现行的强制性标准，把强制性标准的有关内容转化为技术法规。①修订《标准化法》，界定技术法规与标准的概念，为强制性标准向技术法规过渡提供法律依据。②对现有强制性标准进行整理，但不是简单压缩强制性标准数量。由于强制性标准中含有非强制性内容，因此可以将强制性标准中涉及消费者安全、健康和动植物生命、健康以及环境保护等方面的产品的共性的或通用的基本要求提炼出来制定技术法规，使其能够得到强制执行。③在提炼这些基本要求的过程中，不强求很具体，能原则性地表述这些基本要求即可[170]。

18.2.5　健全技术法规体系

我国还缺少真正意义上的技术法规，技术法规也很难形成体系。现在首要任务就是要对技术法规概念进行界定，从而明确技术法规制定的目的、范围、原则、内容体例和违反技术法规要承担的责任等内容。另外，还要确定技术法规的形式和种类，明确技术法规制定、批准的权限等内容。技术法规已成为 TBT 主要手段之一，我国也应重视技术法规的贸易影响，突出技术法规的贸易作用。

1. 建立多层次的技术法规体系

我国技术法规体系应当融入到整个法规体系中，按法律、行政法规、规章层次顺序自上而下形成配套体系。①在法律层次，可规定有关安全、卫生、环保的基本要求及要符合的公认技术准则，或指定普遍性引用的相关标准，指明发布机构和发布领域。②在行政法规层次，将已在法律中规定的基本要求进行细化，规定相应的具体技术要求或指明引用的具体标准，除此之外，还应指定其所涉及的产品目录、合格评定程序等内容。③在规章层次，规定实施法律或行政法规的更加具体的事项，例如检验机构的名单、地址等信息，各种申报、验收表格格式[377]。在我国法规体系的不同层次上制定技术法规可以将法律的目标逐步深化，同时使下位法规中对于不适用的地方能够比较灵活地进行调整。

2. 建立完备的技术法规体系运行机制

我国应当借鉴欧盟的经验，建立符合我国国情的、完整的技术法规体系运行机制。第一，在技术法规中提出产品投放市场前所应达到的基本要求，然后通过直接或间接引用技术标准的方式来实现这些基本要求。第二，凡是技术法规涉及的产品，在投放市场前都应由依据技术法规要求建立的认证机构进行认证，对符合技术法规要求的产品加贴标志。第三，建立一套完整的市场监督机制。这样做不仅可以对投放市场并加贴安全标志的产品进行监督，而且还可对认证机构的工作进行监督，同时对技术法规的不足之处提出修改意见。第四，建立必要的通报制度。认证机构和市场监督机构之间要将认证和市场监督的结果互相通报，并将有关情况上报国家主管部门，以便采取相应的措施[378]。总之，我国应借鉴国外的经验，重视技术法规、标准和合格评定程序的综合应用，从而使技术法规体系运行更为顺畅，取得应有的效果。

3. 建立技术法规与标准协调配套的良性机制

如果说标准规定的只是必须或应该达到的下限，随着社会需求的提高和技术的进步，这个下限也应当提高，以保证其相对先进性，对标准适时进行修订显然是十分必要的。然而，法规的变动是相对困难的，标准的修改则比较便利。因此，我国应当借鉴欧盟的经验，建立起技术法规与标准协调配套的良性机制，充分利用非政府机构的标准化工作成果，发挥出标准体系服务技术法规的作用。一方面，法规制定机构在制定技术法规涉及的具体技术要求时，应考虑有无现行的标准适用，如果有，则引用这些标准，或将标准中的有关内容写入技术法规中；如果没有，可以委托法规机构认可的标准机构制定相应的标准，然后在技术法规中引用这些标准。另一方面，法规制定机构和标准机构应通过协议等方式保持稳固的联系，法规机构在制定法规时应就引用的标准通知有关标准机构，有关标准机构则有义务就法规所引用标准的随后修订及时通知法规机构，便于法规制定机构掌握相关标准的最新情况，以及时作出反应[360]。

18.2.6　健全质量认证的监督体系和服务体系

质量认证的权益相关者主要包括政府主管部门、经营单位、消费者等。质量认证是推动中小企业创新发展的一种市场机制，它是一种企业行为。但政府在质量认证发展中，在推动和实施质量认证方面具有不可替代的关键作用。一方面，它是有关质量法律、法规和政策的制定者、颁布者和执行者，在中小企业质量认证及其创新过程中，发挥着决定性作用。另一方面，它在制定质量认证标准、建立质量认证机构、加强质量认证研究和推广等方面起着非常重要的作用。只有政府在政策上制定了更有利于中小企业创新的质量认证体系的内容，中小企业的技术创新才可以具体采取措施来应对和运用质量认证体系，推动中小企业不断向前发展。政府要消除地区间质量认证发展的不均衡，必须有效地形成质量认证在发展中国家与发达国家间的利益均衡机制网。政府部门要通过进一步加强国际间合作，特别是政府间合作，将质量认证作为政府间国际合作的重要内容，使质量认证的开展跟上国际上普遍关注的绿色认证发展，关注 ISO14000 环境管理体系认证的发展和国际交流，实现我国质量认证的国际化进程。与此同时，加强发达国家对我国的技术支持（特别是工艺创新过程）、软贷款及资金援助，以提高我国中小企业生产质量的整体水平，逐步消除产品质量水平的差异，指引我国中小企业技术创新的前进方向，从而实现统一的政府行政管理、完善的认证认可法规体系、适用的认证认可基本运行规则、健全的工作机制和有效的市场监管措施的总体目标。

同时，还要注意减轻中小企业的质量认证负担。目前，对于刚刚成立不久的中小企业或者利润率不高的中小企业，高额的质量认证费用无疑会使得通过质量认证成为可望不可及的事情。通过质量认证产品的价格高于未通过质量认证产品的价格，这是我国高额质量认证收费制度最直接的后果，所以产品成本问题成为创新需要解决的关键问题。据认证专家介绍，欧美国家进行质量认证的认证费用远远低于我国的质量认证费用。在我国一种产品的质量认证费用平均需要 1.5 万元，而在欧美国家平均只需要 600 美元。对于想要进行产品创新和工艺创新的中小企业，政府在政策上给予相应的优惠，促进我国质量认证的发展，一定要控制和降低质量认证的成本，才能降低中小企业质量认证的门槛。

【本章小结】

从双边政府支持技术创新的博弈分析可以看出，政府间对中小企业技术创新支持的努力水平具有策略的相互依存的特征，一国技术水平的提高，必然带来 TBT 的变化，技术落后必然会使得一国的总效用下降。跨越 TBT，必须充分重视自身技术创新能力的提高。因此，如果本国的中小企业技术攻关实力较弱，政府应给予及时的支持，引导中小企业在技术创新中发挥重要作用，做出巨大贡献。对于政府而言，政府应当与贸易伙伴国谈判、建立以政府部门为核心的 TBT 信息提供机制，实施支持中小企业技术创新的绿色战略，完善技术标准体系，健全技术法规体系、质量认证的监督体系和服务体系。

结　论

近年来，我国众多中小企业有相当数量的传统优势产品频频遭遇国外 TBT，出口纷纷受阻，有的甚至被迫退出了国际市场。研究表明中小企业技术创新是跨越 TBT 的根本途径之一。本书在对以往研究和相关理论进行梳理的基础上，针对技术性贸易壁垒对我国中小企业技术创新的影响与策略进行了深入系统的研究。结论如下：

(1) 通过对 TBT 演化的南北博弈分析，得出结论：第一，南北双方将会出现发展中国家与发达国家同时提高 TBT、发达国家提高 TBT 与发展中国家维持 TBT、发展中国家提高 TBT 与发达国家维持 TBT 三种情况。第二，对于我国的中小企业来讲，能否不断缩小技术差距，跨越 TBT，不仅取决于我国中小企业的模仿能力，也取决于国内产业的创新能力等。第三，出口国可以采取报复性 TBT 措施来限制进口国的 TBT 行为，TBT 往往使设限国获益，受限国受损，如果两国都不设置 TBT，两国可以获得正常贸易所带来的正效用，如果两国都设置 TBT，则每个国家一方面因受他国 TBT 限制而遭受损失，一方面又从对他国的设限中得到利益补偿。发展中国家提高 TBT 是一种应对发达国家设置 TBT 的有效制衡手段。

(2) 对 TBT 的表现形式如技术标准、技术法规、质量认证、绿色壁垒、信息技术壁垒和社会责任贸易壁垒的定义、分类、性质和作用进行了深入探讨，并分析了他们对中小企业技术创新的影响。①概述了国内外技术标准的发展状况，分析了以美国、日本、欧盟为代表的发达国家以及我国技术标准的发展状况，并着重分析了我国技术标准发展过程中存在的问题，以及我国技术标准缺乏国际竞争力的原因，进而阐述了技术标准与技术创新之间的关系。②对技术法规的特征、功能和法律属性进行了分析，进而研究了美国、日本和欧盟技术法规体系的现状和特点，总结了主要发达国家技术法规体系的特点，分析了主要发达国家技术法规体系对我国中小企业技术创新正反两方面的影响。③对国内外的质量认证及其认证的系列标准进行了比较。具体对英、美、法、日、德等几个发达国家的质量认证体系和 ISO9000 质量管理体系、ISO14000 环境管理体系标准进行分析比较，找到我国质量认证工作中的不完善之处，寻求国际标准的统一尺度和我国认证工作的完善。进而从质量认证对我国中小企业技术创新影响进行了深入和全面的研究，分别从积极影响和消极影响两个方面，深入探讨质量认证对技术创新的影响情况。依据一定的原则，构建了基于中小企业技术创新的质量认证体系的评价指标体系，然后利用多级模糊综合评价方法，建立了评价模型，在设计调查表的基础上得到专家们的评判，对技术创新前后的质量认证体系进行了评价，得出了评价结果，并作了相应的分析。④在中小企业应对绿色壁垒开展技术创新过程中，外部环境要素是通过内部条件要素起作用的，并且主要是通过中小企业追求利润最大化和持续发展的目标起作用的。也就是说绿色壁垒所导致的中小企业技术创新活动外部环境要素的变化是通过对内部条件要素的激发、推动、转化等过程，最终实现对技术创新的激励作用的。⑤阐述了社会责任贸易壁垒的主要内容：童工、强迫性劳动、健康与安全、结社自由和集体谈判权、歧视、惩戒性措施、工作时间、工资报酬和管理系统等，并介绍了 SA8000 的认证程序，进而分析了社会责任贸易壁垒的特征及其对我国中小企业技术创新的影响。

(3) 从贸易和质量管制两方面由表及里地揭示 TBT 影响中小企业技术创新的机理。进口贸易国出于保护市场或消费者的需要提高技术要求，达不到新要求的行业创新产品将会被禁止进口或失去出口竞争优势，数量抑制作用开始生效。中小企业为了保持出口优势就必须增加成本再次开始产品或工艺创新，TBT 就起到了对我国中小企业创新产品的价格抑制作用。质量管制方面揭示了 TBT 本质上属于进口国政府实施的产品质量管制措施，通过对厂商基于产品质量差异竞争策略的研究，认为 TBT 是技术创新的动力之一，质量差距的存在迫使中小企业将更多资源投入创新活动。我国中小企业通过国外先进技术的扩散，不断吸收并提高自己产品的质量水平。

(4) 建立了基于信息熵法与灰色关联度模型，测算出了 TBT 与我国中小企业技术创新的关联度，并对其进行了排序，进而得出如下结论：复杂的检测和检验手续是 TBT 的重要组成部分、技术法规对中小企业技术创新的影响较大、

TBT可以促进中小企业技术创新成果的产出。综上所述，可以看出TBT与中小企业技术创新之间的关系体现在两个方面：一方面，TBT名目繁多、要求苛刻，会对中小企业创新产品出口造成障碍，抑制技术创新活动的开展；另一方面，TBT对中小企业技术创新也有促进作用，对技术创新产出有着积极的影响，即技术发展的前导性作用和在国际市场中的规范性作用能够指导中小企业技术创新的方向、规范其过程，为技术创新扩散提供平台，提高中小企业技术创新的效率。

(5) 建立了TBT对中小企业技术创新的影响结构模型，并对模型做了详细解释。分别描述了TBT对中小企业技术创新的外部和内部的影响：TBT对中小企业技术创新外部市场环境和科学技术环境的影响，即TBT对中小企业技术创新活动的贸易环境和技术环境等方面产生影响，从而改变了中小企业技术创新的资源配置，并通过这种改变影响了技术创新的速度、方向和规模。同时，TBT作为中小企业技术创新的动力和信息源，对中小企业技术创新的技术、信息、设备、资金和人力资源投入的正负两方面影响，以及为构思、研发、设计、制造和销售各个阶段顺利开展提供了丰富的信息和指导。

(6) 分析了中小企业技术创新应对TBT的优势和劣势，为避免中小企业技术创新的劣势、发挥其优势，有针对性地构建了应对TBT的中小企业技术创新支持体系，使之为中小企业技术创新提供良好的服务平台；确定支持体系的运行模式，即政府作为宏观调控，行业协会和社会化服务机构在其推动下，积极地创造良好的外部环境为中小企业技术创新服务，帮助其跨越TBT；又分别从政府机构、社会化服务机构和行业协会三个方面阐述了应对TBT的中小企业技术创新支持体系的管理模式；最后，提出了该支持体系的服务内容，包括技术标准体系、TBT预警体系、社会化服务体系、财政支持体系、税收支持体系和金融支持体系。

(7) 运用案例分析对本书前文的理论研究部分进行实证研究。通过大量翔实的数据，验证了欧盟CR法案对温州打火机行业技术创新产品的影响符合TBT的数量和价格机理，并从质量管制的角度验证了质量提高是突破CR法案的重要途径。同时，根据CR法案对温州打火机技术创新外部市场和科学技术环境、以及内部资源投入和过程的影响，证明了TBT对中小企业技术创新影响结构模型的有效性。最后，阐述了在应对CR法案时，温州打火机企业、温州打火机行业协会、政府部门分别采取的措施。同时，研究了欧盟RoHS指令对我国家电行业、欧盟REACH指令对我国化工业影响的案例。

(8) 进行了中小企业技术创新应对TBT策略的进化博弈分析，通过结果分析可知，技术创新能力的高低影响着中小企业跨越TBT的速度快慢，进而影响着中小企业跨越 TBT 后的收益。中小企业技术创新能力是企业技术能力的具体体现，面对高收益与高风险并存的创新投资，中小企业技术创新的进化稳定均衡策略的形成不但取决于中小企业自身的因素，而且依赖于其外部政策环境的支持、竞争对手竞争策略的选择。对中小企业而言，中小企业应当加强技术创新资源投入、实施技术创新标准化战略、加强技术创新过程管理、强化以技术创新为核心的市场营销管理和倡导绿色创新。

(9) 通过对协会与政府合作应对 TBT 策略的博弈分析，认为行业协会与政府是否积极合作应诉取决于两个因素，即政府职能转变的进程以及行业协会在突破 TBT 中发挥作用的大小。因此，在应对国外 TBT 时，行业协会发挥着特殊的双重作用。另外，通过对行业协会与中小企业应对策略的博弈分析认为：第一，中小企业首先将全部努力投入在符合标准、认证上面，行业协会优先将努力投入在行业 TBT 信息的收集和提供上，然后在技术标准制定和认证推广上投入。第二，中小企业将全部努力用在符合标准、认证上，行业协会将优先在行业 TBT 信息收集上努力。第三，行业协会将全部努力投入在行业 TBT 信息收集上，但投入努力程度不够。中小企业首先在行业 TBT 信息收集上投入，然后在符合标准、认证上投入。由此可见，对行业协会而言，行业协会应当加强与国际标准化机构的交流、与国外相关组织进行谈判、建立应对 TBT 的行业预警机制、健全和完善各行业的技术标准体系、促进中小企业技术创新、建立健全中小企业行业内技术联盟以及完善行业协会职能。

(10) 从双边政府支持技术创新的博弈分析可以看出，政府间对中小企业技术创新支持的努力水平具有策略的相互依存的特征，一国技术水平的提高，必然带来 TBT 的变化，技术落后必然会使得一国的总效用下降。跨越 TBT，必须充分重视自身技术创新能力的提高。因此，如果本国的中小企业技术攻关实力较弱，政府应给予及时的支持，中小企业在技术创新中发挥着重要作用，做出了巨大贡献。对于政府而言，政府应当与贸易伙伴国谈判，建立以政府部门为核心的 TBT 信息提供机制，实施支持中小企业技术创新的绿色战略，完善技术标准体系，健全技术法规体系和健全质量认证的监督体系和服务体系。

总而言之，从短期直接影响看，TBT 提高了出口中小企业成本，令其出口量下降，从长期影响看，它使这些出口中小企业为了达到进口国的最低质量要求，而被迫将更多资源投入创新活动。所以从动态角度看，进口国实施产品质量管制，是对出口中小企业创新活动的外部环境刺激，令其不能永远只满足于低成本和低质量的竞争，必须加快产品创新和工艺创新，实现产品升级，从而向产业链上游攀升。

由于 TBT 对中小企业技术创新影响的研究具有很强的实用价值，而影响的众多主客观因素又很难全面把握，因此，本书提出的影响模型和影响机理还须在后续研究和管理实践中进一步完善。同时，应当针对不同行业不断深入研究 TBT 对中小企业技术创新的影响。另外，还应当向出口型中小企业进行更加深入的调查研究，获得更详尽的微观层面的数据，以期从中小企业层面更深入地研究 TBT 对其技术创新的影响。

参 考 文 献

[1] Robert E. Baldwin. Non-traffic Distortions of Iinternational Trade. The Brookings Institution, Washingon, DC, 1970

[2] Hillman, Jimmye S. Technical Barriers to Agricultural Trade. Wesview Press, 1991

[3] Suzanne Thornsbury. Technical Regulations as Barriers to Agricultural Trade. Phd Dissertation, Blacksburg, Virginia: Virginia Polytechnic Institute and Stateuniversity, 1998

[4] Alan O. Sykes. Product Standards for International Goods Markets. The Brookings institution, Washington DC, 1995

[5] Donna Roberts, Timothy E. Josling, David Orden. A Framework for Analyzing Technical Barriers in Agricultural Market. Economic Research Service Paper, 1999, (11): 4

[6] Asta Krutejevaitė- Rimkevičienė. The Economic Impact of Technical Barriers to Trade in the Single European Market on Lithuania's Economy Sectors. Kauno Technologijos Universitetas Summary of Doctoral Dissertation, 2005

[7] 郭从彭．关于“贸易技术壁垒协议”（TBT）的由来、发展和影响．标准化报道，2001，（5）：44-47

[8] 陈志田，叶柏林．贸易技术壁垒与商品进出口．北京：中国计量出版社，2002

[9] 高文书．技术贸易壁垒经济分析．财贸经济，2003，(9)：35-38

[10] 冯宪宗，柯大纲．开放经济下的国际贸易壁垒．北京：经济科学出版社，2001

[11] 康晓玲．技术性贸易壁垒经济分析．西北大学博士学位论文，2006

[12] 夏友富．TBT 屏障：技术性贸易壁垒发展趋势及对中国出口贸易的影响．国际贸易，2003，(10)：24-26

[13] 孙敬水，朱简．技术性贸易壁垒的扩散效应对我国经济的影响．对外经贸实务，2005，（6）：13-16

[14] Steven W. Popper, Victoria Greenfield, Keith Crane, Rehan Malik. Measuring Economic Effects of Technical Barriers to Trade on U. S. Exporters. NIST, 2004

[15] Paul A. David, Shane Greenstein. The Economics of Compatibility Standards: An Introduction to Recent Research. Economics of Innovation and New Technology, 1990, 1 (1): 3-41

[16] Johannes Moenius. Information Versus Product Adaptation: the Role of Standards in Trade. Manuscript, 1999: 4

[17] Neil Gandal, Oz Shy. Standardization Policy and International Trade. Journal of International Economy, 2001, (53): 363-383

[18] 夏友富．技术性贸易壁垒体系与当代国际贸易．中国工业经济，2001，(5)：14-20

[19] 高文书．贸易技术壁垒研究．中国社会科学院研究生院博士学位论文，2004

[20] 周伟民．TBT 对传统贸易壁垒理论和政策的挑战．国际商务研究，2005，(1)：26-29

[21] 邓兰兰．技术性贸易壁垒的几个问题辨析．商业经济文荟，2006，(6)：39-41

[22] Casella, Alessandra. Free Trade and Evolving Standard. in J. N. Bhagwati and R. E. Hudec Eds, Harmonization and Fair Trade: Prerequisites for Free Trade? Economic Analysis: The MIT Press, Cambridge, 1996

[23] Alessandra Casella. Product Standards Coalitions in a Market without Borders. NBER Working Paper, 1996

[24] Ronald Fischer, Pablo Serra. Standards and Protection. Journal of International Economics, 2000, 52 (2): 377-400

[25] Wilson John S. Standard and APEC: an Action Agenda. Institute for International Economics, Washington, DC, 1995

[26] Egan, Michelle P. Constructing an European Market: Standard, Regulation, and Governance. Oxford University Press, 2001

[27] Keith E. Maskus, John S. W. Ilson, Tsunehiro Otsuki. Quantifying the Impact of Technical Barriers to Trade: a Framework for Analysis. World Bank, 2001

[28] 王咏梅，付宝印．欧美和中国对技术性贸易壁垒的研究综述．经济经纬，2006，(4)：55-58

[29] Uri Ronnen. Minimum Quality Standards, Fixed Costs and Competition. The RAND Journal of Economics, 1991, 22 (4): 490-504

[30] Philip Jones, John Hudson. Standardization and the Costs of Assessing Quality. Eurpoean Jurnal of Political Economy, 1996, (12): 355-261

[31] Carmen Matutes, Pierre Regibeau. A Selective Review of the Economics of Standards: Entry Deterrence, Technological Progress and International Competition. European Journal of Political Economy, 1996, (12): 183-209

[32] 叶柏林．外向型经济发展中遇到的若干标准问题．世界标准化与质量管理，1992，(6)：28-30

[33] 鲍晓华．技术性贸易壁垒的双重性质及其形成机制．财经理论与实践，2006，27 (3)：85-90

[34] 张小蒂，李晓钟．论技术性贸易壁垒对我国农产品出口贸易的双重影响．管理世界，2004，(6)：51-58

[35] 张海东．技术性贸易壁垒形成机制的经济学分析．财贸经济，2004，(3)：61-65

[36] 鲍晓华，朱钟棣．贸易政治经济学在中国的适用性检验：以技术性贸易壁垒为例．管理世界，

2006，(1)：41-48

[37] 康晓玲，宁艳丽．外国对华实施技术性贸易壁垒问题的博弈分析．经济体制改革，2005，(2)：145-148

[38] 王志明，袁建新．技术性贸易壁垒的影响及中国的对策．世界经济，2003，(7)：31-34

[39] John S. Wilson，Tsunehiro Otsuki. Standard and Technical Regulation and Firms in Developing Countries：New Evidence from a World Bank Technical Barriers to Trade Survey. World Bank Working Paper，2004

[40] Maggie Xiaoyang Chen，Tsunehiro Otsuki，John S. Wilson. Do Standards Matter for Export Success? World Bank Policy Research Working Paper，2006

[41] S Henson，R Loader. An Assessment of the Costs for International Trade in Meeting Regulatory Requirements. OECD，1999

[42] Swann Peter Temple，Paul Shrumer Mark. Standards and Trade Performance：the UK Experience. The Economic Journal，1996，106 (9)：1297-1313

[43] Mark Vancauteren. The Impact of Technical Barriers to Trade on Home Bias：an Application to EU Data. Institute De Recherches Economiques Et Sociales，UniversitéCatholique De Louvain，2002

[44] 潘菁．技术壁垒对中国出口贸易的影响及实证分析 河北大学学报（哲学社会科学版），2004，(3)：60-62

[45] 姚志毅．技术壁垒：趋势与影响．对外经济贸易大学学报，2005，(2)：28-31

[46] 顾国达，牛晓婧，张钱江．技术壁垒对国际贸易影响的实证研究——以中日茶叶贸易为例．国际贸易问题，2007，(6)：74-80

[47] 孟菲，侯明利．技术贸易壁垒对我国稻米出口影响的实证分析．粮食加工，2007，(2)：5-8

[48] Dawn D. Thilmany，Christopherb Barrett. Regulatory Barriers in an Integrating World Food Market. Review of Agricultural Economics，1997，19 (12)：105-107

[49] Daniela. Sumner，Hyunok Lee. Sanitary and Phytosanitary Trade Barriers and Empirical Trade Modeling. in David Orden，Donna Roberts Eds. Understanding Technicalbarriers to Agricultural Trade，Proceedings of a Conference of the International Agricultural Trade Research Consortium (IATRC)，1997：279

[50] Barry Krissoff，Linda Calvin，Denice Gray. Barriers to Trade in Global Apple Markets. Fruit and Tree Nuts Situation and Outlook，1997，Specila Article：42-51

[51] Chengyan Yue，John Beghin，Helen H. Jensen. Tariff Equivalent of Technical Barriers to Trade with Imperfect Substitution and Trade Costs. American Agricultural Economics Association，2006，88 (4)：947 - 960

[52] Michael Gasiorek. Trade and Welfare-A General Equilibrium Model. In LA Winters，Ed. Trade Flows and Trade Policy after 1992. Cambridge University Press，1992

[53] Glenn W. Harrison，Thomas F. Rutherford，David G. Tarr. Increased Competition and Completion of the Market in the European Union：Static and Steady State Effects. Journal of Economic Integration，1996，(3)：336

[54] 卢大川．技术壁垒及其对我国发展的影响．西安交通大学硕士学位论文，1996

[55] 冀春苏．面向技术贸易壁垒的可计算一般均衡拓展研究．学术论坛，2007，(14)：167-168

[56] Paul Brenton，John Sheehy，Marc Vancauteren. Technical Barriers to Trade in the European Union：Importance for Accseesion Countries. Journal of Common Market Studies，2001，39（2）：265-284

[57] Michelle Egan. Setting Standards：Strategic Advantages in International Trade Business. Strategy Review，2002，13（1）：51-64

[58] Mica Jovanovic. Support of Laboratory Accreditation in Central and Eastern Europe by Preliminary Assessment. Accreditation and Quality Assurance：2004，(9)：96-98

[59] 蒋国瑞，赵新竹．技术性贸易壁垒预警指标体系建立及其应用．科技进步与对策，2006，(9)：119-122

[60] 旭华．加快建立技术标准体系 完善技术贸易保护措施．世界标准信息，2006，(5)：74-75

[61] 李纂，刘燕克，王磊等．行业协会在应对技术性贸易壁垒中的作用思考．世界标准化与质量管理，2006，(4)：47-50

[62] 姜茹娇．技术性贸易壁垒与认证认可国际互认制度．重庆大学学报（社会科学版），2006，(5)：87-92

[63] 齐欣，岳晋峰．标准制度互认机制与发展中国家技术性贸易壁垒的突破．国际贸易，2005，(6)：36-40

[64] 侯俊军．论技术性贸易壁垒与技术创新．湖南商学院学报，2006，13（6）：9-12

[65] 黄胜辉．论技术性贸易壁垒语境下的我国技术创新理念．科学研究管理，2006，24（1）：8-12

[66] Carolyn Shawn Solow. Innovation in the Capitalist Process：A Critique of the Schumpeterian Theory. The Quarterly Journal of Economics，1951，65（3）：417-428

[67] Rotand Mueser. Identifying Technical Innovations. IEEE Transactions on Engineering Management，1985，32（11）：158-176

[68] 傅家骥．技术创新学．北京：清华大学出版社，1998

[69] 吴贵生．技术创新管理．北京：清华大学出版社，2000

[70] ZJ Acs，DB Audretsch. Innovation and Small Firms. MIT Press Cambridge，1990

[71] Geroski，P. A. Innovation，Technological Opportunity and Market Structure. Oxford Economic Papers，1990，(42)：586-602

[72] 魏江．企业技术能力论——技术创新的一个新视角．北京：科学出版社，2002

[73] 万兴亚．关于中小企业技术创新能力的研究．税务与经济，2006，(2)：64-67

[74] 茹莉．我国中小企业技术创新能力评析与对策研究．经济问题，2007，(6)：55-57

[75] 祁军．我国中小企业技术创新的动力与能力研究．江西财经大学硕士学位论文，2002

[76] 吴友军．中小企业技术创新能力评价体系的构建．统计与决策，2007，(7)：68-69

[77] 毕克新．中小企业技术创新测度与评价研究．北京：科学出版社，2006

[78] Kenneth J. Arrow. The Economic Implications of Learning by Doing. The Review of Economic Studies，1962，29（3）：155-173

[79] 黄鲁成，张相木．技术创新政策手段的探讨．工业技术经济，1996，(4)：47-49

[80] 戴强．中小企业技术创新政策激励机制探析．经济师，2003，(4)：240

[81] 黄海蓉，傅纯恒．地方财政对中小企业技术创新的支持研究．江苏商论，2005，(11)：128-130

[82] 毕克新，王晓红，孙金花．WTO框架下中小企业技术创新支持体系研究．北京：机械工业出版

社，2006

[83] 科技部创新基金管理中心．国际中小企业自主创新公共政策研究．科技部科技型中小企业技术创新基金管理中心，2006

[84] 李伟红．国外政府干预技术创新政策的启示．经济论坛，2006，(9)：4-6

[85] 阎维洁．各国激励企业技术创新政策比较分析．当代经济，2007，(8)：56-58

[86] Antonelli Cristiano. Localized Technological Change and the Evolution of Standards as Economic Institutions. Information Economics and Policy, 1994, (6): 195-216

[87] Robert H. Allen, Ramd Sriram. The Role of Standards in Innovation. Journal of Technological Forecasting and Social Change, 2000, 64 (6): 171-181

[88] Gregory Tassey. Standardization in Technology-Based Markets. Research Policy, 2000, (29): 587-602

[89] Sadahiko Kano. Technical Innovations, Standardization and Regional Comparison: A Case Study in Mobile Communications. Telecommunication Policy, 2000, (24): 305-321

[90] G. MP. Swann. The Economics of Standardization. Final Report for Standards and Technical Regulations Directorate Department of Trade and Industry. Department of Trade and Industry, 2000: 1-65

[91] J. F. Bruneau. A Note on Permits, Standards and Technological Innovation. Journal of Environmental Economics and Management, 2004, (48): 1192-1199

[92] 李春田．标准化与创新——社会发展的动力之源．中国标准化，2004，(5)：66-70

[93] 潘海波，金雪军．技术标准与技术创新协同发展关系研究．中国软科学，2003，(10)：110-114

[94] 王黎萤，陈劲，杨幽红．技术标准战略、知识产权战略与技术创新协同发展关系研究．科学学与科学技术管理，2005，(1)：31-34

[95] 傅家骥，雷家骕，程源．技术经济学前沿问题．经济科学出版社，2003：13-15

[96] 陈淑梅．基于欧盟标准化外部性的我国出口企业技术创新的路径探究．东南大学学报，2006，8 (6)：49-53

[97] Judith Jordan. Product Standards, Innovation and Regulation. Technology Analysis and Strategic Management, 1994, 6 (3): 341-354

[98] Nicholas A. aslhford, Christine Ayers, Robert F. Stone. Using Regulation to Change the Market for Innovation. Harvard Environmental Law Review, 1985, 9 (2): 419-466

[99] Michael E. Porter, C. Van Derlinde. Toward a New Conception of the Environment Competitiveness Relationship. Journal of Economy Perspective, 1995, (9): 97-118

[100] Michael E. Porter, C. Van Derlinde. Green and Competitiveness: Ending the Stalemate. Harvard Business Review, 1995, 73 (5): 120-134

[101] Peter Groenewegen, Philip Vergragt. Environmental Issuses as Threats and Opportunities for Technological Innovation. Technology Analysis & Strategic Management, 1991, 3 (1): 43-55

[102] Javier Carrillo-Hermosilla. A Policy Approach to the Environmental Impacts of Technological Lock-in. Ecological Economics, 2006, (58): 717-742

[103] Joosung J. Lee, Kiminori Gemba, Fumio Kodama. Analyzing the Innovation Process for Environmental Performance Improvement. Technological Forecasting & Social Change, 2006, (73):

290-301
[104] Frans A. Vollenbroek. Sustainable Development and the Challenge of Innovation. Journal of Cleaner Production，2002，(10)：215-223
[105] 王齐．环境管制促进技术创新及产业升级的问题研究．山东大学博士学位论文，2005
[106] Knut Blind，Christiane Hipp. The Role of Quality Standards in Innovative Service Companies：an Empirical Analysis for Germany. Technological Forecasting and Social Change，2003，(70)：653-669
[107] Ann Mulhaney，James Sheehan，Jacqueline Hughes. Using ISO9000 to Drive Continual Improvement in a SME. The TQM Magazine，2004，16 (5)：325-330
[108] PATR′ICIA MOURA E SA′&ANA ABRUNHOSA. The Role of TQM Practices in Technological Innovation：the Portuguese Footwear Industry Case. Total Quality Management，2007，18 (1)：57-66
[109] Maria Leticia Santos-Vijande，Luis Ignacio a′Lvarez-Gonza′Lezb. Innovativeness and Organizational Innovation in Total Quality Oriented Firms：the Moderating Role of Market Turbulence. Technovation，2007，(27)：514-532
[110] Lionel FontagnÉ，Friedrich Von Kirchbach，Mondher Mimouni. An Assessment of Environmentally-Related Non-Tariff Measures. The World Economy，2005，28 (10)：1417-1439
[111] John S. Wilson，Tsunehiro Otsuk. Standards and Technical Regulations and Firms in Developing Countries. The World Bank，2004
[112] Spencer Henson. Costs Associated with Divergent National Product Standards and Conformity Assessment Procedures and the Impact on International Trade. Regulatory Reform in the Global Economy-Asian and Latin American Perspectives，OECD，1998
[113] 孙敬水．技术性贸易壁垒的经济分析．中国物资出版社，2005
[114] 刘和东．技术贸易壁垒的影响机制及应对策略研究．工业技术经济，2007，(10)：143-146
[115] 吴聃．技术贸易壁垒与产业发展．技术经济，2006，25 (5)：15-16
[116] 王晓红，毕克新．技术性贸易壁垒对中小企业技术创新影响的研究综述．中国青年科技，2008，(2)：51-58
[117] 张岩．国际贸易保护的演进与发展特点．重庆工商大学学报（社会科学版），2004，(4)：4-8
[118] 沈伯明，吴方．保护贸易理论的发展及对我国的借鉴意义．经济问题探索，2006，(3)：31-36
[119] 沈漫．欧盟贸易限制措施对中国出口商品影响的实证研究．北京工业大学硕士学位论文，2007
[120] Posner，M. V. International Trade and Technology Change. Oxford Economic Papers，1961，(13)：323-341
[121] 窦伟．发展中国家企业的创新国际化与后发优势．企业技术开发，2006，25 (12)：70-72
[122] 张娓娓．技术贸易壁垒对我国农产品出口影响研究．哈尔滨工业大学硕士学位论文，2007
[123] 张海洋．外资技术扩散与中国经济增长．华中科技大学博士学位论文，2004
[124] 曾刚，林兰，樊鸿伟．论技术扩散的影响因子．世界地理研究，2006，15 (1)：1-8
[125] 姚水洪，陈仕萍．国际技术扩散研究述评．科技进步与对策，2007，24 (2)：41-43
[126] 文丰．我国企业自主创新的路径研究．科技进步与对策，2007，(12)：83-86
[127] 陈德智，王浣尘．企业之间合作创新模式．科技管理研究，2003，(3)：33-38

[128] 赵优珍．中小企业国际化理论与实践研究．复旦大学博士学位论文，2003

[129] 匡竹平，尤建新．论全面质量管理与管理活动创新．同济大学学报，2000，(3)：45-49

[130] 解振华．关于循环经济理论与政策．环境保护，2004，(1)：10-14

[131] 何永贵．基于循环经济的梯度推移和扩散理论研究．华北电力大学（河北）博士学位论文，2007

[132] 施锡铨．博弈论．上海财经大学出版社，2000：8-9

[133] ISO. Standards are Documented Agreements Containing Technical Specifications or Other Precise Criteria to be Used Consistently as Rules, Guidelines, or Definitions of Characteristics, to Ensure That Materials, Products, Processes and Services are Fit for Their Purpose. What are Standards? No2 Guide of ISO/IEC, 1991

[134] 张平，马晓．标准化与知识产权战略．知识产权出版社，2002：18-19，24-25

[135] WTO. Annex 1 of Agreement on Technical Barriers to Trade. http：//www. wto. org

[136] 王征．技术性贸易壁垒—理论与实证分析．西南财经大学博士学位论文，2006

[137] 阳灿．技术贸易壁垒对我国出口贸易的影响及对策探讨．厦门大学硕士学位论文，2007

[138] 郑晓艳．技术性贸易壁垒对贵州出口贸易的影响与对策研究．贵州大学硕士学位论文，2008

[139] 陈勇．技术性贸易壁垒下我国农产品出口的现状和策略分析．山东大学硕士学位论文，2008

[140] 郑宇．技术性贸易壁垒与中国的对外贸易．吉林大学硕士学位论文，2008

[141] 上海标准化服务信息网．2006 年 TBT 通报综述．www. Xmtbt-Sps. Gov. Cn/Download. asp? I d=853

[142] 黄嘉．略论中小企业出口如何应对技术性贸易壁垒．商场现代化，2007，(13)：35-36

[143] 杨武，申长江. 我国企业技术标准战略研究. 管理现代化，2005，(6)：28-31

[144] 李春田．新形势下企业如何制定好产品标准．企业标准化，2000，(5)：19-22

[145] 吕铁．论技术标准化与产业标准战略．中国工业经济，2005，(7)：43-49

[146] 刘曙光，郭刚．从企业标准到全球标准——技术创新及标准化问题研究．经济问题探索，2006，(7)：89-92

[147] 陈志宏．中国技术标准信息资源开发利用中的几个问题．西北高校图书馆，1997，(4)：46-48

[148] 张玉芳．浅议企业标准体系的分类与层次关系．企业标准化，1990，(3)：26-28

[149] 陶传良．吉林省中医药企业技术标准化战略研究．吉林大学硕士学位论文，2007

[150] 阎放．现代 TSS 构建理论及我国 TSS 构建对策研究．吉林大学博士学位论文，2006：9-10

[151] G. M. P. Swann. The Economics of Standardization. Final Report for Standards and Technical Regulations Directorate Department of Trade and Industry. Department of Trade and Industry, 2000：1-65

[152] 方留，赵金华．我国对外贸易中技术标准的建设与创新论析．财贸研究，2003，(3)：20-23

[153] 张平，马骁．技术标准与知识产权的关系——企业技术标准与知识产权战略专题之二．科技与法律，2004，(2)：110-124

[154] G. Tassey. Standardization in Sechnology-based Markets. Research Policy, 2000，(29)：587-602

[155] 赵勇．我国对外贸易中的技术标准战略研究．商场现代化，2006，(5)：42-43

[156] 王成昌．企业技术标准竞争与标准战略研究．武汉理工大学博士学位论文，2004：22-23

[157] 张秀侠．技术标准在企业生产经营中的运用．中国标准化，2006，(4)：67-68

[158] 张秀侠．技术标准在企业生产经营中的运用．中国标准化，2006，，(2)：67-68

[159] 丁日佳，李翕然．技术标准、科技研发和成果转化系统论．世界标准化和质量管理，2004，(1)：37-39

[160] 曲昭力．关于标准化规律的研究．中国标准化，1998，(3)：6-10

[161] 魏萍．我国企业技术标准战略研究．天津财经大学硕士论文，2005：16-18

[162] 潘海波．技术标准形成机制研究．浙江大学硕士论文，2003：6-10

[163] 金碚．中国工业的技术创新．中国工业经济，2004，(5)：5-14

[164] P. Anderson，M. L. Tuchman. Technological Discontinuities and Dominant Design：a Cyclical Model of Technological Change. Administrative Science Quarterly，1990，(35)：604-633

[165] 王金玉，徐萍．研究制定我国技术标准国际战略的紧迫性．世界标准化与质量管理，2003，(8)：24-27

[166] 赵树宽．NGO和中国技术标准化．工业技术经济，2006，25 (5)：22-25

[167] 刘好，丁日佳．技术标准在对外贸易中的福利效应．煤炭经济研究，2005，(2)：61-62

[168] 林汉川．WTO与中小企业转型升级．经济管理出版社，2002：277-279

[169] 温耀庆．主要发达国家TBT技术法规和标准．世界贸易组织动态与研究．2002，(2)：20-24

[170] 王金玉．技术标准国际突破战略研究报告．世界标准化与质量管理．2004，(2)：11-13

[171] 金德有，韩建平．中国应对技术性贸易壁垒策略．中国标准出版社，2005：51-62

[172] 李薇．美国技术性贸易壁垒研究．国际经贸论坛，2007，(1)：21-24

[173] 王轶南．多边贸易体制下中国应对非关税壁垒问题研究．东北林业大学博士学位论文，2007

[174] 韩可卫．技术性贸易壁垒的典范——美国的技术性贸易壁垒．交通标准化，2005，(4)：17-20

[175] 王金玉．国外标准化发展战略与中国企业标准化对策．上海标准化，2002，(5)：7-11

[176] 张海东．技术性贸易壁垒与中国对外贸易．对外经济贸易大学出版社，2004：155

[177] 仲鑫，王稳．技术法规与标准对我国出口贸易的影响及对策．国际商务——对外经济贸易大学学报，2004，(2)：83-87

[178] 贸易技术壁垒课题组．美国、日本及欧盟在国际贸易中实施技术壁垒情况．国际贸易，1999，(6)：18-22

[179] 王寒琦．欧盟技术性贸易壁垒及其对我国的影响．黑龙江对外经贸，2006，(10)：33-35

[180] 张翠兰．企业应重视标准化工作．大众标准化，2004，(6)：34-37

[181] 朱红斌．关于有效转化国际标准策略的研究．冶金标准化与质量，2004，42 (3)：18-23

[182] DIN. Economic Benefits of Standardization，Summary of Results. Final Report and Practical Examples. German Institute for Standardization E. V. Beuth Verlag，2000：1-39

[183] 朱光富，余劲飞．主要发达国家的技术标准和法规壁垒．中国检验检疫，2000，(4)：41-43

[184] 东明．德国应对国外技术壁垒的利剑．福建质量信息，2001，(6)：23

[185] G. M. P. Swann. Standards and Trade Performance：The UK Experience. The Economic Journal，1996，(106)：1297-1313

[186] 徐春祥，林萌．论欧盟保护性贸易政策的特征．有色矿业，2004，(1)：68-70

[187] 王桂侠，吴灼亮．技术标准在中国技术政策中的作用．科学学与科学技术管理，2005，(6)：28-32

[188] 王平．时代呼唤中国标准战略——打造“中国标准”是我们面临的历史任务．世界标准化与质量管理，2005，(1)：4-7

[189] 李海燕．现代制造业技术标准战略研究及武汉实证分析．武汉理工大学硕士论文，2006：28-29
[190] 曹义胜．企业技术创新标准化——主动应对技术贸易壁垒的重要措施．中国标准化，2007，(1)：28-30
[191] 叶柏林．标准——应对贸易技术壁垒的利器．信息技术与标准化，2003，(7)：4-6
[192] 我国技术标准存在的主要问题．轻工标准与质量，2004，(6)：39
[193] 李保红．基于标准生命周期的信息通信技术标准化策略研究．北京邮电大学博士学位论文，2006
[194] 魏宏，任冠华，刘碧松，詹俊峰．国家标准适用性现状的调查与分析．世界标准化与质量管理，2005，(4)：6-9
[195] 王金玉，白殿一．新世纪技术标准国际竞争策略．中国计量出版社，2006：67-69，71
[196] 傅家骥．技术创新学．清华大学出版社，1998：11，16-18，370
[197] 祝爱民，郭涛，于丽娟，夏冬．标准化战略的发展趋势．科技管理研究，2006，(2)：217-219
[198] 刘振刚．技术创新、技术标准与经济发展．中国标准出版社，2005：65-69，295，309-317
[199] 王祖强．标准与竞争．机械设计，2006，23（9)：57-58
[200] 孙瑜．我国技术标准与科技研发关系的系统分析．中国农业大学硕士论文，2005：12-13
[201] M. Greenstein，Shane. Invisible Hand versus Invisible Advisors：Coordination Mechanisms in Economic Networks. Public Access and Closed Network Membership，1994，(8)：135-160
[202] A. Philips. The New Approach to Technical Harmonization and Standardization. Journal of Common Market Studies，1997，25（3)：249-269
[203] Katz，Shapiro. Systems competition and network effects. Journal of Economic Perspectives，1994，8（8)：93-116
[204] 朱彤．标准的经济性质与功能及其对技术创新的影响．经济理论与经济管理，2006，(5)：54-59
[205] 毕克新，王晓红，葛晶．技术标准对我国中小企业技术创新产品的作用机理及对策研究．中国科技论坛，2008，(10)：55-59
[206] 毕克新，王晓红，葛晶．技术标准对我国中小企业技术创新的影响及对策研究，管理世界，2007，(12)：51-52
[207] J. W. Harris. Legal Philosophies. London Butterworths，1980
[208] 李玫，赵益民．技术性贸易壁垒与我国技术法规体系的建设．北京：中国标准出版社，2007
[209] 林伟，杨松，王力舟，徐蓓蓓，高志宏，张峰，孟冬．技术法规及其理解．检验检疫科学，2002，12（5)：1-7
[210] 中国标准化研究院．我国技术法规管理运行机制．2003
[211] 陶丽琴．对 WTO 机制下技术法规之法理学界定．河南省政法干部学院学报，2002，(6)：79-82
[212] 施米托夫，赵秀文译．国际贸易法文选．中国大百科全书出版社，1993
[213] 张薇薇．浅析经济法与行政法之关系．财经界，2007（2)：294-295
[214] 张云．技术法规相关基本理论问题初探．中国标准化，2003，(3)：21-23
[215] 徐曼．试析经济法与行政法的区分．经济经纬，2004，(2)：149-151
[216] 雷孙栓．美国技术法规体系架构分析．中国检验检疫，2002，(8)：55-56
[217] 周建安，山巍，张峰，高志宏．美国技术法规体系研究．检验检疫科学，2002，12（5)：14-16
[218] 李轩．贸易技术壁垒问题与中国的对策研究．西南财经大学博士学位论文，2006
[219] 肖冰．美、日技术性贸易壁垒国内法规制的特点及其启示．法商研究，2005，(4)：146-152

[220] JAN Mcdonald. Domestic regulation, international standards, and technical barriers to trade. World Trade Review, 2005, 4 (2): 249-274

[221] 韩可卫．日本技术性贸易壁垒剖析．中国质量技术监督，2006，(7)：54-55

[222] 王金玉，刘春青，齐格尔．国外技术法规体系现状及我国对策．世界标准信息，2003，(5)：5-13

[223] 王晓红，毕克新．美日技术法规体系及其对我国的启示．工业技术经济，2007，26 (9)：23-26

[224] Anne-Célia Disdie, Lionel Fontagne, Mondher Mimouni. The Impact of Regulations on Agricultural Trade: Evidence from SPS and TBTs Agreements. CEPII WorkingPape, 2007-04

[225] Candido Garcia Molyneux. The Trade Barriers Regulation: The European Union as a Player in the Globalisation Game. Eruopean Law Journal, 1999, 5 (4): 375-418

[226] 何鹰．对外贸易中的技术性贸易措施法律问题研究．北京：法律出版社，2006

[227] Paul Brenton, John Sheehy, Marc Vancauteren. Technical Barriers to Trade in the European Union: Importance for Accession Countries. Journal of Common Market Studies, 2001, 39 (2): 265-284

[228] 陈淑梅．以规矩成方圆——欧盟技术标准化制度．南昌：江西高校出版社，2006

[229] European Council. The New General Product Safety Directive (2001/95/EC). http: //www. consilium. europa. eu

[230] 刘春青．建立技术法规体系从源头抓质量 _ 欧盟新方法指令对我们的启示．中国质量技术监督，2001，(12)：21

[231] A. S. M. Shahid. Technical regulations on environmental issues relating to textiles. Independent, 1999-10-27

[232] 国家质量监督检验检疫总局．中国技术性贸易措施年度报告（2006）．2006

[233] 毕克新，王晓红．欧盟技术法规体系及其对我国的启示与对策研究．科学学与科学技术管理，2007，(11)：14-19

[234] Kenneth Arrow. Economic welfare and the allocation of resources to innovation. R. Nelson. The Rate and Direction of Inventive Activity. Princeton, NJ: Princeton University Press, 1962

[235] 陈伟，姜钰．技术性贸易壁垒的效应及我国企业的对策研究．商业研究，2005，(8)：111-114

[236] 隋亭亭．我国产品质量认证制度研究．吉林大学硕士学位论文，2008

[237] Martins A., Pinto Ferreira J. J, Mendonça J. M. Quality management and certification in the virtual enterprise. International Journal of Computer Integrated Manufacturing, 2004, (12): 212-223

[238] 张文超．质量体系认证前景看好．中国检验检疫，1999，(5)：25

[239] Marette S, Crespi J. M. Can Quality Certification Lead to Stable Cartels? . Review of Industrial Organization, 2003: 43-64

[240] Love P. E. D. Overcoming the problems associated with quality certification. Construction Management and Economics, 2000, (11): 139-149

[241] 刘梦娇．中国建造师执业资格国际互认模式探讨．重庆大学硕士学位论文，2004

[242] Gavin Dick; Kevin Gallimore; Jane C Brown. ISO9000 and quality emphasis-An empirical study of front-room versus back-room dominant service industries. International Journal of Service Industry Management, 2001, (23): 114-136

[243] 胡佳．我国认证行业存在的问题及其法律对策．湖南大学硕士学位论文，2009
[244] 丁其东．按国际惯例建立的我国认证制度．中国科技产业，1994，(10)：47
[245] 丁其东，肖建华. 美国质量认证最新动态. 质量认证，2004，(4)：2-6
[246] 李忠富．欧美各国以 ISO9000 为基础的质量系统认证制度的现状．建筑管理现代化，1995，(1)：5-8
[247] 林晓言. 从国际质量体系认证态势看我国质量体系认证. 首都财贸，1995，(1)：8-10
[248] 李国林，邵长利．赴美国、加拿大考察质量认证情况介绍．建设机械技术与管理，1995，(5)：5-15
[249] 陈达．中外质量管理之比较研究．质量春秋，2001，(4)：12-16
[250] Medeiros，Denise Dumke de. Preparing an Enterprise for ISO9000 Certification. Work Study，2000 (5)：194-198
[251] 世界各国和地区采用 ISO9000 系列标准开展质量体系认证情况介绍．机电新产品导报，1998，(Z2)：40-41
[252] 严凌燕．世界各国和地区——采用 ISO9000 系列标准开展质量体系认证——概览．机电产品市场，1994，(2)：15-16
[253] Heras I.，Casadesús M，Dick G. PM. ISO9000 Certification and the Bottom Line：a Comparative Study of the Profitability of Basque Region Companies. Managerial Auditing Journal，2002，(7)：72-78
[254] A. M. Lima M，Resende M，Hasenclever L. Quality Certification and Performance of Brazilian firms：An Empirical Study. International Journal of Production Economics，2000，vol. (5)：143-147
[255] 石岩．中国质量认证制度．北京：中国计量出版社，2002：187-213
[256] 田梦实．谈质量管理体系认证中对法律法规要求的审核．质量管理，2002，(2)：20-24
[257] 郭庆华，胡重余，倪渌．质量认证使用教程．北京：中国铁道出版社，2002：134-156
[258] 中国进口处质量认证中心编．ISO14001 环境管理体系的建立和审核．北京：中国检查出版社，2002：246-289
[259] 洪生伟．质量认证教程．中国标准出版社，2004：89-95
[260] 冯德连．中国中小企业技术创新机制研究．北京：中国财政经济出版社，2001：34-56
[261] 陈爱棠．质量体系和质量审核入门．乌鲁木齐：新疆科技卫生出版社，1997：24-58
[262] 吴运建，吴健中，周良毅. 企业技术创新能力测度综述. 科学学与科学技术管理，1995，(10)：13-17
[263] 倪国良，须永元．质量体系和质量认证实用指南．上海：上海科学技术文献出版社，2001：213-243
[264] 原俊．质量管理体系有效性的思考与描述．质量设计与测试认证，2004，(2)：12-25
[265] 龚丕洪．我国小企业 ISO9000 认证的理论和实践研究．西南财经大学硕士学位论文，2003
[266] 吴建伟，祝宝一，祝天敏．ISO9000：2000 认证通用教程．北京：机械工业出版社，2004：145-167
[267] 金柏凡．论质量认证中的几个问题．贵阳金筑大学学报，2002，(4)：24-29
[268] 王敏．企业应步出质量认证的六大误区．印刷质量与标准化，2002，(5)：13-19

[269] 龚丕洪．我国小企业 ISO9000 认证的理论和实践研究．西南财经大学硕士学位论文，2003
[270] 毕克新，田淑云，王晓红．质量认证对我国中小企业技术创新的影响研究．科学学与科学技术管理，2006，(11)：98-102
[271] 赵永祥．企业技术创新能力的系统分析与实证研究．武汉理工大学硕士学位论文，2005
[272] 魏锋．绿色壁垒攻略．管理新世界丛书，2005：21-26
[273] 盛强．华为手机营销策略研究．南京理工大学硕士学位论文，2005
[274] 资树荣．美国扶持小企业出口的做法及其对我国的启示．国际贸易问题，1999，(5)：15-20
[275] 万兴亚．中小企业技术创新和发展的促进体系及其对策．吉林省经济管理干部学院学报，2000，(4)：27-32
[276] 林修齐．ISO9000 标准系列实施与质量体系认证．上海：上海科学技术文献出版社，1999：16-26
[277] 李颖．绿色贸易壁垒的对策研究．黑龙江大学硕士学位论文，2008
[278] 李建华．绿色贸易壁垒的新特征及对我国企业的影响．税收与企业，2003，(2)：47-49
[279] 陈志新．论绿色壁垒的最新发展及应对策略．市场周刊（研究版），2005，(2)：120-122
[280] 武振．绿色壁垒对我国外贸出口的影响及对策．当代经济研究，2004，(5)：29-32
[281] 孙颖．绿色贸易壁垒对中国出口贸易的影响及其对策研究．南京工业大学硕士学位论文，2005
[282] 韩冬梅．如何突破绿色壁垒的障碍．经济论坛，2004，(3)：74-75
[283] 李莎莎．绿色壁垒对中国出口贸易可持续性发展影响的实证分析．武汉理工大学硕士学位论文，2006
[284] 李旋．绿色贸易壁垒对我国茶叶出口的影响分析．暨南大学硕士学位论文，2006
[285] 高彩云．绿色贸易壁垒研究．浙江大学硕士学位论文，2003
[286] 杨桂英．绿色贸易壁垒对我国农产品出口的影响．云南财经大学硕士学位论文，2009
[287] 曾凡银．基于环境的我国国际竞争力．经济学家，2001，(5)：5-9
[288] 夏友富，赵春华．技术性贸易壁垒述评．http：//kjs. mofcom. gov. cn
[289] Eirini Baroulaki，Alireza Veshagh. Eco-Innovation：Product Design and Innovation for the Environment．In：Eirini Baroulaki，Alireza Veshagh. Advances in Life Cycle Engineering for Sustainable Manufacturing Businesses. Springer London，2007. 17-22
[290] 蓝公华，王蕾．绿色壁垒信息价值度量研究．兰州学刊，2007，3（162）：62-64
[291] 于普．从技术标准看绿色壁垒．新热点 新焦点，2004，(4)：10-11
[292] 陈淑梅．欧盟标准化外部性对我国出口企业技术创新路径的影响．中国软科学，2007，(1)：90-100
[293] 游达明，董忠云．基于环境资源的绿色技术创新思考．科技进步与对策，2001，(8)：53-54
[294] A Mantovani，M Vancauteren. The harmonization of Technical Barriers to Trade，Innovation and Export Behavior：Theory with an application to EU Environmental Data，2003：1-29
[295] 俞国平．试析绿色技术创新的制度障碍．生态经济，2001，(12)：89-91
[296] 杜伟，魏勇．技术创新的不确定性与政府激励政策安排．科学学与科学技术管理，2001，(7)：50-52
[297] Torsten. F，Bernd. H. Chemicals Regulation and the Porter Hypothesis：A Critical Review of the New European Chemicals Regulation. Journal of Business Chemistry. 2005，(2)：19-36
[298] 胡麦秀，薛求知．外生性的技术——环境壁垒对企业技术创新的激励机制．上海经济研究，

2007，(11)：15-21
[299] 张勇，李晶. 企业家精神与其在中国的培养. 当代经济，2004，(12)：36-37
[300] 魏后凯，企业规模、产业集中与技术创新能力. 经济管理·新管理 2002，(4)：4-10
[301] 杨永芳. 创新决策过程的有效信息获取方式. 情报科学，2006，6 (20)：607-609
[302] Paul A. David，Shane Greenstein. The Economics of Compatibility Standards：An Introduction to Research. Economics of Innovation and New Technology，1990，1 (1)：3-41
[303] 王玉婧、刘辉煌，绿色技术创新的路径思考—基于绿色壁垒的理性分析. 生态经济，2007，(11)：88-92
[304] 毕克新，尹秀英. 绿色壁垒信息对中小企业技术创新的影响及激励机制研究. 情报科学，2009，27 (7)：1100-1105
[305] 夏友富. 问题远多于答案—生物安全协定书及对国际贸易的影响. 国际贸易，2000，(7)：4-9
[306] 邢维广. 绿色贸易壁垒下我国企业的绿色供应链管理研究. 哈尔滨工业大学硕士学位论文，2007
[307] 王静漪. 绿色贸易壁垒. 芜湖职业技术学院学报，2009，(1)：28-30
[308] 孟静. 浅谈信息技术壁垒. 电子商务，2000，(7)：12-17
[309] 孟静. 信息技术壁垒的辨识研究. 北京：北京工业大学，2006：8-17
[310] 李向波，李树涛. 基于创新过程的企业技术创新能力评价研究. 中国软科学，2007， (2)：139-142
[311] 毕克新，杨绍宇，高巍. 信息技术壁垒对中小企业技术创新的影响研究. 技术经济，2010，(5) 1-5
[312] 葛晓梅，王京芳，薛斌. 促进中小企业绿色技术创新的对策研究. 科学学与科学技术管理，2005，(12)：2-3
[313] 蔡珍贵. WTO时代的国际贸易新壁垒研究. 北京：中国市场出版社，2007
[314] 杨昌举，许良. 绿色壁垒：贸易保护的工具与环境保护的推力. 环境保护，2007，377 (8)：19-21
[315] 张京卫，周应堂. SA8000对我国出口贸易的影响及对策研究. 江苏商论，2007，(6)：77-79
[316] 张东芳. 蓝色贸易壁垒SA8000的实施与影响. 江苏商论 2007，(1)：101-103
[317] 姜雪冰. 社会责任标准SA8000对我国出口贸易的影响. 吉林大学硕士学位论文，2006
[318] 刘立燕. 浅析SA8000标准及其对企业发展战略的影响. 企业改革与发展，2005，(4)：155-157
[319] 张小蒂，李晓钟. 论技术性贸易壁垒对我国农产品出口贸易的双重影响. 管理世界，2004，(6)：26-32
[320] 巫强，刘志彪. 进口国质量管制条件下的出口国企业创新与产业升级. 管理世界，2007，(2)：53-61
[321] Bansal，Sangeeta. Choice and Design of Regulatory Instruments in the Presence of Green Consumers. Resource & Energy Economics，2008，30 (3)：345-368
[322] 鲍晓华. 技术性贸易壁垒的“南北”差异. 世界经济研究，2005，(10)：62-68
[323] 李唯滨，毕克新，王晓红. 基于产品质量差异策略的应对技术贸易壁垒博弈模型. 哈尔滨商业大学学报（社会科学版），2008，(2)：34-36
[324] 郭燕青. 对技术转移的基本理论分析. 大连大学学报，2003，24 (3)：66-69
[325] 王章豹，李垒. 我国制造业技术创新能力与产业竞争力的灰色关联分析. 科学学与科学技术管

理，2007，(7)：38-42

[326] 邓聚龙．灰色系统理论教程．武汉：华中理工大学出版社，1990

[327] 李玫，赵益民．技术性贸易壁垒与我国技术法规体系的建设．北京：中国标准出版社，2007

[328] 李建．TBT 三维复合性理论视角．世界经济理论，2006，(12)：34-39

[329] 宋泽海．基于协同论的冶金企业技术创新整合机制研究．天津大学博士学位论文，2006

[330] 中华人民共和国国家统计局．《中华人民共和国 2007 年国民经济和社会发展统计公报》．http：//www.stats.gov.cn/ 2008/2/28

[331] 新华社．我国 2006 年出口贸易因技术性壁垒损失上百亿美元．http：//www.Gov.Cn/Jrzg/2007-09/11

[332] 李柏洲．企业发展动力研究．哈尔滨工程大学博士学位论文，2003

[333] 仇怡．中国基于国际贸易的技术进步效应研究．华中科技大学博士学位论文，2005

[334] Oliver Lorz，Matthias Wrede. Standardization of Intermediate Goods and International Trade. Canadian Journal of Economics，2008，41 (2)：517-536

[335] Bonino M. J.，Spring M. B.. Standards as Change Agents in the Information Technology Market. Computer Standards and Interfaces，1999，(20)：279-289

[336] 金柏凡，李英．论质量认证的几个问题．贵阳金筑大学学报，2002，(4)：10-12

[337] 李唯滨．中小企业技术创新应对技术性贸易壁垒策略研究．哈尔滨理工大学学位论文，2008

[338] 辛爱芳．中小企业技术创新的问题与对策．潍坊学院学报，2004，(5)：87-89

[339] 孙敬水，龚江洪．论行业协会在应对技术性贸易壁垒中的作用与对策．科技管理研究，2006，(8)：170-174

[340] 李琳．政府在应对国际技术性贸易壁垒中的作用．福建理论学习，2006，(7)：44-48

[341] 和金生，姜秀莲，汪晓华．技术中介机构运行模式探讨．天津大学学报，2001，3 (4)：350-355

[342] 殷宝庆．应对技术性贸易壁垒的行业思考．商业经济与管理，2004，(9)：32-35

[343] 王成昌，万君康．技术标准战略体系及其主体作用分析．武汉理工大学学报，2005，27 (1)：213-216

[344] 魏建良，谢阳群．技术性贸易壁垒的预警信息管理研究．情报科学，2007，25 (2)：193-197

[345] 李柏洲，郑昭磊．技术标准：科技企业成长过程中的“跳越”元素．学术交流，2004，(10)：55-58

[346] 古小刚，任金玲．从温州打火机案看行业协会在应对国际贸易壁垒中的作用．河南财政税务高等专科学校学报，2007，21 (3)：65-67

[347] 唐海燕，程新章．企业升级的路径选择——以温州打火机企业为例．科技管理研究，2006，(12)：113-116

[348] 温州统计局．温州统计年鉴 2007. 国统计局出版，2007

[349] 傅升，陈建勋．民营中小企业战略发展模式的选择——对温州打火机企业 CR 危机的思考．价值工程，2005，(4)：24-28

[350] 陈海平．温州打火机行业面临的挑战及对策．嘉兴学院学报，2002，(S1)：29-31

[351] 廖涛．欧盟的技术性贸易壁垒与我国出口贸易发展．对外经济贸易大学硕士学位论文，2003

[352] 吴岩，姚国伟，杨艳频．透视打火机 CR 法规．中国标准化，2004，(5)：74-76

[353] 刘丹．温州打火机应对 CR 法案带来的启示．检验检疫科学，2008，(1)：46-48

[354] H. Shi, S. Z. Peng, Y. Liu, P. Zhong. Barriers to the Implementation of Cleaner Production in Chinese Smes: Government, Industry and Expert Stakeholders' Perspectives. Journal of Cleaner Production, 2008, 16 (7): 842-852

[355] 王雷，窦艳伟，姜雪．中国家电企业应对欧盟 RoHS 指令案例分析．电器，2009，(11)：44-46

[356] 方科杰．技术贸易壁垒对我家电行业的负面效应及应对分析．经济研究，2009，(10)：46-47

[357] 陈晓丽，王贺珍，洪亮．欧盟 REACH 法规对中国化工企业的冲击与对策．世界标准化与质量管理，2008，(9)：58-60

[358] 姜鸿，张艺影．欧盟 REACH 法令对中国化工产品出口的影响分析．中南财经政法大学学报，2007，(4)：137-140

[359] 叶朝付，任荣明．全面审视“欧盟 REACH 法案”．科技法制与政策研究，2006，(5)：40-42

[360] 余文静，朱美琴，吴森明．化工行业如何应对 REACH 指令．中国检验检疫，2009，(8)：27-28

[361] Naushad Forbes, David Wield. Innovation Dynamics in Catch-Up Firms: Process, Product and Proprietary Capabilities. Industry & Innovation, 2008, 15 (1): 69-92

[362] 王雪利，和金生．论反向工程的技术获取和后发优势．科学学与科学技术管理，2006，8 (4)：42-46

[363] 谢美华．靠技术标准提升产品质量．企业标准化，2006，(11)：31-33

[364] Anne Marchand, Stuart Walker. Product Development and Responsible Consumption: Designing Alternatives for Sustainable Lifestyles. Journal of Cleaner Production, 2008, 16 (11): 1163-1169

[365] 罗欣，张京成．面向技术创新的高新技术企业标准体系建设．中国科技论坛，2006，(4)：6-10

[366] 孙敬水 殷宝庆．发达国家行业协会在应对技术性贸易壁垒中的地位、作用及对我国的启示．管理现代化，2004，(1)：33-35

[367] 魏功．行业中介组织应发挥重要作用．国际商报，2005-03-02

[368] 李树．国外技术壁垒与我国标准化战略．宏观经济研究，2004，(9)：47-50

[369] 《入世后农产品行业协会发展研究》课题组．有关行业协会的理论研究综述．中国农村观察，2003，(4)：73-74

[370] 毕文红，郭立夫．应对技术性贸易壁垒：政府的角色和职能．工业技术经济，2005，24 (2)：30-32

[371] 王晓蓉，郭超利．我国中小企业应对技术性贸易壁垒的对策研究．经济与社会发展，2006，(9)：117-119

[372] 蓝公华．构建技术性贸易壁垒预警系统．兰州学刊，2006，(4)：133-136

[373] 李树．技术性贸易壁垒下我国政府的行为选择．经济问题探索，2004，(2)：17-21

[374] 脱凌．技术法规与标准体系研究．世界标准化与质量管理，2008，(1)：10-14

[375] 童磊，丁日佳．基于信息不对称的技术标准作用分析．工业技术经济，2004，23 (5)：111-112

[376] 中国标准化研究院．我国技术法规管理运行机制．中国标准化研究院，2003

[377] 魏绵．我国技术法规建设和标准体制改革浅析．冶金标准化与质量，2002，40 (6)：31-36

[378] 逄征虎．论标准与技术法规的关系．世界标准化与质量管理，2003，(10)：15-18

后　记

本书主要内容是我们负责承担的国家社会科学基金资助项目“技术性贸易壁垒（TBT）对我国中小企业技术创新的影响与策略研究”（项目编号：05BJY020）的主要研究成果，本项研究成果已由国家哲学社会科学规划办公室组织结题验收，鉴定等级为优秀。显然，我们在项目立项、研究和结题验收过程中得到了许多评审专家、同行评议人和有关管理人员的悉心指导和无私帮助，在此谨向他们表示衷心的感谢！特别感谢黑龙江省哲学社会科学规划办公室张立民主任的支持与帮助。

特别值得一提的是，我国著名学者、清华大学经济管理学院吴贵生教授在百忙之中为本书作序，值此本书出版之际，谨向吴贵生教授致以诚挚的敬意和衷心的感谢！

感谢哈尔滨理工大学管理学院王宏起教授、綦良群教授和高长元教授，他们在我们的科研工作中给予了很多的理解和帮助。

本书的出版得到了华夏英才基金管理委员会办公室有关管理人员和评审专家的认可，并获得华夏英才基金资助。在此一并向他们表示深深的谢意！

本书是在我们同名研究报告的基础上经大量修改、扩充和完善而成的。毕克新、王晓红组织了研究报告的撰写和本书的补充与修改工作。毕克新、王晓红撰写了本书的第1章、第2章、第3章、第6章、第10章、第11章、第12章、第13章、第14章、第15章，并参与了其他部分章节的撰写工作；李唯滨撰写了第4章、第16章、第17章、第18章；葛晶撰写了第5章；田淑云撰写了第7

章；尹秀英撰写了第 8 章；杨绍宇撰写了第 9 章。本书由毕克新、王晓红统稿，最终定稿由毕克新负责完成。

田淑云、尹秀英、葛晶和杨绍宇等同学参加了本项科研项目的研究工作，并帮助项目组完成了大量的文献检索、翻译和整理工作。綦开军研究员、宋加升教授、梁静溪教授、王艳杰研究员和高东宇副研究员等同志也参加了本项科研项目的研究工作。孙德花、郑仁锋、高巍、孙金花、施芳芳、高岩、张淑芳、高瞻、刘玉红、吕健、刘岩、程蕴娇、李莹、王楠、张宁、王霄和王筱等同学也为我们做了很多有益的工作。在此一并向他们表示感谢。

在本书的写作过程中，我们还参考了大量国内外同行专家的相关研究成果，从中得到了许多启示和帮助，在此也向这些成果的完成者们表示衷心的感谢，特别是向那些可能因为疏忽而未被注明的作者深表歉意。

由于国际贸易中 TBT 应用的日渐复杂以及后危机时代的国际经济、科技环境的不断发展和变化，加之本书研究内容广泛、所涉及的知识丰富而又复杂，可是我们的学识与经验有限，因此在本书的观点中难免会存在诸多缺陷和问题，同时在结构安排、遣词造句和行文风格上也会有不妥之处。诚然恳请同行专家学者和广大读者对我们的研究工作批评指正。

毕克新

2010 年 9 月于哈尔滨

【作者简介】

毕克新 管理学博士（后），二级教授，博士生导师，现任职于哈尔滨理工大学管理学院、哈尔滨工程大学经济管理学院。国务院政府特殊津贴获得者，黑龙江省优秀中青年专家，黑龙江省技术经济及管理重点学科后备带头人，首届“黑龙江省优秀研究生导师”获得者，现任黑龙江省可持续发展研究会副理事长、黑龙江省知识分子联谊会副会长、中国管理现代化研究会理事、中国软科学研究会理事、中国科学学与科技政策研究会理事、中国技术经济研究会理事、中国创新方法研究会理事。

主要研究方向是技术管理与技术创新管理。作为项目负责人，已主持国家自然科学基金资助项目、国家社会科学基金资助项目和国家软科学研究项目等国家级项目10项和省部级各类科研项目19项，参与各类科研项目7项，曾获中国博士后科学基金（一等资助金）资助；获省部级科技奖励9项，其中作为第一完成人获得一等奖1项、二等奖4项、三等奖2项；在《管理科学学报》、《机械工程学报》、《系统工程理论与实践》、《管理世界》、《数量经济技术经济研究》、《中国软科学》、《中国管理科学》、《管理评论》、《科研管理》、《运筹与管理》、《科学学研究》、《科学学与科学技术管理》、《研究与发展管理》等重要学术期刊和国际会议论文集上发表学术论文100多篇，其中EI收录15篇、CSSCI收录53篇、CSCD收录28篇、《新华文摘》全文转载2篇、人大《报刊复印资料》全文转载5篇；在国家级出版社出版专著8部。在制造业企业工艺创新系统研究、中小企业技术创新测度与评价研究、产品创新与工艺创新互动关系与协调机制研究、技术性贸易壁垒对我国中小企业技术创新的影响及策略研究等领域已经形成了自己的研究特色。

王晓红 管理学博士，哈尔滨工程大学讲师，主要研究方向是技术管理及技术创新管理。曾参与多项国家自然科学基金资助项目、国家社会科学基金资助项目、国家软科学研究项目的研究工作，在《管理世界》、《中国科技论坛》、《科学学与科学技术管理》、《中国青年科技》、《工业技术经济》、《中国高教研究》、《商业研究》、《哈尔滨商业大学学报（社会科学版）》期刊上发表学术论文8篇，其中《新华文摘》全文转载1篇，CSSCI收录3篇。在WTO框架下中小企业技术创新支持体系和技术性贸易壁垒对我国中小企业技术创新影响与策略研究等领域进行了深入研究。

李唯滨 硕士，哈尔滨商业大学副教授，现在哈尔滨理工大学管理学院技术经济及管理专业攻读博士学位，主要研究方向是技术经济及金融研究。曾参与多项国家自然科学基金资助项目、国家社会科学基金资助项目、国家软科学研究项目的研究工作，在《金融理论与教学》、《商业研究》、《哈尔滨商业大学学报（社会科学版）》等期刊上发表学术论文7篇，在技术性贸易壁垒对我国中小企业技术创新影响与策略研究等领域进行了深入研究。